全面建设
社会主义现代化国家
会议文集

北京大学习近平新时代中国特色社会主义思想研究院　编

中国社会科学出版社

图书在版编目（CIP）数据

"全面建设社会主义现代化国家"会议文集/北京大学习近平新时代中国特色社会主义思想研究院编 .—北京：中国社会科学出版社，2024.1
ISBN 978-7-5227-3220-6

Ⅰ.①全… Ⅱ.①北… Ⅲ.①社会主义建设—现代化—建设—中国—文集 Ⅳ.①D61-53

中国国家版本馆CIP数据核字（2024）第101878号

出 版 人	赵剑英
责任编辑	许　琳
责任校对	苏　颖
责任印制	郝美娜

出　　版	中国社会科学出版社
社　　址	北京鼓楼西大街甲158号
邮　　编	100720
网　　址	http://www.csspw.cn
发 行 部	010-84083685
门 市 部	010-84029450
经　　销	新华书店及其他书店
印刷装订	北京君升印刷有限公司
版　　次	2024年1月第1版
印　　次	2024年1月第1次印刷
开　　本	710×1000　1/16
印　　张	28
字　　数	417千字
定　　价	138.00元

凡购买中国社会科学出版社图书，如有质量问题请与本社营销中心联系调换
电话：010-84083683
版权所有　侵权必究

编委会

主　编　王浦劬
副主编　孙熙国　孙蚌珠　韩毓海　李　琦
　　　　黄宇蓝

执行委员会：
主　任　黄宇蓝
副主任　尹　俊
编　辑　董　彪　王　蔚　唐　韬　谢佩宏
　　　　邹梦瑶　关毅平

序

全面建设社会主义现代化国家是习近平新时代中国特色社会主义思想的时代课题，是党的二十大报告提出的中心任务，也是贯穿社会主义现代化建设实践的核心纲领。党的十八大以来，以习近平同志为核心的党中央守正创新、接续奋斗，不断实现理论和实践上的创新突破，成功推进和拓展了中国式现代化，为全面建设社会主义现代化国家提供了科学指引和根本遵循。

2023年2月，习近平总书记在学习贯彻党的二十大精神研讨班开班式上发表重要讲话，进一步深化了对中国式现代化内涵和本质的认识，概括阐述了中国式现代化的中国特色、本质要求和重大原则，构建了中国式现代化的理论体系，擘画了全面建设社会主义现代化国家新理念、新思想、新战略，具有很强的政治性、理论性、针对性、指导性。特别是习近平总书记在讲话中深刻指出，中国式现代化深深植根于中华优秀传统文化，是一种全新的人类文明形态，为我们在新征程上推进以中华民族现代文明为基础和支撑的中国式现代化指明了方向。

高校是我国哲学社会科学"五路大军"中的重要力量，在建设中华民族现代文明中承担着重要使命。作为新文化运动的中心、五四运动的策源地，以及中国最早研究和传播马克思主义的重要基地，北京大学始终与祖国和人民共命运，与时代和社会同前进，在服务国家发展中扎实推动马克思主义中国化时代化，持续守护中华优秀传统文化的"根"和"魂"，不断推进文化传承与创新，积极探索用中国道理总结中国经验、把中国经验提升为中国理论的学理方法，为建设中华民族现代文明贡献学术力量。

序

当前,世界百年未有之大变局加速演进,新一轮科技革命和产业变革深入发展,国际力量对比深刻调整,我国发展面临新的战略机遇。高校如何进一步发挥好学科优势和学术力量,助推以中国式现代化实现中华民族伟大复兴,是扎根中国大地办好一流大学的重大课题。2023年5月,在扎实开展第一批学习贯彻习近平新时代中国特色社会主义思想主题教育之际,北京大学习近平新时代中国特色社会主义思想研究院组织召开"全面建设社会主义现代化国家"学术研讨会,会聚了200多位来自全国14家习近平新时代中国特色社会主义思想研究机构、20多所兄弟高校的知名专家,深入研讨中国式现代化等重大理论和实践命题,为全面建设社会主义现代化国家贡献智慧和力量。

全面建设社会主义现代化国家是一项系统工程,涉及经济、政治、文化、社会、生态文明等各个领域。在这次研讨会中,与会专家学者从"马克思主义中国化时代化""高质量发展与中国式现代化""国家治理现代化"等多个方面分享了全面建设社会主义现代化国家的理论研究成果,既有精辟的学术洞见,也有科学的实践方案,为以学术力量支撑中华民族现代文明建设做出了积极贡献,也为高校更好肩负起新时代的新使命提供了重要启发。

习近平总书记深刻指出,"应对共同挑战、迈向美好未来,既需要经济科技力量,也需要文化文明力量"。在新征程上,高校作为科技第一生产力、人才第一资源、创新第一动力的重要结合点,作为传承人类文明、发展先进思想文化的前沿阵地,要坚持把学懂弄通做实习近平新时代中国特色社会主义思想作为办学治校的基础工程、源头工程,切实把握好其中的世界观和方法论,坚持好、运用好贯穿其中的立场观点方法,为加快建设中国特色世界一流大学筑牢思想基础、强化理论武装、明确科学指引。要坚持"两个结合",传承和发扬高校在学习研究传播马克思主义方面的光荣传统,大力加强对新时代党的创新理论的学理性阐释、学术性发展、大众化传播,推动中华优秀传统文化创造性转化、创新性发展,有力服务实践基础上的理论创新,为建设中华民族现代文明做出新贡献。要立足全面建设社会主义现代化国家的伟大事业,坚持为党育人、为国育才，用习近平新时代中国特色社会主义思想凝心铸魂，做好"坚持办学正确政治方向""建设高素质教师队伍""形成高水平人才培养体系"三项基础性工作，走好高水平人才自主培养之路，为党和国家源源不断输送德智体美劳全面发展的社会主义建设者和接班人。

思想是前行的灯塔，理论是实践的指南。现在，北京大学习近平新时代中国特色社会主义思想研究院各位同仁将本次研讨会论文整理成册，这本凝聚着与会同志心血的论文集即将付梓，再度呈现了当时的会议盛况。我们期待以这次研讨会成果出版为契机，与广大学界同仁不断深化对中国式现代化进程中重大理论和实践问题的阐释和研究，以庄重的学术担当和厚重的学术力量，为社会主义现代化国家建设研究续写新的篇章。

北京大学党委书记 郝平

北京大学校长 龚旗煌

2023 年 10 月

前　　言

建设现代化强国、实现中华民族伟大复兴，是近代以来中国人民和无数仁人志士孜孜以求的梦想。百年党史，就是中国共产党团结带领中国人民不断探索现代化道路的历史。新时代以来，我们党在已有基础上继续前进，不断实现理论和实践上的创新突破，成功推进和拓展了中国式现代化。

时代的变革和实践的深入呼唤着思想理论的创新和发展。党的十九届六中全会通过的《中共中央关于党的百年奋斗重大成就和历史经验的决议》明确指出，新时代坚持和发展什么样的中国特色社会主义、怎样坚持和发展中国特色社会主义，建设什么样的社会主义现代化强国、怎样建设社会主义现代化强国，建设什么样的长期执政的马克思主义政党、怎样建设长期执政的马克思主义政党，是习近平新时代中国特色社会主义的重大时代课题。新时代以来，习近平总书记关于中国式现代化的系列重要论述深刻阐述了中国式现代化的一系列重大理论和实践问题，极大丰富和发展了中国式现代化理论，实现了党的重大理论创新。

党的二十大开启了全面建设社会主义现代化国家的新征程，习近平总书记在党的二十大报告中庄严宣告："从现在起，中国共产党的中心任务就是团结带领全国各族人民全面建成社会主义现代化强国、实现第二个百年奋斗目标，以中国式现代化全面推进中华民族伟大复兴。"这对全党和全国人民发出了新的号令，对于我们从理论与实践的结合上，深入把握习近平新时代中国特色社会主义思想的时代主题和深刻内容，提出了新的任务和新的要求。

作为新文化运动的中心、五四运动的策源地、中国最早研究和传播马克思主义的重要基地，北京大学哲学社会科学领域学科齐全、底蕴深厚。在全党深入开展习近平新时代中国特色社会主义思想主题教育之际，

前　言

在北京大学建校 125 周年校庆之时，在教育部和学校党委的领导下，北京大学习近平新时代中国特色社会主义思想研究院、北京大学习近平经济思想研究中心、北京大学习近平法治思想研究中心、北京大学习近平生态文明思想研究中心、北京大学习近平外交思想研究中心、"国家现代化建设研究"杂志社于 2023 年 5 月 6 日举办"全面建设社会主义现代化国家"学术研讨会，来自全国 14 家习近平新时代中国特色社会主义思想研究机构、20 多所兄弟高校的知名专家、北京大学院系和职能部门的领导、青年学子、媒体代表等 200 多人参会，围绕全面建设社会主义现代化国家主题开展交流研讨。

此次学术研讨会旨在进一步深化对习近平新时代中国特色社会主义思想的整体性、系统性、学理化的领悟把握和研究阐释，把习近平新时代中国特色社会主义思想的时代主题与党和国家的中心任务有机结合起来，把新时代党的创新理论与相关学科专业的理论知识有机结合起来，把主题教育与关系中国人民和中华民族前途命运的伟大实践有机结合起来，把主观世界的提升与客观世界的改造有机结合起来，把学习和践行党的创新理论推向深入。

在大会主旨报告阶段，教育部社会科学委员会副主任委员、北京大学习近平经济思想研究中心主任顾海良教授指出，中国式现代化打破了现代化等同于西方化的迷思，具有独特的世界观、价值观、历史观、文明观、民主观和生态观，深刻表达了习近平新时代中国特色社会主义思想的内涵。应当将"六观"转化为可感、可行的语言范式和理论话语，既是中国话语，也是世界声音，这样才能对外讲好中国式现代化的故事。中国法学会副会长徐显明教授指出，党的二十大报告对于全面依法治国有两个创新极具价值和历史意义，一是在党的报告中第一次把法治作为单独一部分；二是在重大理念、思想或者战略布局上的创新，即在法治的轨道上全面建设社会主义现代化国家。中国人民大学原校长、国务院学位委员会学科评议组理论经济学组召集人刘伟教授指出，以中国式现代化推进中华民族伟大复兴是中国共产党的基本纲领、初心使命，更是新时代的中心任务。中国式现代化既体现人类文明的普遍性规律，又体现我们自身国情所决定的中国特色，是二者的有机统一。中国式现代化从物质文明、制度文明、精神文明、生态文明和开放文明五个方面，开拓了人类文明新形态。现代化经济体系的建成，意味着新发展理念可以得到有效的贯彻，意味着发展方式的根本转变，意味着实现高质量发展，从而确保中国式现代化如期实现，使中华民族的伟大复兴成为不可逆转的历史潮流。中央马工程咨询委员会委员、原中央党史研究室副主任李忠杰教授指出，中国规划用最具体、最实在、最具操作性的方式把中国式现代化的五个特色全部融汇和包含其中，是中国式现代化最独特的方式和最鲜明的特色。李忠杰从"宏大体系""改革完善""历史长卷""九个特点"以及"加强研究"五个层次进行了深入解读，提出中国规划是推进中国式现代化的基本方式，是中国式现代化的重要特色和亮丽名片，研究中国式现代化就要研究中国规划，应进一步使中国规划在中国式现代化中发挥更好、更大的作用。中央党校原校委委员、一级教授韩庆祥围绕中国式现代化的本质特征讨论了两个问题。第一，中国式现代化本质特征对接的是强国时代，体现的是强国逻辑。第二，中国式现代化的哲学逻辑、哲学根基和哲学范式是"主主平等普惠"，这一范式摒弃了主统治客的"主客二分"哲学范式，立足于"多种"要素构成的有机系统，把系统各要素都看作主体，并强调要素主体之间具有"平等性"，注重主体所具有的"普惠"性，共同富裕、平等发展、和谐共生等都是这一范式的具体体现。立足于这一哲学根基上的中国式现代化，为人类的现代化提供了具有光明前景的新图景。

在分论坛阶段，与会专家学者围绕"马克思主义中国化时代化""高质量发展与中国式现代化""国家治理现代化""现代化与法治中国建设""文化自信与文明互鉴""现代化与社会发展"以及"人与自然和谐共生的现代化"等主题进行了深入探讨和高质量交流。与会者认为，全面建设社会主义现代化国家是一项伟大而艰巨的事业，习近平新时代中国特色社会主义思想为这一充满光荣和梦想的远征提供了科学指南。习近平总书记关于中国式现代化的重要论述是习近平新时代中国特色社会主义思想的重要组成部分，是对世界现代化理论的重大创新突破，使

前　言

中国式现代化更加清晰、更加科学、更加可感可行，进一步深化了我们党对建设什么样的社会主义现代化强国、怎样建设社会主义现代化强国的认识，为新时代新征程全面建成社会主义现代化强国、以中国式现代化全面推进中华民族伟大复兴提供了科学指南。与会者提出，新时代新征程，理论界、学术界要把握好习近平新时代中国特色社会主义思想的世界观和方法论，坚持好、运用好贯穿其中的立场观点方法，进一步加强对这一思想的学习领悟和研究阐释。要围绕中国式现代化的重大理论和实践问题，组织跨学科研究力量同题共答，把新时代党的创新理论与相关学科专业的理论知识有机结合起来，加快建构中国自主的知识体系，为深入研究阐释习近平新时代中国特色社会主义思想，推进社会主义现代化强国建设，携手贡献更多的智慧和力量。

本次"全面建设社会主义现代化国家"学术研讨会是一场思想的盛宴。与会专家学者的真知灼见，为"全面建设社会主义现代化国家"这一主题注入了新思考、新观点、新认识，特此汇集成册，以飨读者。

与此同时，我们也应该认识到，中国式现代化初步形成了理论体系，时代和实践对于这一理论的深化研究提出了更高的要求。因此，开展中国式现代化研究，是新时代哲学社会科学工作者的时代使命。北京大学习近平新时代中国特色社会主义思想研究院将继续发挥优势，与相关领域的广大专家学者一道，在深入学习和研究阐释习近平新时代中国特色社会主义思想的过程中，着力研究习近平总书记关于中国式现代化的重要论述，弘扬理论与实际相结合的马克思主义学风，以科学的态度对待科学，以真理的精神追求真理，严谨务实，积极推出科研成果、推动交流合作，不断加强思想和理论的研究创新，用党的创新理论凝心铸魂、立德树人，为以中国式现代化全面推进中华民族伟大复兴提供更为坚实有力的理论支撑和智力支撑。

2023 年 10 月

目　　录

主旨发言

中国式现代化的理论体系及其哲理　　顾海良 / 3

全面依法治国的历史根据　徐显明 / 11

中国式现代化开拓人类文明新形态　　刘　伟 / 16

中国规划是中国式现代化的独特方式和鲜明特色　　李忠杰 / 24

中国式现代化的"强国逻辑"及其"哲学根基"　　韩庆祥 / 32

马克思主义与中国式现代化

引　言　孙熙国 / 41

深刻理解中国式现代化是全新人类文明形态　　罗方述 / 43

从人的逻辑看中国式现代化　丰子义 / 48

现代化的中国构架　仰海峰 / 54

中国式现代化是新时代党的理论创新的典范　　林振义 / 58

推动构建人类命运共同体是中国式现代化的本质要求　　于　江 / 65

用唯物辩证法深刻把握中国式现代化的发展逻辑　　王新生 / 68

唯物史观从后思索方法与中国式现代化历史叙事基础　　董　彪 / 71

高质量发展与中国式现代化

引　言　孙蚌珠 / 75

推进中国式现代化的学理性阐释和系统化构建　　周　文 / 80
建立和完善中国特色公共政策评估制度　　李志军　李逸飞 / 84
深刻理解和全面把握中国式现代化的系统性　　邱海平 / 96
中国式农村现代化的基本特征　　蒋永穆 / 112
以高质量发展推进中国式现代化的理论逻辑与
　　实践路径　　胡怀国 / 120
以高质量发展推动中国式现代化建设　　蒋同明 / 137
中国经济高质量发展的理论逻辑与实践方略　　张　辉 / 140

国家治理现代化

引　言　　王浦劬 / 147
现代化比较视野中的中国之治：理论逻辑与话语构建　　张树华 / 155
中国式现代化蕴含的独特民主观　　包心鉴 / 158
大治理观与大社会治理　　徐　勇 / 169
中国式现代化的政治意蕴阐释　　周光辉 / 171
比较现代化模式中的政党中心主义　　杨光斌 / 175
治理导向的民主
　　——全过程人民民主目标战略解析　　佟德志 / 177
现代化进程中的国民身份塑造　　周　平 / 182
中国式现代化的创新意义　　燕继荣 / 186
中国共产党国家的政治哲学　　姚　洋 / 193
他者之资：比较视野中的"中国式现代化"　　任剑涛 / 195

现代化与法治中国建设

引　言　　强世功 / 223
中国式法治现代化的主要特征和基本要求　　李　林 / 228
以"六个必须坚持"推进法治中国建设　　周佑勇 / 233

致力于构建中国特色法学学术体系　　王　轶／239

中国式司法现代化　　黄文艺／256

现代法治建构的中国方案　　喻　中／260

中国式现代化建设中的涉外法治观　　郭　雳／262

工农联盟：中国式现代化的一个宪法基础　　凌　斌／267

复杂治理挑战的边际应对　　戴　昕／274

从法律执行看国家信息能力　　胡　凌／279

司法如何"以人民为中心"：法治现代化的视角　　邵六益／282

文化自信与文明互鉴

引　言　　韩毓海／289

为实现中国式现代化营造良好舆论环境　　张首映／291

坚持文化自信　保障中国现代化　　钱乘旦／295

对习近平关于甲骨文研究与文化建设重要论述的思考　　李宗焜／298

以文明互鉴精神推动文化对外传播　　黄　平／304

由布罗代尔的文明史研究说起　　常绍民／308

"重写"百年文学史：中国式现代化的理论与实践　　贺桂梅／317

中国式现代化语境下的外语人才培养途径　　付志明／341

中国式现代化：现代文明的中国话语　　薛秀军／347

现代化与社会发展

引　言　　周飞舟／353

中国的阶层分化与社会建设　　张　翼／355

中国式现代化新阶段与社会建设新格局　　冯仕政／361

社会治理现代化进程中的韧性构建　　姜晓萍／366

治理现代化进程中的"人民命题"　　何艳玲／372

中国式现代化中的人才强国战略　　田　凯／377

目 录

人与自然和谐共生的现代化

引　言　郇庆治 / 383
实现人与自然共生的现代化的关键是找准阻碍这种共生的
　　根本原因是什么　陈学明 / 385
深入贯彻习近平生态文明思想以美丽中国建设推动实现人与自然
　　和谐共生的现代化　钱　勇 / 390
以人与自然和谐共生的现代化创造人类生态文明新
　　形态研究　方世南 / 397
再论"控制自然"　陈永森 / 402
人与自然和谐共生现代化的智慧、制度与治理　林　震 / 407
把握好习近平生态文明思想的经济学意义　黄承梁 / 415
人与自然和谐共生现代化的生态哲学意蕴　李全喜 / 421
建设人与自然和谐共生中国式现代化的方法与要义　周　鑫 / 431

主旨发言

中国式现代化的理论体系及其哲理

顾海良

(教育部社会科学委员会副主任委员、
北京大学习近平经济思想研究中心主任)

2023年2月7日,在学习贯彻习近平新时代中国特色社会主义思想和党的二十大精神研讨班开班式上,习近平总书记作出"初步构建中国式现代化的理论体系"[①]的论断。这一论断最为显著的理论创新,就在于对中国式现代化的实践逻辑和历史逻辑作出的精辟概述、就在于对中国式现代化哲理的要义挈领的深刻阐述。

在对中国式现代化的实践逻辑和历史逻辑的精辟概述中,习近平总书记从中国共产党百年奋斗的大历史观和中华民族伟大复兴的时代主题出发,以中国式现代化形成和发展的社会条件、历史背景、经济和政治基础等为主导,对中国式现代化主要进程及其系统过程作出精辟概述。

一是在新民主主义革命时期,我们党团结带领人民,浴血奋战、百折不挠,建立了人民当家作主的中华人民共和国,实现了民族独立、人民解放,为实现现代化创造了"根本社会条件"[②]。这一时期一开始,即在中国共产党成立之际,正值中国思想界关于"以农立国"和"以工立国"的论争再度展开。"以农立国"论者提出:"工国运命,已濒厄境。

[①] 《习近平在学习贯彻党的二十大精神研讨班开班式上发表重要讲话强调 正确理解和大力推进中国式现代化》,《人民日报》2023年2月8日。
[②] 《习近平在学习贯彻党的二十大精神研讨班开班式上发表重要讲话强调 正确理解和大力推进中国式现代化》,《人民日报》2023年2月8日。

若尚趋赴,何异自蹈陷阱中乎",中国继续"以农立国"则可以避免西方工业化国家生产过剩等诸多"弊疾"①。中国共产党创立初期的理论家们,自觉地从中国国情出发,以唯物史观为基本立场,在资本主义工业化弊端和工业化道路问题的探索中,杨明斋提出,欧洲各工业国中"劳资两阶级相对如寇仇","并不是工业生产的病,而是分配和财产权制度的病"②。在中国工业化道路选择问题上,瞿秋白在对中国国情分析的基础上提出:"中国的经济没有一个独立的前途,而只是在变成帝国主义的完完全全的附庸。只有工农革命的胜利,方才能够解放中国,使他在无产阶级的统治之下,用极快的速度,实行社会主义的工业化。"③恽代英提出:"国家握大工业之权,自能吸收小工业而完成共产,用交通及其他如电化之类,则可联络各种独立事业,使成为互相倚赖,而同时使工人集中,且加增其经济地位上的重要。"④

到20世纪30年代,在1933年《申报月刊》关于"中国现代化问题"的专辑中,中国共产党关于中国工业化和现代化的基本主张得到思想界的广泛认同,成为这一专辑讨论中的主流观点。这一专辑提出:"中国现代化的困难和障碍,并不如一般人所说的是缺乏资本与新式技术,而很明显的是国际帝国主义者,帝国主义的依生者,封建势力的余孽以及那些'佛乘飞机'之西学为用的中西文化融和论者。"⑤ 这一专辑还提出:"中国现代化的方式应当采取社会主义的……推进社会主义式的'中国现代化'"⑥;在选择"社会主义式"现代化方式和道路上,"真正使中国的经济结构成为社会主义的,那它的先决条件也就不得不是:(一)排斥帝国主义在华一切势力,取消一切不平等条约;(二)消灭帝国主义在华的工具"。在这两个条件未能达到之前,谈中国现代化

---

① 罗荣渠主编:《从"西化"到现代化》(下册),黄山书社2008年版,第769页。
② 杨明斋:《评中西文化观》,上海三联书店2014年版,第197页。
③ 《瞿秋白文集 政治理论编》(第六卷),人民出版社2013年版,第764页。
④ 《恽代英全集》(第五卷),人民出版社2014年版,第84页。
⑤ 《申报月刊》第二部第七号(1933年7月15日),第3—4页。
⑥ 《申报月刊》第二部第七号(1933年7月15日),第6、7页。

问题只能是"纸上谈兵了"①。

1949年3月，在党的七届二中全会上，毛泽东在对新民主主义革命胜利后工业化向现代化进展的条件与基础问题分析中认为，在"中国已经有大约百分之十左右的现代性的工业经济"的基础上，是能够"取得使我们的农业和手工业逐步地向着现代化发展的可能性。"② 中国共产党始终坚信，新民主主义革命的胜利、社会主义制度的建立，将为中国的工业化和现代化开辟广阔的道路。

二是中华人民共和国成立后，我们党团结带领人民进行社会主义革命，确立社会主义基本制度，建立起独立的比较完整的工业体系和国民经济体系，社会主义革命和建设取得了独创性理论成果和巨大成就，为现代化建设奠定"根本政治前提和宝贵经验、理论准备、物质基础"③。1954年9月，在第一届全国人民代表大会第一次会议的开幕词中，毛泽东就提出把我国"建设成为一个工业化的具有高度现代文化程度的伟大的国家"④ 的奋斗目标；周恩来则提出："如果我们不建设起强大的现代化的工业、现代化的农业、现代化的交通运输业和现代化的国防，我们就不能摆脱落后和贫困，我们的革命就不能达到目的。"⑤ 实现中国的现代化，不仅是中国共产党肩负的历史使命，也是中国共产党历史自觉的集中体现。

1957年2月，毛泽东在最高国务会议上进一步提出"将我国建设成为一个具有现代工业、现代农业和现代科学文化的社会主义国家"⑥ 的发展目标。1964年12月，在全国人大三届一次会议的《政府工作报告》中，周恩来正式宣告："在不太长的历史时期内，把我国建设成为一个具有现代农业、现代工业、现代国防和现代科学技术的社会主义强国，

---

① 《申报月刊》第二部第七号（1933年7月15日），第10页。
② 《毛泽东选集》（第四卷），人民出版社1991年版，第1430页。
③ 《习近平在学习贯彻党的二十大精神研讨班开班式上发表重要讲话强调　正确理解和大力推进中国式现代化》，《人民日报》2023年2月8日。
④ 《毛泽东文集》（第六卷），人民出版社1999年版，第350页。
⑤ 《周恩来选集》（下卷），人民出版社1984年版，第132页。
⑥ 《毛泽东文集》（第七卷），人民出版社1999年版，第207页。

> 主旨发言

赶上和超过世界先进水平。"① "四个现代化"的宏伟目标，表达了全国各族人民的共同愿望，使之成为中国共产党矢志不移的奋斗目标。

三是改革开放新时期，我们党作出以经济建设为中心、实行改革开放的历史性决策，实现了人民生活从温饱不足到总体小康、奔向全面小康的历史性跨越，为中国式现代化提供了"充满新的活力的体制保证和快速发展的物质条件"。在这一时期，从中华民族复兴和社会主义前途命运的高度，确立了新时期社会主义现代化建设的战略思想。1979年3月，邓小平在会见外国客人时提到："我们定的目标是在本世纪末实现四个现代化。我们的概念与西方不同，我姑且用个新说法，叫做中国式的四个现代化。"② "走出一条中国式的现代化道路"③ 的提出，集中体现了邓小平在新时期对中国共产党秉持的历史主动和理论自觉的创造性应用。"中国式的现代化道路"与"小康社会"发展相结合，形成了中国现代化建设的战略规划、发展步骤和阶段目标，集中体现了中国共产党领导中国现代化进程的理论境界和思想智慧。

从"根本社会条件"的创立到"根本政治前提和宝贵经验、理论准备、物质基础"的建立，再到"充满新的活力的体制保证和快速发展的物质条件"的确立，都是党领导全国各族人民不懈奋斗、顽强斗争得来的。砥砺前行、踔厉奋进，中国共产党承担着探索中国式现代化的历史重任，落实了中国式现代化发展的坚实基础和充分条件。

习近平在深透概述中，最为集中阐释的是党的十八大以来中国式现代化所实现的集成性的理论创新上的贡献。

一是从与时俱进、守正创新的理论品质上，党的十八大以来，我们党"不断实现理论和实践上的创新突破，成功推进和拓展了中国式现代化。"④ 新时代以来的十年间，我们党领导全国人民锐意创新、不

---

① 《周恩来选集》（下卷），人民出版社1984年版，第439页。
② 《邓小平年谱（一九七五——一九九七）》（上卷），中共中央文献研究室编，中央文献出版社2004年版，第496页。
③ 《邓小平文选》（第二卷），人民出版社1994年版，第163、164页。
④ 《习近平在学习贯彻党的二十大精神研讨班开班式上发表重要讲话强调　正确理解和大力推进中国式现代化》，《人民日报》2023年2月8日。

断奋进,在一系列变革性实践中,实现一系列突破性进展,创立一系列标志性成果,党和国家事业取得历史性成就、发生历史性变革,为中国式现代化提供了更为完善的制度保证、更为坚实的物质基础、更为主动的精神力量。

二是从马克思主义中国化时代化的理论创新和理论创造上,习近平新时代中国特色社会主义思想的创立,实现了马克思主义中国化时代化新的飞跃,为中国式现代化提供了根本遵循。习近平新时代中国特色社会主义思想,在全面建设社会主义现代化国家的新的历史征程中不断丰富和发展,成为中国式现代化最可靠的理论指导和行动指南。

三是从新时代新思想的重大战略课题上,我们党进一步深化了对中国式现代化的主要内涵和本质特征的认识,概括形成中国式现代化的中国特色、本质要求和重大原则,初步构建中国式现代化理论体系,"使中国式现代化更加清晰、更加科学、更加可感可行"①。十年砥砺前行、十年与时偕行。中国式现代化理论体系在党的十八大以来党和国家事业不断发展中得以"初步构建"。

四是从战略部署和基本方略上,我们党在战略上不断完善,深入实施科教兴国战略、人才强国战略、乡村振兴战略等一系列重大战略,"为中国式现代化提供坚实战略支撑"②。战略上的系统的整体谋划和方略上的统筹安排,稳中求进、锲而不舍,成就了中国式现代化理论体系上的底气和底蕴。

坚守历史主动和理论自信,中国式现代化才能在"理论体系"上昭示"既有各国现代化的共同特征,更有基于自己国情的鲜明特色";才能清晰地揭示其中的主要内涵和基本特征;也才能在党的二十大实现"理论体系"上的创新。

在对中国式现代化哲理要义挈领的阐释中,习近平提出:"中国式现

---

① 《习近平在学习贯彻党的二十大精神研讨班开班式上发表重要讲话强调 正确理解和大力推进中国式现代化》,《人民日报》2023年2月8日。
② 《习近平在学习贯彻党的二十大精神研讨班开班式上发表重要讲话强调 正确理解和大力推进中国式现代化》,《人民日报》2023年2月8日。

代化蕴含的独特世界观、价值观、历史观、文明观、民主观、生态观等及其伟大实践，是对世界现代化理论和实践的重大创新。"① 习近平从中国式现代化作出的六个"观"的概述，是中国式现代化"理论体系"哲理的核心要义。

习近平概述的这六个"观"，深刻地落实于中国式现代化主要内涵和本质特征之中，成为中国式现代化理论体系的内在的哲理规定。

一是在世界观上，深刻阐明中国式现代化蕴含的立足中国国情、拓展世界眼光、把握时代变迁的理念；深刻洞察人类发展进步潮流，系统理解新时代中国特色社会主义的本质特征。"大道之行也，天下为公"，中国式现代化从世界文明进步和发展的高度，积极回应各国人民普遍关切，借鉴吸收人类一切优秀文明成果，为解决中国的、也为探索世界的现代化问题作出贡献。

二是在价值观上，深刻彰显中国式现代化中蕴含的让人民获得解放是根本价值追求的信念。"国以民为本，社稷亦为民而立"，中国式现代化重要的要把为人民谋幸福作为根本使命，坚持全心全意为人民服务的根本宗旨。

三是在历史观上，中国式现代化始终从国情出发想问题、作决策、办事情，坚持历史主体、把握历史主题、坚守历史自信、保持历史耐心，永远把住历史进步的立场，不断推进人类社会从必然王国向自由王国进展。

四是在文明观上，坚持站在世界文明发展的高度，审视当今世界现代化发展趋势和面临的重大问题。"万物并育而不相害、道并行而不相悖。"中国式现代化要与中华优秀传统文化相结合，融入中华文明观的精粹和精华，不断吸收人类历史上一切优秀思想文化成果，以中国新文明观给世界上那些既希望加快发展又希望保持自身独立性的国家和民族提供了全新选择。

五是在民主观上，中国式现代化要不断发展和完善人民当家作主的制度保障，充分调动人民的积极性、主动性、创造性，更加切实、更有

---

① 《习近平在学习贯彻党的二十大精神研讨班开班式上发表重要讲话强调 正确理解和大力推进中国式现代化》，《人民日报》2023年2月8日。

成效地实施人民民主。中国式现代化实现的人民民主，重在"给所有的人提供健康而有益的工作，给所有的人提供充裕的物质生活和闲暇时间，给所有的人提供真正的充分的自由"①。民主是民生的政治保证，民生是民主的重要体现。要不断保障和改善民生，促进社会公平正义，在更高水平上，让发展成果更多更公平惠及全体人民，不断促进人的全面发展，朝着实现全体人民共同富裕不断迈进。

六是在生态观上，要敬畏自然、尊重自然、顺应自然、保护自然。自然是生命之母，人与自然是生命共同体，要坚持人与自然和谐共生，让人民群众在绿水青山中共享自然之美、生命之美、生活之美。

这六个"观"，深刻地落实于中国式现代化主要内涵和本质特征之中，成为中国式现代化理论体系的内在的学理和哲理规定。其中，世界观落实于中国式现代化是"中国共产党领导的社会主义现代化，既有各国现代化的共同特征，更有基于自己国情的中国特色的特征"的理论和实践之中；价值观彰显于坚持把实现人民对美好生活的向往作为现代化建设的出发点和落脚点，坚持"我国十四亿多人口整体迈进现代化社会"目标之中；历史观呈现于中国式现代化是在中华人民共和国成立特别是改革开放以来长期探索和实践基础上，经过党的十八大以来在理论和实践上的创新突破的探索之中；文明观体现于"不断厚植现代化的物质基础，不断夯实人民幸福生活的物质条件，同时大力发展社会主义先进文化，加强理想信念教育，传承中华文明，促进物的全面丰富和人的全面发展"之中；民主观凸显于保障人民当家作主，着力维护和促进社会公平、正义、民主、法治，着力促进全体人民共同富裕，不断提升美好生活的质量和水平；生态观体现于人与自然是生命共同体理念之中，"坚定不移走生产发展、生活富裕、生态良好的文明发展道路，实现中华民族永续发展"②。

---

① 《马克思恩格斯全集》（第28卷），人民出版社2018年版，第652页。
② 参见习近平《高举中国特色社会主义伟大旗帜　为全面建设社会主义现代化国家而团结奋斗——在中国共产党第二十次全国代表大会上的报告》，人民出版社2022年版，第22—23页。

习近平概述的这六个"观",与习近平新时代中国特色社会主义思想的世界观和方法论的"六个坚持",即"坚持人民至上""坚持自信自立""坚持守正创新""坚持问题导向""坚持系统观念""坚持胸怀天下"有着深刻的联系,要在六个"观"和"六个坚持"的结合上,深刻感悟中国式现代化的学理和哲理,深刻理解和把握中国式现代化理论体系的世界观和方法论的真谛。

全面依法治国的历史根据

徐显明

(十三届全国人大常委、全国人大监察和司法委员会副主任委员，中国法学会副会长，中国法学会法理学研究会名誉会长，教育部法学学科教学指导委员会主任委员)

习近平法治思想是一个内涵丰富、论述深刻、逻辑严密、系统完备的思想体系，深刻阐述了全面依法治国的一系列重大问题。在这其中就包括"为什么要实行全面依法治国"，对这一问题的阐述，主要从以下维度展开。

一 人类历史发展的一般规律维度

人类法治的历史发展过程揭示了法治的重要性。美国法哲学家埃德加·博登海默（Edgar Bodenheimer）认为，法治是人类社会迄今为止最好的治理方式。人类过去的一切发明，重在征服自然，自从有了法治，人类开始征服自己。法治是野蛮和文明的分野，有了法治人类才开始走向文明。

人类社会几千年的政治文明史是法治和人治关系不断演变的历史。中国的历史是这样，世界其他国家的历史也同样如此。人治和法治关系的历史，实际上是一个此消彼长的历史。习近平总书记深刻指出："法治和人治问题是人类政治文明史上的一个基本问题，也是各国在实现现代化过程中必须面对和解决的一个重大问题。纵观世界近现代史，凡是顺利实现现代化的国家，没有一个不是较好解决了法治和人治问题的。"

> 主旨发言

现代社会几乎所有实现了现代化的国家都是法治化国家，法治化是现代化的重要标志。党的二十大报告指出，中国式现代化"既有各国现代化的共同特征，更有基于自己国情的中国特色"。分析各现代化国家可以发现，工业化、市场化、民主化、法治化、城镇化、信息化和智能化是世界各国现代化的共同特征。习近平总书记强调："一个现代化国家必然是法治国家。"

如果法治化水平与经济发展水平不相适应，则国家难免掉入各类陷阱。习近平总书记在党的十八届四中全会第二次全体会议上的讲话中就指出："一些国家虽然也一度实现快速发展，但并没有顺利迈进现代化的门槛，而是陷入这样或那样的'陷阱'，出现经济社会发展停滞甚至倒退的局面。后一种情况很大程度上与法治不彰有关。"

二 新中国法治建设的经验维度

1949年2月，中共中央发布了《关于废除国民党的六法全书与确定解放区的司法原则的指示》。我们的法治是在废除了国民党的"六法全书"、废除了伪法统的基础上重新建设的。

新中国社会主义法治体系的建立和法治建设，大体上可以分为四个阶段：第一个阶段，1949年中华人民共和国成立至1956年。这是法治建设的初创阶段。这段时期通过了法律性文件731件，1954年中华人民共和国成立第一部宪法通过。第二个阶段，1957年至1976年"文化大革命"结束。这二十年是法治松弛的阶段，前十年法治处于徘徊状态，后十年法治遭到严重破坏。第三个阶段，"文化大革命"结束后至2012年党的十八大召开之前。这段时期，是恢复法治和建设中国特色社会主义法律体系的阶段。第四个阶段，党的十八大之后，我们进入全面依法治国的新时代。这四个阶段的经验表明，国家的兴衰，与依法治国息息相关，如同习近平总书记指出的那样，"什么时候重视法治、法治昌明，什么时候就国泰民安；什么时候忽视法治、法治松弛，什么时候就国乱民怨"。从新中国法治建设的经验中可以得出结论：法治兴则国家兴，法治衰则国家乱，必须坚持全面依法治国。

三　法治的一般原理维度

2014年10月，党的十八届四中全会通过的《中共中央关于全面推进依法治国若干重大问题的决定》指出，我国法治建设还存在诸多不适应、不符合的问题。解决这些问题的出路在哪里？我们的"工具箱"里有若干"工具"，在这些"工具"中，依法治理是最优选择，正如习近平总书记指出的那样，"依法治理是最可靠、最稳定的治理。要善于运用法治思维和法治方式进行治理"。党的二十大报告提出要"在法治轨道上全面建设社会主义现代化国家"，依法治国的思想是一以贯之的。

在"四个全面"战略布局中，全面依法治国具有特殊地位。在"四个全面"中，全面建成小康社会、全面建设社会主义现代化国家具有目标性，全面深化改革具有动力性，全面从严治党具有根本性和引领性。在全面建设社会主义现代化国家新征程上，全面依法治国具有全局性、基础性和保障性。党的二十大报告有若干重要创新。第一个创新是形式上的创新。党的二十大报告第七部分是专门讲法治的，在党的代表大会报告中把法治问题作为单独篇章进行谋篇布局，这在党的历史上是第一次。第二个创新是内容上的创新。党的二十大报告在重大理论上有若干创新。其一，党的二十大报告用六句话概括了十年来全面依法治国取得的成就，其中最具标志性的一句就是"全面依法治国总体格局基本形成"。这预示着党和国家厉行法治的决心越来越坚定。就像实现中华民族伟大复兴已经进入了不可逆转的历史进程一样，我们走法治道路也已经不可逆转。其二，全面推进国家各方面工作法治化。这是一个新要求。习近平总书记在讲到全面依法治国的目的时曾指出，全面依法治国决不是要削弱党的领导，而是要实现党的领导制度化、法治化。党的二十大报告提出要实现国家各项工作法治化，在逻辑上就把党的领导与国家各项工作打通了，换言之，就是要实现党的领导与国家各项工作全面法治化。其三，对法治价值观的深刻揭示。以什么为中心来开展法治工作？

主旨发言

习近平总书记指出："全面依法治国，必须紧紧围绕保障和促进社会公平正义来进行。"党的二十大报告明确提出，要围绕保障和促进社会公平正义开展法治工作，再次揭示了法治共同的价值观。过去我们讲让人民群众在每一个司法案件中感受到公平正义，这是对司法的要求；后来扩大到让人民群众在每项法律制度中感受到公平正义，这是对立法的要求；后又扩大至让人民群众在每一个执法决定中感受到公平正义，这是对执法的要求。所以，司法、立法、执法等法治的各个环节都要追求和实现公平正义。因此，这就揭示了全面依法治国的出发点和价值观，即公平正义。其四，对人权问题的再描绘。以往党的代表大会报告关于人权的表述都比较简洁。党的二十大报告关于人权问题的论述甚为丰富："坚持走中国人权发展道路，积极参与全球人权治理，推动人权事业全面发展。"这一表述应当与习近平总书记关于"保护人民权益，这是法治的根本目的"的论述结合起来理解。全面依法治国的根本目的和本质要求是依法保障人民的权益。十九届中央政治局第三十五次集体学习时强调中国特色社会主义法治体系建设；十九届中央政治局第三十七次集体学习专门讲尊重和保障人权。全面依法治国的本质可以从两个维度来解释，最终目的是维护人民群众的权益、尊重和保障人权。其五，习近平法治思想"十一个坚持"中的第五个坚持，过去表述为"在法治的轨道上推进国家治理体系和治理能力现代化"，在党的二十大报告中发展为"在法治的轨道上全面建设社会主义现代化国家"，这是一个重大发展。在党的二十大报告关于法治的全部表述中，这个创新是最具全面性、根本性和深远意义的创新。

法治与经济社会发展密不可分。习近平总书记指出，"市场经济就是法治经济"，"市场经济必然是法治经济"，"法治是最好的营商环境"。学界在分析中国各地经济发展差异时，关注到两个现象：一个是东部和西部的差别，这是生产力之间的差别。东部地区在人才、技术等方面比西部拥有更好的资源。一个是南方和北方的差别，这是生产关系实现方式上的差别。南方和北方在人才政策、国有经济和民营经济的关系以及分配关系等生产关系方面都存在差别，而这些差别集中反映为法治环境

全面依法治国的历史根据

的差别。2018年，习近平总书记在中央全面依法治国委员会第一次会议上的讲话中用九个字概括了法治的作用："固根本、稳预期、利长远"。党的二十大报告再次强调了法治的这一保障作用。法治的一般原理也表明，必须选择法治、必须坚持全面依法治国。

中国式现代化开拓人类文明新形态

刘 伟

(中国人民大学原校长)

以中国式现代化推进中华民族伟大复兴,这是中国共产党的基本纲领、初心使命,更是新时代的中心任务。"中华民族"这个范畴,"实现中华民族伟大复兴"这个目标不是我们共产党人首先提出来的。但是,它确实是从第一部党的《章程》就明确的党的基本纲领。在1922年党的第二次代表大会通过党的第一部《章程》当中就明确规定,党的最高纲领是实现共产主义,但是有一个最低纲领,或者叫作不同历史阶段的基本纲领,就是实现中华民族的伟大复兴。这个目标提出来以后,我们在不同的历史时期就始终围绕着这个目标而努力奋斗。

在新民主主义革命时期,党的主要任务是推翻三座大山建立新中国,目的就是为实现中华民族的伟大复兴奠定根本的社会条件,半殖民地半封建社会条件下是不可能实现民族复兴的。社会主义革命和建设时期我们党的主要任务是建立社会主义制度,进行社会主义建设的探索。为什么要完成这样的一个主要任务,目的是什么?是为我们实现中华民族的伟大复兴创造根本的政治前提和制度基础。

改革开放新时期,我们党的主要任务是什么?就是探索中国特色社会主义这个主题,为什么要探索这个主题?目的是什么?就是为实现中华民族伟大复兴提供更具活力的体制保证和快速发展的物质条件。党的十八大之后,中国特色社会主义进入新时代,新时代的一个主要的任务,尤其是党的二十大提出的一个中心的任务,是以中国式现代化推进中华民族伟大复兴。

所以，我们可以看到，我们党100多年的奋斗历史，实际上围绕着的一个基本纲领，围绕着基本纲领的达成所要实现的主要的任务在不同历史阶段有所区别，但是根本上是一个，就是实现中华民族的伟大复兴。

那以什么方式来实现中华民族伟大复兴呢？从人类文明发展史的进程来看，毫无疑问，以现代化的方式来实现中华民族的伟大复兴，这是一条文明的康庄大道，也是中华民族伟大复兴的不二选择。现代化这个概念进入中国的时候不叫现代化，当时叫西化，或洋化，这是在理论上。在实践上叫洋务，或洋务运动。但真正在理论和实践统一上建设性推动"中国式现代化"的是中国共产党。

1938年在延安召开的党的六届六中全会，毛泽东同志就特别指出了，我们党进行革命的目的是要干什么？是要把我们国家建设成为工业农业现代化的国家。到接下来党的七大，毛泽东同志又进一步指出，我们进行革命，把革命事业进行到底，目的是什么？目的就是把我们国家建设成为强大的现代化的国家，重新屹立于世界的东方。

中华人民共和国成立以后，从20世纪50年代、60年代，一直到70年代，毛泽东、周恩来等党和国家的重要领导人在多次会议上反复强调，要把我国建设成为四个现代化的国家。这中间遇到很多挫折，甚至很多失败。真正提出中国式现代化的理论、思想，尤其是把理论付诸于实践，取得历史性成就是在改革开放之后。邓小平作为改革开放的总设计师第一次明确提出"中国式现代化"这个概念，并且提出了中国式现代化的本质，概括了中国式现代化的主要特征。同时，他阐述了中国式现代化与中国特色社会主义理论体系之间的内在的联系。

党的十八大之后，中国式现代化无论是在理论上还是在实践上都取得了历史性的新的成就，理论上以习近平新时代中国特色社会主义思想为代表，标志着中国式现代化理论体系的形成，实践上中国取得的历史性的成就，尤其是经济社会发展的伟大的进展，标志着中国式现代化磅礴的生命力。正如习近平总书记曾经指出的，我们党100多年的历史，中间遇到很多挫折和失败，但是把我们国家建设成为现代化国家，实现中华民族伟大复兴的决心和意志我们从来没有动摇过。这是我今天讲的

主旨发言

第一个问题：以中国式现代化推进中华民族伟大复兴这是我们党的基本纲领、初心使命，更是新时代的中心任务。

第二个问题，什么是中国式现代化？党的二十大报告，习近平同志重要的讲话对中国式现代化的本质要求、基本特征作出了深入系统的阐释。对中国式现代化的历史进程，从战略目标、战略方针、战略步骤、路线图、时间表，特别是对未来五年这一个关键历史阶段我们要处理的主要任务都作出了系统的分析和具体的安排。

中国式现代化从开拓人类文明新形态的角度来看，从方法或者世界观、历史观上突出的一点是在人类文明的历史发展过程中，中国式现代化既体现人类文明的普遍性的规律，又体现我们自身国情所决定的中国特色，是这二者的有机的统一。

党的二十大报告以此为基础作出了系统的阐述，首先讲了它的本质要求，是由中国共产党领导；同时特别指出我们是坚持走中国特色社会主义道路；然后归纳起来是要开创一系列人类文明的新形态。

从人类文明进展的普遍性和中国国情决定的中国特色二者的统一上看，这种人类文明新形态的突破性的开拓集中体现在这样几方面。

第一，现代化无论是在哪个国家，无论是在哪个时期，它有一个共同的要求，一定是极大地解放生产力，推动人类的物质文明极大的发展，无论是历史上英国的工业革命，还是到现在所谓多次现代化的浪潮，这一点是普遍的，中国式现代化同样要体现这个文明的普遍要求，要空前地解放和发展生产力。

党的二十大报告里中讲到中国式现代化是人口规模巨大的现代化。就是中国的现代化不仅要建立在科技创新驱动、产业革命支持的物质文明发展的基础上，而且在这个发展过程中要有我们中国突出的特别的贡献，这个贡献是什么呢？如果中国式现代化的目标达成，我们将把进入现代化的世界人口从目前的16%一举翻一番以上，我们中国的人口占全球总人口的比重为17.9%，现在发达国家经济体40个左右，占总人口的比重约为16%。所以，人类现代化发展了几百年，到现在只有16%的人进入了现代化，中国如果实现了现代化，对人类物质文明发展的贡献恐怕是历史上任何一个单个国家和民族的现代化都很难比拟的，当然我不是不尊重其他国家现代化的历史，各有各的贡献，而是讲它对人类文明的影响程度。同时我们现代化面临的挑战也是前所未有的，不仅是中国发展前所未有，整个人类发展也前所未有，这是一个特点。

第二，人类现代化进程的一个普遍的要求，它不仅是物质文明进步，一定有制度文明创新。也就是说，工业化的前提，从历史上看是市场化，也就是商业革命是在产业革命之前，而市场化之所以能够出现有资产阶级的政治革命前提，没有资产阶级对中世纪的封建阶级统治地位的撼动是不可能的。我读到钱乘旦先生在《光明日报》上的一篇文章非常有收获，就是英国的光荣革命，光荣革命之后影响了地中海，西欧国家的地中海革命影响了大西洋、北美的大西洋革命，这一系列的革命反过来再影响亚洲，影响全世界，推动了整个世界的资本主义制度的催生，没有这些革命它不会有市场化，也不会有法治化。

在一系列制度创新的基础上催生了产业革命，蒸汽机的发明代表了资本主义的大机器工业革命的产生和它的基础，但是蒸汽机的发明远远落后于资产阶级革命发生的年代。这就是历史的辩证法，当生产关系严重束缚生产力的时候，变革生产关系就成为发展的具有决定性的因素。所以，中国的现代化一定是一个制度创新的过程，中国能跨越贫困的陷阱，重要的就是依靠制度创新、改革开放，创造了摆脱贫困、反贫困的人间奇迹，中国的跨越中等收入陷阱，进入高收入阶段，实现现代化，同样要依靠改革开放的动力，也就是要有进一步的制度创新。

但是，我们不是要在资产阶级革命基础上建立资本主义的市场化和法治化，也就是所谓的华盛顿共识，而是要走社会主义道路。因此，这种道路制度决定了发展成果突出的特点，我们是共同富裕的现代化。共同富裕是文明成果的共享，文明成果的共享取决于生产，生产决定分配，生产制度决定分配规则。正是因为我们的制度创新有它的特点，我们是中国特色社会主义的制度决定了我们的现代化的成果一定是全体人民共享的，当然这有历史的约束，一个逐渐实现的过程，但不会改变我们的方向。同时，这也是中国式现代化具有源源不竭动力的根本原因，就是人民共享，人民来推动这个过程，我想这是第二个特点。

第三，人类现代化的一个普遍要求，人类现代化一定是人的现代化，人的现代化说到底要有意识形态的演变，社会道德伦理秩序重构来支持的社会精神变革的引领。我们可以看到，资本主义现代化的过程的伦理、宗教的变革，特别是以资产阶级个人主义的道德观去否定中世纪的封建主义的道德秩序，这个过程充满了艰难，但是极大地解放和调动了人的积极性。中国式现代化一样要有精神变革的引领，但我们不是以资产阶级个人主义的道德基础来重构我们的伦理秩序，我们是以社会主义作为道德伦理重构的基础，也就是社会主义的核心价值观。

第四，人类现代化同样还有一个要求，就是人和自然的和谐。现代化一定是在人们认识和改造自然过程中不断提高人和自然之间的和谐性的过程，否则不叫文明进展。尽管这个过程当中或许由于人们的愚昧认识不到，或许由于人们认识到了，由于利欲熏心的驱动有意地去破坏，但是文明的趋势一定是在人和自然之间的和谐性不断提高的基础上。中国的现代化是人与自然和谐共生的现代化，而且我们特别强调保护优先，也就是说，我们和以往的现代化不同，过去是先污染后治理，已经形成了严重的环境赤字。我们坚持的是边发展同时边保护，而且是优先保护自然，优先尊重自然。

第五，人类现代化有一个要求，它一定不是封闭的，现代化的过程一定具有开放性。什么开放性？一定是市场的国际化和分工的全球化来支持的一种开放性，中国式现代化要体现这种开放性。但我们不是贯彻"丛林法则"，不是弱肉强食，不是殖民掠夺，而是贯彻人类命运共同体的理念。积极融入全球化，同时也会让世界分享中国现代化创造出来的新的机会，形成人类命运共同体。怎么去保证它？我们有我们的具体的战略措施，就是"一带一路"，高质量地推动"一带一路"。"一带一路"倡议是2013年的时候由习近平总书记提出来的，到2023年正好十周年，从一个简单的倡议走到今天，成为全球最好的"公共品"，我们相信它有着更广阔的未来。

中国式现代化开拓的人类文明的新形态，包括人类文明的物质文明、制度文明、精神文明、生态文明和开放文明，人类文明走到今天在这五个方面都形成了严重的赤字，亟待去处理和解决，要求各个国家拿出自己的方案。

接下来第三点，怎么实现中国式现代化？这是新时代的中心任务。要实现这个中心任务，党的二十大报告强调，以高质量发展推进中国式现代化是我们现在的首要任务。也就是要实现这个中心任务，当务之急是要实现发展方式的根本转变，实现高质量发展。什么是高质量发展？党的二十大报告做了高度的概括。

高质量发展在宏观上是供给和需求趋向于均衡的发展。在微观上高质量发展是主要依靠要素效率和全要素生产率提高带动的发展。在结构上，高质量发展是均衡协调的发展，是城乡之间、地区之间、产业之间，在中国尤其是城乡之间，克服二元性的、协调的发展。在开放上，高质量发展是制度型、高水平的开放式的发展。在风险防范上，高质量发展是安全的发展，也就是我们具有抗击打的韧性，特别是大国经济要有它的稳定性。党的二十大报告对高质量发展的要点的阐释集中体现在这样五个方面。没有高质量发展我们就很难真正地实现达成中国式现代化的战略目标。中国进入这个阶段，面临一系列挑战和困难都是前所未有的，习近平总书记在党的十八大之后反复强调我们面临的挑战、矛盾和困难。

那么，怎么去应对这些挑战，把握住历史的机遇，在根本上就是要依靠发展方式的根本转变，贯彻新的发展理念，实现高质量发展。否则的话，发展目标很难达成，党的二十大规划了战略目标，2050年前后，21世纪中叶实现强国目标，2035年基本实现现代化。2035年基本实现现代化有一条数量标准，人均国民收入水平要赶上中等发达国家的水平，中等发达国家的水平我们要赶上它的话，相当于中国2035年的GDP的总量比2020年翻一番。15年翻一番，年均增长率要达到4.73%，许多分析都证明，如果沿用传统的路径，不根本改变发展方式，未来15年中国未来自然增长率不具备4.73%的能力，也就是说到那个时候经济发展的最基本的指标难以达成。现代化不等于经济，但是离开了经济发展肯定不会实现现代化，这是我们的目标达成。

> 主旨发言

约束条件更严厉，西方很多人提出的质疑也在这儿，这么大的国家如果按照以往实现现代化的方式走下去，人类的资源能不能支撑？所以，对我们国家的碳排放要求就很高，我们2009年做了第一次承诺，当时承诺了每万元GDP的碳排放的减排的比例，即2020年单位GDP碳排放量较2010年降低40%—50%，没有做碳达峰的承诺，国际社会也不满意。2015年我们做出第二次承诺，承诺2030年碳达峰，但是我们没有做碳中和的承诺，还是面临强大的压力。2020年9月，习近平主席做出"双碳"的承诺，即2030年碳达峰、2060年碳中和。按原有的方式是达不成这个目的的，我们2021年中国碳排放量105亿吨，占全球30%，排在世界首位。

碳排放的下降和GDP高度相关，我们计算了数据，大概在0.67%以上。和产业结构工业化高度相关，这个相关性更大，比GDP还高，在0.71%以上，和城市化高度相关，我们现在是城市化65%，正在加速期，世界碳排放量的70%到80%是来自城市，而且碳排放还有一个成本问题，即宏观成本，碳排放从100亿吨降到90亿吨，每一吨碳排放的宏观成本，经济学叫影子价格，就是GDP的损失，是426元左右。但是从90亿吨降到80亿吨，每一吨碳排放的量的减排成本是4229元左右，不是渐进的，它是一个大台阶，能不能承受这些成本呢？另外，和我们的能源结构有关，中国是煤炭为主，怎么办？还有和我们的出口有关，因为国际上征收碳税是按照生产方来征，不是按照消费方来征，占用了我们的碳税指标出口到其他国家，特别是发达国家。我们又不敢减少出口，内需疲软，现在还要扩大出口，怎么处理？这一系列的矛盾看起来都似乎是无解。出路只有一条，根本转变发展方式，实现高质量发展。所以，我们说要达成现代化的目的，无论从目标函数，还是约束函数的要求来看，都需要实现高质量发展，这是我讲的第三个问题。

最后第四点，怎么实现高质量发展？习近平总书记在2023年两会期间去江苏代表团座谈特别讲了实现高质量发展要以构建新发展格局为战略基点，也就是通过构建新发展格局来实现推动高质量发展的转型，构建新发展格局有一系列基本的原则，构建新发展格局的战略目标是建成现代化经济体系，没有现代化经济体系，新发展理念就没有贯彻于实践的途径和桥梁。构建新发展格局的战略基点是扩大内需，我们有这个可能，大国也有这个要求。构建新发展格局的战略主线是深化供给侧改革，它影响生产者，不是影响消费者，是提高效率的关键。构建新发展格局的战略突破要形成地区性的新的战略发展极。比如，长三角、粤港澳大湾区、京津冀，从而引领全国。构建新发展格局的战略前提是高水平制度性开放。构建新发展格局的战略支撑是创新驱动，党的二十大报告特别讲了，人才、创新、教育是基础性的、战略性的支撑。最后，构建新发展格局的战略方针是稳中求进，即工作总基调。

我想这七个方面的战略原则贯彻下去，构建新发展格局就能目标达成，形成新发展格局之后，意味着现代化经济体系的建成，现代化经济体系的建成意味着新发展理念可以得到有效的贯彻，新发展理念得到贯彻，意味着发展方式根本转变，实现高质量发展，实现高质量发展中国式现代化才能克服一系列的挑战，而中国式现代化的如期实现才能使中华民族的伟大复兴真正成为不可逆转的历史的潮流。

中国规划是中国式现代化的独特方式和鲜明特色

李忠杰

(中央马工程咨询委员会委员,原中央党史研究室副主任,十二届全国政协委员)

中国式现代化是世界现代化潮流中既有共性又有个性的一个特殊类型和样式。中国式现代化的特色在哪里?需要通过与其他国家现代化的比较来论证。通过比较,我们可以发现,中国式现代化最独特的地方,至少其中之一,是中国规划。中国式现代化是中国共产党通过制订和实施一连串的计划和规划,组织动员全社会的所有资源,持续和有序地向着现代化目标推进的。中国规划用最具体、最实在、最具操作性的方式把中国式现代化的五个特色全部融汇和包含在其中了。

所以,中国规划是中国式现代化最独特的方式和最鲜明的特色。我从五个层面作一点梳理,用5个关键词加以概括:宏大体系、改革完善、历史长卷、鲜明特点、加强研究。

一 宏大体系

中国规划的主体首先是五年规划。20世纪50年代初中国开始实施五年计划,从"十一五"开始改成了五年规划,按照国家明确规定,现在已逐步形成三级三类的规划体系。"三级"包括国家一级、省一级、地市一级,"三类"包括国家规划、地方规划、专项规划。2018年中央又发文进一步要求建立一种整体规划体系,其中专门增加了空间规划。

到现在已经构筑起以国家发展规划为统领,以空间规划为基础,以专项规划、区域规划为支撑,由国家、省、市、县各级规划共同组成,定位准确、边界清晰、功能互补、统一衔接的国家规划体系。

对这种规划体系起指导作用的还有长达70年、100年的"三步走"发展战略,还有更长远的"两个一百年"奋斗目标等。

除了经济社会的发展规划中,党和国家还不断制定其他不同领域、不同层面、不同类型的规划。在规划实施过程中,还有更加具体的年度计划。这些规划和计划的性质和内容不尽相同,但综合起来,把治国理政和现代化建设的大事、小事都规划部署得井井有条。

这些规划不是局部的、微观的、技术性的、无关痛痒的,而是全局性、宏观性、战略性的,具有极其重大的分量,无论从规模、内容、重要性、时间维度还是空间维度来说都堪称气势恢宏,具体表现可以概括为:一是历史跨度,实属罕见;二是规模宏大,体系完整;三是计划市场,有机结合;四是渐次推进,前后相继;五是谋划战略,操作务实;六是宏观调控,富有弹性;七是举国体制,汇聚能量。

所有这些规划都具有鲜明的中国特色,其规模、数量、内容、时间跨度,它的原则性、系统性、有效性,都是世界上其他国家难以比拟和想象的。因此,我把它们统称为"中国规划",如此庞大的中国规划,把中国共产党治国理政和现代化建设的主要工作基本上都包揽了。

这是第一个关键词。

二 改革完善

这是第二个关键词。五年计划不是中国的原创,而是从苏联学来的。1953—1957年的第一个五年计划就是在苏联的帮助指导下制订的。但是,中国共产党对这种方式不断加以改进,使之更加符合中国的实际。

改革开放之后,中国逐步建立社会主义市场经济,五年计划作为国家宏观调控的一个基本手段仍然坚持了下来,但是内容和方式也按照市场经济的要求进行了多次重要的改革。1980—1985年的"六五计划"第

> 主旨发言

一次将国民经济计划改成了国民经济和社会发展计划。随后逐步将计划区分为指令性计划和指导性计划,并将五年计划改成了指导性计划,所定指标总体上是预测性、指导性的。计划制订也更加及时,改变了长期以来边制订边执行的被动状况。下放和减少中央,特别是计划委员会的权力,计委主要侧重于规划制定、宏观调控,而不是干预日常经济运行的事务。2006—2010年的"十一五"规划进一步将五年计划改为了五年规划,并首次提出约束性指标,其他指标则大都为预测性和引导性的。

经过这样的改革,五年规划以新的面貌在中国式现代化中发挥了重大作用。

三　历史长卷

中华人民共和国成立以来,已经制定实施了14个五年计划或者规划,以及其他各种规划。所有的中国规划都始终瞄准一个目标——社会主义现代化,是旨在推进社会主义现代化的规划。中国式现代化建设就是由这样一个个五年计划和规划连接起来的。

中华人民共和国成立初期,设想用15年的时间基本实现工业化,于是决定制订第一个五年计划,作为工业化启动的第一个中期计划。从"一五"到改革开放初,一共实行了5个五年计划,其中"一五"计划最为成功,是改革开放前完成得最好的一个五年计划。后来由于"左"的错误发展,"二五"计划遭受严重挫折,"三五"计划也受到"文化大革命"的冲击和影响。但从成绩上来说,它们总体上奠定了我国工业化、现代化的基础,基本形成了独立的比较完整的工业体系和国民经济体系。

改革开放后的一系列五年计划和规划都是坚定地向着现代化的目标前进。由于"文化大革命"的影响,原定在20世纪末实现现代化的目标已经不可能实现。所以,邓小平提出"三步走"的发展战略,把20世纪末的目标定为"小康之家",把实现现代化的目标推迟到21世纪中叶。改革开放后的每一个五年计划、五年规划各有特点,完成得都比较好，充分反映了改革开放的伟大成就。

具体来说，1981—1985年的"六五"计划是继"一五"计划后第一个比较完备的五年计划。1991—1995年的"八五"时期，最大成就是提前5年实现了到2000年国民生产总值比1980年翻两番的战略目标。1996—2000年的"九五"计划和到2010年的远景目标是中国社会主义市场经济条件下的第一个中长期计划，也是经济和社会跨世纪发展的宏伟蓝图。进入21世纪后，我国进入全面建设小康社会、加快推进社会主义现代化的新的发展阶段，21世纪头20年的任务是集中力量全面建设和全面建成小康社会。这期间的4个五年计划和规划都是在这样的历史背景和战略思想指导下制订的。

2016年开始的"十三五"时期是全面建成小康社会的决胜阶段，通过实施"十三五"规划纲要，到2020年全面建成了小康社会，实现了第一个百年奋斗目标。从党的十九大到党的二十大是"两个一百年"奋斗目标的历史交汇期，2021年开始实施的"十四五"规划和2035年远景目标纲要成为开启全面建设社会主义现代化国家新征程的第一个五年规划，是中国式现代化建设的最新版本。

所以，中华人民共和国成立以来的每一个五年计划或者规划都是一份份国家经济和社会发展的蓝图，都是走向现代化的一个个工程和台阶。习近平总书记指出，从第一个五年计划到第十四个五年规划，一以贯之的主题是把我国建设成为社会主义现代化国家。迄今为止的14个五年计划和规划连接和组合起来，就是一部中国式现代化建设的历史长卷，中国式现代化过程中所有的成功、挫折、经验、教训，现代化建设的指导思想、伟大成就，都能从这些计划和规划的制订、实施情况完整地表现出来。

四　鲜明特点

中国规划是中国共产党治国理政的重要方式，是国家组织推进中国式现代化的基本手段和主要工作，是中国特色社会主义的重要组成部分。

>> 主旨发言

中国规划在中国式现代化的进程中发挥着极其重要的作用，融汇了治国理政的几乎所有战略，是中国式现代化的独特方式和鲜明特色。这些中国规划充满了中国式现代化的大智慧，简要概括，我觉得有这样9个方面的特点。

第一，一套完整程序。比如，五年规划的编制至少要经过4个阶段，12个环节。所谓4个阶段，一个是根据国务院部署，由国家发展和改革委员会组织前期研究，形成基本思路。二是由中共中央组织调查研究，起草建议，经中央全会通过。三是由国务院负责具体编制规划，形成规划和纲要文本。四是将规划和纲要提请全国人大审议批准，通过后正式颁布实施。4个阶段再分解开来，至少要经过12个环节和步骤，一般需要两年半的时间，有的还更长。

第二，坚持党的领导。中国的全部规划都是在党的领导下制定的，再小的规划也都需要党委开会讨论通过。中共中央起草和通过建议是党对五年规划实施领导的基本方式。"一五"计划草案是由1955年3月党的全国代表会议讨论并原则通过的。关于"二五"计划的建议，则是由周恩来总理在党的八大上报告并由大会通过的，这也是20次党代会当中唯一专题讨论五年计划的一次会议。自党的十四届五中全会以来，中共中央关于制定五年规划的建议都是由党的五中全会审议通过的。

第三，坚持改革开放。改革开放是在不断实施一个又一个五年计划或者规划的过程中推进的，五年计划和规划本身也是在改革开放的进程中实现凤凰涅槃的。党的十一届三中全会以来的每一个五年计划和规划都贯彻了改革开放的精神，落实了改革开放的任务，推进了改革开放的进程。改革开放的所有内容、成就，包括经济体制的每一步改革，对外开放的每一步推进，发展战略的一个个实施，都可以在40多年来的一个个五年计划和规划中看到。

第四，总揽大局大势。每个五年计划和规划都是在一定的战略环境中制订的，怎样把握大局、大势关系着规划的基本方向和得失成败。毛泽东的《论十大关系》就是在制订"一五"计划的过程中形成的。"四五"计划的基本出发点是准备打仗，而且立足于早打、大打，所以集中力量建设大三线，布局上搞了"山、散、洞"。改革开放后，确认和平与发展是时代主题，所以每个五年规划都聚精会神搞建设，一心一意谋发展，大大增强了综合国力。党的十八大以来，党中央坚持系统谋划，统筹推进各项事业，形成了一系列新布局和新方略，指导了各种规划的制定。

第五，立足现实国情。各种规划能不能真正实事求是，从国情出发，从实际出发，关系到五年规划的成败，关系到国家发展的大局。"二五"期间，"共产风"、浮夸风、高指标和瞎指挥盛行，使计划的编制和实施失去了科学依据，也失去了真实完成的可能。党的十一届三中全会后，确认我国正处于并将长期处于社会主义初级阶段，所有的五年规划都是以此为基础向前推进的。具体到每一个项目、工程，都要建立在准确的国情、省情、市情的基础上，不符合实情就会造成重大失误和损失。

第六，汇聚智慧共识。每一个五年计划、规划，特别是改革开放以来的所有五年规划，从编制、审查、批准到贯彻实施的整个过程，都是一个听取民意、集中智慧、集思广益、凝聚共识的过程，体现了协商民主和全过程民主。比如"十四五"规划编制工作，除了各种调查研究，征求意见外，还在2020年8月开展了网上意见征求活动，累计收到网民建言超过101.8万条。在每年"两会"期间，人大代表听取政府工作报告，审议五年规划或年度计划。全国政协委员也要参加讨论，提出的建议和意见层次很高，对完善和执行规划也发挥了重要作用。

第七，完善规划体制。"一五"计划的编制工作先是由中央财经委员会负责，1953年6月，改由国家计划委员会编制。国家计委最初是与政务院平行的机构，1954年改为隶属国务院。国家计委在制订实施多个五年计划过程中发挥了重要作用。改革开放后，计划体制逐步改进，国家计委经多次机构改革，于2003年更名为国家发展和改革委员会。党的十八大以来，国家发展和改革委员会贯彻新发展理念，把主要精力转到管宏观、谋全局、抓大事上，加强跨部门、跨地区、跨行业、跨领域的重大战略规划，重大改革、重大工程的综合协调，统筹推进创新改革，进一步减少了微观管理事务和具体审批事项。

第八，推进民主法治。中共中央虽然领导五年规划的制订，但是在形式上，向全国人大提交的是"建议"，按照《宪法》和法律规定，必须由全国人大最后审议通过。这一法律程序既坚持了中国共产党对国家事务的领导，又坚持了依法治国的方略，符合《宪法》和法律的规定，体现了人民当家作主的《宪法》原则。除了对五年规划进行审查外，每年一次的人大会议还要对前一年的决算和当年的预算进行审查。全国人大依法对重大项目进行审查，比如说，长江三峡工程经过了长达几十年的研究论证过程，其间建设方案曾获中共中央和国务院批准，但是由于周培源等在全国政协会议上提出不同意见，中央又决定分14个专题，花了两年8个月的时间重新论证，并做了重大改进。国务院组织审查后，提请1992年的全国人大五次会议审议，最终通过了关于兴建长江三峡工程的决议。

第九，确保贯彻落实。五年规划批准之后，国务院就要按照职责分工，将计划、规划提出的主要目标和任务分解落实到各地区、各部门，明确约束性指标的责任部门，将约束性指标分解到各个地区，建立约束性指标的公报制度，并纳入各地区、各部门经济社会发展综合评价和绩效考核，组织全国具体实施。自1994年以来，还每年举行一次中央经济工作会议，对规划的实施和推进起到了重要作用。直接与五年计划、规划有关的是每年的计划工作会议，后来改为"发改工作会议"。从"十一五"开始进一步实施了五年规划的中期评估和调整制度，不仅加强了规划实施的监测，有助于及时解决规划实施中的问题，而且为下一个五年规划奠定了基础。

这样一套完整的运作程序和方式，在当今世界上可以说是独一无二的，充分体现了中国共产党的执政理念和执政方式。它既坚持了中国共产党的领导，又坚持了人民当家作主的原则；既符合广大人民群众的根本利益，又确保了计划、规划的科学性、合理性；既满足了人民群众的现实利益和需要，又符合长远的发展目标和国家整体利益；既统筹了宏观全局，又突出了问题导向；既是在进行顶层设计，又坚持了问计于民；既体现了政府的宏观调控，又发挥了市场对资源配置的决定性作用。

所以，中国规划是推进中国式现代化的基本方式，是中国式现代化的亮丽名片，是中国式现代化最独特的方式和最鲜明的特色，把中国式现代化的五个特色都包含在里面了。

五　加强研究

研究中国式现代化就要研究中国规划，并进一步提高规划工作的水平。比如，怎么加强上下左右各种规划之间的衔接？如何提高中国规划的国际化水平，将中国的发展放在世界大环境中进行统筹谋划？如果规划的战略指导有不足和失误，如何及时修正和纠错？如何在规划结束时对规划完成情况进行系统分析和全面总结？如何在国家统筹的同时更加充分地激发全社会的动力和活力？所有这些问题，都需要进一步加以研究，通过深入研究，进一步使中国规划在中国式现代化当中发挥更好、更大的作用。

中国式现代化的"强国逻辑"及其"哲学根基"

韩庆祥

(中央党校原校委委员、一级教授)

实现现代化是一个世界各国共同的命题,中国式现代化既然是现代化,就要遵循现代化发展的共同要素和基本规律。要实现工业化、市场化、城市化、全球化、信息化等,也要注重自由平等、民主法治、公平正义,还要追寻动力、平衡、治理这一条发展规律。

现代化起始阶段,现代化发展动力是非常重要的,例如飞机起飞的时候动力很关键。现代化进入持续发展的阶段,动力依然重要,但是平衡、稳定就显得相对重要了,飞机在空中飞行,平衡、稳定就很重要。当发展动能不足,发展失衡的时候,治理是关键。

中国式现代化既然是中国式的,自然具有中国特色的本质特征。这个本质特征就是党的二十大报告讲的五句话,人口规模巨大的现代化,全体人民共同富裕的现代化,物质文明和精神文明相协调的现代化,人和自然和谐共生的现代化,走和平发展道路的现代化。

围绕中国式现代化的本质特征,主要谈两点。

一 中国式现代化本质特征对接的是强国时代,体现的是强国逻辑

(一)中国式现代化的使命任务

党的二十大报告指出,中国共产党的使命任务是全面建成社会主义现代化强国,以中国式现代化全面推进中华民族伟大复兴,这是在新时

代要全面建成社会主义现代化强国，全面推进中华民族伟大复兴的强国时代这个背景下提出中国式现代化的本质特征。或者中国式现代化的本质特征是直接对接全面建成社会主义现代化强国，全面推进中华民族伟大复兴的现代化。

1978年改革开放之初，邓小平提出过中国式的现代化道路，这里边有一个"的"，没有把"的"字省掉，中国式的现代化道路这个概念有特定的内涵，就是大家经常理解的两个含义，适合中国国情，达到小康水平。显然邓小平讲的中国式的现代化道路不是对接这个强国时代的。党的二十大报告强调中国式现代化是对接新时代的，是对接全面建成社会主义现代化强国，对接实现中华民族伟大复兴的。

中华人民共和国成立以来，特别是改革开放以来的长期探索和实践，为创新突破、充分推进中国式现代化奠定了坚实基础，而经过党的"十八大以来的理论和实践上的创新性突破"，成功拓展和推进了中国式现代化的主体本身。这句话出现在党的二十大报告第三个部分的第二个自然段。创新突破、成功推进中国式现代化的主体本身，党的十八大之前是奠定基础，党的十八大之后是中国式现代化的主体本身，这个主体本身的历史起点和逻辑起点是党的十八大以来，党的十八大以来中国特色社会主义进入了新时代。当然，党的十八大以后，特别是党的十九大报告发表以后，对新时代的时间节点和如何理解，学术界存在争议。

习近平总书记在党的十八大之后明确提出中国特色社会主义进入新时代。党的十八大以后，中国特色社会主义进入新时代，这是我国发展新的历史方位，这个历史方位是什么样的历史方位呢？党的十九大报告第一个部分讲了三个"意味着"，其中第一个"意味着"是最为鲜明的，对新时代的本质特征给出了一个定义，当然后边两个"意味着"也给出了定义。第一个"意味着"是后边两个意味着的基础和前提，没有第一个"意味着"就不可能有第二个"意味着"、第三个"意味着"。第一个"意味着"的表述是经过长期努力，中国特色社会主义进入了新时代，这是一个中华民族迎来了从"站起来""富起来"到"强起来"的伟大飞跃，这就是对新时代新的历史方位最重要的一个定位，这是我国发展

> 主旨发言

起来以后，由大国成为强国，实现"强起来"的新时代新的历史方位。

就国内而言，显然是直接对接全面建成社会主义现代化强国，全面推进中华民族伟大复兴的。就世界而言，它是直接对接从"世界失我"，到"世界有我"，再到"世界向我"的中国式现代化的世界发展的逻辑。1978年改革开放之前，邓小平同志到欧洲考察，到新加坡、日本考察，观察我国周边的"亚洲四小龙"，他深深地感觉到中国大大地落后了，再不加快发展，就有被开除"球籍"的危险。这在一定意义上就意味着在现代化的潮流当中有"世界失我"的情况存在。

1978年以后，中国共产党坚定不移地走中国特色社会主义道路，后来证明这条道路走得稳、走得宽、走得好，在整个世界的现代化过程当中我们这条道路越来越有自己的自主性、独立性、主体性。清华大学曾召开一个国际研讨会，是"北京共识"对"华盛顿共识"的对话研讨会。我们提出"北京共识"，这个表达是"世界有我"的存在，不再是"世界失我"了，我们大推进了，"世界有我"了。

党的十八大以后，中国特色社会主义进入了新时代，中国特色社会主义道路、理论、制度、文化的不断发展，为发展中国家走向现代化拓展了新的途径，为世界上那些既希望加快发展而又希望保持自身独立性的国家和民族提供了全新的选择，为解决人类问题贡献了中国智慧和中国方案。党的二十大报告又进一步强调，中国式现代化为人类实现现代化提供新的选择。这一系列表述就意味着在世界现代化的潮流当中，在某些方面有一种"世界向我"的存在。

由"世界失我"，经过"世界有我"，到"世界向我"，表达了中国式现代化的世界意义越来越突出。中国式现代化的本质特征都是为全面建成社会主义现代化强国，全面推进中华民族伟大复兴而提出的，它的目标追求及其实质就是把我国全面建成社会主义现代化强国，其中蕴含的就是使我国发展壮大，使大国成为强国的强国逻辑。

（二）我国发展壮大的必由之路

党的二十大报告指出，贯彻新发展理念是我国发展壮大的必由之路。

党的二十大报告的结语实质上是讲三大动员，即全党动员、全民动员、全国青年动员。在讲到全党动员的时候讲五个必由之路，其中有一个必由之路，就是贯彻新发展理念是新时代我国发展壮大的必由之路。这是我们在长期探索和实践中得出的至关紧要的规律性的认识。这意味着新发展理念在理论上是逻辑先于中国式现代化本质特征的，中国式现代化本质特征是贯彻新发展理念的内在本质要求，而贯彻新发展理念是我国发展壮大的必由之路，它是通过大力推进中国式现代化来实现的。

新发展理念正好对接中国式现代化的五大本质特征。协调发展，内在要求物质文明和精神文明相协调；绿色发展，内在要求人与自然和谐共生；开放发展，内在要求中国的开放必须走和平发展道路，我国实行开放所追求的最高目标就是世界和平发展、合作共赢；共享发展，内在要求是实现全体人民共同富裕。这四条实现了逻辑上的无缝对接。

这里关键在于如何理解创新发展。党的二十大报告结语的三大动员有全民动员，全民动员的实质，是充分发挥亿万人民的创造伟力。中国式现代化是人口规模巨大的现代化，这意味着中国式现代化的出发点是人，落脚点是要真正解决好14亿多人口整体迈进现代化社会，并实现现代化的问题。人口规模巨大，首先是人口问题，14亿多人口首先需要生存，要生存首先必须解决衣、食、住的问题。所以，物质生活资料的生产和实现物质财富，就显得十分重要了。作为14亿多人口的大国，中国实现现代化的成果除以14亿，其平均值相对比较低，在实现现代化的过程当中出现的问题再乘以14亿，小问题就会变成大问题，甚至成为难题。大有大的好处，大也有大的难题。人口规模巨大，其次是人力问题，这就涉及人力资源的开发，涉及发展问题。人力资源开发得好，人口包袱就会变成财富，人口阻力就会变成发展动力。因此，14亿多人口实现现代化，注重人力资源开发就显得至关重要了。人力资源开发得好，既有助于为中国实现现代化注入强大的动力，也有助于解决14亿多人口实现共同富裕的问题。人口规模巨大，还是一个人才的问题。人口问题基本是生存问题，人类问题基本是发展问题，即基于劳动能力创造社会财富，进而推动经济社会发展。而人才问题基本上是个创造问题，它不仅

> 主旨发言

创造物质财富，还要创造精神财富，不仅创造物质文明，还要创造精神文明。同时，在创造社会财富的过程中还要保护好自然环境，实现人与自然在物质、信息、能量交换中的和谐。人口规模巨大，还是一个世界性问题，也就是在向世界开放中走什么样的发展道路问题。中国共产党领导的社会主义现代化是 14 亿多人口实现的现代化，必须走和平发展、合作共赢的发展道路，要为人类谋进步，为世界谋大同，积极构建人类命运共同体。因此，14 亿多人口要整体迈进现代化社会，就必须充分发挥亿万人民的创造伟力，它和创新发展又实现了完美对接。

二　中国式现代化的哲学根基

中国式现代化对接的是强国时代，体现的是强国逻辑，它的哲学根基，用一个学术概念来表达，就是"主主平等普惠"。

中国式现代化既体现的是主主平等普惠，又依靠的是主主平等普惠。因此，中国式现代化还需要进一步从哲学根基上加以理解，这关乎到中国式现代化的根和本，关系到中国式现代化的大道和灵魂，关系到对中国式现代化理解的高度和深度。

从更为根本的意义上来讲，从应然走向实然的意义上来讲，中国式现代化既区别于又高于西方现代化，这是哲学根基、哲学范式的一种区别。西方现代化对推进世界历史发展发挥过积极作用，同时西方现代化在很大程度上以两极分化、物质主义膨胀、单向度发展、掠夺自然资源和殖民主义扩张为本质特征，它的哲学根基是"主统治客""主客二分"。在社会财富的分配上，它把资本和资本家看作主，把劳动和工人看作客，奉行的是资本占有劳动并控制整个社会的资本逻辑，是主客二分的哲学逻辑，这种逻辑必然会导致两极分化。在物质文明和精神文明的关系上，他伸张的是物质主义膨胀的单向度发展。所以，它就出现了物欲横流、精神萎靡的社会现象，使物质文明和精神文明发展出现不协调。马尔库塞的《单向度的人》，弗洛姆的《健全的社会》《占有还是生存》，就是描述这种现象的。在人与自然的关系上，在一定的历史时期，它把人看作改造和征服自然的主人，把自然看作人类征服和改造的对象，因而便无止境地向自然索取，甚至破坏自然。在世界各国之间的关系上，它把西方国家看作主，把非西方国家看作客，客随主便，因而西方一些国家走的是通过战争、殖民、掠夺等方式实现现代化的道路。

中国式现代化的哲学根基是主主平等普惠，它既区别于又高于西方式现代化。当然这里有个限定，即它是在从应然走向实然的征途当中，区别并高于西方现代化的。全体人民共同富裕的现代化，意味着人人在创造和享受现代化成果方面是平等的，人人都是平等的主体，首先共同富裕就意味着"平等普惠"。物质文明和精神文明相协调的现代化，意味着物质文明和精神文明要齐头并进，在发展机会上是平等的，这是一种机会平等和发展平等。人与自然和谐共生的现代化，意味着人与自然都是平等交换物质、信息、能量的主体，在普惠的意义上，它是一种和谐共生关系。走和平发展道路的现代化，意味着世界上任何国家，不论强弱、大小，在主权上、机会上、规则上都应当是平等的，这是普惠意义上的国家平等。

显然，中国式现代化本质特征的哲学逻辑、哲学根基、哲学范式是"主主平等普惠"。基于这一哲学根基的中国式现代化，能创造人类文明新形态，也能为人类实现现代化提供具有光明前景的新的选择。

马克思主义与
中国式现代化

引　言

孙熙国

（北京大学习近平新时代中国特色社会主义思想
研究院常务副院长、马克思主义学院教授）

我们平行论坛一系马克思主义中国化时代化，11位专家的发言的质量都非常高。我们这个平行论坛有一个特点，是大家紧紧围绕中国式现代化发表了很精彩的见解，丰子义老师从人的逻辑看中国式现代化，仰海峰院长讲的现代化的中国建构，秦宣院长讲的中国式现代化理论体系初探，引起了大家很大的兴趣和热情，辛向阳书记讲的习近平思想是对马克思主义世界观、方法论的坚持和运用，这些发言都非常精彩，紧紧围绕中国式现代化。

中国式现代化，党的二十大报告讲了五个民族特色，五个民族特色背后最根本的逻辑我认为就是马克思主义，五个民族特色其实是马克思主义理论的一个深化，也可以说，是马克思主义现代化理论的升华，秦宣教授说马克思、恩格斯没有现代化理论，看怎么理解，应该是马克思主义思想的一个升华。为什么说是升华呢？刚才丰子义老师讲的人的逻辑，从人的逻辑看现代化建设，因为现代化本质上是人的现代化。所以，五个民族特色，第一点人口规模众多，我认为，第一点应该强调人的自由全面发展，现代化的本质就是要实现每一个人的自由全面发展。所以，我们是人口规模众多的现代化，实现全人类的解放。它必然就要和平发展，必然就要心怀天下，所以这是一个头、一个尾。民族特色的第五点，他心怀天下，因为马克思主义要解放全人类，习近平总书记讲马克思主义博大精深，归根到底，就是一句话，为人类求解放，马克思、恩格斯讲的实现每一个人的自由全面发展都是这个意思。所以，现代化的五个民族特色，一头一尾讲的就是这个意思。

中间还有三句话，是讲什么呢？其实就是怎么实现人的全面发展的一个具体的描述。第一点是共同富裕，共同富裕在五个民族特色中是第二点，中间还有三条。一个是共同富裕，共同富裕要求我们做社会的主人，因为按照恩格斯的《反杜林论》和社会主义从空想到科学的发展里面的一个表述，共同富裕就是只有你做了自己的社会结合的主人，你才能够共同富裕。然后物质文明和精神文明协调发展的现代化，其实是要求我们做人自身的主人，就是人不能片面发展，人一辈子一个是养体、一个是养心，一个物质文明、一个精神文明，做人自身的主人。人与自然和谐共生呢？其实是讲做自然的主人。所以，中间的三点，一个做自然界的主人，一个做社会的主人，一个做人自身的主人，这就是恩格斯一直强调的"三个主人"的理论，也是马克思、恩格斯分别在1843年的《政治经济学批判大纲》、1943年年底和1944年的《经济学哲学手稿》里面提出来的"三个和解"理论，一个是人与自然的和解，一个是人与人的和解，一个是人类本身的和解，所以它背后的深层逻辑就是马克思主义。

所以，基于这样一个问题，整个的中国式现代化就是讲让我们做自然、社会和人自身的主人，实现每个人的自由全面发展，胸怀天下，就是这样一个内容。

深刻理解中国式现代化是
全新人类文明形态

罗方述

(教育部高等学校科学研究发展中心主任)

习近平总书记指出:"中国式现代化,深深植根于中华优秀传统文化,体现科学社会主义的先进本质,借鉴吸收一切人类优秀文明成果,代表人类文明进步的发展方向,展现了不同于西方现代化模式的新图景,是一种全新的人类文明形态。"这一重大论断,指出了中国式现代化成为全新的人类文明形态的重要缘由,展现了当代中国共产党人的人类文明观,是现代化理论的重大创新。

一 植根中华优秀传统文化 为中国式现代化奠定文化根基

中华优秀传统文化,是中华民族的根和魂,是中华民族生生不息的精神力量,蕴含着人类文明所需的许多宝贵财富,也是我们推进中国式现代化的文化资源。习近平总书记强调:"如果没有中华五千年文明,哪里有什么中国特色?如果不是中国特色,哪有我们今天这么成功的中国特色社会主义道路?"

中华优秀传统文化,为中国式现代化提供了强大精神力量。中国式现代化是全面的、整体的现代化,包含着经济社会的全面发展、人的全面发展、人与自然的和谐发展。不管哪个方面的发展,都需要精神文化力量。我国有百万年的人类史、一万年的文化史、五千多年的文明史。

中华文明是世界上唯一自古延续至今、从未中断的文明。古埃及、古巴比伦、古印度、古中国，这四个地区是人类文明最早诞生的地区，都发展出独特的文化。尼罗河流域的古埃及文明、两河流域的古巴比伦文明、恒河流域的古印度文明，都因战争、自然环境的变化而中断。中华文明虽然也经历过多次重大危机，但始终没有中断。正是秉持高度的文化自觉和坚定的文化自信，中国共产党人始终重视从中华优秀传统文化中汲取营养和智慧，始终注重将马克思主义与优秀传统文化相结合，这使中国式现代化有了文化沃土。

中华优秀传统文化为中国式现代化提供了重要内容。中国式现代化是物质文明和精神文明相协调的现代化。丰富人民精神世界是中国式现代化的本质要求。物质贫困不是社会主义，精神贫乏也不是社会主义。中国式现代化不仅要物质富足，也要精神富有。中华优秀传统文化，是中国人民的精神家园。但是，需要指出的是，中国式现代化对中国传统文化的继承不是简单的搬用。习近平总书记指出，当代中国的伟大社会变革，不是简单延续我国历史文化的母版，不是简单套用马克思主义经典作家设想的模板，不是其他国家社会主义实践的再版，也不是国外现代化发展的翻版。中华优秀传统文化要起作用，必须使它的精髓能够延续到当代，在现实中起作用。中国式现代化坚持古为今用，对中华优秀传统文化进行创造性转化、创新性发展。

二 体现科学社会主义的先进本质 为中国式现代化确保性质方向

中国式现代化是中国共产党领导的社会主义现代化。党的领导决定中国式现代化的根本性质，党的领导直接关系中国式现代化的根本方向、前途命运、最终成败。在改革开放之初，邓小平同志就明确指出："现在我们搞四个现代化，是搞社会主义的四个现代化，不是搞别的现代化。"中国式现代化作为社会主义现代化，充分体现着科学社会主义的先进本质。

中国式现代化坚守人民至上的理念，突出现代化方向的人民性。人民性是马克思主义最鲜明的特征,马克思主义博大精深,归根到底就是一句话,为人类求解放。我们党在探索和推进现代化过程中,始终将人民放在心中最高的位置。党的二十大报告指出:"坚持以人民为中心的发展思想。维护人民根本利益,增进民生福祉,不断实现发展为了人民、发展依靠人民、发展成果由人民共享,让现代化建设成果更多更公平惠及全体人民。"习近平总书记在中国共产党与世界政党高层对话会上进一步就现代化之问中与人民最密切相关的部分,郑重给出了中国共产党的答案。他强调,现代化的最终目标是实现人自由而全面的发展。现代化道路最终能否走得通、行得稳,关键要看是否坚持以人民为中心。现代化不仅要看纸面上的指标数据,更要看人民的幸福安康。"

中国式现代化以马克思主义为根本指导思想,具有资本主义文明无法比拟的优越性。在人类文明发展史上,资本主义文明形态是高于传统文明形态的现代文明,它创造了高度发展的生产力即物质文明,它打破了各国之间的封闭状态,创造了世界历史。但资本文明又是充满着"活生生的矛盾"的文明,是"只能造成灾难"的文明。它导致了人的异化;它创造的全球化受到资本的支配,造成了世界冲突以及文明、文化的趋同化,破坏了文明的多样性。正因如此,马克思对资本主义文明进行了深刻的批判,并在批判的基础上提出了关于未来社会文明形态的设想。未来社会文明形态将对资本主义文明实现积极扬弃。扬弃资本主义文明悖论的过程,就是不断为共产主义创造条件的过程。中国式现代化对资本主义文明无法打破的自身限度实现了根本性超越。中国共产党在引领和推动现代化进程中,既充分肯定资本在发展社会主义市场经济中的积极作用,又强调要正确认识和把握资本的特性和行为规律,防止资本无序扩张,为资本设置好"红绿灯"。

三 借鉴吸收一切人类优秀文明成果 为中国式现代化提供丰厚滋养

中国式现代化不是孤芳自赏的现代化,也不是封闭僵化的现代化。

作为世界上最大的马克思主义政党,中国共产党始终保持胸怀天下的情怀。中国式现代化吸收借鉴了一切人类优秀文明成果,在推动人类社会现代化进程、繁荣世界文明百花园中具有不可替代的作用。

作为中国式现代化的领导者,中国共产党以世界眼光关注人类前途命运,从人类发展大潮流、世界变化大格局、中国发展大历史正确认识和处理同外部世界的关系,这当然也包括正确认识和处理同一切人类优秀文明成果的关系。1956年,毛泽东同志在探索中国社会主义建设的重要文献——《论十大关系》中指出:"我们的方针是,一切民族、一切国家的长处都要学,政治、经济、科学、技术、文学、艺术的一切真正好的东西都要学。"改革开放之后,我们党更加注重学习借鉴吸收人类一切文明成果。邓小平同志强调:"社会主义要赢得与资本主义相比较的优势,就必须大胆吸收和借鉴人类社会创造的一切文明成果,吸收和借鉴当今世界各国包括资本主义发达国家的一切反映现代社会化生产规律的先进经营方式、管理方法。"党的十八大以来,习近平总书记多次强调要借鉴吸收一切人类优秀文明成果。习近平总书记在中国共产党与世界政党高层对话会上郑重提出"全球文明倡议",强调:"在各国前途命运紧密相连的今天,不同文明包容共存、交流互鉴,在推动人类社会现代化进程、繁荣世界文明百花园中具有不可替代的作用。"

中国共产党在领导人民探索和推进现代化进程中,始终以开放的态度借鉴一切优秀人类文明成果。马克思指出:"人们自己创造自己的历史,但是他们并不是随心所欲地创造,并不是在他们自己选定的条件下创造,而是在直接碰到的、既定的、从过去承继下来的条件下创造。"当中国人迈开走向现代化的步伐之时,整个世界已经发生翻天覆地的变化。现代化虽然不等于西方化,但西方国家最早进入现代化国家行列,率先实现现代化的国家也大都是西方国家。因此,我们在推进现代化过程中,非常重视向西方国家学习。向西方学习不等于照搬照抄。以美国为首的西方发达资本主义国家始终没有放弃以"文化殖民"与"文化霸权"延续帝国主义在经济、政治和文化上的全球统治。面对"文明冲突论""文明优越论"沉渣泛起,我们党始终坚持自信自立,始终认为

"一花独放不是春，百花齐放春满园"。

人类社会创造的各种文明，都闪烁着璀璨光明，为各国现代化积蓄了厚重底蕴、赋予了鲜明特质，并跨越时空、超越国界，共同为人类社会现代化进程作出了重要贡献。中国式现代化作为人类文明新形态，与全球其他文明相互借鉴，必将极大丰富世界文明百花园。

从人的逻辑看中国式现代化

丰子义

（北京大学哲学系教授）

"中国式现代化"主要是相对于西方现代化提出的。中国式现代化与西方现代化的区别是多方面的，但最为根本的区别，就是两种现代化遵循的逻辑不同。西方现代化遵循的是资本逻辑，以资本为中心，而中国式现代化遵循的是人的逻辑，以人民为中心。从历史上看，西方现代化确实是按照资本逻辑发展起来的，没有资本的出现，就没有现代社会的形成；没有资本的发展，就没有西方现代化的兴起与扩展。资本成为现代社会旋转和现代化发展的轴心。中国式现代化正好相反，始终坚持的是人的逻辑，坚持人民至上，以人民为中心。现代化所要追求的是人民的根本利益，把实现好、维护好、发展好最广大人民的根本利益放在首位，最终实现社会全面进步、人的全面发展。要说现代化的"中国式"，这是最为显著的特点或本质特征。

何谓"人的逻辑"？简要来说，就是人的生存发展过程所包含的内在要求、内在联系及其发展趋势，所反映的是人的发展规律。就像社会发展有其客观规律一样，人的发展也有其自身的规律。人的逻辑不是抽象的，而是通过一系列具体环节及其联系、通过具体发展过程来展现的。就像资本逻辑总是通过资本的本性，资本的运作方式，资本的生产逻辑、流通逻辑、分配逻辑和消费逻辑来体现一样，人的逻辑也是通过不同的方面来体现的。如人的逻辑的起点和归宿、人的发展的基本顺序和推进方式、人的发展的实现条件和实现机制等，就是人的发展逻辑的具体内容和需要研究的问题。中国式现代化实际上就是按照人的逻辑的这些内容、要求形成和发展起来的,其人学内涵主要是从如下方面得以显现的。

一 现代化建设的出发点和落脚点

现代化建设作为一项系统工程,要完成的目标、任务很多,但其出发点和落脚点则只有一个,就是实现人民对美好生活的向往。增进民生福祉,提高人民生活品质,让人民群众有更多的获得感、幸福感和安全感,这就是现代化建设的追求与使命。这种出发点和落脚点就是根据人的发展逻辑确立的。实现人民对美好生活的向往,关键是要满足人民对美好生活的需要。只有各种需要不断得到满足,生活才能真正称得上美好,人的发展才能真正落到实处。(也正因如此,在新的历史条件下,我们党把满足这种需要同不平衡不充分发展之间的矛盾作为社会主要矛盾,现代化的推进就是要不断解决这一矛盾。)当然,美好生活需要不是抽象的,而是具体的,不同阶段、不同历史时期,有其不同的内容。这样,在一定条件下讲美好生活需要,必须注意需要的合理性问题,即需要的提出应有合理的限度。需要是否合理,主要看其两大尺度,即内在尺度和外在尺度。内在尺度是以主体自身发展的实际需要所提出的标准。看某种需要是否合理、正当,重要的是看其是否符合人的正常生存发展,并且有助于促进人的全面发展。滞后或误导人的正常生存发展的需要,肯定谈不上合理,更无从实现。外在尺度是依据客观现实和发展条件所提出的标准。它突出需要及其满足的现实性和条件性,旨在强调需要的提出和满足一定要从实际出发,以现有的条件为前提,超越历史阶段和现实条件的需要及其满足都只有抽象的可能性,而没有其现实性。这两大尺度的确立,事实上就提出了需要的合目的性与合规律性问题,即需要及其满足既要合乎人的发展的目的,又要遵循客观规律,实现二者有机的统一。中国式现代化就是这样,既遵循规律,强调科学发展,又突出人民至上,以促进人的全面发展为目的,从而形成了一条新型的现代化道路。

二 现代化的推进逻辑

在世界现代化史上,各个国家的现代化既有共同特征,又在具体推进上大为不同。中国式现代化就是按照人的发展的具体内容和推进要求来展开的。就人的发展的具体内容来看,涉及的方面是丰富、全面的。按照马克思的理解,人的全面发展主要涉及劳动活动、人的社会关系、人的能力、人的素质、人的个性等方面的发展。这些方面并不是彼此孤立的,而是内在地联系在一起的:人的劳动活动和社会关系的发展主要反映的是人的发展的前提条件,能力和素质的发展主要反映的是人自身发展的状况,个性的发展是人的发展的最高境界和最终目的,这些方面的发展相互影响、相互渗透,共同促进人的全面发展。中国式现代化就是适应人的各方面发展需要而形成和发展起来的。在实施过程中,"五位一体"的总体布局就是具体的体现。在"五位一体"的文明建设中,不仅要满足人民的物质生活需要,同时要满足人们的政治、文化、社会、生态等各种生活需要;现代化的建设不仅要全面,而且要协调。就人的发展的推进要求来看,也是有其逻辑顺序的。首先是要满足物质生活需要,而后在此基础上不断满足其他需要。正是循着人的发展这样的逻辑,中国式现代化的推进形成了独特的顺序,这就是在满足人民的物质生活需求之后,不断满足人民在民主、法制、公平、正义、安全、环境等方面的需要,依次推进各个领域的现代化。总体说来,中国式现代化的推进逻辑所反映的就是人的现代化的内在逻辑。

三 现代化的本质要求

中国式现代化是全体人民共同富裕的现代化。共同富裕是中国特色社会主义的本质要求,同时是中国式现代化的本质要求。这种本质要求也是由人的发展的内在要求决定的。人要发展,首先要解决生存问题,这就是要摆脱贫困、走向富裕。马克思在《德意志意识形态》中讲共产主义时，就首先谈到了与人的发展直接相关的两个前提：一个是生产力的发展，一个是交往的普遍发展。之所以要把生产力的发展作为首要前提，就在于如果没有生产力的发展，就只能有"贫穷、极端贫困的普遍化，而在极端贫困的情况下，必须重新开始争取必需品的斗争，全部陈腐污浊的东西又要死灰复燃"。也就是说，如果贫困问题解决不了，根本无法谈及人的发展、人的现代化。马克思还讲过，未来社会"生产将以所有的人富裕为目的"[①]，"所有人共同享受大家创造出来的福利"[②]。可以说，摆脱贫困，走向共同富裕，这是未来社会和人的发展的基本要求。中国式现代化就是以全体人民共同富裕为其目标追求的。让人民过上好日子，这是我们党的奋斗目标。要促进共同富裕，分配制度是基础性制度。这就是要搞好三次分配。特别应当提起注意的是，中国式现代化所推进的共同富裕不仅仅是物质生活的富裕，而且是精神生活以至全部生活的全面富裕。"物质富足、精神富有是社会主义现代化的根本要求。"这种全面的共同富裕自然是由人的全面生活决定的，是其必然的内在要求。

要促进共同富裕，就必须实现公平正义。中国式现代化与西方现代化的不同逻辑之分，实际上就直接涉及两种现代化有无公平正义、能否实现公平正义的问题。在资本主义世界，由其资本逻辑所决定，经济社会发展无法解开资本的增殖和人的贬值的死扣，无法彻底消除劳资对立，因而在其现代化过程中很难真正做到公平正义。而中国式现代化由其人的逻辑所决定，必然要坚持公平正义。在现代化过程中，共同富裕的主体是"人民"，范围是"全体"，要求是"共同"。由这样的基本规定所决定，共同富裕绝对不能是穷富悬殊、两极分化，不能以牺牲公平正义为代价。事实上，共同富裕本身就内含着公平正义，是其应有之义。因为社会创造的财富再多，只要失去了公平正义，就很难达到共同富裕，最后的结果只能是富的越富，穷的越穷。在共同富裕的公平正义问题上，还是应当坚持这样的原则：首先要把蛋糕做大，然后分好蛋糕。因为有

---

① 《马克思恩格斯全集》（第46卷下），人民出版社1980年版，第222页。
② 《马克思恩格斯选集》（第1卷），人民出版社1995年版，第243页。

蛋糕才谈得上分蛋糕。这就是要坚持把发展作为第一要务,把蛋糕做大做好,在此前提下,切实把蛋糕切好分好,防止两极分化。

共同富裕要遵循人的逻辑,而不是资本逻辑,这是毫无疑问的。但是,在其现实的发展过程中,共同富裕与资本又不是截然对立的。应对资本及其发展有一个全面、准确的认识与理解。我们知道,资本通常有两种含义的理解:一是作为生产要素的资本,二是作为社会关系的资本。在现阶段,首先必须充分发挥资本作为生产要素的积极作用,让资本创造更多的财富,造福于社会,造福于人民,为共同富裕奠定坚实的物质基础。其次,要规范资本的发展,使其不能盲目发展。为此,既要承认资本、发展资本,又必须恰当地引导资本、驾驭资本。这就要处理好共同富裕与资本发展的关系。

四 现代化的推进方式

人的发展逻辑是一步步推进的,由此决定的现代化也需要渐进式来推进。全面实现现代化,既是一个宏伟蓝图,又是一个具体发展的过程。在一定历史条件下,现代化建设只能提出应当解决而且确实经过努力能够解决的任务,不是把目标定得越高越好,也不是把过程缩减得越短越好,而是需要遵循规律,科学发展,尽力而为,量力而行。这就要求注意现代化推进的历史性和过程性,用历史的观念和过程的观念正确对待现代化。

既然现代化的推进需要一个稳健的发展过程,那就又涉及现代化的主体,即人自身的问题,即如何看待人是目的还是手段的关系问题。这也是哲学的一个老问题。我们知道,人在现实的生产、生活和各种关系中,始终是作为主体而存在的,始终是社会生活和社会发展的中心和目的,即"人是目的"。对此,无论是康德还是马克思都有明确而深刻的论述,尤其是马克思,其理论主题就是人的解放和人的自由全面发展,把人置于各种关系的最高位置,将人作为各种活动的最终目的。离开了人,离开了人的生存发展,经济社会发展便没什么意义。因此,"人是目的"的价值指向和基本原则永远不能动摇。但是，坚持"人是目的"，不能忘了"人是手段"。如果人人都把自己只当作目的而不当作手段，那这个目的一定是会落空的。强调人是目的和手段的统一，有其重要的现实意义。"社会主义是干出来的，幸福是奋斗出来的。"社会主义现代化强国也是如此，不是等来的，而是奋斗出来的。只有团结奋斗，才能有现代化的全面实现。这在客观上对人的素质和能力提出了新的要求。因为社会现代化有赖于人的现代化，现代化的发展程度就源自人的发展水平，即各方面素质、能力的发展水平。伴随经济社会的深入发展，现代化越来越突出科技、文化内涵，这就对人们的素质、能力提出了越来越高的要求。只有不断提高全民族的素质、能力，才能有全面现代化的切实推进。

总体来看，中国式现代化是沿着人的逻辑发展过来的，而且是按着这样的逻辑向前推进的，这就是中国式现代化的人学内涵。这里有许多理论观点、理论问题需要进一步加以深入研究。

现代化的中国构架

仰海峰

(北京大学马克思主义学院院长、教授)

习近平总书记在中国共产党第二十次全国代表大会上的报告和贯彻党的二十大精神研讨班开班式上的讲话中，对中国式现代化进行了全面论述，明确了中国式现代化发展道路，提炼出中国式现代化的理论逻辑，在世界图景中实现了后发展的中国在现代发展道路上的理性自觉。只有在这种自觉层面，一个国家的社会发展才能在充分理解世界发展道路的基础上凝聚共识：一方面充分探索自身发展道路的可能性与现实性，另一方面为这种探索不断地提供理性的修正与反思，从而在世界文明的进程中建构自身发展的理性逻辑，确立自身发展的理性构架。

一 现代化的普遍性与独特性

虽然现代化的理论出现于 20 世纪中期，但现代化已有很长的历史。自文艺复兴以来，在世界历史维度上，现代化已经展开，可以说，现代化早先体现为西方先发国家的现代化。在当下的理解中，我们一般把西方发达国家的现代化看作一个无差别的整体过程，但实际上，在现代化的先发国家，如英国、法国、德国等国，虽然有共同的特征，但在一般的特征之下，各国却又呈现出不同的特色。

按照本人的理解，西方现代化的基本构架有三个基本要素，即资本逻辑、形而上学与民族国家，这三者虽然在逻辑上以资本逻辑为基础，但实际上三者之间存在着内在关联，对现代西方发挥着共同的作用。从一般意义来说，资本逻辑构成了社会生活变迁的基础，推动着工业化的发展，但形而上学为这一变迁提供了合法性证明，而民族国家则为这一变迁提供了制度与组织保证。虽然这三者都对西方发达国家的现代化发生作用，但在不同国家，三者的作用则存在着差异。比如在英国，资本的逻辑表现得更为充分，并通过工业革命直接推动着社会发展与社会变革。而在法国，民族国家的层面通过政治运动表现得更为充分，在一定意义上也可以说，现代的民族国家概念与"法兰西民族"这一概念有着重要的关联。相比较而言，作为相对落后的德国，其哲学理念更值得我们去关注，去分析，去理解。

在英国、法国已经走上现代化发展道路时，德国还是一个城邦林立的封建国家，面对已经走向资本主义发展道路的英国、法国，如何走出具有德国特色的现代化发展道路，这是自康德、费希特到黑格尔这些哲人面临的问题。透过这些思想家的晦涩语言，我们能看到他们关注的问题，从现实的视角来说，就是德国特色的现代化道路何以可能！黑格尔在《精神现象》《小逻辑》《逻辑学》《法哲学原理》中所做的哲学论述，说到底就是如何批判地吸收英国、法国等先发国家的哲学精神，在更高的层面形成自己的民族精神与哲学表达。《精神现象学》对感性确定性、对知觉与知性的讨论，特别是对自我意识的重新表达，都体现了黑格尔对国际最前沿思想的理解与反思。《法哲学原理》的"市民社会"一章对英国政治经济学的反思，更能体现出后发国家如何在更高的层面超越现有发展道路问题，以及后发国家如何在更高层面形成自身发展道路的理性表达问题。这些思考是：第一，为我们面对中国式现代化提供了重要的参考；第二，为我们在哲学社会科学如何在自主知识体系层面来表达中国式现代化提供了重要参考。

二 中国式现代化的构架

中国式的现代化同样离不开工业化，正是在这一维度上，自中华人民共和国成立以来，我们建构了独立的工业体系，这一工业体系对于改革开放以来中国社会的发展起着非常重要的作用。在建设社会主义现代化强国中，我们同样离不开以现代信息技术为基础的工业化，并由此推动农业化、城镇化的发展，只有通过新型工业化，才能实现高质量发展，建成现代化经济体系，形成新发展格局，也只有通过工业化的整体发展，才能增加人们的收入，提高人们的生活水平，使农村具有现代化的生活条件。在这个意义上，我们的现代化与发达国家一样，有着共同的特征。但与发展中国家不同，中国式的现代化是中国共产党领导、具有中国特色的社会主义现代化，这是具有中国特色的新型现代化构架。

第一，现代化的本质：中国共产党领导下的中国特色社会主义发展道路。在革命战争年代，毛泽东同志就非常明确地论证了中国革命必须是不同于西方资本主义，也不同于苏联以城市围绕农村的革命，从而走出了农村包围城市这一具有中国特色的社会主义革命道路。中华人民共和国成立以来，特别是改革开放以来的历史经验与实践历程证明，中国要走现代化的道路必须从中国实际出发，走中国共产党领导下的中国特色社会主义道路。中华人民共和国成立以来，中国社会的巨大变化、改革开放以来中国社会的巨大发展、特别是党的十八以来中国取得的历史性成就、发生的历史性变革表明，坚持党的领导，坚持中国特色的社会主义，这是中国式现代化的根本原则和制度保证。

第二，现代化的目的：人民至上，共同富裕。人民至上，这既是中国共产党的执政原则，更是中国式现代化的目的与旨归。在党的二十大报告中，人民至上表现在以下方面。一是提升人民的生活水平，满足人民的需要，实现共同富裕。当前中国社会的主要矛盾就是人民日益增长的美好生活需要和不平衡不充分发展之间的矛盾，中国的现代化就是要解决这一矛盾。二是实现人民的物质生活与精神生活的协调发展。这一点其实非常重要，现代物质生活的发展与商品经济的展开，容易导致物质生活精神生活之间的疏离、个人的肉体存在与人的心灵存在之间的疏离，因为人民的美好生活不能只停留于物质生活需要的满足层面，这决定了第三个方面同样重要，即建设社会主义的新文化，提升人们的精神文化水平。四是发展全过程人民民主，提升人民参与民主政治的能力，并从制度上保证人民至上得到实现。五是实现人的全面发展。如果说西方现代化导致了人的异化与物化，那么如何避免这种状况、实现人的全面发展，这正是中国式现代化人民至上最终的归宿。

第三，现代化的特征：总体性发展。西方发达国家的现代化进程，从工业革命开始经历了几个不同的历史阶段，相对而言，从传统社会向现代社会转型发展的这些不同阶段有着各自的主导性特点，对于后发国家来说，这些不同阶段的要求与问题都在同一时空中聚集，中国社会本身由于地理环境的差异与发展水平不同引起的差异结构会在同一时间中遇到相似的发展问题，这决定了中国式的现代化需要顶层设计，具有总体性思维。党的二十大报告在谈到开拓马克思主义中国化时代化新境界时，就强调要坚持系统观念，这就是一种总体性的哲学思维。正是在这种总体性思维下，中国式现代化强调人与自然的和谐发展，强调区域协调发展，强调中国与世界之间的循环，这种总体性的哲学思维，是中国式现代化理论的重要思维特征。

第四，现代化的世界视野：人类命运共同体与文明新形态。今天任何国家的现代化都离不开世界历史与全球化这一大的历史进程，虽然当前世界存在着逆全球化的趋势，但这同样构成了今天实现现代化的全球格局。党的二十大报告强调，中国式的现代化是走和平发展道路的现代化，这与西方现代化的资本扩张与殖民统治不同。中国式现代化强调的是人类命运共同体的观念，这是在一种相互支持、相互承认、相互包容、共同发展的新型现代化道路，这条道路的成功，将会改变人类文明在近代以来的发展道路，也正是在这个意义上，中国式的现代化正在创立一种新的文明形态。

中国式现代化是新时代党的
理论创新的典范

林振义

[中央党校（国家行政学院）科研部主任]

党的二十大报告在论述开辟马克思主义中国化时代化新境界时，提出"两个结合""六个必须坚持"的方法原则，深刻揭示了习近平新时代中国特色社会主义思想的理论品格和鲜明特质，既是深刻理解这一科学思想必须牢牢把握的基本点，也是继续推进理论创新必须始终坚持的基本点。中国式现代化理论作为习近平新时代中国特色社会主义思想的最新发展，是遵循"两个结合"、贯彻习近平新时代中国特色社会主义思想世界观、方法论的典范。

一 中国式现代化是应时而生的理论

中国式现代化，从概念的提出，到理论的构建，再到不断丰富发展，前后不到两年半时间。习近平总书记之所以如此密集阐述中国式现代化理论，根本原因就是党和国家事业迈上了新征程、指导和引领全面建成社会主义现代化强国这一伟大社会革命的需要。就是说，中国式现代化是应时而生的理论。

新时代提出中国式现代化概念。党的十九届五中全会在"十三五"规划目标任务即将完成、全面建成小康社会胜利在望之际召开，不仅对"十四五"规划提出了建议，也提出了到2035年基本实现社会主义现代化的远景目标。全面建成小康社会的底线任务是脱贫攻坚，这是有中国反贫困理论作为直接指导的。新的奋斗目标，需要新的具有针对性的理论支撑。习近平总书记在全会上的重要讲话，从五个方面概括了中国式现代化，为新理论的提出做了概念准备。

在庆祝中国共产党成立100周年大会上的重要讲话中，习近平总书记代表全党宣布我们实现了第一个百年奋斗目标，正在意气风发向着全面建成社会主义现代化强国的第二个百年奋斗目标迈进。这次重要讲话，明确提出"创造了中国式现代化新道路，创造了人类文明新形态"的重大判断，把"中国式现代化"提到人类文明形态的高度来认识。

党的二十大宣告"我国迈上全面建设社会主义现代化国家新征程"。党的二十大报告深化了对中国式现代化内涵和本质的认识，概括形成了中国式现代化的中国特色、本质要求和重大原则，初步构建了中国式现代化的理论体系。党的二十大以中国式现代化理论为基础，科学描绘了实现第二个百年奋斗目标的宏伟蓝图，对未来一个时期党和国家事业作出了战略部署。

2023年是全面贯彻党的二十大精神的开局之年。开局关乎全局，起步决定全程。在这样的时刻，习近平总书记在年初举办的省部级主要领导干部专题研讨班重要讲话中，提出并系统阐述了中国式现代化这个重大理论和实践问题，强调中国式现代化"是科学社会主义的最新重大成果"，形成了系统的中国式现代化理论。

现代化是一个世界历史进程，实现现代化是世界各国发展普遍面临的历史任务，各国探索现代化道路的历程充满艰辛。当前，世界百年未有之大变局加速演进，多重挑战和危机交织叠加，人类社会现代化进程又一次来到历史的十字路口。对于"我们究竟需要什么样的现代化？怎样才能实现现代化？"这样的世界现代化之问，中国共产党和中国人民有责任提供中国答案。3月15日，习近平总书记在中国共产党与世界政党高层对话会上发表主旨讲话，进一步阐述了中国式现代化的基本特点和世界意义，着眼于不同文明包容共存、交流互鉴，提出全球文明倡议。

中国式现代化是人口规模巨大的现代化，是全体人民共同富裕的现代化，是物质文明和精神文明相协调的现代化，是人与自然和谐共生的现代化，是走和平发展道路的现代化。这样的现代化，展现了不同于西方现代化模式的新图景，打破了"现代化＝西方化"的迷思，是对西方现代化理论和实践的重大超越，代表人类文明进步的发展方向，是一种全新的人类文明形态。

在改革开放初期，邓小平同志曾经提出"中国式的现代化"这一概念，当时是着重从物质技术水平角度讲的，主要考虑到庞大的人口数量，强调我国的现代化在人均收入和个人生活水平上不能与西方国家盲目攀比，在现代化建设上不能急躁冒进。后来他使用"小康社会""有中国特色的社会主义"这样两个概念，用以取代"中国式的现代化"的概念。习近平总书记提出"中国式现代化"赋予了这一概念更加丰富、更具质感的规定性，使之更加清晰、更加科学、更加可感可行，具有了超越西方现代化的文明含义，并且从理论体系的角度对中国式现代化作了系统阐述，把我们党对社会主义现代化建设规律的认识提到一个全新的高度。中国式现代化理论的发展史，生动展示了新时代党的理论创新的实践逻辑和历史逻辑。

中国式现代化是经济、政治、文化、社会、生态文明"五位一体"的全面现代化。中国式现代化理论具有高度的统合性，它是对建设什么样的社会主义现代化强国、怎样建设社会主义现代化强国这一重大时代课题的集中回答，以全新视野深化了对社会主义建设规律的认识，是习近平新时代中国特色社会主义思想的重要组成部分。我们应当从这一科学思想的全局来领会和把握中国式现代化理论。

二　中国式现代化是遵循"两个结合"的典范

"两个结合"强调的是推进马克思主义中国化时代化，必须坚持把马克思主义基本原理同中国具体实际相结合、同中华优秀传统文化相结合。中国式现代化作为我们党的最新理论创新创造，是对"两个结合"的最好践行。

中华人民共和国的建设从学习苏联经验起步，但我们党很快察觉到苏联模式的局限，毛泽东同志提出把马克思列宁主义基本原理同中国具体实际进行"第二次结合"的任务，强调要以苏联的经验、教训为鉴戒，独立探索适合中国国情的社会主义建设道路。在党的十二大上，邓小平同志指出，"我们的现代化建设，必须从中国的实际出发""照抄照搬别国经验、别国模式，从来不能得到成功"。他强调，"把马克思主义的普遍真理同我国的具体实际结合起来，走自己的道路，建设有中国特色的社会主义，这就是我们总结长期历史经验得出的基本结论"。习近平总书记明确提出"中国式现代化"概念，就是对改革开放40多年我们党坚持把马克思主义基本原理同中国现代化建设实际相结合经验的高度凝练和总结。

当前，中国的具体实际是什么呢？就是我国仍处于并将长期处于社会主义初级阶段，同时已经进入新发展阶段，是我国迎来从"站起来"、富起来到强起来历史性跨越的一个阶段，是完成建设社会主义现代化国家这个历史宏愿的阶段；我国仍然是世界上最大的发展中国家，同时我国经济实力、科技实力、综合国力跃上新台阶，国际影响力、感召力、塑造力显著上升；我国社会主要矛盾已经转化为人民日益增长的美好生活需要和不平衡不充分的发展之间的矛盾，着力解决不平衡不充分的发展问题是解决这一矛盾的主要方面。尤其是，我国是14亿多人口整体迈入现代化，这必然是人类历史上难度最大的现代化。人口基数大，城乡区域发展水平差距大，决定了我们必须保持历史耐心，坚持稳中求进、循序渐进、持续推进。中国式现代化，就是从上述这些具体实际出发，坚持运用马克思主义世界观方法论解决中国问题得出来的符合客观规律的科学认识。

传统是现代化生长的资源。中华优秀传统文化积淀着中华民族最深沉的精神追求，是中华民族生生不息、发展壮大的丰厚滋养。中国式现代化，就是植根于中华优秀传统文化土壤上的现代化。党的二十大报告中列举中华优秀传统文化的十个重要观念，为中国式现代化五个方面的中国特色提供了深厚的思想资源和政治资源。比如，天下为公、民为邦本、任人唯贤，为实现人口规模巨大的现代化提供了丰富的治理经验；

为政以德、革故鼎新，为实现全体人民共同富裕的现代化提供了深刻的思想支持；自强不息、厚德载物，为实现物质文明和精神文明相协调的现代化提供了充沛的道义资源；天人合一，为实现人与自然和谐共生的现代化提供了科学的生产生活方式；讲信修睦、亲仁善邻，为实现走和平发展道路的现代化提供了重要的文化保证。可以说，中华优秀传统文化具有的独特智慧与科学社会主义基本原理高度契合，为推进中国式现代化提供了弥足珍贵的启示。正是由于实现了"第二个结合"，才使中国式现代化具有了鲜明的中国特色、深厚的历史基础和群众基础。

在实现"两个结合"的进程中，中国式现代化用中华文明五千多年的底蕴滋养现代经济社会发展，不仅用自身的实践走出了现代化的成功之路，拓展了发展中国家走向现代化的途径，给世界上那些既希望加快发展又希望保持自身独立性的国家和民族提供了全新选择，也通过正确处理人与自然、人与社会、人与人以及人与自身关系，形成了独特的世界观、价值观、历史观、文明观、民主观、生态观，创造出人类文明新形态。

三 中国式现代化是贯彻习近平新时代中国特色社会主义思想世界观、方法论的典范

中国式现代化必须坚持人民至上。坚持以人民为中心的发展思想，是中国式现代化的一个重大原则。坚持以人民为中心而不是以资本为中心，服务绝大多数人的利益而不是追求资本利益最大化，这是中国式现代化区别于西方现代化的显著标志。中国式现代化锚定人民对美好生活的向往，顺应人民对文明进步的渴望，努力实现物质富裕、政治清明、精神富足、社会安定、生态宜人，让现代化更好回应人民各方面诉求和多层次需要，把现代化建立在不断追求并真正实现人的解放之上。围绕人民至上，中国式现代化形成了促进全体人民共同富裕、促进物质文明和精神文明相协调的一整套思想理念、制度安排、政策举措，让现代化建设成果更多更公平惠及全体人民。

中国式现代化必须坚持自信自立。从中国实际出发,走中国式现代化道路,是中国共产党不变的追求。我们坚信,现代化不等于西方化,世界上既不存在定于一尊的现代化模式,也不存在放之四海而皆准的现代化标准,发展中国家有权利也有能力基于自身国情自主探索各具特色的现代化之路。事实上,我们没有像一些发展中国家那样亦步亦趋跟在西方国家后面简单模仿,以致陷入"中等收入陷阱"难以自拔,而是坚持把国家和民族发展放在自己力量的基点上、把国家发展进步的命运牢牢掌握在自己手中,使中国的现代化建设展现出人类社会现代化的另一幅图景。

中国式现代化必须坚持守正创新。中国共产党领导的社会主义现代化,这是党的二十大对中国式现代化的基本定性。"中国共产党领导"和"社会主义",就是中国式现代化必须始终坚守的本和源、根和魂。这一点必须毫不动摇,否则中国式现代化就会失去正确方向,甚至会犯颠覆性错误。基于这样的认识,推进中国式现代化必须牢牢把握的重大原则,首要就是这两条。同时,中国式现代化强调要处理好守正和创新的关系,坚持深化改革开放。推进中国式现代化,就要顺应时代发展要求,着眼于解决重大理论和实践问题,积极主动识变应变求变,敢于和善于冲破思想观念束缚、破除体制机制弊端、探索优化方法路径,不断实现理论和实践上的创新突破,塑造发展新动能新优势。

中国式现代化必须坚持问题导向。两极分化还是共同富裕?物质至上还是物质精神协调发展?竭泽而渔还是人与自然和谐共生?零和博弈还是合作共赢?照抄照搬别国模式还是立足自身国情自主发展?中国式现代化是对这一系列原则问题坚定有力的科学回答。不仅在这些原则和方向问题上保持着清醒和坚定,中国式现代化还将以一往无前的精神应对各个领域的具体问题,对新征程上面临问题的复杂程度、解决问题的艰巨程度保持清醒和自觉,主动发现问题、科学分析问题,不断提出真正解决问题的新理念、新思路、新办法。

中国式现代化必须坚持系统观念。推进中国式现代化是一项系统工程,需要统筹兼顾、系统谋划、整体推进,正确处理好一系列重大关系。

习近平总书记强调了六个方面的关系，即：顶层设计与实践探索的关系、战略与策略的关系、守正与创新的关系、效率与公平的关系、活力与秩序的关系、自立自强与对外开放的关系，体现了他洞悉时势、总揽全局的系统谋划和战略擘画，为推进中国式现代化提供了科学遵循。在新征程上，我们将面对更加深刻和复杂多变的发展环境，面对更多两难、多难问题，必须更加自觉坚持和运用系统观念，运用科学思想方法观察形势、分析问题、推动工作。

中国式现代化必须坚持胸怀天下。中国人民是依靠自己的辛勤劳动和创新创造发展壮大自己，通过激发内生动力与和平利用外部资源相结合的方式实现自身发展的，不仅不以任何形式压迫其他民族、掠夺他国资源财富、"薅"世界各国的"羊毛"，而且始终高举和平、发展、合作、共赢旗帜，不断以自身的新发展为世界提供新机遇，努力让现代化成果更多更公平惠及各国人民。尤其是积极参与全球治理体系改革和建设，践行真正的多边主义，弘扬全人类共同价值，推动落实全球发展倡议、全球安全倡议、全球文明倡议，坚决反对通过打压遏制甚至迟滞别国现代化来维护自身发展"特权"的行径。

由于遵循新时代党的理论创新"两个结合""六个必须坚持"的方法原则，中国式现代化理论是人民的理论、科学的理论、实践的理论、不断发展的开放的理论。全面建成社会主义现代化强国、以中国式现代化全面推进中华民族伟大复兴，注定是一场更加惊心动魄、更加波澜壮阔的伟大社会革命。我们必须坚持以中国式现代化理论为指导，坚定历史自信，保持战略定力，引领和推动这场伟大社会革命行稳致远、以竟全功。

推动构建人类命运共同体是中国式现代化的本质要求

于 江

（习近平外交思想研究中心专职副秘书长、
中国国际问题研究院副院长）

习近平总书记在党的二十大报告中深刻论述了中国式现代化的五大特征和九大本质要求，明确推动构建人类命运共同体是中国式现代化的本质要求。由此，中国式现代化便作为桥梁和纽带，把中华民族伟大复兴的伟大事业与全人类前途命运紧密连接起来。

当前，百年未有之大变局加速演进，世界之变、时代之变、历史之变正以前所未有的方式展开，人类社会面临前所未有的变化。一方面，随着新兴市场国家和发展中国家的崛起，国际格局正在发生近代以来最具革命性的变化，任何国家或国家集团都再也无法单独主宰世界和国际事务，和平发展、合作共赢的历史潮流不可阻挡。另一方面，国际形势中不稳定、不确定、不安全因素日益突出，和平与发展的时代主题面临严峻挑战。地区安全局势持续紧张，热点问题层出不穷，霸权主义和强权政治阴霾不散，冷战思维和零和博弈挥之不去，传统安全和非传统安全威胁相互交织，全球发展进程正在遭受严重阻碍，单边主义、保护主义抬头，世界经济复苏乏力，全球产业链、供应链面临持续冲击，粮食和能源等多重危机叠加，南北差距、复苏分化、发展断层、技术鸿沟等问题更加突出。

世界又一次站在了历史的十字路口，何去何从取决于各国人民的抉择。面对建设一个什么样的世界、如何建设这个世界的重大时代命题，习近平总书记以深远的历史眼光、深邃的哲学思维、深厚的天下情怀，深入分析人类历史，深刻洞察人类社会发展规律和时代前进趋势，提出了鲜明的中国方案，即推动构建人类命运共同体。这个理念科学回答了时代之问，体现了全人类的共同价值追求，反映了中国发展与世界发展的高度统一，对中国和平发展、世界繁荣进步都具有重大而深远的意义。

中国共产党把推动构建人类命运共同体明确为中国式现代化的本质要求之一。党的十八大以来，中国特色社会主义进入新时代，经济总量稳居世界第二，中国作为第二大消费市场、制造业第一大国、货物贸易第一大国、外汇储备第一大国等的国际经济地位稳固提升。中国历史性地解决了绝对贫困问题，对世界减贫贡献率超过70%，建成世界上规模最大的教育体系、社会保障体系、医疗卫生体系，改革开放和社会主义现代化建设深入推进，人民生活水平显著提高。中国的载人航天、探月工程、超级计算、量子通信、大飞机制造、航空母舰等基础和前沿领域取得了一大批标志性成果，若干领域实现从跟跑到并跑，甚至领跑的跃升。中国克服新冠疫情影响，充分发挥制造业能力强、供应链配套完整的优势，有效弥补全球供给缺口，维护全球产业链、供应链稳定，为促进世界经济复苏做出了重要贡献，彰显了中国式现代化的强大生命力和巨大的优越性。

习近平总书记科学运用马克思主义的立场、观点、方法，坚持历史唯物主义和辩证唯物主义，全面审视中国与世界互动，深刻洞察世界发展趋势，在生产力与生产关系、经济基础与上层建筑的矛盾运动当中，准确把握人类社会发展规律，提出构建人类命运共同体这一原创性重要理念。构建人类命运共同体理念是普遍联系的辩证思维在社会历史领域的具体运用，揭示了世界各国相互依存和人类命运紧密相连的客观现实和发展规律。

构建人类命运共同体理念充分汲取了中华优秀传统文化的丰富营养，并赋予其新的时代意义和人文内涵，是新时代中国对中华优秀传统文化创造性转化和创新性发展的典范。

构建人类命运共同体理念是对优良外交传统的继承与发展，赋予了独立自主外交政策、和平共处五项原则，推动构建国际政治经济新秩序等传统理念以更加鲜明的时代特征。中华人民共和国成立以来，中国共产党与时俱进，不断丰富发展具有中国特色的外交理论体系，在实践中形成了一系列优良传统，彰显了鲜明的中国特色。

构建人类命运共同体理念站在人类社会发展进步的道义制高点上，主张不同制度、不同意识形态、不同历史文明、不同发展水平的国家，以胸怀天下、求同存异的态度求合作，实现包容式发展和互利共赢，为推动人类社会团结应对全球性挑战做出了应有贡献。同时，这一理念还主张各国携手实现基于利益共享、责任共担的全人类共同利益，超越了一国一域的狭隘范畴，跳出了国强必霸、大国冲突的传统现实主义理论窠臼，实现了对国际关系发展规律认识上的创新与发展，将新中国外交理论体系上升到了人类历史的高度。

从首次出访到出席联合国的系列峰会，习近平总书记在多个重要场合发表主旨演讲，持续、全面、系统阐述人类命运共同体这一重要理念，形成了一个立意高远、思想深邃、内涵丰富的理论体系。这一理论体系以推动建设五个世界为总目标，以打造全球伙伴关系为新起点，以构建新型国际关系为根本路径，以全人类共同价值为价值追求，以主权平等、沟通协商、法治正义、开放包容为基本原则，以"一带一路"为实践平台，以全球发展倡议、全球安全倡议、全球文明倡议作为重要依托。

构建人类命运共同体理念，着眼于中国人民和世界人民共同利益，响应各国求和平、谋发展、促合作、要进步的真诚愿望和崇高追求，契合中国式现代化的鲜明特点，是新时代走稳、走好中国式现代化道路的本质要求。

实现现代化是全世界和各国人民的共同梦想。中国用几十年的时间走完了西方发达国家几百年走过的工业化历程，创造了经济快速发展、社会长期稳定的奇迹。与西方资本主义国家建立在对外殖民掠夺、对内残酷剥削基础上的现代化模式不同，中国式现代化是走和平发展道路的现代化，坚持独立自主、自立自强，坚持对外开放，高举和平发展、合作共赢旗帜，在坚定维护世界和平与发展中谋求自身发展，又以自身发展更好维护世界和平与发展。

用唯物辩证法深刻把握中国式现代化的发展逻辑

王新生

(南开大学原副校长、马克思主义学院原院长)

最近,习近平总书记在中央党校新晋中央委员、候补委员、省部级主要领导干部学习班上的讲话中强调,推进中国式现代化需要处理好若干重大问题。习近平总书记讲到六组重大关系:顶层设计与实践探索、战略与策略、守正与创新、效率与公平、活力与秩序、自强自立与对外开放。如果说党的二十大提出了"中国式现代化"这样一个概念的蓝图和大纲的话,习近平总书记在高级领导干部学习班上的这个讲话,就是对于这个蓝图和大纲的深入阐释和系统展开。

习近平总书记的这个论述,体现了唯物辩证法的精神,是以唯物辩证法深刻把握中国式现代化发展内在逻辑的理论典范。从另外一个角度来说,这也是习近平新时代中国特色社会主义思想的世界观和方法论的生动运用和具体体现。为什么说习近平新时代中国特色社会主义思想的世界观和方法论是对马克思主义的继承和发展?当运用唯物主义辩证法分析中国问题时,便是最好的继承。习近平新时代中国特色社会主义思想的世界观、方法论是怎样得到运用的?用它去分析中国式现代化中的问题,便是最好的运用。

第一,习近平总书记的这个系统论述深刻体现了马克思主义的辩证法精神。马克思主义辩证法的核心要义就是充分认识事物发展当中存在的矛盾。矛盾就是关系。这里讲的六大关系,就是我们在推进中国式现代化过程中必须处理好的六种矛盾。毛泽东同志在社会主义建设时期讲过要处理好十大关系，习近平总书记现在讲我们在新时代中国式现代化建设中要处理好六大关系，都是在运用唯物辩证法对时代问题和时代矛盾的深刻把握基础上形成的重要理论认识，是重大的理论创新。中国式现代化发展过程中充满矛盾。如果我们对矛盾认识不充分，或者在只看到矛盾一个方面，抓住矛盾一个方面用力，就必然会犯片面性的错误。无论是在现实当中还是在历史上，这种形而上学的错误非常普遍。例如，当我们讲活力和秩序这对关系时，有一个说法叫作"一放就乱、一统就死"，就是讲没有处理好秩序和活力的矛盾。如果我们能够看到"放"和"统"的背后是"活力"和"秩序"之间的矛盾，就是把握住了矛盾的内在本质，就能够以辩证法的思维处理好这个矛盾。如果只看到矛盾的一个方面，只讲"放开"，只讲"激发活力"，就可能危害秩序，事业的发展必然会受到损害。相反，如果我们容不下任何与现行体系相异的东西，把一切都统得死死的，就会妨害创新，结果一定是整个社会失去活力，发展事业停滞不前。习近平总书记谈到的其他五组关系都是如此，都是讲要以唯物辩证法思维把握中国式现代化发展过程中的重要矛盾，并处理好这些矛盾。

第二，习近平总书记的这个系统论述体现的辩证法精神是建立在唯物主义基础之上的，是唯物主义的辩证法。唯物主义辩证法具体到思想方法、工作方法上，就是要求我们做一切事都要坚持实事求是的原则。怎么坚持实事求是原则呢？首先就是要大兴调查研究之风。因此，在新一届党中央领导班子组成之后的第一次中央政治局集中学习会议上，习近平总书记就提出要大兴调查研究之风。全党全国各级领导深入一线，调查研究正如火如荼开展。这就是在坚持唯物主义的基础上坚持辩证法。唯物主义辩证法不是抽象的、空洞的；世界观和方法论的运用也不是抽象的，而是具体的。习近平总书记的这个系统论述，就是习近平新时代中国特色社会主义思想的世界观和方法论在实践中的生动运用。

第三，认真学习和深入理解习近平总书记关于推进中国式现代化需要处理好的若干重大关系的重要论述，要求我们立足于中国式现代化事业发展的总体，从理论上深入研究这些重大关系，在实践中认真处理好这些重大关系。刚才有很多同志讲到了系统的观点，这一点非常重要。六大关系也好，或者更多的关系也好，任何一种关系都不能独立存在，因此我们必须从中国式现代化事业发展的总体上加以把握，必须系统地看待这些关系。从总体上系统地看待这些关系，就要求我们从历史经纬上看待这些关系体现的矛盾。这也就是用发展的观点看问题。中国特色社会主义事业进入新时代，我们面临的许多问题已经和40年前刚刚改革开放时不一样了，不能再用40年前形成的认识看未来中国的发展，也不能再用以前的老办法解决现在和未来的问题。当今，世界其他国家看中国的眼光也和以前不同了，这也要求我们以创新理论面对新的世界局面。中国在发展，世界在改变，唯有以发展的眼光看待中国式现代化发展过程中存在的各种重大关系和出现的各种矛盾，才能深刻把握这些重大关系，才能真正处理好这些矛盾。

唯物史观从后思索方法与中国式现代化历史叙事基础

董 彪

(北京大学习近平新时代中国特色
社会主义思想研究院助理教授)

现代化已经成为把握中国近现代史的叙事方式，成为认识和把握一百多年近现代史和百年党史的主体和主线。在主流的近代史叙事体系中，革命才是把握现代史的主线，就是旧民主主义革命、新民主主义革命、社会主义革命这条线。

把现代化作为把握近代史和党史的主体和主线，理论依据是什么？从马克思的思想里去找资源的话，唯物史观的从后思索方法是一个很重要的思想资源。马克思在《资本论》和《手稿》里，专门谈到了从后思索方法。

马克思对人类生活形式的思索，从而对这些形式的科学分析，总是采取同实际发展相反的道路，这种思索是从后开始的，从发展过程当中完成的结果开始的，事物发展完成结束以后才开始思索。又说到人体的解剖对于猴体的解剖是一把钥匙，反过来说，低等动物身上表露出来的高等动物的征兆，只有在高等动物本身已经被认识之后才能理解。马克思这样一个思想和观点，其实提供了一个理解今天的中国式现代化叙事的方式。马克思的从后思索是用资产阶级的经济生产方式来理解古代的经济生产方式，可以用今天的中国式现代化理解之前走过来的百年或者百年多的近现代史。

一 从后思索方法运用的基本前提是中国式现代化的成熟定型

首先中国式现代化在实践上已经超越晚清民国的零星局部的现代化,也超越了中华人民共和国成立后,以及改革开放以来的"四个现代化",走向系统性、总体性。其次中国式现代化已经在思想上超越经验总结,迈进了原理的构建。最后现代化在价值意义上,已经超越特殊走向普遍,产生了世界历史影响。

二 从后思索方法使用的效果就是要形成理解近代史的科学线索

一方面,今天提出现代化的线索,并不否定革命的线索,而是强调革命和现代化的两条线索相互支撑,共同构成了民族复兴的双重逻辑,就是一组两层的思考近现代史的逻辑。在民族复兴的主线索下面,现代化又成为中国历史发展的主题和主线之一。另一方面,就是要立足阶段性、整体性的统一,来理解中国的现代化,特别是理解改革开放前30年和改革开放后30年的区别和联系。这两个是有区别的,但是,本质上都属于中国共产党领导的社会主义现代化建设的实践探索。

三 从后思索方法的价值取向就是要把人的自由全面发展作为现代化的最终目标

马克思认为,人的自由全面发展是共产主义的目标。习近平总书记指出,现代化的最终目标就是要实现人的自由而全面发展,这就意味着中国式现代化不仅要超越资本主义现代化,而且还要朝向共产主义的远景目标行进。从这个意义上说,从后思索方法不仅要让我们往后看,而且还要我们向前看。中国式现代化的成熟定型,不是封闭式和完成时,而是要为人的自由全面发展开辟新的道路。

高质量发展与
中国式现代化

引 言

孙蚌珠

(北京大学马克思主义学院党委书记、
习近平新时代中国特色社会主义思想研究院副院长)

坚持以推动高质量发展为主题全面推进中国式现代化，是新时代新征程全面建设社会主义现代化国家的重大理论和实践课题。高质量发展是中国式现代化的本质要求，是全面建设社会主义现代化国家的首要任务，因此，习近平总书记反复强调，在强国建设、民族复兴的新征程上，必须坚定不移地推动高质量发展。

一 高质量发展是中国式现代化的本质要求

党的十八大以来，我们党在社会主义现代化建设已有基础上继续前进，不断实现理论和实践上的创新突破，成功推进和拓展了中国式现代化；不断深化对中国式现代化的内涵和本质的认识，概括并形成中国式现代化的中国特色、本质要求和重大原则，初步构建了中国式现代化的理论体系。

党的二十大阐述了中国式现代化的"九个本质要求"，高质量发展是其中之一，这其中蕴含着深刻的理论逻辑、历史逻辑和现实逻辑。一是从理论上说，高质量发展是社会发展规律，也是社会主义发展规律的必然要求。生产力与生产关系、经济基础与上层建筑的矛盾运动推动人类社会发展，其中生产力是决定性力量。社会主义优越性归根到底体现在其生产力比资本主义社会发展得更好更快，并在生产力发展的基础上不断提高人民生活水平。改革开放以来，我们聚精会神搞建设、一心一意谋发展，取得了举世瞩目的成就。以中国式现代化推进中华民族伟大复兴，建设社会主义现代化强国，必须坚持高质量发展。二是从历史来看，高质量发展是我国经济发展逻辑的必然要求。经济发展不是直线上升的，而是一个螺旋式上升的过程，要行稳致远，量积累到一定阶段必须转向质的提升。自20世纪60年代以来，大多数经历了高速增长但没能跨过"中等收入陷阱"的国家，都没有实现经济发展从量的扩张到质的提高的转变。改革开放以来，我国经济保持了几十年的高速增长。进入新时代，经济发展的环境、条件、任务、要求等都发生了新的变化，这些变化要求我国经济发展必须从高速增长转向高质量发展。"增长速度从高速增长转向中高速，发展方式从规模速度型转向质量效率型，经济结构调整从增量扩能为主转向调整存量、做优增量并举，发展动力从主要依靠资源和低成本劳动力等要素投入转向创新驱动。"只有这样，我国经济才能向形态更高级、分工更优化、结构更合理的阶段演进，适应建设社会主义现代化强国的要求。三是就现实情况而言，高质量发展是由新时代我国社会主要矛盾的变化决定的。进入新时代，我国社会主要矛盾已经转化为人民日益增长的美好生活需要和不平衡不充分的发展之间的矛盾，要解决的不是"有没有"的问题，而是"好不好"的问题，为了适应人民群众的需要呈现多样化、多层次、多方面的特点，经济发展必须从"高速增长"转向"高质量发展"。同时，由于世界百年变局加速演进，建设社会主义现代化国家的国际环境复杂多变，充满着不确定性，高质量发展是统筹安全和发展的必然选择。

二 准确把握、全面推动高质量发展

党的二十大明确提出，高质量发展是建设社会主义现代化国家的首要任务，必须坚持以推动高质量发展为主题。高质量发展不是空洞的口号，有其科学内涵和现实要求。它是对经济社会发展方方面面的总要求，是所有地区发展都必须贯彻的要求，是必须长期坚持的要求。"高质量发展，就是能够很好满足人民日益增长的美好生活需要的发展，是体现新发展理念的发展,是创新成为第一动力、协调成为内生特点、绿色成为普遍形态、开放成为必由之路、共享成为根本目的的发展。"

高质量发展是坚持以人民为中心的发展。一是高质量发展的基础和前提首先是发展。发展是解决所有问题的关键,没有发展一切都无从谈起。要坚持以发展为第一要务,为全面建设社会主义现代化强国、增进民生福祉提供坚实的物质技术基础。发展必须以一定的量的增长为基础,但发展不是单纯追求经济增长,而是要着力于推动经济实现质的有效提升和量的合理增长的有机统一,在质的提升中实现量的有效增长。二是高质量发展以满足人民日益增长的美好生活需要为出发点和落脚点。坚持以人民为中心的发展,是把提高人民生活水平、提升人民生活品质、满足人民对美好生活的需要、促进人的全面发展作为社会主义经济发展的根本目的。如果不能让人民群众得到实际利益,不能推进实现共同富裕,发展就失去了意义。三是高质量发展要坚持经济发展手段和经济发展目的有机统一、相互促进。一方面不断增强人民群众的获得感和幸福感,从而调动人民群众的积极性、主动性和创造性,为社会提供源源不断的创造创新活力,促进发展;另一方面通过人民群众物质文化生活水平的不断提高,创造更多的有效需求,释放居民消费潜力,催生新的经济增长点,为经济发展水平的提高和经济结构的转型升级提供强大内生动力。

高质量发展是贯彻新发展理念的发展。发展理念是发展行动的先导,是发展思路、发展方向、发展着力点的集中体现。新发展理念系统回答了新时代关于发展的目的、动力、方式、路径等一系列理论和实践问题,阐明了我们党关于发展的政治立场、价值导向、发展模式、发展道路等重大政治问题,为推动高质量发展提供了行动指南。坚持以新发展理念为引领,就是要通过创新发展解决发展动力问题,激发社会活力;通过协调发展解决发展不平衡问题,增强发展整体性;通过绿色发展解决人与自然和谐共生问题,实现人与自然和谐共生;通过开放发展解决发展内外联动问题,以扩大开放推进改革发展;通过共享发展解决社会公平正义问题,扎实推进全体人民共同富裕。贯彻新发展理念,以创新、协调、绿色、开放、共享的内在统一来把握发展、衡量发展、推动发展，实现高质量发展。

三 以高质量发展全面推进中国式现代化

党的十八大以来，我国经济建设取得的历史性成就、发生的历史性变革，充分表明我国经济迈上更高质量、更有效率、更加公平、更可持续、更为安全的发展之路，高质量发展特征更加明显。这为进一步推动高质量发展、建设社会主义现代化国家奠定了坚实的基础。

着眼于社会主义现代化强国建设目标，结合当前经济发展，推动高质量发展。一是要把人民幸福安康作为推动高质量发展的最终目的，深化供给侧结构性改革，实现高水平科技自立自强。中国特色社会主义进入新时代，我国经济发展的主要问题是结构性问题，矛盾的主要方面在于供给侧，因此要以供给侧结构性改革为主线。供给侧结构性改革主要是提高供给质量，在解放和发展社会生产力中更好满足人民日益增长的美好生活需要。供给侧结构性改革已经取得了很大成效，为推动高质量发展还必须坚持"巩固、增强、提升、畅通"。深入实施科教兴国战略、人才强国战略、创新驱动发展战略，着力提升科技自立自强能力，推动产业转型升级；着力建立和完善创新引领、协同发展的产业体系，实现实体经济、科技创新、现代金融、人力资源协同发展。二是要加快推动构建以国内大循环为主体、国内国际双循环相互促进的新发展格局。这是统筹安全与发展、把握主动、实现高质量发展的战略选择。"构建新发展格局，要坚持扩大内需这个战略基点，使生产、分配、流通、消费更多依托国内市场，形成国民经济良性循环。"扩大内需要充分发挥消费的基础作用、投资的关键作用，畅通生产、分配、交换、消费各个环节，增强国内大循环内生动力和可靠性，提升国际循环质量和水平，提高全要素生产率，着力提升产业链供应链韧性和安全水平。三是要全面深化改革开放，加快形成可持续的高质量发展体制机制。坚持和完善社会主义基本经济制度，毫不动摇巩固和发展公有制经济，毫不动摇鼓励、支持、引导非公有制经济发展，构建和完善高水平社会主义市场经济体制，实现市场机制有效、微观主体有活力、宏观调控有度。四是要推动城乡区域协调发展向更高水平更高质量迈进，推动经济社会发展绿色化、低碳化。贯彻新发展理念、构建新发展格局、推动共同富裕，都必须全面推进城乡、区域协调发展。推进城乡协调发展最主要的是全面推进乡村振兴，畅通城乡经济循环，推动城乡融合发展；推动区域协调发展，主要是贯彻落实区域协调发展的一系列重大战略，优化重大生产力发展的空间布局，促进各类要素合理流动和高效集聚，畅通国内大循环。人与自然和谐共生是高质量发展的题中之义，也是必然要求，要加快产业结构、能源结构等相关经济结构调整，积极稳妥推进碳达峰、碳中和；同时，深入推进资源节约集约利用，推进经济社会发展绿色化、低碳化。

推进中国式现代化的学理性
阐释和系统化构建

周 文

(复旦大学马克思主义研究院副院长、教授，
马克思主义经济学中国化中心主任)

中国式现代化现在成为热门话题，但是对中国式现代化的经济学学理性阐释和系统化构建，目前来说还相对薄弱。经济学，尤其是政治经济学怎么围绕中国式现代化去构建学理化的框架，是政治经济学研究者的使命。

从学术史来看，整个经济学的构架、框架是西方经济学，西方经济学是西方现代化知识的体系，从工业化、西方化形成了古典的政治经济学，古典的政治经济学形成了分流，一个是新古典政治经济学，一个是马克思主义政治经济学。建立在西方现代化基础上的新古典政治经济学已经非常成熟，形成了西方化的经济学学术体系、学科体系、话语体系。当代中国马克思主义政治经济学形成的就是关于中国式现代化的学术体系、学科体系和话语体系。

从历史上看，西方发达国家率先完成了工业革命，建立了一套与之相适应的意识形态与话语体系，引领了世界现代化，为发展中国家提供了可资借鉴的经验。同时也像"一种普照的光，它掩盖了一切其他色彩，改变着它们的特点"。[1] 受历史局限，过去没有更多可供选择的现代化发展路径，从而导致西方发达国家将自己的经验抽象成了指导各国发

---

[1] 《马克思恩格斯文集》(第8卷)，人民出版社2009年版，第31页。

展的通用教条，西方经济学理论被各国奉为经济发展的圭臬，西方模式也成了各国家争相模仿的范本。结果，现代化成为单向输入，西方化成为现代化的唯一标准。

与其他发展中国家不同，中国始终坚持本土立场、独立自主，坚持从具体国情与现实境遇出发，在实践发展中成功开辟了中国式现代化道路，很大程度上避免了西方现代化模式的弊端，为人类实现现代化提供了新的选择。中国式现代化既没有复刻西方现代化模式，更没有重演西方崛起的血腥历史，而是以和平方式开创了人类文明新形态。中国式现代化始终根植于中国的国情与实践，以几十年时间走完了西方发达国家几百年走过的历程，创造了中国发展的奇迹，实现了中国的崛起与赶超，打破了"现代化＝西方化"的迷思，证明了西方模式并非现代化的唯一模式，为广大发展中国家独立自主迈向现代化提供了全新选择。

必须看到，现在的西方主流经济学理论来自西方发达国家，讲述的是西方故事，总结的也是西方现象和经验。因此，西方的概念和理论不可能解释所有国家的发展与问题。中国特色社会主义伟大实践与中国式现代化的成功，源于中国拒绝了西方国家为广大发展中国家开出的"药方"，跳出了西方国家给其他发展中国家设置的"牢笼"。中国式现代化的成功表明，现代化模式"不是坚实的结晶体，而是一个能够变化并且经常处于变化过程中的有机体"，[①] 没有任何一种模式是一成不变且放之四海而皆准的。中国道路向世界呈现的不是通往现代化的"统一范式"和"国际标准"，而是传递一种信念和力量，即任何国家想要取得成功，都必须从本国国情出发，立足实践，以现实问题为导向，吸收借鉴人类一切有益成果，走出一条独立自主的现代化道路。事实上，西方发达国家在全球范围内推广"西方模式"的努力与其推广能力下降的矛盾是无法克服的。因为"结论性的一劳永逸的检验或精确的定理地推导在经济学上是根本不可能的，它所有的预测都是具有或然性的"。[②]

[①] 《马克思恩格斯文集》（第5卷），人民出版社2009年版，第10—13页。
[②] ［英］马克·布劳格：《经济理论的回顾》，姚开建译校，中国人民大学出版社2018年版，第359页。

中国式现代化的成功，让西方新自由主义理论与"华盛顿共识"失去了市场。欧洲资深学者布鲁诺·马塞斯（Bruno Macaes）表示，"我们要坦率地承认，我们正在衰落，我们那些强大的对手们正是从我们曾经打造的自由主义普遍性神话中，追溯到了我们失败的根源"。事实上，在西方文化和社会背景下发展起来的西方主流经济学，其发展受到西方文化、政治、历史和社会制度等多方面因素的影响，因此它的理论框架和分析方法都具有明显的西方特色。发展中国家与西方国家的发展程度不一样，要素禀赋、生产结构也不一样，如果完全以西方理论去解决其发展的问题，就会出现"水土不服"与"无能为力"的情况。

中国式现代化的成功以及发展中国家"西化"的失败，从正、反两方面论证了西方道路并非通往现代化的唯一途径，打破了西方现代化的神话，解构了经济学西方话语体系。在世界百年未有之大变局下，西方主流经济学理论遭受了严重的冲击与挑战，传统的经济学理论已经无法完全解释现代经济的复杂性和不确定性，全球经济发展急需新的经济学理论来支撑，构建中国式现代化的经济学自主知识体系恰逢其时。

从中国改革开放四十多年的发展成就来看，中国已成为世界经济增长的重要引擎，正逐步走向世界经济舞台的中央。中国庞大的经济体量和丰硕的历史成果，证明了中国已具备构建中国式现代化的经济学自主知识体系的现实条件和能力。这是一个需要理论而且一定能够产生理论的时代，这是一个需要思想而且一定能够产生思想的时代。在全球化及金融危机所带来的新问题将全世界带入一种徘徊或迷茫的背景下，中国经济学所要担当的历史责任就是解开全人类"认识上的枷锁"，更好地引领发展中国家的经济成长。[①] 构建中国式现代化的经济学自主知识体系，是时代的呼唤，更是历史的选择。中国式现代化道路经验的凝练，将为更多发展中国家提供参考和借鉴，同时也为世界经济的发展贡献更多的中国智慧、中国方案和中国价值。

推进中国式现代化的学理性阐释和系统化构建，形成中国式现代化

---

① 周文：《时代呼唤中国经济学话语体系》，《经济研究》2016 年第 3 期。

的经济学自主知识体系,是一个新的理论体系。不是《资本论》的改写,也不是原来的以苏联范式为基础的传统社会主义政治经济学的修修补补,当然更不是对西方主流经济学的照搬照抄,而是一个新的范式。[①]构建中国式现代化的经济学自主知识体系,关键在于要从理论和方法上摆脱对西方经济学的依赖,杜绝以西方概念裁剪中国的实践,而是立足中国实践,提炼中国经验,努力揭示和形成中国式现代化成功背后的系统化、规律化的经济学说。

总之,中国式现代化的伟大成功不能仅停留在经验层面,要将其上升到理论高度,通过经济学理论体系和话语体系表现出来,从而更好地将中国式现代化的实践优势转化为理论优势和话语优势。一方面,要注重发掘和提炼中国传统文化的特色和优势,立足于中国式现代化的自身经验总结和提炼,实现"实践—经验—理论"的实践逻辑与理论逻辑的统一。另一方面,要主动将中国经济学与世界知识体系对接,在本土化和全球化之间找到平衡点,既保持本土性特色,又积极参与全球知识市场的竞争、融入全球经济学的发展,为中国经济的持续发展和全球经济的繁荣做出积极贡献。

---

① 邱海平:《对新时代中国经济学定位的思考》,《经济纵横》2018年第1期。

建立和完善中国特色公共政策评估制度

李志军　李逸飞

（国务院发展研究中心研究员，中国社会科学院大学政府管理学院特聘教授；国务院发展研究中心副研究员）

一　引言

习近平总书记在党的二十大报告中指出："在新中国成立特别是改革开放以来长期探索和实践基础上，经过十八大以来在理论和实践上的创新突破，我们党成功推进和拓展了中国式现代化。"[①] "从现在起，中国共产党的中心任务就是团结带领全国各族人民全面建成社会主义现代化强国、实现第二个百年奋斗目标，以中国式现代化全面推进中华民族伟大复兴。"[②] 实现这一宏伟目标，需要扎实推进国家治理体系和国家治理能力现代化建设，这是全面推动中国式现代化建设的客观要求，可以为建成富强民主文明和谐美丽的社会主义现代化强国提供强有力的治理保障。

党的十八届三中全会首次提出"推进国家治理体系和治理能力现代化"这一重大命题，把"完善和发展中国特色社会主义制度，推进国家治理体系和治理能力现代化"确定为全面深化改革的总目标。[③] 党的十

[①] 习近平：《高举中国特色社会主义伟大旗帜　为全面建设社会主义现代化国家而团结奋斗——在中国共产党第二十次全国代表大会上的报告》，人民出版社2022年版，第22页。

[②] 习近平：《高举中国特色社会主义伟大旗帜　为全面建设社会主义现代化国家而团结奋斗——在中国共产党第二十次全国代表大会上的报告》，人民出版社2022年版，第21页。

[③] 《十八大以来重要文献选编》（上），中央文献出版社2014年版，第512页。

九届四中全会在党的历史上首次把"推进国家治理体系和治理能力现代化"作为大会的鲜明主题。党的二十大提出"未来五年是全面建设社会主义现代化国家开局起步的关键时期",①深入推进国家治理体系和治理能力现代化是这一关键时期的主要目标任务之一。这是党中央对推进国家治理体系和治理能力现代化的重大部署,是党中央立足长远作出的重大决策。制度制定和制度执行、政策制定和政策执行是国家治理体系和治理能力现代化建设的核心要义。制度制定和政策制定要通过制度执行和政策执行来达成目标,制度制定和政策制定效力的发挥取决于制度执行和政策执行的有效性和准确性。因此,国家治理体系和治理能力现代化建设,不仅需要制度完善、政策准确,更需要制度有效、政策有力。这就需要对公共政策执行中的问题进行分析,对公共政策的执行效果进行评估,从而进一步完善公共政策。

公共政策评估是中国式现代化建设中不可或缺的重要内容。党的十八大以来,党中央高度重视公共政策评估工作,逐步将公共政策评估纳入规范化、制度化轨道。党的十九届五中全会审议并通过的《中共中央关于制定国民经济和社会发展第十四个五年规划和二〇三五年远景目标的建议》提出,"要健全重大政策事前评估和事后评价制度,畅通参与政策制定的渠道,提高决策科学化、民主化、法治化水平。"②这是健全决策机制和提高决策科学化、法治化水平的一项重要制度安排,对推进国家治理体系和治理能力现代化建设具有重要意义。党的二十大报告提出,到2035年基本实现国家治理体系和治理能力现代化,这是全面建成社会主义现代化强国的重要内容。③为有序推进中国式现代化建设目标全面实现国家治理体系和治理能力现代化,需要准确认识公共政策评估的重要地位,充分发挥其在中国式现代化建设中的重要作用。

---

① 习近平:《高举中国特色社会主义伟大旗帜　为全面建设社会主义现代化国家而团结奋斗——在中国共产党第二十次全国代表大会上的报告》,人民出版社2022年版,第25页。
② 《中共中央关于制定国民经济和社会发展第十四个五年规划和二〇三五年远景目标的建议》,人民出版社2020年版,第20页。
③ 习近平:《高举中国特色社会主义伟大旗帜　为全面建设社会主义现代化国家而团结奋斗——在中国共产党第二十次全国代表大会上的报告》,人民出版社2022年版,第24页。

二 公共政策评估在现代化建设中的重要地位

公共政策评估是中国式现代化建设的重要内容，是实现国家治理体系和治理能力现代化的重要举措，是实现政府治理现代化的重要方式，是政府管理创新的重要方式，是促进重大政策落到实处的重要保障。进入新时代，公共政策的影响不断扩大，对公共政策评估的需求更加迫切。开展公共政策评估工作，要求我们准确认识公共政策评估在中国式现代化建设中的重要地位。

（一）公共政策评估是推进国家治理体系和治理能力现代化的重要举措

公共政策评估事关决策的科学性，既涉及科学的决策，也涉及决策的科学执行。党的十八大以来，我国高度重视科学决策、民主决策，大力推进国家治理体系和治理能力现代化建设。2015年1月，中共中央办公厅、国务院办公厅印发的《关于加强中国特色新型智库建设的意见》明确提出要建立健全公共政策评估制度。[①] 在中央层面，一些重大改革方案和重大举措在出台前会委托第三方进行评估，对一些重大决策部署和重大政策措施的落实情况进行督查时也会引入评估机制。一些地方和部门也开展了公共政策评估工作，有的还出台了针对特定领域（或类型）公共政策评估的指导性文件。[②] 实践证明，公共政策评估是推进国家治理体系和治理能力现代化的重要举措，对完善有关改革方案和重大政策，提高改革决策和政策的科学性和准确性发挥了重要作用。

（二）公共政策评估是实现政府治理现代化的重要方式

公共政策评估是与人大、人民政协和社会舆论监督并列的一种专业

[①] 《关于加强中国特色新型智库建设的意见》，中国政府网，2015年1月20日，http://www.gov.cn/xinwen/2015-01/20/content_2807126.htm，最后访问时间：2023年2月13日。

[②] 李志军：《完善重大政策评估制度》，《学习时报》2021年1月11日第A5版。

性监督，是实现政府治理现代化的重要方式。其一，从事公共政策评估的研究机构具有独立性、专业性的特点，能够保障公共政策评估过程和结果的科学、客观和公正。同时，还可以避免行政机构在对由它们制定和执行的公共政策评估过程中既当"运动员"又当"裁判员"，进而推动建立决策的制定、执行和监督既相对分开又相互制约的现代行政运行机制，推进政府职能转变，建设现代化政府。其二，以专业公共政策评估机构作为监督载体，能够充分调动公民参与的积极性，公民可以通过公共政策评估参与对政府的监督，对政府政策执行是否到位、是否取得了实际成效进行监督，以社会评估方式影响政府行为。其三，公共政策评估能够实现评估过程和结果的透明化和民主化，推动政府制定更科学的公共政策，使政府的改革政策更符合实际并更好地执行，实现政府的自我监督，提高政府的公信力。

（三）公共政策评估是推动公共政策有效执行的重要保障

无论是制定正确、科学的公共政策，还是推动公共政策有效执行，都需要进行科学的公共政策评估，以实现公共政策效益的最大化。公共政策的有效执行需要科学的公共政策评估作为保障。在经济社会发展的过程中，政府制定的公共政策影响范围较大，惠及不同群体和对象。在现实决策中，正确的公共政策带来的社会效益越来越大，但错误的公共政策带来的社会损失也越来越大。在多数情况下，实施的公共政策能否取得预期的社会效益，不仅取决于政策制定的科学性，而且取决于政策实施的执行力。政府机构是我国公共政策执行的主体，如果在公共政策执行中，有机构出于部门利益的考虑，在其职权范围内利用自由裁量权对已经制定的公共政策进行选择性的执行或者执行力度不够，则有可能导致公共政策的社会效益无法完全体现。所以，在公共政策的实施过程中，需要引入科学的公共政策评估，确保公共政策取得最大社会效益。

三　公共政策评估在现代化建设中的作用

公共政策评估是对社会政策资源进行合理分配的有效方式，是行政机构进行科学决策的重要手段。为了保障决策的科学化、制度化和规范化，夯实中国式现代化建设的政府治理基础，必须充分发挥公共政策评估的重要作用。

（一）公共政策评估可以提高政策制定和执行的准确性

制定科学的公共政策并有效落实执行，是行政机构的重要职责。任何公共政策在实施前、实施中和实施后都要进行科学的评估，并根据具体评估结果及时进行调整或终止。[①] 公共政策评估可以提高政府的公共治理能力和水平，提高政府制定和执行的公共政策的科学性、准确性。一方面，通过公共政策评估，可以利用现有的政策信息，对所制定和执行的公共政策做出准确、科学的评估。对一项已经出台的公共政策的经济社会效果很难一目了然地做出判断，必须运用正确的公共政策评估方法和可行的技术手段，收集与该公共政策运行相关的重要信息，并基于公共政策理论进行科学分析和客观评估，以确知该公共政策的优势和劣势，为决策者进一步制定更有利于实现既定目标的公共政策提供科学依据。另一方面，公共政策评估能有效地检测公共政策的效率和效益，为政策资源的优化配置奠定基础。任何一项公共政策在实施过程中都会有前期投入和后期产出，但不同政策的投入产出效率却不尽相同。公共政策评估可以借助大量的投入产出信息，检测公共政策的实际效益和效率。这既可以帮助公共政策制定者合理配置政策资源，最大化公共政策的社会效益，还可以防止公共政策的制定者和执行者为了局部利益而增加不必要的投入。因此，通过公共政策评估对各项公共政策实施带来的社会效益进行客观、科学的评估，可以为决策部门的政策资源配置结构安排提供科学依据，提高公共政策制定和执行的准确性。

（二）公共政策评估可以促进政府决策的科学化、民主化

公共政策评估是国家治理体系的重要内容，是提升国家治理能力的

[①] 李志军主编：《公共政策评估》，经济管理出版社2022年版，第245页。

重要途径,[①] 也是政府治理的重要组成部分,深刻影响着我国经济社会发展的全过程。提高政府决策的科学化和民主化水平,是推进我国改革发展、提高政府治理能力的客观要求,更是维护社会稳定发展的重要保障。推动政策决策科学化、民主化的重要标志是建立完善的公共政策评估体系。

政府决策的科学化、民主化体现在公共政策过程的所有环节,包括公共政策评估环节。政府决策的科学化和民主化,要求政府决策必须从客观事实出发,真实反映民意。政府决策的科学化和民主化离不开公共政策评估,公共政策评估既可以为政府决策提供以事实为依据的信息,又可以为政府决策汇集民意。公共政策的运行是一个动态过程,公共政策的制定、执行、监控等环节,都需要进行公共政策评估。没有公共政策评估的支持,公共政策系统难以健康、持续地运行。进入数字化时代,随着各种新媒体的迅速发展,政策信息和政府决策可以实时传达给公众。同时,公众对政府决策和公共政策的意见和建议,也可以快速反馈给政府部门和社会组织。这就需要建立更加科学、民主的政策决策体制机制,推动政府对公共事务的科学管理,满足民众对构建科学民主的政务体系的要求。通过科学的公共政策评估,一方面,能够及时有效地发现政策执行中存在的问题,提出切实可行的意见和建议完善政策方案,促进政府决策的科学化;另一方面,能够激发人民群众参与政策制定和执行的积极性,使公共政策的制定和运行能真正反映民意、集中民智,促进政府决策的民主化。

(三) 公共政策评估可以为政策提升和政策资源配置提供科学依据

进入新时代,公共政策作为社会资源分配的重要途径,对我国经济社会发展的影响日益增强,公共政策评估在政策提升和政策资源配置中的重要作用也日益凸显。通过公共政策评估,可以获得关于政策本身以

---

① 李伟:《坚持专业性、科学性和开放性理念 实现政策评估的客观、公正与准确》,《管理世界》2015 年第 8 期。

及政府对其他资源进行配置的信息,并根据这些信息作出更好的政策和资源配置决策,从而为政府部门的决策提供科学依据,优化公共资源配置。

对一个政策效果的评价最终还是由其绩效决定的。好的政策如果在执行过程中出现问题,可能会导致不好的绩效;而有问题的政策如果在执行过程中注意及时纠正和调整,可能会有较好的绩效。通过公共政策评估,对政策进行事前、事中、事后的科学评估,既可以科学预判拟颁布政策的社会价值和经济效益,以此决定各项政策资源的结构配置,也可以客观评估已颁布政策的动态效益和存在问题,实时科学有效地改进或终止,从而更大程度地优化政策资源配置,提升政策效果。公共政策评估不仅是迈向政府决策科学化的重要过程,同时也是提高公共政策社会效益,实现政策资源优化的关键。

四 建立和完善中国特色的公共政策评估制度

中华人民共和国成立以来,我国积极开展建设项目的可行性研究、项目评估、政府绩效评估等,促进了公共政策评估在我国的兴起和发展。改革开放以来,我国重视科学决策,积极引进政策科学或政策分析工具,在一些具体领域或特定方向探索开展政策评估工作。进入新时代,以习近平同志为核心的党中央高度重视公共政策评估工作,逐步将公共政策评估纳入机制化轨道,在重大政策和改革方案的制定和落实督查过程中,重视发挥公共政策评估的作用。2015 年 1 月,中共中央办公厅、国务院办公厅印发的《关于加强中国特色新型智库建设的意见》提出要"建立健全政策评估制度"。[①] 2020 年 10 月通过的《中共中央关于制定国民经济和社会发展第十四个五年规划和二〇三五年远景目标的建议》提出要

---

① 《关于加强中国特色新型智库建设的意见》,中国政府网,2015 年 1 月 20 日,http://www.gov.cn/xinwen/2015-01/20/content_ 2807126.htm,最后访问时间:2023 年 2 月 13 日。

"健全重大政策事前评估和事后评价制度"。① 当前,我国公共政策评估呈现快速发展的趋势,参与常态化措施落实情况评估的决策和改革方案更加广泛,更多类别的机构参与其中,同时,重大改革方案、决策事项及政策实施效果的公共政策评估拓展成效显著。

但是,从总体上讲,我国公共政策评估工作仍处在起步和探索阶段。关于公共政策评估的理论研究和应用研究还存在不少短板。比如,在立法方面,公共政策评估的法律地位尚待确立,相关评估制度及工作尚未得到规范和完善;在参与机构方面,官方评估机构占主导,评估结果存在一定的公允性不足;在管理方面,评估机构缺乏相关行业协会进行规范和管理指导;在具体实践方面,各级政府部门对于公共政策评估工作还未提到应有的重视高度,评估工作仍不完善,对于评估结果的实际应用不够,或者应用效率不高;在研究方面,无论是理论还是方法的公共政策评估研究都处于相对滞后的状态,无法契合实际工作的需要。

目前,正值国际环境错综复杂多变,不确定性加强,风险日趋加大,不同利益集团的斗争频发;国内经济社会发展下行压力加大,体制机制改革进入攻坚期、关键期,给国家治理和公共政策的研究、制定、执行提出更高要求。新时代新征程上,为有效推动国家治理体系和治理能力的现代化进程、深化改革机构和行政、提升政策质量,我们应立足我国经济社会发展实际,加强公共政策评估理论建设、方法建设、制度体系建设、保障措施建设,着力建立和完善具有中国特色的公共政策评估制度体系,更好发挥公共政策评估在中国式现代化建设中的重要作用。

建立和完善中国特色的公共政策评估制度,是提升公共政策效益、加强政府科学决策、民主决策和法治决策的关键性制度安排,对新时期提升党的全面领导和执政水平具有重要作用,在新时代推进国家治理体系和治理能力现代化具有重要意义。② 为推动公共政策评估贯穿政策制

---

① 《中共中央关于制定国民经济和社会发展第十四个五年规划和二〇三五年远景目标的建议》,人民出版社 2020 年版,第 20 页。
② 李志军、李逸飞、王群光:《日本、韩国、南非政策评估的经验、做法及启示》,《财经智库》2020 年第 6 期。

定和实施的全过程,必须着力推行公共政策评估制度的现代化建设。立足我国经济社会体制机制、文化、伦理等,建立具有中国特色的公共政策评估理论体系、方法体系、制度体系,关系到国家治理能力和治理体系的现代化建设。只有实现公共政策评估的制度化、规范化、程序化、科学化和体系化,公共政策评估在中国式现代化建设中的重要作用才能得到充分发挥。因此,必须采取有力措施,着力建立和完善中国特色的公共政策评估制度,以完善强有力的制度,保障公共政策评估工作高效、科学的运行。

(一) 分阶段推动公共政策评估制度建设

发达国家的经验表明,具有法律地位的公共政策评估制度是其成熟发展阶段的重要体现。只有确立公共政策评估在我国的法律地位,根据我国当前的行政体制,各级政府部门在研究制定、执行、完善相关公共政策时才可以对政策本身、政策对象、政策效果等进行科学评估,并能更加准确、客观地发现政策执行中存在的问题,进行及时反馈。此外,还可以对评估主体的责权进行明确,有助于规范评估的原则、程序和结果的使用,完善评估的方式,对参与公共政策评估工作的专业机构和人员进行科学的预算评估,对其过程进行法定的认定和审核。[①]

但考虑到我国实际,立法过程一般较长,很难一蹴而就。因此,在我国,可以采取分步实施的办法予以推进。一是要明确规定,凡涉及经济发展、重要民生、公共管理等的重大公共政策,必须开展事前评估,对这类重大公共政策,还须制定相应时间节点对其进行事中评估;二是研究并制定关于建立健全公共政策评估制度的指导意见,聚焦公共政策的实施效果,建立对重大公共政策开展事前、事中和事后评估的长效机制,推进公共政策评估工作制度化、规范化,提高公共政策制定的准确性,最大限度发挥公共政策的社会效益和经济收益;三是条件成熟时可以考虑出台公共政策评估相关法律,从实体性和程序性两个方面对公

---

① 李志军主编:《重大公共政策评估理论、方法与实践》,中国发展出版社2016年版,第278页。

政策评估做出强制性规定,确保公共政策评估工作有法可依,推动公共政策评估工作走向法治化道路。①

(二) 加强公共政策评估主体和行业制度建设

保持独立、客观、专业和公正,是顺利开展公共政策评估的重要前提,也是第三方公共政策评估机构的特征之一,因此,设立完善的第三方评估机构,标志着公共政策评估制度体系的日趋完善。设立第三方评估机构,不仅从专业水平角度,保证了公共政策评估结果的有效性和可靠性;还能够扩大机构参与范围,有效提升评估过程的透明性和公开性。② 其一,要规范、整合现有的政策研究和咨询机构,注重官方、非官方政策评估机构功能的协调互补。要进一步强化非官方智库、大学在公共政策评估中的作用,鼓励和引导独立的第三方评估机构发展,特别要通过制度设计,构建非官方评估机构超然、独立的发展环境,充分发挥第三方评估独立、客观、专业、公正的重要作用。③ 其二,要增强政府评估机构在公共政策评估中的独立性,维护政府机构中的公共政策评估组织的独立性。要按照"决策、执行、监督"相互独立的原则,保证评估机构与制定机构和执行机构在执行时既要维护相互独立的状态,也要保持充分交流、信息共享。其三,要有与公共政策评估需求相匹配的制度体系,建立监管分离的行业发展机制,对承担公共政策评估工作的相关机构进行统一规范,确保公共政策评估机构的独立性、公正性和客观性。

(三) 构建中国特色公共政策评估理论和方法体系

公共决策的科学化需要构建科学的公共政策评估方法。④ 以欧美日为代表的发达经济体都重视对公共政策评估理论和方法体系的构建,从

---

① 李志军主编:《公共政策评估》,经济管理出版社2022年版,第245页。
② 李志军主编:《第三方评估理论与方法》,中国发展出版社2016年版,第6页。
③ 李志军主编:《公共政策评估》,经济管理出版社2022年版,第245页。
④ 刘玮辰、郭俊华、史冬波:《如何科学评估公共政策?——政策评估中的反事实框架及匹配方法的应用》,《公共行政评论》2021年第1期。

而形成相对先进的公共政策评估方法和较为完善的制度安排。比如，中央政府与地方政府相区别、定性分析与定量分析相结合、专家评估与民众参与相结合、内部评估与外部评估相结合、事前评估与事中事后评估相结合等。① 在借鉴国外公共政策评估理论和评估方法体系的基础上，需要根据我国特有的经济社会体制、文化等基本国情，创新公共政策评估理论和方法体系，积极构建中国特色的系统化的公共政策评估理论与方法体系，不断提升公共政策评估的针对性和有效性。在新时代、新业态、新发展的背景下，高度重视并有效运用互联网、大数据、人工智能等新一代技术和资源，② 准确研判新时期我国经济社会发展的运行机制和规律，对经济社会发展中的制度改革和政策制定、执行进行科学有效的评估，准确分析其中的利弊得失。

（四）规范公共政策评估从业标准，加强人才队伍培养

通过设立相关专业并进行科学训练，推动我国公共政策评估队伍高水平发展。其一，探索搭建"公共政策评估专员"和"公共政策评估师"制度，通过设立公共政策评估职业协会，对从业者进行公共政策评估师职业资格认证考试，只有通过专门专业培训考核的从业者才能进行相关工作。其二，促进公共政策评估职业化发展，通过学历教育和在职培训两种方式，培养评估专业人才，并通过实行公共政策评估奖励制度，吸引激励相关专业人士到公共政策评估组织工作。其三，实施公共政策评估机构资格认定制度，规定从业条件，规范公共政策评估机构，为从业人员提供良好的行业环境。

（五）加强财政预算，保障公共政策评估工作高质量运行

公共政策评估是一项系统工程，需要投入大量资金，配备不同专业

---

① 李志军、李逸飞、王群光：《日本、韩国、南非政策评估的经验、做法及启示》，《财经智库》2020年第6期。

② 杨代福、云展：《大数据时代公共政策评估创新研究：基于过程的视角》，《电子政务》2020年第2期。

的技术人才，收集、整理、分析大量的政策信息资料，需要经过较长时间的科学分析和研究评估。① 公共政策评估机构独立性、自主性以及公共政策评估各项工作顺利开展的保障需求，均离不开公共政策评估制度强化建设，为经费预算、人才配备和组织资源等提供制度保障，尤其需要加强公共政策评估领域专业人才的培养，建立相关培训体系，重视量化方法的应用，提高评估人员的专业化水平，提升公共政策评估的有效性和可靠性。

（六）创新公共政策评估方式，推动公共政策评估工作形成良性循环

公共政策评估可以对公共政策在制定和执行过程中存在的问题进行及时反馈并作出相应调整，进而对现有的公共政策进行修正、完善，促进公共政策结构合理化。公共政策评估的应用强调及时性，须及时反馈政策制定及执行情况给相应部门和人员，从而根据公共政策评估结果，对评估的政策持续进行修正、补充，使整个政策形成"制定—执行—评估—完善"的良性循环。在对不同评估主体和评估对象细分的基础上，有针对性地开展评估实践，对重大改革方案、重大政策措施、重大工程项目等决策事项，在出台前后展开事前评估、事中评估和事后评估，采取自评估、上级部门评估、第三方评估或多种评估相结合等形式，创新评估的方式方法。实行明确的奖惩制度，将评估结果与相应部门和人员的激励约束衔接起来，对评估结果好的给予激励，评估结果不好的给予约束和问责，并与部门政绩和干部考核升迁挂钩。

---

① 李志军、李逸飞、王群光：《建立我国政策评估制度体系》，《中国社会科学报》2020年12月16日第A3版。

深刻理解和全面把握
中国式现代化的系统性

邱海平

（中国人民大学经济学院教授、博士生导师，北京大学经济学院"梓材"讲席教授，西南交通大学马克思主义学院院长）

中国共产党自成立以来，领导中国人民探索中国现代化发展道路的历史进程波澜壮阔、成就斐然，对于中国现代化问题的理论认识不断深化升华、成果丰硕。党的十八大以来，以习近平同志为主要代表的中国共产党人不断实现理论创新和实践创新，创立了习近平新时代中国特色社会主义思想和中国式现代化理论，成功推进和拓展了中国式现代化，创造了人类文明新形态，为人类文明发展进步做出了新的重大贡献。在以中国式现代化全面推进中华民族伟大复兴的新征程中，必须坚持以习近平新时代中国特色社会主义思想为指导，深入学习贯彻党的二十大精神，深刻理解和全面把握中国式现代化理论和实践的系统性，为全面贯彻落实党的二十大战略部署奠定牢靠的思想基础。

一 深刻认识中国式现代化理论的形成与发展

以社会主义现代化实现中华民族伟大复兴，是中国共产党自成立以来，特别是中华人民共和国成立以来始终一贯的理想追求和实践主题。在探索社会主义现代化道路的实践过程中，我们党对现代化的理论认识不断深化发展。党的十八大以来，在继承党的社会主义现代化理论基础上，习近平总书记创造性地提出了中国式现代化这一重要理论范畴，形成了由一系列新思想、新观点、新论断组成的中国式现代化理论体系，标志着我们党对于现代化和中国现代化问题的认识达到了一个全新境界。理解中国式现代化理论的系统性，首先必须深刻认识习近平中国式现代化理论的形成和发展。

2015年10月29日，在党的十八届五中全会第二次全体会议讲话中，习近平总书记第一次提出了"中国式现代化"这一重要理论范畴。正如"中国特色的社会主义"这一提法发展为"中国特色社会主义"这一理论范畴，标志着我们党对于中国社会主义在理论认识上的高度自觉和重大飞跃一样，"中国式的现代化"这一提法发展为"中国式现代化"这一理论范畴，同样标志着我们党对于中国现代化在理论认识上的高度自觉和新的重大飞跃。

2020年10月29日，在中共十九届五中全会第二次会议讲话中，习近平总书记引用了邓小平的"中国式的现代化"这一提法，第一次对"我国现代化"的五个方面"中国特色"进行了理论概括，阐明了中国式现代化的基本理论内涵，标志着我们党对于中国式现代化在理论认识上的重大进展。

2021年7月1日，在庆祝中国共产党成立100周年大会的讲话中，习近平总书记第一次用"创造了中国式现代化新道路，创造了人类文明新形态"这一理论概括，高度评价中国特色社会主义这个"党和人民历经千辛万苦、付出巨大代价取得的根本成就"，深刻揭示了中国式现代化与中国特色社会主义的本质关系，赋予中国特色社会主义全新的历史地位和重大意义，标志着我们党对于中国特色社会主义和中国式现代化理论认识上的又一次升华。

2021年7月6日，在中国共产党与世界政党领导人峰会上的主旨讲话中，习近平总书记再次深刻指明了中国式现代化的世界意义："为人类对现代化道路的探索做出新贡献。"2021年11月11日，中国共产党第十九届中央委员会第六次全体会议通过的《中共中央关于党的百年奋斗重大成就和历史经验的决议》，进一步阐明了中国式现代化的世界意义："党领导人民成功走出中国式现代化道路，创造了人类文明新形态，拓展了发展中国家走向现代化的途径,给世界上那些既希望加快发展又希望保持自身独立性的国家和民族提供了全新选择。"习近平总书记的重要论述,充分彰显了我们党对于中国特色社会主义和中国式现代化的高度自信与自觉。

在 2022 年 7 月 26 日至 27 日省部级主要领导干部"学习习近平总书记重要讲话精神,迎接党的二十大"专题研讨班开班式上的讲话中,习近平总书记深刻阐明了科学认识现代化问题的方法论和中国式现代化的本质,他明确指出:"世界上既不存在定于一尊的现代化模式,也不存在放之四海而皆准的现代化标准。我们推进的现代化,是中国共产党领导的社会主义现代化,必须坚持以中国式现代化推进中华民族伟大复兴,既不走封闭僵化的老路,也不走改旗易帜的邪路,坚持把国家和民族发展放在自己力量的基点上、把中国发展进步的命运牢牢掌握在自己手中。"习近平总书记的重要论述和重大观点,为我们科学认识现代化问题和中国式现代化提供了科学的方法论指引和根本原则。

2022 年 10 月 16 日,在中国共产党第二十次全国代表大会上的报告中,习近平总书记第一次系统阐述了中国式现代化的本质属性、中国特色、本质要求和必须把握的重大原则等一系列重大理论问题,并进行了全面的战略布局和部署,标志着中国式现代化理论的确立。

党的二十大以来,习近平总书记进一步丰富发展了中国式现代化理论。2022 年 10 月 25 日,习近平总书记在主持二十届中央政治局第一次集体学习时的讲话中指出:"对中国式现代化的理论阐述,要全面学习掌握,不能只及一点不及其余。要深刻理解中国式现代化理论和全面建设社会主义现代化国家战略布局的关系,认识到前者是后者的理论支撑,从而深刻理解全面建设社会主义现代化国家战略布局的科学性和必然性。要深刻理解中国式现代化理论是基于中国国情、中国现实的重大理论创新,体现了我国现代化发展方向,是对全球现代化理论的重大创新。只有这样,我们才能全面把握中国式现代化的理论体系和实践要求,也才能更加坚决地防范照搬照抄西方现代化模式的思维方式。"习近平总书记的重要论述,明确宣示了中国式现代化理论的正式确立,并深刻揭示了中国式现代化理论在全面建设社会主义现代化国家实践中的重要地位。

2023年2月7日，学习贯彻党的二十大精神研讨班开班式上的讲话中，习近平总书记进一步阐明了中国式现代化的深厚底蕴和开创性："中国式现代化，深深植根于中华优秀传统文化，体现科学社会主义的先进本质，借鉴吸收一切人类优秀文明成果，代表人类文明进步的发展方向，展现了不同于西方现代化模式的新图景，是一种全新的人类文明形态。""中国式现代化蕴含的独特世界观、价值观、历史观、文明观、民主观、生态观等及其伟大实践，是对世界现代化理论和实践的重大创新。"深刻指明了推进中国式现代化的科学方法论："推进中国式现代化是一个系统工程，需要统筹兼顾、系统谋划、整体推进，正确处理好顶层设计与实践探索、战略与策略、守正与创新、效率与公平、活力与秩序、自立自强与对外开放等一系列重大关系。"深刻指明了推进中国式现代化必须确立的正确思想认识和精神状态："推进中国式现代化，是一项前无古人的开创性事业，必然会遇到各种可以预料和难以预料的风险挑战、艰难险阻甚至惊涛骇浪，必须增强忧患意识，坚持底线思维，居安思危、未雨绸缪，敢于斗争、善于斗争，通过顽强斗争打开事业发展新天地。"

2023年3月15日，习近平总书记在中国共产党与世界政党高层对话会上发表题为"携手同行现代化之路"的主旨讲话，提出了"两极分化还是共同富裕？物质至上还是物质精神协调发展？竭泽而渔还是人与自然和谐共生？零和博弈还是合作共赢？照抄照搬别国模式还是立足自身国情自主发展？我们究竟需要什么样的现代化？怎样才能实现现代化？"等一系列"现代化之问"，并立足中国式现代化理论和实践，对这些现代化之问进行了科学回答：要坚守人民至上理念，突出现代化方向的人民性；要秉持独立自主原则，探索现代化道路的多样性；要树立守正创新意识，保持现代化进程的持续性；要弘扬立己达人精神，增强现代化成果的普惠性；要保持奋发有为姿态，确保现代化领导的坚定性。习近平总书记进一步提出了全球文明倡议：要共同倡导尊重世界文明多样性；共同倡导弘扬全人类共同价值；共同倡导重视文明传承和创新。

习近平总书记的重要论述,深刻揭示了当代世界发展的主题和根本方向,深化拓展了人类命运共同体理论,标志着中国式现代化理论开始走向世界。

总之,全面认识中国式现代化理论的形成和发展,有助于我们深刻理解中国式现代化理论的丰富内涵、系统性和重大意义,有助于我们深刻认识中国式现代化理论是习近平新时代中国特色社会主义思想的最新成果和重大发展,是现代化理论的重大创新,不仅是推进中国式现代化和中华民族复兴伟业的根本遵循,也为推动构建人类命运共同体提供了科学的指导思想。

二 全面理解中国式现代化理论体系及其内在逻辑

中国式现代化理论全面揭示了中国式现代化的本质特征、中国特色、本质要求、必须牢牢把握的重大原则、世界意义、必须处理好的若干重大关系、首要任务、战略目标和重点等各方面内容,是一个完整的理论体系。必须全面理解和把握中国式现代化理论体系的丰富内涵及其逻辑关系,不断提高认识的系统性和整体性。

一是,必须从近现代世界历史的本质特征和后发国家面临的世界形势出发,深刻认识中国式现代化所要回答和解决的根本问题及其重大意义。近代以来,以英国18世纪第一次工业革命为标志,英、法、德、美等资本主义国家率先进入工业文明和现代化国家行列,与此同时,众多国家则仍然处于"前现代"的农业文明阶段,世界产生了"大分流"。从马克思主义理论角度来看,欧美国家的现代化实质上是以科技革命和工业化为基础的资本主义化,所谓"传统社会"到"现代社会"的转型,实质上是前资本主义社会到资本主义社会的发展。马克思主义深刻地揭示了世界资本主义及其发展对于全人类的双重影响,一方面,通过国际贸易、投资和金融等各种经济渠道,资本主义将科学技术和先进生产力扩散到全世界,从而推动了整个世界的变化和发展;另一方面,通过各种经济、政治、军事等手段"虹吸"了广大后发国家的资源和财富，从而造成了世界范围的城乡对立运动和不平等基本格局，资本主义始终处于深刻的矛盾之中。马克思主义的帝国主义理论进一步表明，当资本主义进入帝国主义阶段之后，尽管帝国主义国家之间存在激烈的争夺甚至可能发生战争，但是，在面对绝大多数后发国家时，它们更多地表现为"共济会兄弟"。世界范围内存在的"中心—外围"关系，是"现代世界体系"的根本特征。在西方发达国家已经抢占了发展先机和赛道的背景下，如何摆脱外来控制和剥削，实现国家独立发展与现代化，从而跻身世界先进行列，是近代以来包括中国在内的所有后发国家面临的共同目标和世界性课题。直到今天，除个别后发国家和地区实现了西式现代化外，绝大多数后发国家仍然在现代化的道路上艰苦跋涉，其中一些国家更是经历了半途而废、止步不前、严重倒退等各种可悲情况。从世界历史的角度来看，人类现代化的发展历程的确是由欧美国家开创的。正因为如此，长期以来，在西方话语体系中，也在一些国人心目中，"现代化"不仅等于"先进"和"文明"，而且等于"西化"甚至"美国化"。事实上，一方面，"现代化"是所有发达国家的共同标志和特征，也是所有后发国家的共同奋斗目标；但另一方面，关于究竟什么是现代化、如何理解"现代化"与一个国家的历史文化传统之间的关系、如何理解发达国家已经实现的"现代化"的本质及其与后发国家所要实现的"现代化"之间的关系、如何选择可行的现代化道路、如何实现合理的现代化目标等问题，世界上并没有统一的答案，对于这些问题的不同理解和回答，直接决定了一个国家发展的前途命运。历史充分证明，后发国家无论是完全拒绝西方现代化的有益成果，还是简单照搬西方现代化模式和思想逻辑，在实践上并不能取得成功。习近平总书记深刻地指出："世界上既不存在定于一尊的现代化模式，也不存在放之四海而皆准的现代化标准。"这是对后发国家现代化发展经验和规律的深刻总结，对于破除"现代化＝西化"的错误认知具有极为重要的思想解放的价值和意义。

中国共产党诞生于中华民族面临严峻的危亡之际，拯救中华民族和中国人民于水火，领导人民推翻帝国主义和旧的社会制度对于中华民族和中国人民的压迫，建立新的国家和政治经济制度，实现社会主义现代化和民族复兴，并为人类文明进步做出新贡献，是中国共产党的历史使命和行动逻辑。为了完成这一光荣神圣而又艰难复杂的历史任务，一百多年来，面对势力强大的帝国主义反动势力和各种阻挠打压，面对历史悠久而又复杂的文化传统和社会状况，面对曾经同为社会主义阵营成员的一些国家的改旗易帜，面对一些后发国家在现代化道路上遭遇的中断甚至失败，中国共产党始终坚持把马克思主义与中国国情和中华优秀传统文化相结合，坚持理论和实践的守正创新，领导中国人民创造性地开辟了具有中国特色和符合中国国情的新民主主义革命道路、社会主义革命道路、社会主义现代化建设道路，取得了中国特色社会主义和中国式现代化的重大成果，创造了人类文明新形态，推动中华民族迈上了不可逆转的复兴之路，创造了人类文明发展史上惊天地泣鬼神的伟大奇迹。中国式现代化发展道路的成功开辟和拓展，是近现代世界史上了不起的大事，已经并必将继续对世界格局和发展方向产生深远影响。习近平总书记意味深长地指出："中国式现代化是我们党领导全国各族人民在长期探索和实践中历经千辛万苦、付出巨大代价取得的重大成果，我们必须倍加珍惜、始终坚持、不断拓展和深化。"

二是，要从中共党史特别是新中国史的角度出发，深刻理解我们党对于中国式现代化在理论认识上的创新发展，全面把握中国式现代化的具体内涵及其内在逻辑关系。从一定角度看，一百多年的中共党史和近现代中国史可以划分为革命和建设两个互相联系的历史阶段。取得新民主主义和社会主义革命胜利，是开展社会主义现代化建设的前提，建设社会主义现代化是实现革命使命的必由之路。从一定角度看，中华人民共和国史也可以划分为两个互相联系的历史阶段。从1949年到1978年，虽然走过弯路，也遭遇过一些意想不到的困难和挫折，但在这个历史阶段，建设社会主义现代化的工业、农业、国防、交通运输业、科学技术仍然是我国发展的主线。在这个阶段，党领导人民建立起独立的比较完整的工业体系和国民经济体系，我国社会主义建设事业迈出了坚实步伐。1978年之后，党对于社会主义现代化的认识不断深化，不仅把实现现代化牢固地确立为国家发展的主要目标并进行了分阶段的战略规划,而且成功开辟了以中国特色社会主义实现我国现代化的独特发展道路,不断丰富发展了对于中国式现代化的理解。正是在全面总结世界现代化历史经验和我国社会主义现代化建设实践经验的基础上,习近平总书记不仅第一次提出了"中国式现代化"这一重要理论范畴,而且从理论上系统概括了中国式现代化的主要内涵,即中国式现代化的五个方面"中国特色":中国式现代化是人口规模巨大的现代化,是全体人民共同富裕的现代化,是物质文明和精神文明相协调的现代化,是人与自然和谐共生的现代化,是走和平发展道路的现代化。

中国式现代化的五个方面"中国特色"或具体内涵是一个具有内在逻辑关系的有机整体。具体来说,中国式现代化是人口规模巨大的现代化,这是中国式现代化的事实起点,也是理解中国式现代化五个方面"中国特色"的逻辑起点。在拥有14亿多人口的国家实现现代化,如果处理不好效率与公平的关系,在发展的同时出现了两极分化,那么现代化进程必然会由于社会矛盾激化而止步,因而中国式现代化必须是全体人民共同富裕的现代化。我国是社会主义国家,人民是国家的主人,实现人口规模巨大和全体人民共同富裕的现代化,既要坚定依靠中国共产党的领导,更要牢固确立全体中国人民的主体地位,充分发挥亿万人民的创造精神,这就必须在促进经济发展和物质极大丰富的同时,加强社会主义精神文明建设和文化建设,促进全体人民精神富裕和人的现代化,调动起亿万人民同心同德、团结奋进的磅礴伟力。实现人口规模巨大的现代化,持续的经济增长是基础,这就必然产生巨大的物耗能耗,而我国和世界资源环境存在硬约束,从而决定了中国式现代化必然是人与自然和谐共生的现代化。正因为中国式现代化虽然是人口规模巨大的现代化,但我们选择的是全体人民共同富裕、物质文明和精神文明相协调、人与自然和谐共生的现代化发展道路和目标,所以,中国式现代化是能够走和平发展道路的新型现代化,正因为如此,中国式现代化创造了人类文明新形态,从而具有世界意义。

三是,要从党和国家的根本性质出发,深刻认识中国式现代化的本质属性在中国式现代化理论和实践中的统领地位。中国共产党是马克思主义政党，我国是中国共产党领导的社会主义国家，中国式现代化本质上是中国共产党领导的社会主义现代化，而不是别的什么现代化。这是一种全新的现代化，并且是与资本主义现代化不仅相区别而且相竞争的现代化。从世界发展历史和现实看，到目前为止，还没有社会主义国家实现现代化的成功先例。从这个意义上说，中国共产党领导的中国社会主义现代化具有开创性和探索性，中国式现代化还在进行时，而不是完成时，前途光明，鼓舞人心，但困难和阻力也是巨大的。习近平总书记深刻地指出："中国式现代化是中国共产党和中国人民长期实践探索的成果，是一项伟大而艰巨的事业。唯其艰巨，所以伟大；唯其艰巨，更显荣光。"中国式现代化是中国共产党领导中国人民开创出来的中国特色社会主义现代化，只有深刻理解和牢固坚守中国式现代化的本质属性，才能确保中国式现代化不变质、不跑偏。

中国共产党的领导是我国革命、建设和发展取得伟大成就的根本保障与关键，是中国特色社会主义的本质特征和最大优势，坚持中国共产党的领导是中国式现代化的本质要求，坚持和加强党的领导是中国式现代化必须牢牢把握的重大原则。党的领导直接关系中国式现代化的根本方向、前途命运、最终成败。党的领导决定中国式现代化的根本性质，只有毫不动摇坚持党的领导，中国式现代化才能前景光明、繁荣兴盛；否则就会偏离航向、丧失灵魂，甚至犯颠覆性错误。只有坚持和加强党的领导，才能确保中国式现代化锚定奋斗目标行稳致远，激发建设中国式现代化的强劲动力，凝聚建设中国式现代化的磅礴力量。只有坚定不移坚持和加强党的全面领导，坚决维护党中央权威和集中统一领导，把党的领导落实到党和国家事业各领域、各方面、各环节，使党始终成为风雨来袭时全体人民最可靠的主心骨，才能确保中国式现代化的正确方向，确保拥有团结奋斗的强大政治凝聚力、发展自信心，集聚起万众一心、共克时艰，全面推进中国式现代化的磅礴力量。

中国特色社会主义是实现中华民族伟大复兴的必由之路，坚持和发展中国特色社会主义是中国式现代化的本质要求。中国特色社会主义来之不易，它是在改革开放40多年的伟大实践中得来的，是在新中国成立70多年的持续探索中得来的，是在我们党领导人民进行伟大社会革命的百年实践中得来的，是在近代以来中华民族由衰到盛180多年的历史进程中得来的，是在世界社会主义500多年波澜壮阔的发展历程中得来的，是在对中华文明5000多年的传承发展中得来的，具有深厚的历史渊源和广泛的现实基础，是马克思主义中国化时代化的伟大结晶。中国特色社会主义承载着几代中国共产党人的理想和探索，寄托着无数仁人志士的夙愿和期盼，凝聚着亿万人民的奋斗和牺牲，是近代以来中国社会发展的必然选择。实践充分证明，中国特色社会主义具有强大的生命力，是发展中国、稳定中国、实现中华民族伟大复兴、创造人民美好生活的必由之路。党的十八大以来，在以习近平同志为核心的党中央坚强领导下，中国特色社会主义进入新时代，中华民族迎来了从"站起来"、富起来到强起来的伟大飞跃。但我国仍然是发展中国家，仍然处在社会主义初级阶段，只有坚持和发展中国特色社会主义，才能确保我国经济持续健康发展和社会长期稳定，才能确保中国式现代化行稳致远。我们搞的社会主义是中国特色社会主义，我们建设的社会主义现代化是中国特色社会主义现代化，既体现着社会主义的本质属性，同时又具有鲜明的中国特色和时代特色。坚持和发展中国特色社会主义是中国式现代化的本质要求，必须深刻理解中国式现代化是中国特色社会主义现代化这一本质规定性，深刻理解实现中国式现代化与坚持和发展中国特色社会主义的内在统一性。

四是，深刻理解中国式现代化的本质属性、中国特色、本质要求、必须牢牢把握的重大原则之间的逻辑关系。中国式现代化是中国共产党领导的社会主义现代化，中国式现代化是中国共产党领导人民开创的人口规模巨大、全体人民共同富裕、物质文明和精神文明相协调、人与自然和谐共生、走和平发展道路的新型现代化，中国式现代化是前无古人的开创性事业，既拥有牢固基础和许多有利条件，同时也面临很多困难和风险挑战。正因为如此，只有坚持中国共产党的全面领导，才能推进中国式现代化不断向前发展，离开中国共产党的全面领导和党中央的集中统一领导，要实现中国式现代化是根本不可能的。中国共产党领导中国人民实现中国式现代化，走的是中国特色社会主义发展道路，而不是别的什么道路，所以坚持中国特色社会主义就是实现中国式现代化的本质要求。推动实现人与自然和谐共生，是中国式现代化区别于一切旧式现代化的重要标志，也是人类文明新形态的重要标志。实现人与自然和谐共生，必然要求坚持经济发展与生态文明建设的有机统一，从而必然要求实现高质量发展，全面提升发展效率和效益，所以高质量发展是中国式现代化的内在要求。我们搞的是社会主义现代化，必须调动全体中国人民的积极性和创造性，因此必须在政治上发展全过程人民民主，同时要丰富人民精神世界，实现全体人民共同富裕和全面发展，让全体人民共享现代化发展成果，只有这样才能提高全体人民的主体地位和思想自觉与行动自觉，实现社会主义生产目的。所以，发展全过程人民民主、丰富人民精神世界、实现全体人民共同富裕都是中国式现代化的本质要求。中国的发展离不开世界，中国式现代化是开放发展的现代化，因此必须统筹国内国际两个市场两种资源，推动构建人类命运共同体。所以，构建人类命运共同体就是中国式现代化的本质要求。中国式现代化是不同于并且是超越资本主义现代化的新型现代化，必将产生深远的世界影响，也必将面临严峻挑战和各种干扰，所以必须站在人类道义和世界真理的制高点，努力创造人类文明新形态，引领人类文明转型发展，只有这样才能最终实现中国式现代化。所以，创造人类文明新形态就是中国式现代化的本质要求和发展目标。推进中国式现代化，全面建设社会主义现代化国家，是一项伟大而艰巨的事业。当前，世界百年未有之大变局加速演进，我国发展面临新的战略机遇和风险挑战，我国改革发展稳定面临不少深层次矛盾，我国发展进入战略机遇和风险挑战并存、不确定难预料因素增多的时期，中国式现代化面临风高浪急甚至惊涛骇浪的重大考验。因此，必须从当代世界形势和中国发展实际出发，从坚守中国式现代化的本质属性和遵循中国式现代化的本质要求出发，牢牢把握坚持和加强党的全面领导、坚持中国特色社会主义道路、坚持以人民为中心的发展思想、坚持深化改革开放、坚持发扬斗争精神等五个重大原则。这五个重大原则指明了实现中国式现代化的政治保障、人民立场和价值、根本道路、制度体制保障和精神要求，是顺利推进中国式现代化的基本方针，具有重要思想和实践指导意义。

党的二十大报告是中国式现代化理论的集中表达，同时，还要结合党的十八大以来习近平总书记关于现代化的一系列思想，进一步深化认识中国式现代化理论的丰富内涵，提高对于中国式现代化理论认识的系统性和完整性。还要从历史与现实、理论与实践相结合的角度出发，深刻认识党的十八大以来我国发展取得的伟大历史性成就对于全面推进中国式现代化、全面建设社会主义现代化国家的重大意义，深刻理解不断开辟马克思主义中国化时代化新境界对于坚持和发展中国特色社会主义的重大意义，深刻理解中国式现代化理论与全面建设社会主义现代化国家的战略布局和部署之间的内在联系，深刻认识中国式现代化理论是全面建设社会主义现代化国家的理论支撑，深刻认识全面建设社会主义现代化国家的科学性和必然性。

三 深刻把握系统推进中国式现代化的科学方法和战略重点

中国式现代化是中国共产党领导中国人民创造的人类文明新形态，是中华民族和中国人民为世界文明发展进步做出的新的伟大贡献。中国式现代化蕴含着独特的世界观、价值观、历史观、社会观、文明观、民主观、发展观、生态观等一系列富有创新性和深刻底蕴的思想内核，博大且精深。中国式现代化是全面的现代化而不是片面的现代化，是以马克思主义和习近平新时代中国特色社会主义思想为根本指导思想、以中国共产党领导为根本政治保障、以人民主体地位为根本活力动力源泉、以中国特色社会主义为根本道路、以实现全体人民共同富裕和美好生活需要为根本目的、以建设富强民主文明和谐美丽健康的社会主义现代化强国为根本战略目标、以推动构建人类命运共同体和人类和平发展为根本世界担当的系统工程，宏大而浩繁。全面推进中国式现代化，必须坚持以辩证唯物主义和历史唯物主义、习近平新时代中国特色社会主义思想为指导，坚持"两点论"和"重点论"相统一的科学方法，正确处理好顶层设计与实践探索、战略与策略、守正与创新、效率与公平、活力与秩序、自立自强与对外开放等一系列重大关系。

党的二十大全面阐述了中国式现代化理论体系的丰富内涵，对全面建设社会主义现代化国家新的伟大实践进行了系统的战略布局和部署，党的二十大就是党中央对于中国式现代化在理论和实践上的顶层设计，全党全国上下必须坚定不移全面贯彻落实党的二十大精神和战略部署。同时，我们要看到，中国式现代化是一项伟大的探索性事业，还有许多未知领域和问题，需要我们在实践中大胆探索和解决。在实践中，必须处理好党中央的顶层设计与各地方各部门的实践探索之间的辩证关系，既要全面贯彻落实党中央的顶层设计，坚决防止自由主义和各自为政，又要创造性和创新性地解决具体实践中的各种复杂问题，坚决克服教条主义和"一切刀"。顶层设计具有前瞻性、全局性和稳定性，从而具有战略性，并且从原则上规定了各方面工作的总秩序。战略一经形成，就必须坚守并贯彻到底，从而保持各方步调的总体一致性。同时，我国是一个人口规模和疆土面积巨大的国家，城乡之间、区域之间等各方面发展不平衡不充分是我国社会矛盾的主要方面，在贯彻实施顶层设计的具体工作实践中，随时可能面临意想不到、意料之外和突发的各种复杂情况，这就决定了在贯彻落实中央战略部署的过程中，必须把战略的原则性和策略的灵活性有机结合起来，把守正与创新有机结合起来，把保持行动秩序性与发挥各方面活力和创造性有机结合起来，处理好战略与策略、守正与创新、活力与秩序的关系，只有这样，才能有效推进中国式现代化新的实践进程。

推进中国式现代化，还要处理好效率与公平、自立自强与对外开放的辩证关系。要实现全面建设社会主义现代化国家各项目标任务，把我国建设成为发达的社会主义国家，这就要求我国经济必须保持一定的增长速度，必须继续坚持"发展是硬道理"，坚持以深化改革开放促进我国经济持续健康发展。贫穷不是社会主义，贫富两极分化也不是社会主义。中国式现代化是全体人民共同富裕的现代化，既要创造比资本主义更高的效率，又要更有效地维护社会公平，更好实现效率与公平的相互促进和有机统一，在"做大蛋糕"的同时更加注重"分好蛋糕"，扎实推进共同富裕取得更为明显的实质性进展，让现代化建设成果更多更公平惠及全体人民。既要防止因为片面追求效率而产生贫富两极分化现象，又要防止因为片面追求公平而产生社会活力动力不足的问题。独立自主是我国建设和发展的基本原则，在世界百年大变局不断向纵深演进的现实背景下，推进中国式现代化必须坚持独立自主、自立自强，坚持总体国家安全观，统筹发展与安全，把国家和民族发展放在自己力量的基点上，坚持把我国发展进步的命运牢牢掌握在自己手中。同时，对外开放是中国的基本国策，任何时候都不能动摇。过去中国经济发展是在开放条件下取得的，实行更高质量的对外开放是实现我国高质量发展的必然选择。因此，推进中国式现代化，必须处理好自立自强与对外开放的辩证关系。

推进中国式现代化是一个系统工程，既要坚持"两点论"思想方法，正确理解和处理好各方面重大关系，又要坚持"重点论"思想原则和工作方法，紧紧抓住战略重点，达到重点突破、以点带面、由面成体的系统效果。必须深刻理解和准确把握党的二十大对于全面推进中国式现代化所部署的战略重点，进一步提高对于中国式现代化的系统性的思想认识和行动自觉。

一要深刻认识和把握高质量发展是全面建设社会主义现代化国家的首要任务，必须完整、准确、全面贯彻新发展理念，坚持社会主义市场经济改革方向，坚持高水平对外开放，加快构建以国内大循环为主体、国内国际双循环相互促进的新发展格局。二要深刻认识和把握教育、科技、人才是全面建设社会主义现代化国家的基础性、战略性支撑，必须深入实施科教兴国战略、人才强国战略、创新驱动发展战略，开辟发展新领域新赛道，不断塑造发展新动能新优势。三要深刻认识和把握人民民主是社会主义的生命，是全面建设社会主义现代化国家的应有之义，必须坚定不移走中国特色社会主义政治发展道路，坚持党的领导、人民当家作主、依法治国有机统一，巩固和发展生动活泼、安定团结的政治局面。四要深刻认识和把握实现国家治理体系和治理能力现代化是中国式现代化的重要内涵和目标，全面依法治国是实现国家治理现代化的内在要求，必须坚持在法治轨道上全面建设社会主义现代化国家，坚持走中国特色社会主义法治道路，建设中国特色社会主义法治体系、建设社会主义法治国家，全面推进国家各方面工作法治化现代化。五要深刻理解和把握建设文化强国是中国式现代化的重要支撑，必须坚持中国特色社会主义文化发展道路，增强文化自信，建设社会主义文化强国，增强实现中华民族伟大复兴的精神力量。六要深刻理解和把握增进民生福祉、提高人民生活品质是立党为公、执政为民的本质要求，是坚持党的领导全面推进中国式现代化的根基性工程，必须坚持在发展中保障和改善民生，鼓励共同奋斗创造美好生活，不断实现人民对美好生活的向往。七要深刻理解和把握推动绿色发展、促进人与自然和谐共生是全面建设社会主义现代化国家的内在要求，必须牢固树立和践行绿水青山就是金山银山的理念，站在人与自然和谐共生的高度谋划发展。八要深刻理解和把握推进国家安全体系和能力现代化是中国式现代化的重要内涵，维护国家安全和社会稳定是实现中国式现代化的重要前提，必须坚定不移贯彻总体国家安全观，把维护国家安全贯穿党和国家工作各方面全过程，确保国家安全和社会稳定。九要深刻理解和把握加快把人民军队建成世界一流军队是全面建设社会主义现代化国家的战略要求，必须贯彻习近平强军思想，加快军事理论现代化、军队组织形态现代化、军事人员现代化、武器装备现代化，提高捍卫国家主权、安全、发展利益战略能力。十要深刻理解和把握推进祖国统一是实现中华民族伟大复兴的重要历史任务，必须全面准确、坚定不移贯彻"一国两制""港人治港""澳人治澳"、高度自治的方针，坚持依法治港治澳，促进香港、澳门长期繁荣稳定，必须坚持贯彻新时代党解决台湾问题的总体方略，牢牢把握两岸关系主导权和主动权，坚定不移推进祖国统一大业。十一要深刻理解和把握促进世界和平与发展、推动构建人类命运共同体是中国式现代化开创人类文明新形态的世界担当，中国坚定奉行独立自主的和平外交政策，坚持在和平共处五项原则基础上同各国发展友好合作，坚持对外开放基本国策，坚定奉行互利共赢的开放战略，积极参与全球治理体系改革和建设，坚持全人类共同价值，促进各国人民相知相亲，以文明交流超越文明隔阂、文明互鉴超越文明冲突、文明共存超越文明优越，共同应对各种全球性挑战。十二要深刻理解和把握全面建设社会主义现代化国家、全面推进中华民族伟大复兴，关键在党，必须持之以恒推进全面从严治党，深入推进新时代党的建设新的伟大工程，以党的自我革命引领社会革命。

小　结

中国共产党自成立以来，领导中国人民经过长期奋斗和艰辛探索，成功开辟和不断拓展中国式现代化，即中国特色社会主义现代化，创造了人类文明新形态，为实现中华民族伟大复兴奠定了坚实基础，确立了正确方向，为人类文明发展进步做出了新的重大贡献。中国式现代化理论科学揭示了中国特色社会主义现代化建设规律，是现代化理论的重大创新，是习近平新时代中国特色社会主义思想的最新成果，是当代中国马克思主义、21世纪马克思主义的重大发展，是全面建设社会主义现代化强国的科学理论基础和根本指导思想。中国式现代化是前无古人的开创性事业，推进中国式现代化是一个系统工程，必须坚持以习近平新时代中国特色社会主义思想和中国式现代化理论为指导，深刻理解和全面把握中国式现代化的系统性和核心要义，全面贯彻党的二十大精神和战略部署，全面推进中国式现代化和中华民族伟大复兴实践进程。

中国式农村现代化的基本特征[*]

蒋永穆

(四川大学经济学院院长、教授)

党的十九届六中全会在总结党的百年奋斗历程中指出,"党领导人民成功走出中国式现代化道路"。农村现代化作为中国式现代化的重要组成部分,也同样走出了一条独特的道路。中国式农村现代化探索贯穿党的百年奋斗历程,百年党史就是一部中国共产党人不断推进农村现代化的历史。在中国共产党的农村现代化百年探索中,中国式农村现代化的基本特征逐步形成。

一 中国式农村现代化是坚持以农民为中心的现代化

农民问题是马克思、恩格斯毕生关注的重大问题之一,他们在《关于林木盗窃法的辩论》《共产党宣言》《法德农民问题》等经典著作中对农民问题进行了大量的阐释,形成了丰富的马克思、恩格斯农民问题思想。马克思、恩格斯认为,农民因深受资产阶级剥削而具有革命性,因与无产阶级利益一致而是无产阶级的天然同盟军,应形成工农联盟,以此来维护自身利益和实现自身解放,同时无产阶级政党要切实维护农民利益,这对于形成工农联盟、社会主义工人政党夺取政权、实现共产主义社会具有重要现实意义。

---

[*] 本文已发表于《中国经济问题》2022年第3期,收入本书时略有删改。

中国共产党坚持以马克思、恩格斯农民问题思想为指导，自成立之日起就坚持以农民为中心推进农村现代化，正确处理农民问题、切实维护农民利益。新民主主义革命时期，我们党就高度关注农民问题，毛泽东同志深刻地指出，"农民问题乃国民革命的中心问题"（毛泽东，1993）。社会主义革命和建设时期，我们党在解放区开展土地改革让农民无偿分得大量土地，"大大提高了农民的生产积极性"（蒋永穆、王运钊，2019），并进一步引导农民互助合作以实现增产增收，还为解决小农经济存在的弊端进行了农业社会主义改造。改革开放和社会主义现代化建设新时期，我们党尊重农民首创精神，在全国推广家庭联产承包责任制，赋予农民生产经营自主权，极大调动了农民生产积极性。2006年我们党全面彻底地取消了延续2600年的农业税，为切实减轻农民负担迈出了历史性的一步。中国特色社会主义进入新时代后，习近平总书记指出："必须贯彻以人民为中心的发展思想，突出农民主体地位，把保障农民利益放在第一位。"我们党为维护农民利益而在农村尤其是贫困地区采取了产业扶贫、教育扶贫等扶贫举措来打赢脱贫攻坚战，有效地促进了农民增收、改善了农民生活。

我们党在推进农村现代化进程中坚持以农民为中心，明确地回答了农村现代化"为了谁""依靠谁""谁检验"的问题。中国共产党推进农村现代化的进程就是不断满足农民生活需要、提高农民生活质量、促进农民全面发展的过程。在中国共产党的坚强领导下，我国农民生活发生了翻天覆地的变化，农村居民人均可支配收入逐年增加，从1949年的44元增长到2021年的18931元，为实现农村现代化创造了重要条件。新发展阶段坚持以农民为中心，就要进一步解决农民烦心事，在全面推进乡村振兴战略中进一步增加农民收入、提升农民生活品质等；制定更多惠农政策，进一步减轻农民负担、让农民成为有吸引力的职业等。

二 中国式农村现代化是彰显共同富裕的现代化

马克思、恩格斯站在无产阶级立场上，对资本主义生产方式下工人阶级普遍穷困潦倒、贫富两极分化的现象进行了深恶痛绝的批判，并揭露了产生这一切的根源在于资本主义私有制。于是，马克思、恩格斯阐释了无产阶级推翻资产阶级统治、建立无产阶级政权的伟大历史使命，并对未来实行公有制的共产主义社会进行了科学构想。共产主义社会的显著特征之一便是包含城市和农村居民在内的全体人民共同富裕。

中国共产党自成立之日起就坚持以马克思主义共同富裕思想为指导，为实现包含农民在内的全体人民共同富裕进行了艰辛探索。新民主主义革命时期，我们党意识到土地对农民的重要性而进行了多次土地革命来解决农民土地问题，在一定程度上解决了农民温饱问题。社会主义革命和建设时期，毛泽东同志针对土地改革完成后农村新富农的出现、贫农仍然贫困的现象提出了农村生产合作化运动，以此实现农村的共同富裕。改革开放和社会主义现代化建设新时期，邓小平同志指出，"中国经济能不能发展，首先要看农村能不能发展，农民生活是不是好起来"（邓小平，1993）。为此，他提出了"先富—后富—共富"的思想来指导农民农村共同富裕。江泽民同志为促进农民富裕提出"推进农业和农村经济结构的战略性调整"举措（江泽民，2001）。胡锦涛同志则强调国家政策要在越变越好中让农民富裕起来。中国特色社会主义进入新时代后，习近平总书记反复强调："在扶贫的路上，不能落下一个贫困家庭，丢下一个贫困群众。"（习近平，2016）以习近平同志为核心的党中央采取了精准脱贫举措并取得了脱贫攻坚的全面胜利，为进一步缩小城乡发展差距、实现农民农村共同富裕创造了重要条件。

促进农民农村共同富裕与推进农村现代化具有内在一致性，农村现代化的过程就是农民农村共同富裕的过程。百年来，我们党"始终将农村作为贫困治理的重点"（蒋永穆、何媛，2022），一直致力于解决农民贫困问题，先后采取了救济式扶贫、开发式扶贫、精准扶贫等扶贫模式助力脱贫工作，最终于2020年底如期实现了"现行标准下9899万农村贫困人口全部脱贫"（习近平，2021）的目标，为促进农民农村共同富裕奠定了深厚基础。新发展阶段扎实推动农民农村共同富裕，就要巩固拓展脱贫攻坚成果、全面推进乡村振兴战略，通过发展乡村产业来促进农民增收、提高农民技能水平来增加就业机会、健全工资支付制度来维护农民工权益等。

三 中国式农村现代化是物质文明与精神文明协调发展的现代化

马克思、恩格斯文明思想是在批判继承卢梭、康德、黑格尔、傅立叶、摩尔根等的文明思想的基础上形成的，并以资本主义的发展推动工业革命和引发工人运动为实践基础。马克思、恩格斯认为，物质文明与精神文明是人们在改造世界实践活动中取得的伟大成果，共同构成了丰富多彩的人类文明。关于物质文明和精神文明的关系，马克思、恩格斯指出，物质文明与精神文明彼此相连、相互促进，即物质文明为精神文明的发展奠定物质基础，精神文明为物质文明的发展提供精神支撑，要坚持物质文明和精神文明的协调发展。

我们党在推进农村现代化进程中坚持以马克思主义"两个文明"协调发展理论为指导，将物质文明与精神文明的协调发展贯穿于我们党推进农村现代化探索的百年历程中。新民主主义革命时期，我们党在发展农业生产进行经济建设的同时，也在农村增设小学对农民进行文化教育。社会主义革命和建设时期，毛泽东同志不仅注重通过农村工业来繁荣发展农村经济，也注重农村思想文化建设（毛泽东，2009）。改革开放和社会主义现代化建设新时期，邓小平同志在提出通过发展乡镇企业等措施来促进农村经济发展的同时，也高度重视农村思想文化建设，并要求做好农村思想政治工作、加强农民科学技术教育（邓小平，1993）。江泽民同志强调，在发展农村社会主义市场经济的同时，要加强对农民进行社会主义教育。胡锦涛同志强调，农村在"生产发展"的同时，也要培育"乡风文明"。中国特色社会主义进入新时代后，为促进农村物质文明与精神文明协调发展，习近平总书记强调：脱贫攻坚既要物质帮扶，也要精神帮扶；乡村振兴既要"产业兴旺"，也要"乡风文明"，而"乡风文明"的本质就是加强精神文明建设（习近平，2016）。

我们党在推进农村现代化进程中取得了物质文明和精神文明协调发展的显著成效。2021年发布的《人类减贫的中国实践》指出，农村脱贫群众的精神世界得到充实和升华，脱贫致富热情高涨、主人翁意识显著提升、现代观念不断增强、文明新风广泛弘扬。新发展阶段促进农村物质文明与精神文明协调发展，就要在发展农村新产业新业态中促进农村经济繁荣的同时，深入开展乡风文明培育行动来改善农民精神风貌、进一步丰富农民精神文化生活等。

四 中国式农村现代化是追求生态宜居的现代化

马克思、恩格斯在对资本主义生产方式的批判性考察中逐步形成了丰富的马克思主义生态文明观。他们认为，人是自然界的产物，应该做到人与自然和谐相处，要尊重自然和保护自然。针对人类"使自然界为自己的目的服务，来支配自然界"的情况，恩格斯深刻地指出："我们不要过分陶醉于我们人类对自然界的胜利。对于每一次这样的胜利，自然界都对我们进行报复"（马克思、恩格斯，2009b）。

中国共产党在推进农村现代化的百年探索历程中，始终坚持以马克思主义生态文明观为指导推进农村生态环境建设，其着力点突出了两个方面：一是绝不能走"先污染后治理"道路，坚定不移走保护环境、绿色发展之路；二是更好满足农民期盼有更清新的空气、优美的环境等美好生活的需要。新民主主义革命时期，我们党就开始进行森林培养、兴修水利和生态修复。社会主义革命和建设时期，毛泽东同志针对连年战争导致生态环境破坏的现实发出了"植树造林、绿化祖国"的号召，并指出："在十二年内，基本上消灭荒地荒山，在一切宅旁、村旁、路旁、水旁……均要按规格种起树来，实行绿化。"（毛泽东，2009）改革开放和社会主义现代化建设新时期，邓小平同志重视农村环境保护，并指出了解决农村生态环境问题的依靠力量，即"解决农村能源、保护生态环境等等，都要靠科学"（中共中央文献研究室，2011）。江泽民同志指出要通过推广生态农业和有机农业等来保护农村生态环境（江泽民，

2006b)。胡锦涛同志指出要通过加大节能环保投入力度等来改善农村居住环境（胡锦涛，2016b）。中国特色社会主义进入新时代后，习近平总书记将农村美与农民生活质量、美丽中国建设紧密结合，注重农村人居环境整治，并要求"建设好生态宜居的美丽乡村"。

生态宜居是农民美好生活的重要体现，也是实现农村现代化的必然要求。我们党在推进农村现代化进程中取得了保护农村生态环境的显著成效，农村生产方式得到改进、环境质量得到提升。新发展阶段改善农村环境、形成生态宜居，就要坚定不移贯彻"绿色"发展理念，通过采取深入开展"厕所革命"、科学处理生活垃圾、推进农村污水治理、进一步推广使用清洁能源、全面提升村容村貌等举措来持续整治农村人居环境。

五 中国式农村现代化是坚持科技引领的现代化

马克思、恩格斯身处近代科学技术快速发展的时代，虽然他们并不直接从事科学技术工作，但是他们在深入考察近代工业史的基础上高度肯定了科学技术在生产发展中的重要作用。马克思、恩格斯关于科学技术的论述主要体现在《机器、自然力和科学的应用》《资本论》《自然辩证法》等经典著作中，他们认为科学技术具有发展生产力、改变人们劳动和生活方式等作用，从而形成了丰富的马克思主义科技观。

我们党在推进农村现代化进程中始终坚持以马克思主义科技观为指导，高度重视科技创新，并充分发挥科技引领农村发展的重要作用。新民主主义革命时期，毛泽东同志很早就注意到了科技对农村发展的重要作用，他认为农民技术拙劣问题是农业发展面临的主要困难之一。社会主义革命和建设时期，我们党就高度重视科技在提高农业生产率中的重要作用，先后颁布和出台了一系列推广农业技术的政策文件以促进农业生产。改革开放和社会主义现代化建设新时期，邓小平同志提出了"科学技术是第一生产力"的重要论断，指出中国的现代化需要科学技术，并发出了"向科学技术现代化进军"的时代强音（邓小平，1994）。江泽民同志针对科技在促进农村发展中的重要作用，指出要大力加强农业科技工作、从农民中选拔培养科技人才（江泽民，2006a）。胡锦涛同志指出要通过依靠科技发展现代农业来促进农村发展（胡锦涛，2016a）。中国特色社会主义进入新时代，习近平总书记对科技特派员制度给予高度肯定，他指出科技在助力农村发展中成效显著，并希望科技特派员在乡村振兴中做出新的更大的贡献。

坚持科技引领是促进农村发展的动力，让农村现代化得到加速推进。我们党在推进农村现代化中坚持科技引领，既是对时代发展大势的深刻把握，更是实现农村发展的内在需要。新发展阶段坚持科技引领农村发展，就要运用科学技术研发良种等来提升粮食生产能力，并在加大农民科技培训力度中提高农业机械化耕作普及率，大力发展数字经济促进农村产业质量和经济效率变革等。

六　中国式农村现代化是城乡融合发展的现代化

马克思、恩格斯科学运用辩证唯物主义和历史唯物主义的世界观和方法论揭示了城乡关系由分离到融合的发展规律，即"城乡一体—城乡分离—城乡对立—城乡融合"，形成了丰富的马克思主义城乡关系理论。马克思、恩格斯认为，城乡分离和城乡对立是深受生产力和生产关系相互作用的影响，而城乡融合是城乡发展的必然趋势，资本主义不能消灭城乡对立，只有在生产力高度发达的共产主义社会里城乡对立才会消失，并最终形成城乡融合发展（马克思、恩格斯，2009a）。

中国共产党坚持以马克思主义城乡关系理论为指导，在推进农村现代化中"推动城乡关系从分离走向融合"（蒋永穆、胡筠怡，2022）。新民主主义革命时期，我们党在农村建立革命根据地、开展土地运动的同时，也在思考城乡关系，毛泽东同志提出"城乡兼顾"，将城市与农村联系起来发展。社会主义革命和建设时期，我们党采取建立供销合作社、在农村开展农业合作化运动、在城市建立国营经济等举措活跃了城乡市场，在农业复苏中带动工业恢复、在工业发展中推动农业发展，从而改变了城乡对立关系。改革开放和社会主义现代化建设新时期，我们党为逐步破除城乡二元结构采取了允许农民进城务工经商、推进市场经济体制改革、提出"统筹城乡发展"战略等措施，推动我国城乡关系进入互助、协调、统筹发展阶段，从而促进了城乡融合发展。中国特色社会主义进入新时代后，为缩小城乡发展差距，党的十八大提出了"城乡发展一体化"的要求（中共中央文献研究室，2014），并且党的十八届三中全会对"健全城乡发展一体化体制机制"作了专门的部署（中共中央文献研究室，2014），城乡发展一体化的本质就是城乡融合，而在此基础上，党的十九大提出"建立健全城乡融合发展体制机制和政策体系"（习近平，2020）。

我们党在推进农村现代化的百年历程中坚持城乡融合发展，有效地推动了农村生产力的发展和农民生活水平的提高。学者们认为，我国的城乡融合发展的成效与国外形成了鲜明对比，即"我国经历了世界历史上规模最大、速度最快的城镇化进程，却没有出现贫民窟问题"（贺雪峰，2019）。新发展阶段促进城乡融合发展，就要采取加快乡村建设、促进乡村产业振兴、进行农村土地制度改革、城镇基础设施向农村延伸等涉及经济、政治、文化、社会、生态方方面面的措施来破解城乡发展不平衡不充分问题。

以高质量发展推进中国式现代化的理论逻辑与实践路径*

胡怀国

(中国社会科学院经济研究所研究员、
博士生导师、政治经济学研究室主任)

党的二十大报告指出,"从现在起,中国共产党的中心任务就是团结带领全国各族人民全面建成社会主义现代化强国、实现第二个百年奋斗目标,以中国式现代化全面推进中华民族伟大复兴"。① 高质量发展不仅是适应我国社会主要矛盾变化的必然要求和新时代我国经济发展的鲜明主题,而且是中国式现代化的本质要求和新征程全面建设社会主义现代化国家的首要任务。本文试图结合新时代我国社会主要矛盾的变化和新征程全面建设社会主义现代化国家的中心任务,探讨新时代新征程以高质量发展推进中国式现代化的理论逻辑和实践路径。

一 引言

至少就主要经济体而言,人类社会曾长期处于传统农业社会,人们的生产生活主要是为了满足生存需要,整个社会带有明显的等级化特征、人身性依附和地域性限制,并往往受困于"马尔萨斯陷阱"而陷入某种治乱循环或相对停滞。对此,宏观经济学奠基者凯恩斯曾总结说,"从

---

* 本文已发表于《企业经济》2023年第6期,收入本书时略有删改。
① 习近平:《高举中国特色社会主义伟大旗帜 为全面建设社会主义现代化国家而团结奋斗——在中国共产党第二十次全国代表大会上的报告》,人民出版社2022年版,第21页。

公元前 2000 年开始,到 18 世纪初期,生活在世界各个文明中心的人们的生活水平,并没有发生多大的变化。当然中间是时有起伏的。瘟疫、饥荒、战争等天灾人祸时有发生,其间还有若干短暂的繁荣时期,但总的来看,不存在渐进或激进的变化。一直到公元 1700 年为止的 4000 年间,某些时期的生活水平也许比别的时期要高上 50%,但不会超过 100%"。[1] 在这种情况下,如何突破人类发展的人身性依附和地域性限制以提高社会活力,如何促进普遍勤劳和资本积累以推动经济发展,就成为任何一个大的农业社会突破"马尔萨斯陷阱"、开启现代化进程的基本问题。在人类社会的发展历史上,1453 年君士坦丁堡的陷落率先打破了欧洲社会的中世纪沉寂,引发了欧洲特别是西欧社会的一系列连锁反应,并在其相对漫长的历史演进过程中,经由英国工业革命开辟了一种西方式现代化路径。

西方式现代化极大地促进了经济发展和物质财富的积累,但无法从根本上解决经济发展与人的发展之间的内在冲突。马克思在对西方式现代化前半程及其理论回应进行批判性反思的基础上实现了理论超越,为人类社会开辟一种以经济发展推动人的发展的现代化路径提供了理论可能,同时也为中国式现代化提供了根本指导。习近平总书记指出,"世界上既不存在定于一尊的现代化模式,也不存在放之四海而皆准的现代化标准"。[2] 中国式现代化是社会主义性质和方向的现代化,是以马克思主义为根本指导的现代化,是我国在社会主义发展进程中不断推进马克思主义中国化时代化的重大创新成果。事实上,正是在不断推进马克思主义中国化时代化的过程中,"我们党领导人民不仅创造了世所罕见的经济快速发展和社会长期稳定两大奇迹,而且成功走出了中国式现代化道路,创造了人类文明新形态。这些前无古人的创举,破解了人类社会发展的诸多难题,摒弃了西方以资本为中心的现代化、两极分化的现代化、物质主义膨胀的现代化、对外扩张掠夺的现代化老路,拓展了发展

---

[1] [英] J. M. 凯恩斯:《凯恩斯文集·预言与劝说》,赵波、包晓闻译,江苏人民出版社 1998 年版,第 353 页。

[2] 习近平:《习近平谈治国理政》(第四卷),外文出版社 2022 年版,第 123—124 页。

>> 高质量发展与中国式现代化

中国家走向现代化的途径,为人类对更好社会制度的探索提供了中国方案"。①

特别是改革开放以来,我国成功开辟了中国特色社会主义道路,创造性地提出了社会主义初级阶段理论,"实现了从生产力相对落后的状况到经济总量跃居世界第二的历史性突破,实现了人民生活从温饱不足到总体小康、奔向全面小康的历史性跨越,推进了中华民族从站起来到富起来的伟大飞跃"②,为中国式现代化提供了充满新的活力的体制保证和快速发展的物质条件。党的十八以来,"经过长期努力,中国特色社会主义进入了新时代,这是我国发展新的历史方位"③,其基本依据是中华人民共和国成立特别是改革开放以来我国创造的经济快速发展奇迹和社会长期稳定奇迹,极大地提高了社会生产力水平并引起我国社会主要矛盾发生了转化,不平衡不充分的发展已经成为满足人民日益增长的美好生活需要的主要制约因素。从某种程度上讲,正是紧紧围绕新时代我国社会主要矛盾变化和我国发展的新的历史方位,党的十八大以来我们"采取一系列战略性举措,推进一系列变革性实践,实现一系列突破性进展,取得一系列标志性成果,经受住了来自政治、经济、意识形态、自然界等方面的风险挑战考验,党和国家事业取得历史性成就、发生历史性变革,推动我国迈上全面建设社会主义现代化国家新征程"。④

在这一过程中,党的十九大紧扣我国社会主要矛盾变化,系统回答了新时代坚持和发展什么样的中国特色社会主义、怎样坚持和发展中国特色社会主义等重大时代课题,不仅明确了分两个阶段到 2035 年基本实现社会主义现代化、到本世纪中叶全面建成社会主义现代化国家的战略

---

① 习近平:《以史为鉴、开创未来 埋头苦干、勇毅前行》,《求是》2022 年第 1 期。
② 《中共中央关于党的百年奋斗重大成就和历史经验的决议》,人民出版社 2021 年版,第 22 页。
③ 习近平:《决胜全面建成小康社会 夺取新时代中国特色社会主义伟大胜利——在中国共产党第十九次全国代表大会上的报告》,人民出版社 2017 年版,第 10 页。
④ 习近平:《高举中国特色社会主义伟大旗帜 为全面建设社会主义现代化国家而团结奋斗——在中国共产党第二十次全国代表大会上的报告》,人民出版社 2022 年版,第 6 页。

安排,而且作出了"我国经济已由高速增长阶段转向高质量发展阶段"①的重大论断。在我国迈上全面建设社会主义现代化国家新征程、向第二个百年奋斗目标进军的关键时刻,党的二十大对新时代十年伟大变革进行了系统总结、对全面建设社会主义现代化国家新征程各领域各方面工作作出了全面部署,不仅全面阐述了中国式现代化的中国特色、本质要求和重大原则,而且明确指出"高质量发展是全面建设社会主义现代化国家的首要任务"。②正如党的二十大报告强调的,"没有坚实的物质技术基础,就不可能全面建成社会主义现代化强国"③,高质量发展不仅是适应我国社会主要矛盾变化的必然要求和新时代我国经济发展的鲜明主题,而且是中国式现代化的本质要求和新征程全面建设社会主义现代化国家的首要任务,我们有必要结合新时代我国社会主要矛盾变化和新征程全面建设社会主义国家的中心任务,探讨新时代新征程以高质量发展推进中国式现代化的理论逻辑和实践路径。

二 高质量发展是适应新时代我国社会主要矛盾变化的必然要求

马克思主义认为,"物质生产力是全部社会生活的物质前提,同生产力发展一定阶段相适应的生产关系的总和构成社会经济基础。生产力是推动社会进步的最活跃、最革命的要素,生产力发展是衡量社会发展的带有根本性的标准"。④正是在马克思主义的指导下、在不断推进马克思主义中国化时代化的历史进程中,"新中国成立以来特别是改革开放以

---

① 习近平:《决胜全面建成小康社会 夺取新时代中国特色社会主义伟大胜利——在中国共产党第十九次全国代表大会上的报告》,人民出版社2017年版,第30页。
② 习近平:《高举中国特色社会主义伟大旗帜 为全面建设社会主义现代化国家而团结奋斗——在中国共产党第二十次全国代表大会上的报告》,人民出版社2022年版,第28页。
③ 习近平:《高举中国特色社会主义伟大旗帜 为全面建设社会主义现代化国家而团结奋斗——在中国共产党第二十次全国代表大会上的报告》,人民出版社2022年版,第28页。
④ 习近平:《坚持历史唯物主义 不断开辟当代中国马克思主义发展新境界》,《求是》2020年第2期。

来，在不到70年的时间内，我们党带领人民坚定不移解放和发展社会生产力，走完了西方几百年的发展历程，推动我国快速成为世界第二大经济体"，① 创造了经济快速发展奇迹和社会长期稳定奇迹，并推动我国社会主要矛盾发生了转化，中国特色社会主义进入了新时代。党的十九大报告紧扣新时代我国社会主要矛盾变化，对我国经济发展的阶段性特征作出了新的重大论断，指出"我国经济已由高速增长阶段转向高质量发展阶段，正处在转变发展方式、优化经济结构、转换增长动力的攻关期，建设现代化经济体系是跨越关口的迫切要求和我国发展的战略目标。必须坚持质量第一、效益优先，以供给侧结构性改革为主线，推动经济发展质量变革、效率变革、动力变革"。② 高质量发展是根据我国发展阶段、发展环境和发展条件的变化作出的重大论断，是我国在社会主义发展进程中不断推动马克思主义中国化时代化的重大创新成果，它不仅是适应新时代我国社会主要矛盾变化的必然要求，而且是新征程全面建设社会主义现代化国家的首要任务，具有深刻的历史逻辑、理论逻辑和实践逻辑。

首先，高质量发展是根据我国发展阶段、发展环境和发展条件的变化作出的重大论断，是新时代以来我们党在适应新形势、解决新问题、应对新挑战的过程中不断深化认识而取得的创新性成果。党的十八大以来，以习近平同志为核心的党中央依据我国经济发展面临的新形势新问题新挑战，作出了我国经济发展正处于增长速度换挡期、结构调整阵痛期、前期刺激政策消化期"三期叠加"阶段的重要判断，并在此基础上进一步作出了我国经济发展进入了以速度变化、结构优化、动力转换为特点的新常态的重大判断，认为"新常态下，我国经济发展的主要特点是：增长速度要从高速转向中高速，发展方式要从规模速度型转向质量效率型，经济结构调整要从增量扩能为主转向调整存量、做优增量并举，

---

① 习近平：《在纪念马克思诞辰200周年大会上的讲话》，人民出版社2018年版，第18页。

② 习近平：《决胜全面建成小康社会 夺取新时代中国特色社会主义伟大胜利——在中国共产党第十九次全国代表大会上的报告》，人民出版社2017年版，第30页。

发展动力要从主要依靠资源和低成本劳动力等要素投入转向创新驱动"。① 正是基于对我国经济发展的阶段性特征和趋势性变化的准确把握，我们党在新时代经济发展实践中不断深化对我国经济发展阶段和经济发展规律的认识，并在党的十九大报告中依据我国社会主要矛盾变化，作出了我国经济已由高速增长阶段转向高质量发展阶段的重大论断。这是事关我国社会主义现代化建设全局的重大论断，同时也为我们准确把握新时代我国经济发展的阶段性特征并深化我们对经济发展规律特别是社会主义经济建设规律的认识提供了根本遵循。

其次，高质量发展是适应新时代我国社会主要矛盾变化的必然要求，是解决好发展不平衡不充分问题、更好满足人民日益增长的美好生活需要的根本途径。党的十八大以来，随着我国经济社会快速发展和人民生活水平不断提高，一方面，人民美好生活需要日益广泛，如"期盼有更好的教育、更稳定的工作、更满意的收入、更可靠的社会保障、更高水平的医疗卫生服务、更舒适的居住条件、更优美的环境"② 等，更多依赖要素投入和投资驱动的粗放型发展方式，不仅面临着日益增加的资源环境压力，而且难以有效满足人民日益增长的美好生活需要；另一方面，尽管我国社会生产力水平总体上显著提高，但发展的不平衡不充分仍然十分突出，我国发展不仅面临着劳动力成本上升、资源环境压力增大等一系列新的约束，而且低成本资源和要素投入形成的驱动力明显减弱，创新引领和驱动发展已经成为我国发展的迫切要求。社会主义的生产目的是满足人民需要，新时代我国社会主要矛盾变化意味着不平衡不充分的发展已经成为满足人民日益增长的美好生活需要的主要制约因素。习近平总书记强调指出，"不平衡不充分的发展就是发展质量不高的表现。解决我国社会的主要矛盾，必须推动高质量发展。"③ 我国社会主要矛盾

---

① 习近平：《在省部级主要领导干部学习贯彻党的十八届五中全会精神专题研讨班上的讲话》，人民出版社2016年版，第2页。
② 中共中央文献研究室编：《习近平关于社会主义经济建设论述摘编》，中央文献出版社2017年版，第19页。
③ 习近平：《论把握新发展阶段、贯彻新发展理念、构建新发展格局》，中央文献出版社2021年版，第215页。

变化是关系全局的历史性变化，高质量发展是适应新时代我国社会主要矛盾变化的必然要求，新时代新征程必须坚持以推动高质量发展为主题，把实施扩大内需战略同深化供给侧结构性改革有机结合起来，不断增强供给体系对国内需求的适配性，以更好地满足人民多样化、个性化和不断升级的美好生活需要。

最后，高质量发展是遵循经济规律发展的必然要求和中国式现代化的本质要求，某种程度上反映了现代化进程中经济发展必须实现从"量的积累"转向"质的提升"的一般性规律。国际经验表明，至少就大国而言，只有以资本积累为前提的大规模工业化，才能有效突破传统农业社会的"马尔萨斯陷阱"，而只有以人力资本积累和要素升级为前提的产业结构升级和经济结构高端化，才能有效突破"中等收入陷阱"、跻身发达经济体之列。对此，习近平总书记总结说，"上世纪六十年代以来，全球一百多个中等收入经济体中只有十几个成功进入高收入经济体。那些取得成功的国家，就是在经历高速增长阶段后实现了经济发展从量的扩张转向质的提高。那些徘徊不前甚至倒退的国家，就是没有实现这种根本性转变。经济发展是一个螺旋式上升的过程，上升不是线性的，量积累到一定阶段，必须转向质的提升，我国经济发展也要遵循这一规律"[①]。党的二十大报告指出，"中国式现代化，是中国共产党领导的社会主义现代化，既有各国现代化的共同特征，更有基于自己国情的中国特色"[②]，而经济发展从量的扩张转向质的提高，某种程度上就是各国现代化的一个重要共同特征，同时也必然是中国式现代化的本质要求。在全面建设社会主义现代化国家、全面推进中华民族伟大复兴的新时代新征程上，我们必须紧紧围绕我国社会主要矛盾变化，坚持以高质量发展推进中国式现代化。

---

① 习近平：《论把握新发展阶段、贯彻新发展理念、构建新发展格局》，中央文献出版社2021年版，第215页。

② 习近平：《高举中国特色社会主义伟大旗帜 为全面建设社会主义现代化国家而团结奋斗——在中国共产党第二十次全国代表大会上的报告》，人民出版社2022年版，第22页。

三 高质量发展是新征程全面建设社会主义现代化国家的首要任务

目前，我国已经迈上了全面建设社会主义现代化国家、向第二个百年奋斗目标进军的新征程。党的二十大站在全党全国各族人民迈上全面建设社会主义现代化国家新征程的关键时刻，对全面建成社会主义现代化国家、全面推进中华民族伟大复兴作出了全局性谋划和战略性部署，不仅深刻阐述了中国式现代化的中国特色、本质要求和重大原则，而且明确指出高质量发展是全面建设社会主义现代化国家的首要任务。习近平总书记指出，"党的二十大对中国式现代化的本质要求作出科学概括。这个概括是党深刻总结我国和世界其他国家现代化建设的历史经验，对我国这样一个东方大国如何加快实现现代化在认识上不断深入、战略上不断完善、实践上不断丰富而形成的思想理论结晶"。[①] 由此也可以看出，我们目前所谈的"中国式现代化"是在深刻总结我国和世界其他国家现代化建设经验的基础上，经过党的十八大以来一系列理论和实践上的创新突破所取得的创新性成果，它既不同于西方国家在现代化进程中形成的"西方式现代化"，也不同于我国在社会主义建设时期形成的"四个现代化"。只有结合我国现代化的历史经验并准确把握"中国式现代化"的时代内涵，我们才能更好地理解以高质量发展推进中国式现代化的理论逻辑和实践路径。

中华人民共和国成立以来，"我们党团结带领人民完成社会主义革命，确立社会主义基本制度，推进社会主义建设，完成了中华民族有史以来最为广泛而深刻的社会变革，为当代中国一切发展进步奠定了根本政治前提和制度基础"[②]，并在这一过程中围绕如何建设一个伟大的社会主义国家，逐渐形成了"四个现代化"战略。例如，在1954年9月召开

[①] 习近平：《为实现党的二十大确定的目标任务而团结奋斗》，《求是》2023年第1期。
[②] 习近平：《决胜全面建成小康社会 夺取新时代中国特色社会主义伟大胜利——在中国共产党第十九次全国代表大会上的报告》，人民出版社2017年版，第14页。

>> 高质量发展与中国式现代化

的一届全国人大一次会议上,毛泽东在开幕词中指出,"我们的总任务是:团结全国人民,争取一切国际朋友的支援,为了建设一个伟大的社会主义国家而奋斗,……准备在几个五年计划之内,将我们现在这样一个经济上文化上落后的国家,建设成为一个工业化的具有高度现代文化程度的伟大的国家"①;周恩来在政府工作报告中进一步指出,"如果我们不建设起强大的现代化的工业、现代化的农业、现代化的交通运输业和现代化的国防,我们就不能摆脱落后和贫困"。② 1964年12月,周恩来在三届全国人大一次会议上的政府工作报告中进一步明确:"关于今后发展国民经济的主要任务,总的说来,就是要在不太长的历史时期内,把我国建设成为一个具有现代农业、现代工业、现代国防和现代科学技术的社会主义强国,赶上和超过世界先进水平。"③ 显然,"四个现代化"是结合我国落后农业国的具体国情对马克思主义的重大创新发展,不仅符合以工业化开启现代化进程的大国经济发展规律,而且在一定程度上突破了单纯以工业化论现代化的传统看法,但同时也含有较为明显的赶超思想和冒进倾向,如"几个五年计划之内""不太长的历史时期内""赶上和超过世界先进水平"等,这就使得我国在社会主义建设时期取得巨大发展成就的同时,也经历了多次较为严重的曲折。

"改革开放是我们党的一次伟大觉醒,正是这个伟大觉醒孕育了我们党从理论到实践的伟大创造。"④ 改革开放成功开辟了中国特色社会主义道路,创造性地提出了社会主义初级阶段理论,党的十三大更是明确指出"我国从五十年代生产资料私有制的社会主义改造基本完成,到社会主义现代化的基本实现,至少需要上百年时间,都属于社会主义初级阶段。这个阶段,既不同于社会主义经济基础尚未奠定的过渡时期,又不同于已经实现社会主义现代化的阶段"⑤。至少就理论逻辑而言,正是基于社会主义初级阶段理论以及我国正处于并将长期处于社会主义初级阶

---

① 《建国以来重要文献选编》(第五册),中央文献出版社1993年版,第461页。
② 《建国以来重要文献选编》(第五册),中央文献出版社1993年版,第584页。
③ 《建国以来重要文献选编》(第十九册),中央文献出版社1998年版,第483页。
④ 习近平:《在庆祝改革开放40周年大会上的讲话》,人民出版社2018年版,第4页。
⑤ 《改革开放三十年重要文献选编》(上),中央文献出版社2008年版,第476页。

段的判断，邓小平在"四个现代化"的基础上提出了"中国式的四个现代化""中国式的现代化"等概念，明确指出"四个现代化这个目标是毛主席、周总理在世时确定的。所谓四个现代化，就是要改变中国贫穷落后的面貌，……我们要实现的"四个现代化"，是中国式的四个现代化"①，并强调"中国式的现代化，就是把标准放低一点。特别是国民生产总值，按人口平均来说不会很高"。② 显然，"中国式的四个现代化""中国式的现代化"是对"四个现代化"的继承和发展，特别是依据我国社会主义初级阶段的生产力水平以及我国在社会主义初级阶段面临的主要矛盾，一定程度上克服了"四个现代化"概念所隐含的冒进倾向，并进一步明确了我国在社会主义初级阶段"必须集中力量进行现代化建设"，且其"根本任务是发展生产力"。③

党的十八大以来，中国特色社会主义进入了新时代，我国社会主要矛盾发生了转化，发展不平衡不充分问题已经成为满足人民日益增长的美好生活需要的主要制约因素。正是依据新时代我国社会主要矛盾变化和我国发展的新的方位，党的十九大明确了新时代坚持和发展中国特色社会主义的"总任务是实现社会主义现代化和中华民族伟大复兴，在全面建成小康社会的基础上，分两步走在本世纪中叶建成富强民主文明和谐美丽的社会主义现代化强国"，④ 并作出了到2035年基本实现社会主义现代化、到本世纪中叶全面建成社会主义现代化国家的战略安排。此后，围绕新时代坚持和发展中国特色社会主义的总任务并紧扣我国社会主要矛盾变化，我们"全力推进全面建成小康社会进程，完整、准确、全面贯彻新发展理念，着力推动高质量发展，主动构建新发展格局"，⑤ 党和国家事业取得历史性成就、发生历史性变革，推动我国迈上全面建

---

① 《邓小平文选》（第2卷），人民出版社1994年版，第237页。
② 《邓小平文选》（第2卷），人民出版社1994年版，第194页。
③ 《改革开放三十年重要文献选编》（上），中央文献出版社2008年版，第476页。
④ 习近平：《决胜全面建成小康社会 夺取新时代中国特色社会主义伟大胜利——在中国共产党第十九次全国代表大会上的报告》，人民出版社2017年版，第19页。
⑤ 习近平：《高举中国特色社会主义伟大旗帜 为全面建设社会主义现代化国家而团结奋斗——在中国共产党第二十次全国代表大会上的报告》，人民出版社2022年版，第2页。

设社会主义现代化国家新征程。正是在这个意义上,党的二十大报告明确指出,"在新中国成立特别是改革开放以来长期探索和实践基础上,经过十八大以来在理论和实践上的创新突破,我们党成功推进和拓展了中国式现代化。"① 显然,"中国式现代化"是对"四个现代化""中国式的现代化"的重大创新突破,是新时代以来推进马克思主义中国式时代化的重大创新成果,具有深刻的理论逻辑和丰富的时代内涵。

中国式现代化是社会主义性质和方向的现代化,同时也是社会主义初级阶段的现代化。习近平总书记指出,"社会主义初级阶段不是一个静态、一成不变、停滞不前的阶段,也不是一个自发、被动、不用费多大气力自然而然就可以跨过的阶段,而是一个动态、积极有为、始终洋溢着蓬勃生机活力的过程,是一个阶梯式递进、不断发展进步、日益接近质的飞跃的量的积累和发展变化的过程。"② 在全面建设社会主义现代化国家、全面推进中华民族伟大复兴的新征程上,一方面,我国仍处于社会主义初级阶段,这意味着我们的根本任务仍然是发展生产力,"是否有利于发展生产力,应当成为我们考虑一切问题的出发点和检验一切工作的根本标准"③;另一方面,正如毛泽东深刻指出的,"在复杂的事物的发展过程中,有许多的矛盾存在,其中必有一种是主要的矛盾,由于它的存在和发展规定或影响着其他矛盾的存在和发展""事物的性质,主要地是由取得支配地位的矛盾的主要方面所规定的",④ 新时代我国社会主要矛盾已经转化为人民日益增长的美好生活需要和不平衡不充分的发展之间的矛盾,而"不平衡不充分的发展"又是我国社会主要矛盾这一取得支配地位的矛盾的主要方面,它们共同规定了高质量发展是新时代我国经济发展的鲜明主题和新征程全面建设社会主义现代化国家的首要任务,我们必须紧扣新时代我国社会主要矛盾变化,全面贯彻创新、

---

① 习近平:《高举中国特色社会主义伟大旗帜 为全面建设社会主义现代化国家而团结奋斗——在中国共产党第二十次全国代表大会上的报告》,人民出版社2022年版,第22页。

② 习近平:《把握新发展阶段,贯彻新发展理念,构建新发展格局》,《求是》2021年第9期。

③ 《改革开放三十年重要文献选编》(上),中央文献出版社2008年版,第476页。

④ 《毛泽东选集》(第1卷),人民出版社1991年版,第320、322页。

协调、绿色、开放、共享的新发展理念,加快构建以国内大循环为主体、国内国际双循环相互促进的新发展格局,着力以高质量发展推进中国式现代化。

四 新时代新征程以高质量发展推进中国式现代化的实践路径

习近平总书记曾经指出,"改革开放以来,我国经济社会发展取得了举世瞩目的成就,经济总量跃居世界第二,众多主要经济指标名列世界前列。同时,必须清醒地看到,我国经济规模很大,但依然大而不强,我国经济增速很快,但依然快而不优。主要依靠资源等要素投入推动经济增长和规模扩张的粗放型发展方式是不可持续的。现在,世界发达水平人口全部加起来是10亿人左右,而我国有13亿多人,全部进入现代化,那就意味着世界发达水平人口要翻一番多。不能想象我们能够以现有发达水平人口消耗资源的方式来生产生活,那全球现有资源都给我们也不够用!"[1] 中国式现代化是人口规模巨大的现代化,更是社会主义性质和方向的现代化,而"社会主义的本质,是解放生产力,发展生产力,消灭剥削,消除两极分化,最终达到共同富裕。"[2] 高质量发展是适应新时代我国社会主要矛盾变化的必然要求和新征程全面建设社会主义现代化国家的首要任务,在全面建设社会主义现代化国家、全面推进中华民族伟大复兴的新时代新征程上,一方面,社会主义的根本任务是解放和发展生产力,我们必须根据解放和发展生产力的要求不断调整和完善社会主义生产关系及其上层建筑,特别是要坚持和完善社会主义基本经济制度、加快构建高水平社会主义市场经济体制;另一方面,我国社会主要矛盾变化是关系全局的历史性变化,我们必须紧扣新时代我国社会主要矛盾变化并根据我国发展阶段、环境和条件变化的要求,完整、准确、全面贯彻新发展理念,加快构建以国内大循环为主体、国内国际

---

[1] 《习近平谈治国理政》,外文出版社2014年版,第120页。
[2] 《邓小平文选》(第3卷),人民出版社1993年版,第373页。

双循环相互促进的新发展格局，努力实现更高质量、更有效率、更加公平、更可持续、更为安全的发展。

第一，新时代新征程以高质量发展推进中国式现代化，必须坚持和完善社会主义基本经济制度，特别是要坚持社会主义市场经济改革方向、加快构建高水平社会主义市场经济体制。中国式现代化是社会主义的现代化，"公有制为主体、多种所有制经济共同发展，按劳分配为主体、多种分配方式并存，社会主义市场经济体制等社会主义基本经济制度，既体现了社会主义制度优越性，又同我国社会主义初级阶段社会生产力发展水平相适应"，① 新时代新征程以高质量发展推进中国式现代化，必须毫不动摇巩固和发展公有制经济，毫不动摇鼓励、支持、引导非公有制经济发展，并在坚持以按劳分配为主体以提高社会活力、促进普遍勤劳的同时，健全不同生产要素由市场评价贡献、按贡献决定报酬的体制机制。特别地，"在社会主义条件下发展市场经济，是我们党的一个伟大创举。我国经济发展获得巨大成功的一个关键因素，就是我们既发挥了市场经济的长处，又发挥了社会主义制度的优越性"，② 我们必须加快构建高水平社会主义市场经济体制，充分发挥市场在资源配置中的决定性作用和更好发挥政府作用，这就要求我们进一步深化要素市场化改革，加快构建全国统一大市场，努力建设高标准市场体系和现代化产业体系，并积极探索公有制经济和非公有制经济、按劳分配和其他分配方式在社会主义市场经济条件下的有效实现形式，进而为新时代新征程全面建设社会主义现代化国家、以中国式现代化全面推进中华民族伟大复兴提供更为坚实的物质基础、更为完善的制度保证。

第二，新时代新征程以高质量发展推进中国式现代化，必须紧扣我国社会主要矛盾变化，全面贯彻新发展理念，加快构建新发展格局。党的十九大报告指出，"我国社会主要矛盾的变化是关系全局的历史性变化，对党和国家工作提出了许多新要求。我们要在继续推动发展的基础

---

① 《中共中央关于坚持和完善中国特色社会主义制度　推进国家治理体系和治理能力现代化若干重大问题的决定》，人民出版社 2019 年版，第 18 页。

② 习近平：《不断开拓当代中国马克思主义政治经济学新境界》，《求是》2020 年第 16 期。

上,着力解决好发展不平衡不充分问题,大力提升发展质量和效益,更好满足人民在经济、政治、文化、社会、生态等方面日益增长的需要,更好推动人的全面发展、社会全面进步。"① 社会主义生产目的是满足人民需要,新时代我国社会主要矛盾变化则意味着不平衡不充分的发展已经成为满足人民日益增长的美好生活需要的主要制约因素。在全面建设社会主义现代化国家的新征程上,新发展理念是我国现代化建设的指导原则,高质量发展是全面建设社会主义现代化国家的首要任务,而新发展格局不仅是我国经济现代化的路径选择,也是现代化进程中统筹中华民族伟大复兴战略全局和世界百年未有之大变局、牢牢把握发展主动权的战略选择,它们都是适应新时代我国社会主要矛盾变化的必然要求。特别地,正如习近平总书记强调的,"党的十八大以来我们对经济社会发展提出了许多重大理论和理念,其中新发展理念是最重要、最主要的"②,新发展理念系统回答了新时代我国发展的目的、动力、方式、路径等一系列理论和实践问题,不仅是适应新时代我国社会主要矛盾变化的必然要求,也是新征程全面建设社会主义现代化国家的指导原则。正是在这个意义上,习近平总书记明确指出:"高质量发展,就是能够很好满足人民日益增长的美好生活需要的发展,是体现新发展理念的发展,是创新成为第一动力、协调成为内生特点、绿色成为普遍形态、开放成为必由之路、共享成为根本目的的发展。"③

第三,新时代新征程以高质量发展推进中国式现代化,必须紧紧围绕"不平衡不充分的发展"这一新时代我国社会主要矛盾的主要方面,深入实施科教兴国战略、人才强国战略、创新驱动发展战略、乡村振兴战略和区域协调发展战略,推动我国经济实现质的有效提升和量的合理增长。中国式现代化是一个有着丰富的时代内涵的复杂的现实运动,它

---

① 习近平:《决胜全面建成小康社会 夺取新时代中国特色社会主义伟大胜利——在中国共产党第十九次全国代表大会上的报告》,人民出版社 2017 年版,第 11—12 页。
② 习近平:《把握新发展阶段,贯彻新发展理念,构建新发展格局》,《求是》2021 年第 9 期。
③ 习近平:《论把握新发展阶段、贯彻新发展理念、构建新发展格局》,中央文献出版社 2021 年版,第 215 页。

不仅是经济现代化、政治现代化、文化现代化、社会现代化和生态文明现代化的有机统一,也是人口规模巨大的现代化、全体人民共同富裕的现代化、物质文明和精神文明相协调的现代化、人与自然和谐共生的现代化、走和平发展道路的现代化。按照马克思主义唯物辩证法,复杂事物的性质主要是由主要矛盾的主要方面决定的,而"不平衡不充分的发展"正是新时代我国社会主要矛盾的主要方面。至少从理论逻辑上讲,正是根据新时代我国社会主要矛盾变化和"不平衡不充分的发展"这一主要矛盾的主要方面,党的十九大明确提出新时代要"紧扣我国社会主要矛盾变化,统筹推进经济建设、政治建设、文化建设、社会建设、生态文明建设,坚定实施科教兴国战略、人才强国战略、创新驱动发展战略、乡村振兴战略、区域协调发展战略"[1]等七大战略;党的二十大围绕新时代新征程全面建成社会主义现代化国家、以中国式现代化全面推进中华民族伟大复兴的中心任务,不仅明确了"高质量发展是全面建设社会主义现代化国家的首要任务""教育、科技、人才是全面建设社会主义现代化国家的基础性、战略性支撑",而且对如何以高质量发展推进中国式现代化作出了全面的战略部署,并特别强调新时代新征程"必须坚持科技是第一生产力、人才是第一资源、创新是第一动力,深入实施科教兴国战略、人才强国战略、创新驱动发展战略,开辟发展新领域新赛道,不断塑造发展新动能新优势"[2]。

五 结语

马克思主义认为,"一切社会变迁和政治变革的终极原因,不应当到人们的头脑中,到人们对永恒的真理和正义的日益增进的认识中去寻找,而应当到生产方式和交换方式的变更中去寻找;不应当到有关时代的哲

---

[1] 习近平:《决胜全面建成小康社会 夺取新时代中国特色社会主义伟大胜利——在中国共产党第十九次全国代表大会上的报告》,人民出版社2017年版,第27页。

[2] 习近平:《高举中国特色社会主义伟大旗帜 为全面建设社会主义现代化国家而团结奋斗——在中国共产党第二十次全国代表大会上的报告》,人民出版社2022年版,第33页。

学中去寻找，而应当到有关时代的经济中去寻找"①。中国式现代化是社会主义的现代化，是以马克思主义为根本指导的现代化。马克思主义旨在实现每个人自由而全面发展，而高度发达的生产力则是实现每个人自由而全面发展的根本前提，或如马克思强调的，"生产力的巨大增长和高度发展……之所以是绝对必需的实际前提，还因为如果没有这种发展，那就只会有贫穷、极端贫困的普遍化；而在极端贫困的情况下，必须重新开始争取必需品的斗争，全部陈腐污浊的东西又要死灰复燃"②。习近平总书记指出，"解放和发展社会生产力，增强社会主义国家的综合国力，是社会主义的本质要求和根本任务。只有牢牢扭住经济建设这个中心，毫不动摇坚持发展是硬道理、发展应该是科学发展和高质量发展的战略思想，推动经济社会持续健康发展，才能全面增强我国经济实力、科技实力、国防实力、综合国力，才能为坚持和发展中国特色社会主义、实现中华民族伟大复兴奠定雄厚物质基础"③。

《中共中央关于党的百年奋斗重大成就和历史经验的决议》指出，"今天，我们比历史上任何时期都更接近、更有信心和能力实现中华民族伟大复兴的目标。同时，全党必须清醒认识到，中华民族伟大复兴绝不是轻轻松松、敲锣打鼓就能实现的，前进道路上仍然存在可以预料和难以预料的各种风险挑战；必须清醒认识到，我国仍处于并将长期处于社会主义初级阶段，我国仍然是世界最大的发展中国家，社会主要矛盾是人民日益增长的美好生活需要和不平衡不充分的发展之间的矛盾。"④中国式现代化是社会主义初级阶段的现代化，适应我国社会主要矛盾变化的高质量发展是全面建设社会主义现代化国家的首要任务。在全面建成社会主义现代化国家、以中国式现代化全面推进中华民族伟大复兴的新时代新征程上，我们必须统筹中华民族伟大复兴战略全局和世界百年

---

① 《马克思恩格斯文集》（第9卷），人民出版社2009年版，第284页。
② 《马克思恩格斯文集》（第1卷），人民出版社2009年版，第538页。
③ 习近平：《在庆祝改革开放40周年大会上的讲话》，人民出版社2018年版，第28页。
④ 《中共中央关于党的百年奋斗重大成就和历史经验的决议》，人民出版社2021年版，第72页。

未有之大变局，紧扣我国社会主要矛盾特别是"不平衡不充分的发展"这一主要矛盾的主要方面，完整、准确、全面贯彻新发展理念，加快构建以国内大循环为主体、国内国际双循环相互促进的新发展格局，深入实施科教兴国战略、人才强国战略、创新驱动发展战略、乡村振兴战略和区域协调发展战略，着力以高质量发展为中国式现代化提供更为完善的制度保证、更为坚实的物质基础。

以高质量发展推动中国式现代化建设

蒋同明

（习近平经济思想研究中心对外合作部主任）

中国式现代化理论是习近平新时代中国特色社会主义思想的最新成果。高质量发展与中国式现代化是相辅相成的，实现高质量发展是中国式现代化的本质要求之一，中国式现代化是高质量发展的目标指引。正确理解以高质量发展推动中国式现代化建设，需要准确把握以下三个方面的问题。

一 中国式现代化发展脉络

中华人民共和国成立后，党和国家领导人针对现代化有一系列重要论述，1954年第一届全国人大最早提出"四个现代化"的概念；1964年周恩来总理提出要把中国建设成为现代农业、现代工业、现代国防、现代科学技术的社会主义强国；1964年年底到1965年年初召开的三届人大一次会议上，正式把"四个现代化"作为宏伟目标，宣布要把我国建设成为一个具有现代农业、现代工业、现代国防和现代科学技术的社会主义强国。

党的十八大报告提出，要"坚持走中国特色新型工业化、信息化、城镇化、农业现代化道路"。党的十九大报告提出的"新四化"，进一步明确以高质量发展实现现代化。党的十九届五中全会提出现代化远景目标，进一步明确在2035年基本实现"新型工业化、信息化、城镇化、农业现代化"。党的二十大报告对中国式现代化内涵进行深刻阐述，中国式现代化是中国共产党领导的社会主义现代化,既有各国现代化的共同特征,更有基于自己国情的中国特色。

二 中国式现代化理论体系

党的二十大报告明确了中国式现代化的理论分析框架和总体目标,我们可以归纳为"125956N"体系。"1"是总目标,"2"是"两步走"战略安排,"5"是中国式现代化的大特征,"9"是中国式现代化的九个本质要求,"5"是中国式现代化的五个重大原则,"6"是中国式现代化需要正确处理的六个重大关系,"N"是中国式现代化的若干重要任务。

中国式现代化的总目标也是中国共产党的中心任务,即团结带领全国各族人民全面建设社会主义现代化强国,实现第二个百年奋斗目标,以中国式现代化全面推进中华民族伟大复兴。

"两步走"战略安排,既展望未来,又立足当前。从2020年到2035年基本实现社会主义现代化。从2035年到21世纪中叶,把我国建成富强民主文明和谐美丽的社会主义现代化强国。

中国式现代化的五大特征极具中国特色。中国要实现的现代化是人口规模巨大的现代化、全体人民共同富裕的现代化,将对世界产生深远影响。同时也是物质文明和精神文明相协调的现代化、人与自然和谐共生的现代化、走和平发展道路的现代化。中国式现代化打破了"现代化=西方化"的迷思,摒弃了西方以资本为中心的现代化、两极分化的现代化、物质主义膨胀的现代化、对外扩张掠夺的现代化老路,为人类探索现代化道路提供了中国方案。

中国式现代化的九个本质要求,第一条就明确提出坚持中国共产党领导,这是中国式现代化最本质的要求。在五个重大原则中,第一条也是坚持和加强党的全面领导,这是确保我国社会主义现代化建设正确方向,确保拥有团结奋斗的强大政治凝聚力、发展自信心的根本保证。

中国式现代化需要正确处理的六个重大关系是习近平总书记在新进中央委员会的委员、候补委员和省部级主要领导干部学习贯彻习近平新时代中国特色社会主义思想和党的二十大精神研讨班开班式上,对推进中国式现代化作出的深刻阐释、提出的明确要求。六个重大关系分别是顶层设计和实践探索、战略与策略、守正与创新、效率与公平、活力与秩序、自立自强与对外开放。六个重大关系充分体现了马克思主义唯物辩证的思想方法。

三 高质量发展与中国式现代化的内在逻辑

习近平总书记在党二十大报告中强调,高质量发展是全面建设社会主义现代化国家的首要任务,发展是党执政兴国的第一要务,没有坚实的物质技术基础,就不可能全面建成社会主义现代化强国。2022年中央经济工作会议再次强调,坚持发展是党执政兴国的第一要务,但发展必须是高质量发展。中国式现代化既是发展的过程,也是发展的结果,更是发展的总目标,高质量发展是我国经济发展的总要求。

中国式现代化的实现过程也是高质量发展的过程。高质量发展包括经济、政治、社会、文化、生态等各方面高质量发展。不仅要促进物的全面丰富,也要促进人的全面发展,实现更高质量、更有效率、更加公平、更可持续、更为安全的发展。站在新的历史起点上,全党全国各族人民必须认真落实党的二十大精神和党中央决策部署,牢牢把握高质量发展这个首要任务,加快构建新发展格局、构建高水平社会主义市场经济体制、建设现代化产业体系、全面推进乡村振兴、促进区域协调发展、推进高水平对外开放,着力解决不平衡、不充分发展问题,推动高质量发展取得新成效,为中国式现代化奠定坚实的物质技术基础。

中国经济高质量发展的
理论逻辑与实践方略

张　辉

(北京大学经济学院副院长、教授)

　　实现社会主义现代化、实现中华民族伟大复兴是中国共产党一以贯之的奋斗主题。中国共产党内最早使用"现代化"这一概念，是在1931年瞿秋白为中共中央文化工作委员会起草的文件中。在战争时期，毛泽东、周恩来、朱德、彭德怀、叶剑英等无产阶级革命家都曾多次提及军队、军制、武器装备现代化的问题。

　　中华人民共和国成立后，中国共产党人早期对现代化的认识主要涉及工业化和农业近代化。直至第三届全国人民代表大会第一次会议将逐渐拓展形成的"四个现代化"正式表述为"现代农业、现代工业、现代国防和现代科学技术"，并首次提出"两步走"的战略步骤。

　　改革开放之初，党的十一届三中全会重申了"四个现代化"这一最伟大的历史任务。1979年邓小平从中国实际出发，将"四个现代化"目标具象为"中国式的现代化"，即"小康"。党的十三大提出了建设"富强民主文明"的社会主义现代化国家的奋斗目标，同时提出了分"三步走"的战略构想。党的十五大提出了新"三步走"的战略部署，首次明确了"两个一百年"奋斗目标。党的十七大进一步将建设社会主义现代化国家目标丰富为"富强民主文明和谐"。党的十八大进一步提出经济建设、政治建设、文化建设、社会建设和生态文明建设"五位一体"总体布局。党的十九大对实现第二个百年奋斗目标作出分两个阶段推进的战略安排。站在全面建成小康社会新的历史起点上，党的二十大进一步提出了中国式现代化的中国特色、本质要求，重申了全面建成社会主义现代化强国总的战略安排，明晰了中国式现代化必须牢牢把握的重大原则。

回顾中国共产党探索现代化道路的百年奋斗史可以发现，其对于社会主义现代化的目标内涵的认识日益深化、广博；对于社会主义现代化的战略安排的部署日渐系统、翔实，对于社会主义现代化中国特色的认识日臻精准、完善，力求逐步构建起中国式现代化的话语体系、理论体系与知识体系。

中国式现代化是中国共产党回应如何实现符合中国国情、具有中国特色的现代化这一历史性难题，在领导中国革命、建设、改革伟大实践中探索出的重大成果。中国式现代化的一般性与特殊性决定了新时代新征程上必须首要推动经济高质量发展，要立足发展阶段转变的新特征新要求，以新发展理念为科学指导，以新发展格局为路径选择，推动经济实现质的有效提升和量的合理增长。这一实践路径的关键在于畅通经济循环，要着力打通生产、分配、流通、消费各环节的堵点和难点，协同发力使社会再生产过程持续、顺利、健康运行。

在社会生产和再生产过程中，"一定的生产决定一定的消费、分配、交换和这些不同要素相互间的一定关系"。生产创造出消费的对象，决定消费的方式，引致消费的动力。当前我国生产体系"大而不强、全而不优"的问题依然存在，突出表现为：产业链供应链安全、产业结构优化、创新成果产业化等方面的问题。生产体系供应质量的不足，使得我国生产与消费出现结构性错配。改革开放之初，受制于前期内需市场的发育不足，我国生产体系的扩张主要满足于国际需求的增长。然而，过于依赖国际需求导致本土企业在海外市场上往往面临买方垄断，定价权缺失的背景下难以实现产业的迭代升级，导致随着人均收入水平的提升，国内居民的消费升级需求又向海外溢出，表征为服务业逆差达到近3000亿美元。畅通国内大循环就是要以创新和改革为根本动力，坚持供给侧结构性改革的战略方向，推动科技创新和产业体系升级，增强产业链、供应链稳定性和竞争力，提高国内供给体系的质量与效率；坚定实施扩大内需战略，将满足我国人民日益增长的美好生活需要作为出发点和落脚点，培育完整内需体系；着力打通分配和流通的中间桥梁连接机制，通过收入分配改革，加强流通体系，把生产和消费有机结合起来，以强大生产能力支撑国内巨大市场需求，以国内巨大市场体量反哺生产转型升级。

分配也反作用于生产，以及社会再生产的其他环节。合理的分配方式与分配格局对于激发劳动者积极性进而增强生产效益，提高人民可支配收入水平进而释放消费潜力等方面具有重要作用。当前我国居民消费占GDP比重长期处于低位，明显低于中等偏上收入经济体平均水平，这与我国居民收入/人口分布格局密切相关。低收入群体边际消费倾向最高，但消费能力无法支撑；中等收入群体具有较高的边际消费倾向与较高的消费能力是消费的中流砥柱，但在总人口中占比不足；高收入群体的消费边际倾向低，且高端消费容易向海外溢出。因此要着力提升低收入人群收入水平，扩大中等收入人群比重，推动我国居民收入分配格局转变为理想的"橄榄形"。这也正是我国决胜脱贫攻坚、全力推进乡村振兴的题中之义。

流通也反作用于生产，表现为交换范围的扩大，引致更为广泛的需求，促使生产的规模延展与品类精细。流通效率的提升有利于加快资本周转速度，从而有利于更快地集聚资本从而为生产发展提供条件。当前我国已经具备超大规模市场的潜在优势，但地方保护与市场分割阻碍了这种优势发挥的空间。因此要构建全国统一大市场，深化要素市场化改革，因事制宜地破除阻碍要素流动的体制机制障碍，建立有序有效的新制度、新规范、新渠道新平台。

消费是"商品的惊险的跳跃"的实现环节。由于生产受到消费的制约，消费能力的增长带动市场规模的扩张，引导着生产体系的发展。消费在观念上创造出新的生产需要。国际经验表明，国内市场需求是本土企业从事自主创新的激励源泉。只有超大规模国内需求才能有力促进颠覆性技术的创新、工艺的提升、品牌的形成。因此推动内需市场规模稳步扩大、消费结构优化升级是经济高质量发展实现的基点。

推动经济高质量发展是一个系统工程。党的二十大报告在部署经济领域建设任务时，将"构建高水平社会主义市场经济体制""建设现代化产业体系""全面推进乡村振兴""促进区域协调发展""推进高水平对外开放"这五个方面作为重要工作方向与政策着力点。构建高水平社会主义市场经济体制是马克思主义基本原理同中国具体实际相结合的一项伟大创举，有力彰显社会主义制度优越性的同时激发了市场活力和社会创造力，是我国实现经济高质量发展的制度保障。建设现代化产业体系是充分发挥生产在经济循环中的决定性作用、强化创新主体地位的必然要求，是"两个大局"下掌握经济发展主动权的关键一步，是我国实现经济高质量发展的核心支撑。全面推进乡村振兴、促进区域协调发展、推进高水平对外开放着力解决城乡间、区域间、国内与国际间不平衡不充分的发展问题，以期形成合力，使经济循环由原本的以资源为驱动、供需错配、数量重复扩张的旧轨道，转换到以创新为内核、供需相长、质量与效益增进的新轨道，从而以经济高质量发展为中国式现代化奠定更为坚实的物质技术基础。

国家治理现代化

引 言

王浦劬

中国的国家治理现代化,是中国共产党领导人民有序推进的国家治理现代化,是在坚持和完善中国特色社会主义根本制度、基本制度和重要制度前提下,全面深化改革国家治理体制机制、提升国家治理能力的现代化,是在中国式现代化持续深入发展中,不断根据实践的发展创新和建构国家治理体系和优化国家治理能力的现代化。由此可见,新时代中国的治理现代化过程,是在坚持的前提下改革、在改革中坚持的过程,是在发展中治理、在治理中发展的过程,也是在建构中治理、在治理中建构的过程。因此,我们可以把新时代中国国家治理现代化概念化为"建构型国家治理现代化"。

建构型国家治理,是以唯物辩证法分析现代化发展和社会转型的结构性矛盾,把握复杂社会治理的真谛和发展规律的国家治理。从实践来看,建构型国家治理包含着丰富复杂的内容、多重叠加的课题和多方面辩证关系,这其中主要包括以下五个方面。

一 坚持和完善中国特色社会主义制度与国家治理体制机制改革之间关系的建构调适

坚持和完善中国特色社会主义制度与深化改革国家治理体制机制之间关系的建构调适,是建构型国家治理的首要政治原则和制度建设路径。

在中国式现代化进程中推进国家治理现代化,必须坚持中国特色社会主义制度。党的十八届三中全会通过的《中共中央关于全面深化改革若干重大问题的决定》指出，"全面深化改革的总目标是完善和发展中国特色社会主义制度，推进国家治理体系和治理能力现代化"。党的十九届四中全会通过的《中共中央关于坚持和完善中国特色社会主义制度 推进国家治理体系和治理能力现代化若干重大问题的决定》指出，推进国家治理现代化，必须"坚持和完善中国特色社会主义制度、推进国家治理体系和治理能力现代化"。习近平总书记在党的二十大报告中进一步强调指出，必须"坚持和完善中国特色社会主义制度、推进国家治理体系和治理能力现代化"。由此可见，推进国家治理现代化，必须建构坚持和完善中国特色社会主义制度与深化改革国家治理体制机制之间的关系，坚持党的领导、人民当家作主、依法治国有机统一，坚持解放思想、实事求是，坚持改革创新，突出坚持和完善支撑中国特色社会主义制度的根本制度、基本制度、重要制度，着力固根基、扬优势、补短板、强弱项，构建系统完备、科学规范、运行有效的制度体系，并且在中国式现代化和国家治理实践中，把中国特色社会主义制度优势转化为国家治理的效能。

二　社会分工发展与社会合作需求之间关系的建构调适

社会分工的发展与社会合作的需求之间的建构调适，是建构型国家治理的现代社会发展基础。

习近平总书记指出，新时代以来，"我国发展领域不断拓宽、分工日趋复杂、形态更加高级、国际国内联动更加紧密，对党领导发展的能力和水平提出了更高要求"。社会生产推动下的社会分工是人类社会发展不可逆转的过程，社会分工必然会导致社会关系复杂化，社会利益会伴随着激烈的竞争、兼并，并形成利益集团，甚至社会分裂。著名政治学者达尔曾经批判过这种状态："政治阶层各个部分的独立性、渗透性和异质性，几乎保证了任何一个有不满情绪的群体都会在政治阶层中找到代言人，但是拥有代言人并不能确保这个群体的问题可以借助政治行动得以解决。"①

建构型国家治理现代化战略贯彻马克思主义关于分工与合作相谐和的组织原则。马克思、恩格斯早在《德意志意识形态》一文中就谈到，社会分工是阶级利益矛盾的导火线，基于分工的人类活动是"一种异己的、同他对立的力量"，只有基于高度发达的社会生产并通过个体之间的自主联合，才能释放人的自由。② 综合而言，分工是现代社会不可逆转的发展趋势，新组织、新产业、新模式会不断地推陈出新，新的群体利益和新的治理关系也会随之萌生，以人民根本利益为基础的国家治理取向和以人民为中心的发展观，要求建构共建共治共享的治理关系，要求把"协调"作为主要发展理念。在党的领导下，政府作为现代国家权威性公共组织，必须统筹安排各类非政府组织的社会定位，统筹调适各类国家治理主体之间的资源分配、利益关系和治理关系。

以分工为前提的"合作治理"或"共同治理"是国家治理的发展方向，③"合作治理有助于提供一个中国自1978年以来变迁的政治经济解释。"④ 改革开放以来，社会分工与社会合作一直是国家治理的重要命题。我国社会主义市场经济和基层自治的发展是在党和国家的直接领导、推动和参与下完成的。⑤ 新时代以来，国家治理现代化的一个核心问题就是如何清楚界定政府和市场、社会的关系，确定"政府应该做什么、不应该做什么，重点是政府、市场、社会的关系，即哪些事应该由市场、

---

① [美]罗伯特·A. 达尔：《谁统治——一个美国城市的民主和权力》，范春辉等译，江苏人民出版社2011年版，第102页。
② 《马克思恩格斯文集》（第1卷），人民出版社2009年版，第537—538页。
③ Jody Freeman, "Extending Public Law Norms through Privatization", *Harvard Law Review*, 116 (5), 2002, pp. 1285-1352. [美]全钟燮：《公共行政的社会建构：解释与批判》，孙柏瑛等译，北京大学出版社2008年版，第160—163页；张康之：《为了人的共生共在》，人民出版社2016年版，第160—165页等。
④ 敬乂嘉：《合作治理：历史与现实的路径》，《南京社会科学》2015年第5期。
⑤ 参见竺乾威《政社分开的基础：领导权与治理权分开》，《中共福建省委党校学报》2017年第6期；洪银兴《地方政府行为和中国市场经济的发展》，《经济学家》1997年第1期；王家峰、孔繁斌等《政府与社会的双重建构：公共治理的实践命题》，《南京社会科学》2010年第4期等。

社会、政府各自分担，哪些事应该由三者共同承担"。① 新时代以来，党的领导不断加强，政企、政资、政事、政社关系不断优化，政府负责、社会协同、公众参与的协同和合作治理格局不断健全，进一步推进国家治理现代化，需要政府、企业、社会组织和公众在国家治理结构中进一步确定自己的位置。

三　党的集中统一领导与社会多样性发展之间的建构调适

党的集中统一领导与社会经济多元发展之间关系的建构调适，是建构型治理的政治与社会关系基础。

在建构型治理过程中，党领导人民设计和运行"一"与"多"的治政结构，贯彻"一"与"多"共存、"一"优于"多"的逻辑顺序。新时代中国国家治理结构中的辩证逻辑源于马克思主义，源于党领导人民治国理政经验，也源于中华传统优秀政治文化。

"一"与"多"的逻辑关系是辩证法矛盾观的呈现。"一"与"多"的问题是主次矛盾的关系问题、矛盾主次方面的关系问题。毛泽东同志曾在《矛盾论》中指出："事物的性质，主要地是由取得支配地位的矛盾的主要方面所规定的。"② 邓小平同志将"一"与"多"的逻辑诠释为"主体"与"补充"的关系，他在论及非公经济时表示："'三资'企业受到我国整个政治、经济条件的制约，是社会主义经济的有益补充，归根到底是有利于社会主义的。"③

从现实状况来看，"一"代表着我国国家治理的领导和主体力量，领导和支配着我国社会主要矛盾及其主要方面。在经济领域，我国坚持公有制为主体、多种所有制经济共同发展的基本经济制度，坚持按劳分

---

① 中共中央文献研究室编：《习近平关于全面深化改革论述摘编》，中央文献出版社2014年版，第52页。
② 《毛泽东选集》（第1卷），人民出版社1991年版，第322页。
③ 《邓小平文选》（第3卷），人民出版社1993年版，第373页。

配为主体、多种分配方式并存的分配制度。在政治领域,我国坚持党的全面领导和集中统一领导,坚持工人阶级领导、工农联盟为基础,团结各民主党派、无党派人士、各民族的爱国力量,进一步发展和壮大最广泛的爱国统一战线。在价值导向层面,我国弘扬"和而不同"的政治伦理,以社会主义核心价值引领社会多种价值。在社会治理领域,我国实施党政一体的治理主体引领和负责、多种治理主体协同参与的治理格局。

国家治理结构中"一"与"多"的矛盾运动,是党的集中统一领导与多元化的社会之间关系的建构调适。"社会主义国家是中国共产党领导的国家,是真正代表人民根本利益的,是为人民服务的国家。"① 党的领导代表着人民的根本利益,国家具有人民共同体的特征,"人民当家作主"的"家"即国家。新时代以来,国家治理逐步发展形成党领导的治理格局,多方面利益主体参与协同治理,构成新时代国家治理体系,这一治理逻辑一直延续至今。

四　人民的根本利益与个人利益之间关系的建构调适

人民的根本利益与个人利益之间关系的建构调适,是建构型国家治理的利益关系基础。

社会主义政权在我国确立和巩固后,社会需要和生产供给之间的矛盾成为社会主要矛盾。一方面,这意味着社会主义现代化发展必须以人民为中心,"人民的利益在根本上是一致的"②,社会发展的成果由人民共享;另一方面,人民内部广泛存在的非对抗性矛盾的协调和解决,成为我国国家治理各领域的主要任务,国家治理活动的中心是"增强改革措施、发展措施、稳定措施的协调性,把握好当前利益和长远利益、局

---

① 王浦劬等:《政治学基础》,北京大学出版社2006年版,第196页。
② 《毛泽东文集》(第7卷),人民出版社1999年版,第211页。

部利益和全局利益、个人利益和集体利益的关系"。①

"政府与人民间权力关系的观念,是'为政之道',能'塑造'或'建构'社会共同利益,因此,是政府权力正当性的来源,是政治体制的生命线。"② 在治理出发点上,党和国家一直奉行人民整体利益③优先的治政要领。在建设和发展过程中,一切集体利益和个人利益要服务于人民整体利益,政府治理优先保障人民整体利益,这是执政党和国家政权合法性的体现。辩证地来看,人民整体利益具体体现为人民的"根本利益"和"共同利益",它既是实现集体利益和个人利益的必要保障,同时也依托于个人努力和集体奋斗的凝结。人民整体利益广泛存在于国家治理和政府治理过程中,例如国家安全、政治稳定、民生事业、国防建设等方面。

同时,国家治理和政府治理的一切成果都由人民共享。"人民不是抽象的符号,而是一个一个具体的人的集合,每个人都有血有肉、有情感、有爱恨、有梦想,都有内心的冲突和忧伤。"④ 党和国家在奉行人民整体利益优先时,也重视个人利益和集体利益。例如,国家治理重视公有制经济,同时推动非公有制经济健康发展,鼓励非公有制企业参与国有企业改革,鼓励有条件的私营企业建立现代企业制度;再如,开展政府协商,认真听取社会各界的意见,提升决策水平;又如,政府竭力推动形成人人参与、共商共建的社会治理格局等。此外,人民整体利益始终还是体现在每个集体和个人身上。例如,党和国家强调做大蛋糕时要分好蛋糕,实现共同富裕;在建设法治国家和法治社会中落实人人平等和公平正义等。

---

① 中共中央文献研究室编:《习近平关于全面深化改革论述摘编》,中央文献出版社 2014 年版,第 36 页。
② 潘维主编:《中国模式:解读人民共和国的 60 年》,中央编译出版社 2009 年版,第 25 页。
③ 我国《宪法》文本将其定义为"公共利益"。
④ 习近平:《在中国文联十大、中国作协九大开幕式上的讲话》(2016 年 11 月 30 日),人民出版社 2016 年版,第 12 页。

引 言

五 国家治理与全球治理之间关系的建构调适

国家治理与全球治理之间关系的建构调适，是建构型国家治理的国内外关系基础。

在新时代，国家治理活动并不仅限于国家内部，还涉及内政外交国防等各个方面，国家治理涉及国内治理与全球治理两个场域。国际国内事务是党领导人民治国理政的"两个大局"，[①] 兼顾治理中的斗争与合作，建构国家治理中的国内治理与全球治理的关系，是党领导人民治国理政的重要主题。

以人民安全为宗旨的总体国家安全是国家治理活动的重要政治前提。随着国际力量多极化，国际间的竞争与博弈逐渐增多。经济领域的保护主义抬头，经贸规则制定政治化、碎片化，国际分工体系和全球价值链分配不均等。政治领域，国际关系民主化程度不够，发展中国家、新兴市场国家不享有平等的发言权和参与权，国际法律规则的适用不够统一等。在这种形势下，国家治理面临的国内外斗争将长期存在，并广泛存在于政治、经济、文化、社会、生态、国防、科技和资源等各个方面。实践表明，国家治理和全球治理不仅限于利益的协调和分配，其前提是国家利益的争夺和保护，在这其中，国家是国家治理的核心和首要主体，国家主权是各类治理主体的合法性来源。基于总体国家安全的需要，国家治理结构要始终保持集中、统一、高效的韧性，必须把发展与治理、发展与安全有机结合起来。

与此同时，"我国同国际社会的互联互动也已变得空前紧密，我国对世界的依靠、对国际事务的参与在不断加深，世界对我国的依靠、对我国的影响也在不断加深"。[②] 在利益深度交合的国际格局中，我们需要通

[①]《习近平出席中央外事工作会议并发表重要讲话》，《人民日报》2014年11月30日第1版。

[②]《习近平出席中央外事工作会议并发表重要讲话》，《人民日报》2014年11月30日第1版。

国家治理现代化

过国际合作,在经济、文化、教育、科技等事业中获取经验、谋取资源。在处理国际关系过程中,我国国家治理结构要具备坚韧性、延展性和创新性,统筹国内国际两个大局,建构国家治理与全球治理的关系,推动落实习近平总书记提出的"全球发展倡议、全球安全倡议和全球文明倡议"。不断提升自己的治理能力,并形成国内与国际互动的良性治理结构,深度合作、高频互动,共享利益。

现代化比较视野中的中国之治：
理论逻辑与话语构建

张树华

（中国政治学会常务副会长、中国社会科学院政治学研究所所长、中国社会科学院大学政府管理学院院长）

一个民族的复兴或大国的崛起往往伴随着文明的兴盛。而一个文明的兴起必然伴随着思想的激扬及知识体系的确立。面对世界之变、历史之变、时代之变，作为当代中国知识界一分子，我们深感知识供给依然不足。

7年前，2016年5月17日，习近平总书记指出，面对新形势新要求，我国哲学社会科学领域还存在一些亟待解决的问题。比如，哲学社会科学发展战略还不十分明确，学科体系、学术体系、话语体系建设水平总体不高，学术原创能力还不强；哲学社会科学训练培养教育体系不健全，学术评价体系不够科学，管理体制和运行机制还不完善；人才队伍总体素质亟待提高，学风方面问题还比较突出；等等。总的来看，我国哲学社会科学还处于有数量缺质量、有专家缺大师的状况，作用没有充分发挥出来。改变这个状况，需要广大哲学社会科学工作者加倍努力，不断在解决影响我国哲学社会科学发展的突出问题上取得明显进展。[①]

2019年3月4日，习近平总书记在看望参加政协会议的文艺界社科界委员时强调，坚定文化自信，把握时代脉搏，聆听时代声音，坚持以精品奉献人民，用明德引领风尚。

[①] 习近平：《在哲学社会科学工作座谈会上的讲话》（2016年5月17日），人民出版社2016年版，第7页。

国家治理现代化

2022年4月25日,习近平总书记在视察中国人民大学时指出,哲学社会科学工作者要自觉以回答中国之问、世界之问、人民之问、时代之问为学术己任,发挥哲学社会科学在融通中外文化、增进文明交流中的独特作用,传播中国声音、中国理论、中国思想,为推动构建人类命运共同体做出积极贡献。

当前,世界进入新的动荡变革期,"东升西降"之势不可逆转,社会主义的吸引力在不断上升。理论界在回答中国之问、世界之问、人民之问、时代之问时,应注重阐明中国式现代化道路的独特优势,解码并阐明中国之路、中国之治、中国之理,构建中国之学、弘扬中国之道,让世界更好读懂中国。

坚持守正创新,全面总结中国共产党一贯秉持的政治价值和理念,提炼"中国之治"的价值内涵与核心概念,向世界阐释好"中国之道"。总结中国发展的经验优势与理论结晶,吸收中华优秀传统文化精髓,充分阐释好"中国之治"蕴含的"中国治道""中国之道"。立足中国发展的实践成果,提炼具有穿透力、解释力、说服力的核心概念。用融通中外、内外相通的中国叙事,讲好中国道路、经验、价值及理念,讲明中国道路及其经验是历史的、发展的、包容的、开放的。中国发展经验和价值理念,既有特色,也有共性,也反映了世界发展的一般规律,因此,既是中国的,也是世界的。

面对世界之变,应加快构建中国之治、中国之道的知识体系和话语体系,讲清讲明讲好中国人的"政治观""人民观""治理观""发展观""世界观"。

中华民族有着悠久的历史文化传统,孕育了灿烂的政治文明。中国人崇尚人与自然"天人合一""和合共生"的生态观,秉承"民为邦本,本固邦宁"的国家观,奉行"利民之用,厚民之生"的治理观,推崇"己所不欲,勿施于人"的自由观与权利观,主张"和而不同,美美与共"的文明观。这些思想和理念,蕴含着百姓日用而不觉的价值追求,反映了中国人宽广而纯洁的精神世界。它们随着时间推移和时代变迁而不断与时俱进,其自身又有连续性和稳定性,体现出鲜明的中国特色和永不褪色的精神价值。要善于打通内政与外交、内宣与外宣、政治实践与价值观念、学术体系与舆论话语之间的"隔断",力求实践经验、概念逻辑、学术话语、价值观念与叙事表达等能够相互融通、连接中外、融贯古今。

应坚持正确的民主观,勇于破解西式民主迷思,构建中国政治逻辑叙事,避免被西方带节奏,落入西式话语圈套和逻辑"陷阱"。中国之治是人民之治。中国式民主是人民民主,是一种自主的、全新的、内生性的民主,是以发展为导向的、成果优质、形式多样的高质量民主。

中国之治是必须着力研究的一个鲜明的表达、鲜明的概念。中国之治包含的深刻内涵是建构中国话语和知识体系的丰厚土壤。通过解码中国之治、解析中国之理、建构中国之学、弘扬中国之道,向世界人民提供可分享的中国式现代化蕴含的哲理、学理、道理。

"中国之治""中国之道"的实践价值和概念意蕴十分深厚而广泛。以新民主观和全面发展为理念的"中国之治",拓展了世界现代化发展的道路,丰富了人类政治文明的样态。我们看到,以"中国之治"为美丽风景的世界政治"新生态"正厚积薄发,世界政治文明百花园将更加绚丽多姿、丰富多彩。

吸吮着中华优秀传统文化的营养,立足于当代中国宏阔的改革与发展的实践,借鉴世界各国文明之精华,中国政治学人需要脚踏实地、从我做起,从现在做起,努力研究好"中国之治",阐释清"中国之道"。

中国式现代化蕴含的独特民主观

包心鉴

（中国政治学会学术委员会副主任，山东大学特聘教授，
山东省习近平新时代中国特色社会主义思想研究
中心学术委员会委员、特邀研究员）

中国式现代化，是中国共产党领导人民在长期探索和实践中历经千辛万苦、付出巨大代价取得的重大成果。党的十八大以来，以习近平同志为核心的党中央在新时代实践中进一步深化对中国式现代化基本规律的探索，成功推进和拓展了中国式现代化。党的二十大报告深入揭示中国式现代化的科学内涵和内在本质，概括并形成中国式现代化的中国特色、本质要求和重大原则，初步构建了中国式现代化的理论体系，为全面建设社会主义现代化国家、实现中华民族伟大复兴指明了前进方向。习近平总书记深刻指出："中国式现代化蕴含的独特世界观、价值观、历史观、文明观、民主观、生态观等及其伟大实践，是对世界现代化理论和实践的重大创新。"[①] 在这"六观"中，民主观尤其具有独特的地位和意义。没有民主就没有社会主义，就没有社会主义现代化，就没有中华民族伟大复兴。在中国式现代化新征程上我们需要发展什么样的民主？如何围绕以中国式现代化全面推进中华民族伟大复兴的中心任务不断提升中国式民主制度化、规范化、程序化水平？在世界百年未有之大变局中如何积极回应美国式民主对我们提出的严峻挑战？如此等等重大问题，都是涉及中国式现代化发展全局和历史进程的根本性问题。

[①] 《习近平在学习贯彻党的二十大精神研讨班开班式上发表重要讲话强调 正确理解和大力推进中国式现代化》，《人民日报》2023年2月8日第01版。

人民民主是社会主义的生命，是中国共产党始终高举的光辉旗帜。一百多年来，我们党团结带领人民为实现人民民主而不懈奋斗，相继创造了夺取新民主主义革命胜利"争得人民民主"、完成社会主义革命和推进社会主义建设"建构人民民主"、进行改革开放和社会主义现代化建设"发展人民民主"、开创新时代中国特色社会主义"升华人民民主"的伟大奇迹，人民民主有机地融入我们党探索中国现代化道路的伟大实践，成为建设社会主义现代化国家、实现中华民族伟大复兴的重要政治基础和鲜明政治特色。在长期探索和不懈奋斗的过程中，形成了中国共产党人所特有的马克思主义民主观。习近平总书记关于发展全过程人民民主的重大理念及其深入实践，为深入凝练中国式现代化的独特民主观，把人民民主更好转化为全面建设社会主义现代化国家的强大动力，指明了前进方向、提供了根本遵循。

中国式现代化蕴含的独特民主观，突出体现在以下四个基本方面。

一 坚持以人民为中心的"民主主体观"

民主是人类政治文明的重大成果，是全人类的共同价值。然而，世界上没有一个固定的民主模式，没有一种放之四海而皆准的民主制度。不同的经济基础、不同的文化传统、不同的国情条件，决定着不同的国家在吸收和借鉴人类政治文明共同价值的基础上，必须选择不同的民主发展道路，建立不同的民主政治制度。而决定一种民主是否合理和进步的根本因素，则首先要看谁是民主的主体。

以美国式民主为典型代表的资本主义国家民主制，在谁是民主的主体这一根本问题上，存在着自身难以克服的弊端。在美国两党少数政客的操纵下，民主离劳动人民越来越远，已堕落成少数特权阶层谋取私利、相互攻击、愚弄人民的工具，由此导致政治极化、社会撕裂、种族歧视加剧等一系列严重的政治和社会问题。美国以"民主价值观输出"的名义所发动的干涉别国内政的行为和战争，更是严重破坏了世界政治秩序，给不少国家和地区带来了重重灾难。

马克思深刻指出:"'民主的'这个词在德语里意思是'人民当权的'。"①"在君主制中是国家制度的人民;在民主制中则是人民的国家制度。"② 人民当家作主是社会主义民主的本质,社会主义民主区别于、优越于资本主义民主的最根本之点就是非常明确并始终坚持人民是民主的主体,这是中国共产党人的一贯立场,是中国式现代化蕴含的独特民主观的逻辑起点。

在新时代中国特色社会主义伟大实践中,习近平总书记鲜明提出了"坚持以人民为中心的发展思想",把以人民为主体的民主政治建设提升到一个新的高度。坚持以人民为中心,是马克思主义唯物史观的时代彰显,是中国共产党人的根本立场,是党长期执政和治国理政的最大底气,是中国式现代化蕴含的民主观的最鲜明特色和最核心内容。总结我们党一百年的奋斗历程,习近平总书记对坚持以人民为中心的民主观作出进一步阐发:"江山就是人民、人民就是江山,打江山、守江山,守的是人民的心。中国共产党根基在人民、血脉在人民、力量在人民。中国共产党始终代表最广大人民根本利益,与人民休戚与共、生死相依,没有任何自己特殊的利益,从来不代表任何利益集团、任何权势团体、任何特权阶层的利益。"③ 正是这种坚持以人民为中心的根本立场和"三个从不代表"的政治实践,赋予中国式民主以强大生命力,这是在中国式现代化新征程上进一步发展全过程人民民主、确保现代化建设正确方向和鲜明特质的根本前提。

中国式现代化,是中国共产党领导的社会主义现代化,是坚持以人民为主体的现代化。党对中国式现代化领导的最根本之点就在于,始终坚持以人民为中心发展全过程人民民主,把人民当家作主有机地融入现代化建设一切领域和全部过程,从而不断凝聚起建设社会主义现代化国

---

① 马克思:《哥达纲领批判》(1875年4月—5月7日),《马克思恩格斯文集》(第3卷),人民出版社2009年版,第443页。
② 马克思:《黑格尔法哲学批判》(1843年夏天),《马克思恩格斯全集》(第1卷),人民出版社1956年版,第281页。
③ 习近平:《在庆祝中国共产党成立100周年大会上的讲话》(2021年7月1日),人民出版社2021年版,第11—12页。

家的磅礴力量，更好造福全体中国人民。这正是中国式现代化蕴含的民主观的独特内涵和独到价值。坚持以人民为中心发展全过程人民民主，贯通于党领导中国式现代化的全部过程：人民是发展全过程人民民主的根本出发点，发展人民民主，保障人民主权，增进人民福祉，是党领导中国式现代化的初心使命；人民是发展全过程人民民主的根本依靠力量，人民就是江山，江山就是人民，依靠人民主体力量推进各领域各层次民主政治建设，赢得民心、守住人心，是党领导中国式现代化的最大底气；人民是发展全过程人民民主的根本目的，健全人民当家作主制度体系，不断扩大人民有序政治参与，使人民享有真实的选举权和广泛的参与权，不断增强更加充实、更有保障、更可持续的权利感、获得感、幸福感和安全感，是党领导中国式现代化的核心价值。

二 坚持以全链条为载体的"民主制度观"

民主既是一种价值理念，又是一种制度形态；而任何一种民主的价值理念，无不是通过一定形式和内容的制度安排来体现和实现的。建立并不断巩固人民民主的国家制度，用制度体系保障人民当家作主，历来是中国共产党民主观的核心内容和价值指向。中华人民共和国成立前夕，我们党就开始擘画革命胜利后如何在全国范围建构人民民主制度问题。毛泽东同志明确指出："总结我们的经验，集中到一点，就是工人阶级（经过共产党）领导的以工农联盟为基础的人民民主专政。"他特别强调，共产党领导的人民民主专政的政府，"是人民自己的政府。这个政府的工作人员对于人民必须是恭恭敬敬地听话的"。[①] 在中华人民共和国成立初期百废待兴的繁忙日子里，毛泽东同志紧紧抓住人民民主制度建构的两件大事：一是亲自主持起草《中华人民共和国宪法草案》，以国家大法的形式确立人民当家作主的地位；二是筹备并胜利召开全国人民代表大会，为建立并巩固共和国的民主制度体系打下了坚实基础。改革

[①] 毛泽东：《为什要讨论白皮书？》（1949年8月28日），《毛泽东选集》（第4卷），人民出版社1991年版，第1503页。

开放初期，总结国际共产主义运动历史经验和"文化大革命"严重教训，邓小平反复强调"制度问题更带有根本性、全局性、稳定性和长期性"，①"必须使民主制度化、法律化"。②新时期政治体制改革和民主政治建设在建构人民民主制度体系和法律体系上迈开了坚实步伐，为建立和完善中国特色社会主义民主政治制度开辟了正确道路。

在深入总结我国社会主义民主制度建设历史经验的基础上，党的十八大以来，以习近平同志为核心的党中央把加强人民当家作主制度体系建设摆到更加突出的位置，以更大的政治勇气和智慧不失时机深化政治体制改革，在民主政治各项基础性制度建设上取得重大成就，国家治理体系和治理能力现代化取得重大进展，从而不断彰显了以人民为中心的民主政治制度的强大治理效能。党的二十大报告进一步强调："我们要健全人民当家作主制度体系"，"坚持人民主体地位，充分体现人民意志、保障人民权益、激发人民创造活力"。③用制度体系保障人民当家作主，是我们党为人民民主长期奋斗所取得的一条重要经验，是中国式民主的一大鲜明特质。我国社会主义民主之所以是一种全过程人民民主，根本依据就在于，这是一种全链条式的制度化民主，完整的"民主制度链"有效保障了人民当家作主权益，实现了过程民主和成果民主、程序民主和实质民主、直接民主和间接民主、人民民主和国家意志相统一，是最广泛、最真实、最管用的社会主义民主。

一是进一步加强人民代表大会制度建设，巩固人民当家作主的根本制度保障。在全过程人民民主完整制度链条中，人民代表大会制度居于根本性重要地位、具有全局性重要功能，"是实现我国全过程人民民主的重要制度载体"。与西方国家的议会制不同，我国人民代表大会不是

---

① 邓小平：《党和国家领导制度的改革》（1980年8月18日），《邓小平文选》（第2卷），人民出版社1994年版，第333页。
② 邓小平：《解放思想，实事求是，团结一致向前看》（1978年12月13日），《邓小平文选》（第2卷），人民出版社1994年版，第146页。
③ 习近平：《高举中国特色社会主义伟大旗帜　为全面建设社会主义现代化国家而团结奋斗——在中国共产党第二十次全国代表大会上的报告》（2022年10月16日），人民出版社2022年版，第37页。

代表某个政党和某些利益集团的权益，而是代表全国各族人民的权益，深深植根于人民之中，深刻体现了人民是民主的主体这一社会主义民主的本质。我国政治发展实践深刻表明，人民代表大会制度是完善民主选举、确保人民主权的重要制度载体；是坚持民主立法、实现良法善治的重要制度载体；是加强民主监督、制约权力运行的重要制度载体。党的二十大报告明确指出，在中国式现代化新征程上，必须进一步加强人民代表大会制度建设，"支持和保证人民通过人民代表大会行使国家权力，保证各级人大都由民主选举产生、对人民负责、受人民监督"，从而"确保人民依法通过各种途径和形式管理国家事务，管理经济和文化事业，管理社会事务"。①

二是进一步加强中国共产党领导的多党合作和政治协商制度建设，完善人民当家作主的基本制度渠道。协商民主制度是我国的基本政治制度，是保障人民当家作主的重要制度平台，是中国式民主的独特体现。这一民主政治制度的鲜明特点和突出优势在于，通过政党协商、人大协商、政府协商、政协协商、人民团体协商、基层协商、社会组织协商等多种民主协商渠道，充分尊重民意、广泛集中民智、增进民主共识，有效保证人民当家作主权利的充分表达和真实实现。党的二十大报告明确强调，在中国式现代化新征程上，必须"全面发展协商民主"，"完善协商民主体系"，"健全各种制度化协商平台，推进协商民主广泛多层制度化发展"；必须"完善大统战工作格局"，"巩固和发展最广泛的爱国统一战线"，为全面建设社会主义现代化国家、实现中华民族伟大复兴凝聚起磅礴伟力。②

三是进一步加强基层群众自治制度建设，拓展人民当家作主的重要制度路径。我国社会主义民主是直接民主与间接民主的有机统一，基层

---

① 习近平：《高举中国特色社会主义伟大旗帜　为全面建设社会主义现代化国家而团结奋斗——在中国共产党第二十次全国代表大会上的报告》（2022年10月16日），人民出版社2022年版，第37、38页。
② 习近平：《高举中国特色社会主义伟大旗帜　为全面建设社会主义现代化国家而团结奋斗——在中国共产党第二十次全国代表大会上的报告》（2022年10月16日），人民出版社2022年版，第38、39页。

群众自治是发展直接民主的根本渠道，是全过程人民民主的重要体现。这一民主政治制度的鲜明特点和突出优势在于，通过制度化的参与渠道和参与平台，确保人民群众广泛参与基层民主实践，激发运用民主权利促进经济社会发展的政治积极性和创造活力，建设人人有责、人人尽责、人人享有的政治和社会共同体。党的二十大报告明确要求，在中国式现代化新征程上，必须进一步"健全基层党组织领导的基层群众自治机制，加强基层组织建设，完善基层直接民主制度体系和工作体系，增强城乡社区群众自我管理、自我服务、自我教育、自我监督的实效"，[1] 在广泛的社会生活领域确保人民当家作主权利的真实实现。

三　坚持以全方位为特色的"民主参与观"

"民主意味着在形式上承认公民一律平等，承认大家都有决定国家制度和管理国家的平等权利。"[2] 民主发展史表明，民主的价值能否真正实现，不仅决定了是否有完整的制度载体和制度秩序，而且决定了能否有广泛的参与渠道和参与实践；评价一个国家是不是民主的，不仅要看民主制度是否健全和完整，而且要看民主参与是否畅通和有效。中国式民主是全过程人民民主，一个根本性标志就是我们不仅有全链条的民主制度载体，而且有全方位的民主参与渠道。不断扩大政治参与的广度，拓展政治参与的深度，提高政治参与的质量，保障人民享有真实的知情权、参与权、表达权和监督权，是我国全过程人民民主的一个鲜明特色，是全面建设社会主义现代化国家的一项根本任务。

在我国民主政治架构和实践中，形成了两种制度化的政治参与基本形式：一是选举式参与，即选举民主；二是协商式参与，即协商民主。我国全过程人民民主，把选举民主和协商民主有机地结合起来，把民主

---

[1] 习近平：《高举中国特色社会主义伟大旗帜　为全面建设社会主义现代化国家而团结奋斗——在中国共产党第二十次全国代表大会上的报告》（2022年10月16日），人民出版社2022年版，第39页。

[2] 列宁：《国家与革命》（1917年8—9月），《列宁选集》（第3卷），人民出版社2012年版，第201页。

选举、民主协商、民主决策、民主管理、民主监督有机地贯通起来，涵盖经济、政治、文化、社会、生态等各个方面，全方位地渗透到人民民主的一切领域，既关注和解决国家发展大事和社会治理难事，又关注和解决人民群众具体需求和急难愁盼的日常琐事，具有时间的连续性、内容的整体性、运行的协调性、大众参与的广泛性和持续性，从而使国家政治运行和社会政治发展充分地体现人民意志、听到人民呼声，有效防止了西方民主那种选举时漫天许诺、选举后无人过问的现象。这是中国式民主的最大优势，也是最鲜明特色。正是从这个意义上说，选举民主和协商民主这两种基本的民主参与形式不可顾此失彼，更不可相互割裂；两者相辅相成、相得益彰，共同彰显以人民为主体的社会主义民主的核心价值，共同构成发展全过程人民民主的强大制度力量。

正是从发展参与式民主的政治价值高度，以习近平同志为核心的党中央把发展协商民主提到中国特色民主政治建设特别重要的位置，着力推动协商民主广泛多层制度化发展，构建并不断完善包括政党协商、人大协商、政府协商、政协协商、人民团体协商、基层协商以及社会组织协商在内的协商民主制度体系。"有事好商量，众人的事情由众人商量，是人民民主的真谛。"[1] 以众人参与广泛商量为鲜明特质的协商民主，在完善和发展中国式民主中发挥了至关重要的作用。党的二十大报告进一步指出，推进中国式现代化，必须"全面发展协商民主"，进一步完善协商民主体系，"健全各种制度化协商平台，推进协商民主广泛多层制度化发展"[2]。全面发展协商民主，不啻是中国式现代化蕴含的独特民主观的最鲜明标志，是在中国式现代化新征程上进一步彰显全过程人民民主核心价值的最重要路径。

人民政协是具有中国特色的政治制度安排，是社会主义协商民主的

---

[1] 习近平：《决胜全面建成小康社会 夺取新时代中国特色社会主义伟大胜利——在中国共产党第十九次全国代表大会上的报告》（2017年10月18日），人民出版社2017年版，第37—38页。

[2] 习近平：《高举中国特色社会主义伟大旗帜 为全面建设社会主义现代化国家而团结奋斗——在中国共产党第二十次全国代表大会上的报告》（2022年10月16日），人民出版社2022年版，第38页。

重要渠道和专门协商机构,是发展全过程人民民主的重要制度平台。在中国式现代化新征程上,全面发展协商民主,进一步推进全过程人民民主,赋予人民政协更加重大更加光荣的历史使命。在中国式现代化新征程上,进一步发挥人民政协专门协商机构的重要作用,充分释放人民政协在发展参与式民主、彰显人民民主核心价值中的独特优势,必须以发展全过程人民民主为神圣职责和重大使命,把协商民主贯穿履行职责全过程,扎实推进政治协商、民主监督、参政议政制度化建设,坚持发扬民主和增进团结相互贯通、建言资政和凝聚共识双向发力,不断提高人民政协协商民主制度化、规范化、程序化水平,不断提高深度协商互动、意见充分表达、广泛凝聚共识水平,在以中国式现代化全面推进中华民族伟大复兴中发挥更大作用。

四 坚持以全覆盖为价值的"民主治理观"

马克思恩格斯说过:"民主是什么呢?它必须具备一定的意义,否则它就不能存在。因此全部问题就在于确定民主的真正意义。"[①] 民主的真正意义即民主的价值实现,一种民主是否有价值、有意义,归根到底要看它是否对优化国家治理有用,是否对推进社会发展有用,是否对实现人民权益有用。习近平总书记深刻指出:"民主不是装饰品,不是用来做摆设的,而是要用来解决人民需要解决的问题的。"[②] 一种民主制度要有用、有效,必须忠实代表全体人民的利益和意愿推进国家和社会治理,不断把民主制度优势转化为国家治理效能。我国全过程人民民主之所以愈来愈彰显出巨大生命力和影响力,在当今世界各种民主制度和价值理念比较中愈益彰显出鲜明特色和巨大优势,一个根本性原因就是中国共产党把坚持人民至上作为国家民主制度的核心价值理念和根本运行原则,

---

① 马克思、恩格斯:《〈新莱茵报。政治经济评论〉第 4 期上发表的书评》,《马克思恩格斯全集》(第 10 卷),人民出版社 1998 年版,第 315 页。
② 习近平:《坚持和完善人民代表大会制度,不断发展全过程人民民主》(2021 年 10 月 13 日),习近平《论坚持人民当家作主》,中央文献出版社 2021 年版,第 335 页。

把保障人民主权、尊重人民创造、集中人民智慧作为推进国家治理现代化的内在逻辑,从而使民主的真正意义得到充分彰显,民主的核心价值得到充分实现,在推进国家和经济社会现代化中发挥了政治上层建筑的特殊作用。

中国式现代化是以人民为主体的全面现代化。中国式现代化的宏伟目标和艰巨任务,内在要求进一步强化全过程人民民主的全覆盖性,把民主选举、民主协商、民主决策、民主管理、民主监督有机贯通起来,把坚持人民当家作主落实到国家治理和社会发展的一切领域,更好实现直接民主和间接民主的有机统一、过程民主和成果民主的有机统一、程序民主和实质民主的有机统一、人民民主和国家意志的有机统一。实现全过程人民民主的这一真正意义和核心价值,就要在推进国家和社会治理现代化中牢牢把握住人民民主的真谛,即有事好商量,众人的事情由众人商量。涉及国家整体治理的事情,涉及全国各族人民利益的事情,在全体人民和全社会中广泛商量;涉及国家局部治理的事情,涉及某个地域人民群众利益的事情,在这个局部和地域的群众中广泛商量;涉及某些具体国家事务治理的事情,涉及一部分群众利益和特定群众利益的事情,在这部分群众中广泛商量;涉及基层社会治理的事情,涉及基层群众利益的事情,在相应基层范围群众中广泛商量。总之,"在人民内部各方面广泛商量的过程,就是发扬民主、集思广益的过程,就是统一思想、凝聚共识的过程,就是科学决策、民主决策的过程,就是实现人民当家作主的过程"。①

民心是最大的政治,民心所向是人民民主的最深邃内涵。中国共产党领导人民打江山、守江山,守的是人民的心。广泛凝聚民心,形成最大公约数,汇聚起全面建设社会主义现代化国家、实现中华民族伟大复兴的磅礴力量,是中国式现代化蕴含的独特民主观的最核心价值。以全覆盖为价值充分发挥人民民主的治理功能、彰显人民民主的治理优势,是在中国式现代化新征程上进一步发展全过程人民民主的核心任务。守

---

① 习近平:《在庆祝中国人民政治协商会议成立 65 周年大会上的讲话》(2014 年 9 月 21 日),人民出版社 2014 年版,第 14 页。

住民心、凝聚力量，建立在平等和包容基础之上，这正是我国全过程人民民主的特有品格和突出优势。在人民当家作主这一共同政治价值下，充分尊重人民群众的平等价值诉求，最广泛地包容各方面意见和建议，凝聚一切政治团体和社会力量，形成最广泛的爱国统一战线，促进政党关系、民族关系、宗教关系、阶层关系、海内外同胞关系的和谐，在平等关系基础上实现大团结大联合，这是发展全过程人民民主的核心价值和突出任务。实现和巩固这样一种生动活泼的政治局面，就要正确处理一致性和多样性的关系，充分释放社会主义民主的包容性功能。我国全过程人民民主尤其是协商民主，涵盖各党派、各团体、各民族、各阶层、各界别和各方面人士，覆盖国家治理和经济社会发展一切领域，具有极大的政治包容性。通过广泛多层制度化的民主协商，围绕治国理政、国计民生重大问题和涉及人民群众切身利益的热点难点、堵点、痛点问题进行广泛充分协商，构建全覆盖包容性的商量平台，有事多商量，做事常商量，众人的事情由众人商量，重大的事情反复商量，最大限度兼顾各方面利益，最大限度包容各方面诉求，最大深度融汇各方面智慧，无疑可以形成各方面均可接受和采纳的公共政策和公共措施，形成符合最大多数人利益和意愿的最大公约数，共同推进国家和社会治理现代化。中国式现代化蕴含的独特民主观及其深入实践，正是在依靠人民民主力量推进国家和社会治理现代化上彰显出巨大的政治价值和广阔的发展前景。

大治理观与大社会治理

徐 勇

(华中师范大学政治学部教授)

从治理话语的历史、国际、实践和学科的维度，可以把治理分为两个层面。一是以国家为主体，以国家整体为对象，涉及治理主体及其相互关系的治理。围绕这一治理定义所产生的理念和思维，可称为大治理观。二是不涉及国家整体和基本关系，着重于解决具体问题和处理具体事务的方式和机制的治理，可以称为一种小治理观，比如现在公共管理学科就是就问题解决问题的。

不同学科对社会的定义有所不同。国家与社会关系是政治学的基本问题。在政治学科视域下，社会相对于国家政权。任何国家都面临着如何处理社会矛盾、进行社会治理的问题。中华人民共和国成立以后面临怎么样进行社会治理的问题。毛泽东发表《关于正确处理人民内部矛盾的问题》这篇文章，是从国家有效治理的角度来论述社会矛盾的。从治理的角度看是一种大治理观，从社会的角度看是包括所有人的社会，所以，后来才有了所谓的把矛盾化解在基层的经验。

中华人民共和国成立以后，国家对社会进行了重组，重要特点是通过国家政权把所有人编制到国家政权组织体系当中。在农村实行政社合一的人民公社体制，在城市实行政企合一的单位制，那些没有国家单位的人组成居民委员会，没有能够进入国家单位体制的人被称为社会青年。这里的社会是相对于国家体制而言的，是非体制性的小社会。

改革开放前，国家主要是通过公社制、单位制进行社会治理的。因为公社和单位是国家与社会的混合体，国家与社会混合在一起，具有复合性质，既是国家政权直接管辖的经济单位，也是社会单位，社会依附于公社与单位当中，严格来说是没有社会的。国家在管理单位和公社的同时也实现了社会的治理。为什么那时候提出民主办社、民主管理的原则，因为这些都是基于治理的角度考虑的。随着公社制的变革、非国有经济的发展，产生了与国家政权系统相对分离和相对独立的社会，这个时候的社会含义就大大扩展了，所以有了"单位人"到"社会人"的说法。

随着单位社会的解体，20世纪90年代后期，国家第一次提出了社会管理，这里讲的社会管理包括所有人群。当时面临最迫切的问题是把那些没有或者失去单位的人怎么纳入国家管理体系当中来，重要方式就是组建社区。"社区"这个词是90年代才进入社会管理当中来的，是从外国引进的词。这个"社区"带有很强的行政功能，主要是解决治理问题，依托社区对社会人进行的社会治理。这个社会仅仅限于社区，所以，社会治理主要限于社区治理，研究社会治理的时候实际上都是在研究社区。"社区社会"仍然是属于小社会的范畴。

大治理观是以国家整体为对象的治理理念，国家整体包括组成国家的所有人，尽管所有人都在国家政权统辖之下，但并不意味着所有人都在国家有效治理之下。看起来，每个人都在国家政权的覆盖之下，但并不是有效的覆盖，社会里面有很多缝隙、漏洞等。社会虽然在国家政权统辖之下，但并不是有效治理，仅仅依托社区进行社会治理远远不够。随着经济体制改革，经济组织就不再具有治理功能，经济组织创造财富的同时也可能成为矛盾的焦点，包括国有企事业单位的干群矛盾和非国有企业的劳资纠纷等。这些矛盾点不一定是在单位以外的社会，也可能在单位里面，这就需要把社区社会的小社会概念拓展到所有人群的大社会概念，实现国家对所有人群的有效治理。

社会工作部的对象是涵盖所有人群的，是做所有人的社会工作，从而实现国家有效治理的专门机构。它的职能包括混合所有制企业、非公有制企业和新经济组织、新社会组织、新就业群体的党建工作，把大量的社会矛盾消化在企业和组织之内，重新赋予这些企业组织的社会治理功能。它的经济组织功能没有变，但是要赋予它一定的社会治理功能。

中国式现代化的政治意蕴阐释

周光辉

(吉林大学行政学院教授)

从人类社会现代化的一般进程来讲,现代国家构建与现代化进程是互为条件、紧密相关的。构建现代国家是现代化的核心政治内涵,现代化进程又需要一个现代国家框架提供组织和秩序保障。二者之间相互关联、相互形塑、相互促进,就能使现代化进程保持持续稳定的发展;相互脱节,现代国家构建进程与现代化进程不同步,就会引发社会动荡甚至冲突。中国是个什么样的现代国家需要有个学理阐释,建构其学理身份。构建现代国家即是现代化的核心政治内涵,中国式现代化的政治内涵就是要建立一个新型的现代化国家。

中国式现代化既面临着人类社会现代化共同的问题,同时也面临着由中国的一个特殊国情、特殊文明、特殊历史、特殊的社会结构所决定的中国式现代化进程,它的现代国家构建也不同于西方。

从近代历史的角度来讲,建立新国家是近代中国探索现代化道路的历史性政治课题。从洋务运动开始,属于现代化的起步阶段。近代中国要推进现代化,在政治上面临两个任务,即非殖民化和民主化,客观上要求建立一个新的国家。从晚清到民国,就有一批先进的知识分子开始对一个新中国的想象,比如梁启超是最早的关于新中国的政治文化的叙事。梁启超在《少年中国说》中表达了对新中国的想象,于1902年发表《新中国未来记》,直接以"新中国"为这部小说命名。

孙中山先生撰写的《建国方略》是中国近代史上第一部系统阐述现代国家构建的著作。孙中山先生关于现代国家构建的学说,不是传统意

>> 国家治理现代化

义上的"争天下",而是要建立一个民主国家,彻底消解了中国传统的"天命观"和皇帝的权威,从此,开启了政治权威只有在人民主权的框架下才能存续的历史进程。

辛亥革命之后,"揖美追欧,旧邦新造"的歌词就集中地体现了当时孙中山、黄兴、宋教仁等为代表的革命党人在政治体制上效法欧美,试图在中国建立一个以"三权分立"为核心的西方式民主国家的理念。但是,当领导的"二次革命"失败后,孙中山认识到旧民主革命在中国并没有成效,而苏联十月革命的成功促使他的思想发生极大转变。1922年孙中山在演说中指出:"法、美共和国皆旧式的,今日惟俄国为新式的;吾人今日当造成一最新式的共和国。"[1] 1924年在《中国国民党第一次全国代表大会宣言》中,提出了新三民主义思想。

习近平总书记指出:"中国共产党人是孙中山先生革命事业最坚定的支持者、最忠诚的合作者、最忠实的继承者。"抗战爆发后,随着中国共产党组织力量的不断发展,为了回答"中国向何处去?"的问题,毛泽东在《新民主主义论》中明确提出,要建立一个新中国:"我们共产党人,多年以来,不但为中国的政治革命和经济革命而奋斗,而且为中国的文化革命而奋斗;一切这些的目的,在于建设一个中华民族的新社会和新国家。……一句话,我们要建立一个新中国。"[2]在此文中提出了"中国式民主主义"概念。"中国革命的历史特点是分为民主主义和社会主义两个步骤,而其第一步现在已不是一般的民主主义,而是中国式的、特殊的、新式的民主主义,而是新民主主义。"[3] 此后,他在《论联合政府》《论人民民主专政》等著作中对建立"新中国"的理论又作了进一步的阐述和发挥,使其更加系统和完整。

构建新型现代化国家是中国式现代化的政治主题,如果离开了现代国家构建,讨论现代化与全球化问题,这势必会导致中国面临的两难选择,也就是面临或者改变或者崩溃的处境。中国成功的奥秘就是把构建

---

[1] 《孙中山选集》(下),人民出版社2011年版,第526页。
[2] 《毛泽东选集》(第2卷),人民出版社1991年版,第663页。
[3] 《毛泽东选集》(第2卷),人民出版社1991年版,第666页。

新型现代国家、现代化建设和参与全球化三个不同的目标内嵌于中国式现代化建设的历史进程中，从而实现了现代化的变革与社会长期稳定的双重目标。由于晚清的天朝秩序瓦解之后中国面临全面危机，20世纪上半叶三次现代国家构建都失败了，都没有完成。

国家建设对现代化建设是根本性的，因为它是动员人民力量的最有效途径，但是它也会引起某些最为棘手的现代化问题，即如果没有更大范围内动员人民参与现代化建设，现代化是不可能实现的。这里最关键的问题是，中国为什么走中国式现代化道路？为什么要通过政党的领导来实现？《人类为什么要合作》这部著作中讲了一个非常重要的观点，如果以人口的数量来作为衡量演化是否成功的标准，如何在一个更大规模的人口数量的条件下实现群体的凝聚力，西方国家是通过宗教这一重要方式实现凝聚力，但是，在像中国这样的以世俗文明为根基的国家，要形成大规模人口的凝聚力来实现现代化的话，必须要有一个新的组织形式来完成这样的使命。所以对中国而言，制度变革的内生行动者就是政党逻辑，通过政党动员人民、组织人民，以党建国、以党领政，毛泽东当年讲组织起来，就是为了实现整个社会的动员。

共产党完成了这样一个国家的政治整合，至少有五个方面的内容：一是思想建党，解决政党宗派化的问题；二是政治建军，规训了军事力量，解决了近代的军事力量军阀化的问题；三是建立广泛的统一战线，实现多党合作；四是统合地方，克服了地方主义和分散主义；五是组织社会，满足了社会对秩序的要求。党的领导是中国在这么大规模的社会变迁中保持社会稳定的一个组织力量和政治保障。

此外，在新型现代国家中，最核心的问题是解决人民在国家政治生活中的地位问题。过去的中国从来没有面对过这样一个问题，到底谁才是中国人民，他们又将如何分享国家的权力？中国新型现代国家构建，在三个层面上来解释人民的内涵。人民作为整体时是一个集合性概念，是道德权威，政治正当性的来源；群体与个体是人民的实然属性，是利益主体需要通过代表实现政治连接。三者是统一的。整体是指人民的根本利益具有一致性，群体与个体的具体利益具有差异性和多样性。人民作为整体形成现代国家的道德权威，人民作为群体又通过代表来参与国家权力，个人又作为人权受到法治的保障。在中国现代化的进程中，通过解决人民在国家政治生活中的地位、身份和权利保障来实现现代国家的基本构建。

中国国家形态的现代转变主要表现为四个方面：从王朝国家到主权国家的形态转变；从"天命"到人民主权的道德权威的转变；从王权到政党的政治权威的转变；从人治到法治的治国理政方式的转变。最根本的是，完成了权威的创造性重建。中国创造的现代国家，既不是传统的以王权为核心的国家，也不是西方多党竞争、三权分立的现代国家，而是指按照民主集中制组建起来的政党领导体制与人民代表大会制度相结合，以党的领导、人民当家作主、依法治国有机统一为鲜明特征的新型现代国家体制。

新型现代国家是实现中国式现代化的政治保障。现代化过程需要直面的三大挑战：一是维护国家的统一性；二是保持中华文明的延续性；三是保障变革的有序性。因为现代化不是一个自发的过程，更不是一个浪漫之旅，是充满了风险与利益冲突的，也不必然是从低级到高级的线性路径发展，现代化的中断和失败始终伴随着现代化的整个过程。从外部来讲，中国式现代化带来的国际格局从属关系的转变。马克思在《共产党宣言》中明确讲，资本主义促进世界市场的同时，也产生了世界的从属关系。中国式现代化的这样一个发展过程也在改变着世界从属关系的格局。所以说，中国式现代化面临的国内和国外的压力必然是巨大的。新型现代国家的政治功能：维护国家的统一；引领国家发展方向；保障改革过程可控，保障融入世界的自主性。如果说，现代化是世界历史的大趋势，构建新型现代国家则是中国式现代化的政治命运所系。

因为新型现代国家构建是进行时，不是完成时，费孝通先生在晚年时，一直呼吁文化自觉，并一直追问一个问题，在文化多样性的世界里，不同民族、不同国家如何共处的问题？这既是一个时代的问题，也是关乎人类命运的问题，还是中国式现代化未来的发展要回答的一个问题。

比较现代化模式中的政党中心主义

杨光斌

(中国人民大学国际关系学院院长、教授)

什么是现代化？现代化其实就是竞逐富强，虽然还有民主、法治等。晚清以前，具体来说，1800年以前，秦汉以来的中国为什么一直领先于西方？因为中国是一个有组织的国家，而西方的组织化国家到16—17世纪才出现，因此中国一直是领先的。

经济学家们也谈到的问题是GDP有什么用？晚清时期，中国GDP占世界的25%，但却被英国打败了。相对于靠商业组织起来的大英帝国，晚清的中国是一个组织化程度非常低的国家。在比较意义上，可以把现代化的模式分成三种：第一个模式是英国、美国这种由商业集团主导的现代化模式；第二个模式是德国和日本的现代化的模式，是官僚集团来主导的；第三个模式20世纪以后的现代化模式，像俄国、中国是以政党来主导的。通过这个模式的总结可以发现一个基本规律，就是组织化程度越来越强。商业集团组织的现代化模式主要是一个阶级，就是商业阶级，商业集团主要是阶级主导的。德国、日本的官僚集团组织是精英集团，不光有商业阶级，尤其是官僚集团把商业阶级组织起来，政商乃至军队一起推动国家现代化。但是，政党组织的现代化的组织化程度更高，不但把精英阶层组织起来，尤其是中国的群众路线，把全社会组织动员起来了，这个组织化程度是无与伦比的。这三个模式表明，现代化的组织化程度是递进的。

今天热门的话题是探讨自主性知识体系的建构，每一个现代化模式都带来了各自的知识体系。具体来说，商业集团主导的现代化，我们称为社会中心主义或个体中心主义，简而言之，就是洛克式自由主义，这个理论体系是最早最成熟最发达的。第二个理论体系是官僚集团带来的现代化，他们总结的是国家中心主义，"国家学派"非常发达，从黑格尔、兰克、马克斯·韦伯到今天。我们学界还在跟着西方跑，谈论"找回国家"，殊不知，国家本身是不起组织作用的，起组织作用的是政党，只有政党，才把社会组织起来构成国家。第三个理论体系是政党组织的现代化，我们可能非常熟悉社会中心主义的理论体系、国家中心主义的理论体系，但是俄国、中国以及很多后来的发展中国家都是靠政党组织起来的，在社会科学理论体系上居然没有政党中心主义。我曾在2007年的文章当中提出了政党中心主义的命题，是什么样的政党、为什么是政党？毫无疑问的是，一个使命型政党才能组织国家并推动国家现代化。流行的政党理论基本是西方社会科学话语，在西方社会科学里面是利益集团型政党，换句话说，就是一个社会组织、利益集团，因此它是国家社会关系的范畴；使命型政党（比如中国共产党）属于党和国家体制的范畴。相对于社会中心主义、国家中心主义，可能与中国现代化模式的关系不大、与很多发展中国家关系不大，但是它们最流行。把中国组织起来的政党中心主义，在理论上还是个新话题。

治理导向的民主
——全过程人民民主目标战略解析

佟德志

（北京大学国家治理研究院）

  习近平总书记于2019年第一次提出"全过程的民主"以来，有关全过程民主的研究得到了越来越多的重视。尤其是2021年在中国共产党成立100周年庆祝大会上，习近平总书记又明确提出了"全过程人民民主"的重要概念，在国内外引起广泛热议，并且成为中国政治学界研究的一个重大主题。在这些研究当中，有的关注全过程人民民主的制度优势；[①] 有的关注全过程人民民主对人类文明形态的价值；[②] 有的关注全过程人民民主的要素、特征和结构；[③] 有的则更关注全过程人民民主的实现[④]。本文试图从全过程人民民主的历史与现实出发，关注全过程人民民主的治理导向。

  全过程人民民主的价值导向，既包括在中国特色社会主义政治发展的过程中表现出怎样的形态，也包括未来的发展趋势。而我们要弄清未来的发展趋势，就必须要对其历史上的形态进行分析。中国民主政治的发展，有一个核心的结构，就是党的领导、人民当家作主、依法治国三

---

  ① 樊鹏：《全过程人民民主：具有显著制度优势的高质量民主》，《政治学研究》2021年第4期。
  ② 佟德志：《全过程人民民主与人类政治文明新形态》，《当代世界与社会主义》2022年第2期；张君：《全过程人民民主：新时代人民民主的新形态》，《政治学研究》2021年第4期。
  ③ 佟德志、王旭：《全过程人民民主的要素与结构》《探索》2022年第3期。
  ④ 张明军：《全过程人民民主的价值、特征及实现逻辑》，《思想理论教育》2021年第9期。

者有机统一。在党的十八大和十九大之间，中国式民主还有一个外在结构，就是"四个全面"的战略布局。三者有机统一和"四个全面"本身就有着紧密的内在联系。例如，全面从严治党跟党的领导是连接在一起的，依法治国和全面依法治国是连在一起的。在三者有机统一的框架里，这两者都是与"四个全面"战略布局直接联系在一起的。三者有机统一中还有一个重要的要素，即人民当家作主，在中国特色社会主义进入新时代后升级为"全过程人民民主"。我们可以从多个角度来看这一概念，其中，治理导向是非常明确的。

一般性地讲，民主与治理在现代政治当中是紧密联系的。然而，如果从严格的概念内涵来看，这两者之间还是存在着很多差异。所以，对民主与治理之间的差异进行一个严格的区别就显得很重要。从价值取向上看，民主更强调的是平等；而治理更强调效率，这两者存在着很大的差异。在主体上，民主只承认公民，是公民参与政治的一种方式。比如说，官员和专家参与到民主当中，就更体现为一种治理模式。因为从理论角度来看，治理是一个多元主体，公民、政党、政府，甚至是企业都可以参与到治理体系成为一种主体。在主体关系方面，治理体现的是非均等的关系，民主则强调参与政治的各主体必须平等。民主主要解决的是带有原则性的问题，比如立法的问题；而治理则更多体现为问题导向。实际上，在一些方法运用上，西方民主更多相信投票，一人一票、多数决定，这是铁律。如果用这个原则就叫民主，不用这个原则就不叫民主。相对来讲，治理的机制就更加灵活，不仅可以用投票，甚至可以用市场的方法。在一些事务上，公民之间如果达不成一致意见，治理的方式允许对不同意见进行经济补偿。最终如果同意了，结果就达成了，这在民主当中，是不可想象的，参与民主的公民之间不可以做交易。与之不同，治理就更灵活一些，为了解决问题，人们可以运用市场的机制。

按照这种区别，我们来看一下，中国的民主政治发展，是更强调民主呢，还是更强调治理呢？为了得到一个更为准确的答案，我们邀请了100位政治学博士学位以上的专家，包括高校青年教师、副教授和教授来回答上面提出的几个问题，对中国民主政治的特点进行了定性的评价，其结果如图1所示。

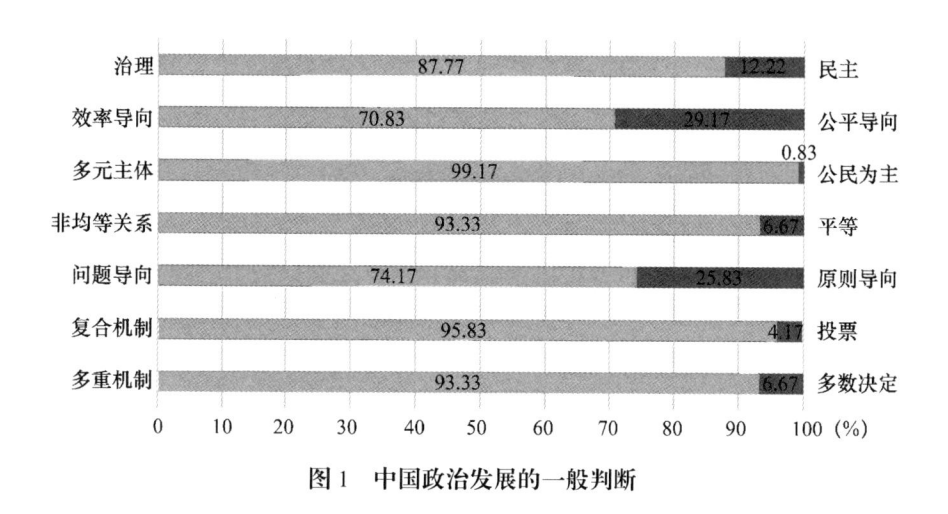

类别	左值	右值	对应
治理	87.77	12.22	民主
效率导向	70.83	29.17	公平导向
多元主体	99.17	0.83	公民为主
非均等关系	93.33	6.67	平等
问题导向	74.17	25.83	原则导向
复合机制	95.83	4.17	投票
多重机制	93.33	6.67	多数决定

图1 中国政治发展的一般判断

尽管这个调查并不是一个非常严格的调查结果，但是，透过这个判断，我们也可以大体上判断，中国政治发展道路更多体现了治理的原则，是一种治理吸纳民主①的模式。这种判断虽然并不能科学地描述中国政治发展的道路取向，但体现了一种一般性的认识。

这种政治发展模式有一种非常明显的结果导向。从历史上看，毛泽东同志在革命时期曾经提出过"军事民主"，成为中国共产党打败国民党最重要的法宝。这种民主形式不仅在中国历史上看不到，就是西方历史上也是没有先例的，人们不会把军事这种强调上下级服从的领域同民主放在一起。包括邓小平同志讲的经济民主，也是类似的情况，用民主调动积极性，实际上是要实现经济发展。这是一种实用性很强的导向，也是中国政治发展落实到治理导向的一个很重要的基础。

为了更好地分析中国城乡社区协商民主的治理导向，我们收集了全国2000多个协商民主的案例，对案例进行编码分析，摘取其中400多个比较合适的案例，最终形成了一个研究成果，根据这一成果，我们可以

---

① 佟德志：《治理吸纳民主——当代世界民主治理的困境、逻辑与趋势》，《政治学研究》2019年第2期。

非常清晰地看到中国城乡社区基层协商的治理导向。我们从主体选择、议程设置、程序操作、主题类型、结果使用5个核心编码点、11个轴心编码点和26个开放编码点对中国的基层协商民主进行了审视。我们发现，在中国广泛存在的基层协商不仅有着民主性质，同时更突出了治理的导向。①

用同样的方式来看中国的基层民主，更能发现其明确的治理导向。比如，在目标价值上，中国的基层民主更注重的效率体现为执行导向，而不是平等导向。在主体选择上，基层民主不太注重公民或是选民身份，而更愿意将公民、自治组织、政府、专家等组织和主体都纳入基层民主当中来。尤其是基层民主更强调问题导向，而不是原则导向，更注重投票、协商，甚至是市场机制的运用，而不只是限于投票。总结来说，基层协商民主基本上是治理取向。

全过程人民民主带有明确的治理导向。关于全过程人民民主，习近平总书记有一句非常经典的重要论述，他指出：我国全过程人民民主不仅有完整的制度程序，而且有完整的参与实践。我国全过程人民民主实现了过程民主和成果民主、程序民主和实质民主、直接民主和间接民主、人民民主和国家意志的统一，是全链条、全方位、全覆盖的民主，是最广泛、最真实、最管用的社会主义民主。这就是我们总结的"四统一""三全""三最"。我们进一步分析"三全""三最"是什么样的情况，它的价值取向是最广泛、最真实、最管用，在西方从没有一个民主理论家说我的民主要管用，所以说我们的全过程人民民主，包括之前的民主取向也是如此，最真实、最广泛、最管用，"管用"这个词极其重要，这就是一种治理取向。

治理的导向体现在全过程人民民主的全方位、全覆盖和全链条当中。全过程人民民主是全方位的民主，党委、政府、人大、政协、国家权力和人民民主都是结合在一起的，是全方位的，不再强调只有公民参与，带有明确的治理导向。主体关系也非常清楚，党委领导、政府负责、社

---

① 佟德志：《中国基层协商的主体赋权、程序操作及其民主效应》，《国家治理现代化研究》2019年第1期。

会协同、公众参与，多元主体以各种各样的方式和形式来参与到治理体系当中来。客体就是全覆盖，西方的民主不会讲全覆盖，主要集中在政治领域里，在经济里搞民主就出现了巨大的分裂，分裂为经济自由和经济民主两派。中国在这个问题上就没有这些冲突与分裂。在全过程人民民主的各个环节，也是如此，人们在治理的过程中，可以用协商、投票、选举，甚至可以用市场方式，例如这个小区要加装电梯，常常是协商、投票和市场机制同时使用，最终能达到非常好的治理效果。

综合以上，我们可以得出一个基本的结论，那就是全过程人民民主带有鲜明的治理导向。从功能上讲，全过程人民民主强调最广泛、最真实、最管用，这是一种鲜明的治理导向。这种导向直接影响了全过程人民民主的结构，全链条、全覆盖和全方位。具体到实践当中就是主体和程序，如主体是多元的，机制是多样的，程序是多项的，包括问题导向、效率导向等，这些都带有鲜明的治理导向。全部人民民主确实存在很多优势，例如，全面、系统、协调。但我们也要注意到一个问题，那就是各种要素混合在一起后，就会有一个如何相融的问题。比如，当我们把平等和效率等冲突的价值都放在一种体制当中时，这些冲突的价值就会影响到全面发展的民主。这时候，坚持全面系统的思维，解决要素之间可能发生的冲突，就是考验中国共产党治国理政智慧的地方。

现代化进程中的国民身份塑造

周 平

（云南大学特聘教授、铸牢中华民族
共同体意识研究基地首席专家）

中国式现代化的提出，在给中国的现代化一个明确定位的同时，还标明了现代化建设的价值取向。这样一个简明且具有价值内涵的论断，也促成了对中国现代化进行更加深入的研究，一场关于现代化的讨论随即在全国范围内掀起。在对中国现代化的深度研究中，国民身份的塑造就成为一个必然涉及且对一系列相关问题具有支撑性的议题。

中国现代化进程中的国民身份关涉的是，作为社会进程的现代化需要什么样的社会行动者的问题。现代化是一个传统社会向现代社会、农业文明向工业文明转型的宏大历史进程，所有社会成员的积极参与，是其得以推进的必要条件。然而，社会成员不仅是组成社会的人口个体，而且这样的人口个体依据社会基本的权利义务关系所确定的人身位置即社会身份，及其在此基础上构建的规范而行为，从而成为了具体的社会行动者。不同的社会身份所造就的不同社会行动者，对于现代化的意义迥然有别。

中国具有数千年的王朝国家历史，王朝国家所造就的基本社会身份是臣民。这样一种在"君"与"民"关系中确立的身份，地域性、依附性是其基本的特征。由此塑造的社会行动者与现代化是完全绝缘的。这也是中国在明清之际就出现了资本主义因素却无法朝着现代化方向迈进的底层原因。鸦片战争后，中国在巨大的外部压力下为了自救图存而采取了现代化的某些措施，也因无法得到臣民身份的社会行动者的支持而成效不彰。

辛亥革命终结最后一个王朝之后，以民族国家性质的中华民国取而代之，在以一个全新的国家框架来体现和推进整个社会的现代化的同时，也以"中华民国之主权属于国民全体"的定位而彰显了国民身份的意义，并将国民身份突出于中国的历史舞台。国民身份乃民族国家之国家伦理的根基，新的国家体制的构建必须落实到国民身份的塑造之上。于是，中华现代国家构建中便出现了一个以国民身份取代臣民身份的人口国民化进程。这个过程因被诸多近代史叙事以"造国民"来描述而名噪一时。

中国近代以来的国民身份塑造为现代国家的构建所促成，但随着国民身份塑造的推进以及延续数千年的臣民身份退出历史舞台，社会成员逐步地突破了地域性、家族性、依附性的身份束缚，解除了毛泽东在《湖南农民运动考察报告》中所说的"四大绳索"，一步步地演变为了国民，变成了自主的社会行动者，从而源源不断地为经济、政治和文化等各个方面的现代化进程提供社会行动者，为现代化的推进创造了基础性的条件。"造国民"运动造就了现代化的力量，现代化的进程因而也得以扎实推进。

但是，国民党政权丧失了人民性，所推动的国民身份塑造也存在人民性缺失的问题。成立后，新的国家在坚持"主权在民"国家伦理和民族国家体制的同时，通过人民民主专政的政权和制度而为国家注入了人民性，实现了对国民身份的人民性改造，从而完成了近代以来的社会身份的国民身份塑造，确立了国民身份在国家体制中的地位。成立时毛泽东"中国人从此站立起来了"的庄严宣告中的"中国人"，就是这样的新国民。这样一种全新的国民身份的社会行动者，为国家整合、政权建设、经济恢复、社会改造和经济建设，提供了不竭的动力。

然而，当代中国相当长的时间内，国民身份却处于一种受到压抑并虚置的状态，其对现代化的作用也受到影响。这一方面是由于国民身份并未受到应有的重视。"国民"概念在《共同纲领》中使用之后，就从官方的正式文献中消失了，直到五四宪法以"公民"概念所取代。不过，五四宪法及现行的八二宪法关于公民的规定，与此前宪法中关于国民的规定的内涵完全一致。这表明，国民身份采取了公民化的表述，但国民身份却因缺乏明确的表述而淡化了。另一方面，国民身份受到了异质性的次级身份的冲击。随着国民身份基础上形成的其他次级身份，如阶级身份、城乡身份、民族身份等社会身份，以及计划经济体制下的国企业职工、集体企业职工等职业身份的凸显，国民身份尽管对国家体制发挥着支撑性作用，在社会生活的诸多领域却几乎化为无形，应有的作用未得到充分体现。

改革开放开始以后，这样一种国民身份虚化、消极化的状况才逐渐得以改变。党的十一届三中全会开启的改革开放，在执政党积极推动和国家政权强势赋能的情况下推进，并成为推动现代化的强大力量，推动着中国的现代化以前所未有的强度、深度和速度持续地发展。国民身份也在此过程中被激活，促成了社会人口向积极的行动者方向的转变，从而为现代化进程提供了基础性的动力。

国民身份在改革开放中由压抑变得活跃、从消极转化为积极，与这样几个方面的因素直接相关：一是，党和国家为推动现代化所作的动员。这样的现代化动员唤起了沉睡国民参与的积极性与活力，进而以国民身份积极地参与其中；二是，改革开放对阻碍经济发展的因素和机制的破除，也解除了对国民的各种束缚；三是，市场经济发展中各种经济组织的建立，把受到各种束缚的人们卷入进来，并以国民的身份发挥作用；四是，民主法制建设中各种保障国民权利的体制机制的建立，为国民身份的复活注入了强大的能量。

社会成员转化为了积极国民，逐渐成为自主、积极的社会行动者，实现了陈寅恪所说的"独立之人格，自由之思想"，就为现代化的持续推进提供了不竭的基础性力量。与此同时，随着改革开放中各种有利于经济和社会发展的体制机制的建立，以及悠久的历史文化得到有效的开发和利用，中国的现代化便持续而有效地全面推进。自由之国民、合理的体制和悠久的文化这三者的有机结合，就使得整个国家生成并蕴了无与伦比的发展活力，从而为中国的现代化提供了源头活水，推动着现代化是令人吃惊的速度快速地推进。这正是改革开放以来中国现代化快速推进并取得成效的一个密码。

今天，全面推进中华民族伟大复兴的中国式现代化，有了新的属性、特点、要求和内容，将对中国的未来产生根本性的影响。那么，今天推动中国式现代化还要不要继续推动人口国民化，即进行国民身份塑呢？答案是肯定的。除了现代化与社会行动者之间底层逻辑的关联外，更高水平的现代化的实现也需要全体国民的投入和努力，国民身份的内涵尤其是国民权利需要根据时代的进步而不断丰富，也是十分重要的现实原因。

不过，今天的国民身份塑造不应该是社会政治建设的副产品，而必须作为社会政治建设的重要组成部分，要积极且有计划地加以推进。一是，要对基础性的国民身份与次级的异质化身份之间的关系进行调整，强化同质性国民身份的基础性地位，将其作为确定个体社会政治待遇的基本依据。二是，要丰富国民权利的内涵，完善国民权利的实现机制，使国民权利更加丰富也更有保障。三是，要有计划地提升国民素质，改造国民性，打造更高素质的国民。

中国式现代化的创新意义

燕继荣

(北京大学政府管理学院院长、教授)

中国共产党第二十次代表大会用"中国式现代化"的概念来解释中国现代历史，概括中国现代化的成就，阐明中国现代化进步的原因，说明中国现代化的特点。实际上，"中国式现代化"这一概念不仅应该用来解释过去，还应该用来规划未来。要充分理解"中国式现代化"所表达的含义，明确其应用场景，确定其解释和沟通的功能，不仅需要从中国历史的角度、还要从世界发展的角度看待现代化进程。

一 "中国式现代化"提出的背景

现代化问题是政治学公共管理学研究的一个核心议题，过去许多年，中国一直锚定现代化，把它视为伟大复兴和强国梦想的标志和手段。基于历史的事实，中国人最早把现代化理解为"西方化"，羡慕西方因工业制造业的发展而形成的技术和产品（所谓的"洋货"），崇尚城市化的生活方式（楼上楼下、电灯电话）和生活习惯（所谓的"摩登"）。之后，用诸如"两大阵营""三个世界"的理论划分世界，以苏联为样板开展现代化建设。1978年后中国实行改革开放，学习借鉴西方现代化经验，对既有的计划型生产和管理体制进行大幅度改革，同时积极加入国际分工和贸易体系，在努力实现"四个现代化"的同时，"推进国家治理体系和治理能力现代化"，逐渐形成中国特色社会主义现代化模式。

中华人民共和国成立以来，特别是改革开放以来，中国经济实力和综合国力显著增强，人民生活水平大幅提高，国际地位和影响力明显提升，使中国这个世界上最大的发展中国家摆脱贫困并跃升为世界第二大经济体。回顾180多年的中国历史，从来没有像今天这样接近实现中国现代化强国梦想的目标。正如习近平总书记指出："今天之中国，同新中国成立以前之中国相比，同鸦片战争以后之中国相比，有天壤之别啊！"

今天看来，中国现代化走过不少弯路，也有过许多教训。只有不断回顾历史，反思过去，展望未来，才能保证现代化的顺利进展。时代不同了，中国需要对自身和世界进行重新定位，对现代化进行再认识和再评估，以便校准方位，重新设定现代化目标。

2022年党的二十大提出"中国式现代化"的概念，根据报告精神，中国式现代化是中国共产党领导的社会主义现代化，它既有各国现代化的共同特征，更有基于自己国情的中国特色：它是人口规模巨大的现代化，是全体人民共同富裕的现代化，是物质文明和精神文明相协调的现代化，是人与自然和谐共生的现代化，是走和平发展道路的现代化。中国式现代化的这些特色，是对中国现代化既有经验的总结，也是未来推进现代化建设应当坚持的方向。

二 现代化之于中国

现代化作为世界发生的一个客观变迁进程，是一个在一定程度上超越意识形态的概念。相较于传统农耕业和游牧业以及以此为基础而形成的传统国家与社会，现代化是一个全新的过程和结果。谁能够引领现代产业的发展，谁就拥有现代化的话语权。

世界现代化进程的起步可以追溯到18世纪中叶英国开启的工业革命。现代化理论的学者从历史解释学的角度做出定义："就历史的观点而言，现代化是社会、经济、政治体制向现代类型变迁的过程。就现代化开启和扩散的具体过程，它从17世纪至19世纪形成于西欧和北美，而后扩及其他欧洲国家，并在19世纪和20世纪传入南美、亚洲和非洲大陆。"

回顾历史，在现代世界的形成过程中，有一些标志性的事件不得不提起。第一，1492年哥伦布发现新大陆。地理大发现，又称探索时代或发现时代、新航路的开辟、大航海时代，新航路开辟形成世界观。15—17世纪，欧洲的船队出现在世界各处的海洋上，寻找着新的贸易路线和贸易伙伴，以发展欧洲新生的资本主义。

第二，15—17世纪欧洲重商主义，也称作"工商业本位"，主张"重商""重工"与"国家干预"，将"国家富强"设定为发展目标。重商主义反映新型资产阶级利益的经济理论和政策体系，成为封建主义解体之后西欧资本原始积累时期的主导学说。

第三，14—16世纪欧洲文艺复兴和17—18世纪启蒙运动，被认为是资产阶级的思想文化运动，人本主义、新教伦理、宗教宽容、社会契约、人民主权、思想自由等，孕育产生了现代思想和现代理论。

第四，15—19世纪英国圈地运动，是一次历时持久、影响深远的土地变革运动，意味着农业文明被工业文明替代。

第五，18世纪60年代开始的英国工业革命，以棉纺织业的技术革新为始，以瓦特蒸汽机的改良和广泛使用为标志，以19世纪三四十年代机器制造业机械化的实现为基本完成的标志。

如果问，古老的中华帝国何时形成，一致的答案指向公元前221年秦统一六国这个时间节点。但要问"现代中国"从何时开始？不同叙事逻辑给出不同的答案：一是基于现代化、全球化叙事，设定现代中国的形成开始于1840年；二是基于制度变革叙事，将1911年辛亥革命推翻满清王朝建立民主共和视为现代中国的开始；三是基于革命叙事，把1919年"五四运动"或1921年中国共产党的诞生看作现代中国的起点。李怀印教授在《现代中国的形成：1600—1949》一书中，将现代中国的起始时间定格为1600年。1600年英国东印度公司建立，而中国正处于明王朝时代。此时，西方利用地理大发现带来的发展红利，主动开展世界贸易，国家变革日新月异，思想和社会制度开始现代转型，在17世纪与世界各国、各文明的发展竞争中，逐渐占据优势地位。英国新贵族与国王矛盾和斗争，最终于 1688 年爆发了世界历史上第一次资产阶级革命。大概从 1600 年起，中西方逐渐拉开了差距。

国家现代化是中国的百年梦想。如果从 1840 年的鸦片战争算起，中国现代化进程已经走过 180 余年。在中国共产党成立之前的 80 年里，中国近代仁人志士，组织在各种政治派别之下，为改良、革新、"建国"而努力求索，先后发起了洋务运动（1860—1895）、戊戌变法（1898）、"清末新政"（1901—1911）、辛亥革命（1911）等重大政治革新事件。这些重大事件，无论是出于自觉还是被动，都是在试图寻求古老中国如何实现现代转型。

1949 年以后，中国进入现代化建设时段。从 1953 年开始，国家推行"国民经济和社会发展五年规划"。之后，经历了社会主义改造、反右派运动、"大跃进"、十年"文化大革命"等重要事件，现代化建设在这一时段走了不少弯路，这些弯路成为现代化的深刻教训。1978 年党的十一届三中全会召开标志着中国开始进入改革开放新时期。改革开放结束了，"以阶级斗争为纲"的思想路线，开启"以经济建设为中心"的现代化路径，先在农村全面推行"家庭联产承包责任制"的生产与管理方式，取代以往的"人民公社制"的生产与管理方式；然后在城市鼓励非公经济发展，并对国有企业和集体所有制企业进行转制改造；在国家与地方发展中，采用试验区模式，学习借鉴国外经验，先建立改革开放特别行政区，然后普遍推行经济发展特区模式；大力倡导商品经济，1992 年之后，全面实施资源配置市场化改革，积极加入全球化进程，普遍推行"招商引资"的经济政策，采取"引进来、走出去"的模式，鼓励企业采用多种方式，实现技术革新和产业升级。

面对中国现代化的进展和经验，我们有过"中国特色""中国经验""中国案例""中国模式""中国奇迹"等系列表述，今天在新的形势下要重新定义现代化的时候，是要继续延续过去的思路和表述，还是要赋予新的含义？中国要构建现代化的话语体系，这种话语体系应该是排他性的，还是包容性的？这个问题值得慎重思考，因为它关系到中国和世界的关系。

三　中国式现代化：一种新版现代化

中国式现代化这个概念不仅是用来解释过去，更应该用来规划未来。现代化带来进步和发展毋庸置疑，但同时也带来衰败、不稳定、不均衡，这通常被人们视为"现代化陷阱"。中国式现代化不是完成式，也不应仅仅被看作百年中国共产党的奋斗史；中国式现代化更应被看作人类现代化在新时代的一种新探索，这种探索应该有新的理念和行动，应该对世界现代化展示新的可能。

人类远古时代不同地域生活的人们，其生活水平不会有太大差别，无非是我上山打猎，你下河捕鱼，他开荒种地，无论如何，劳动所得的生活用品，受到自然资源和人力资源的极大限制，发展空间极其有限。制造业创造了生产力，使人们凭借知识和技术，得以实现财富和价值从无到有的突破，因此，以制造业为核心的现代化使世界拉开了距离，造成了差距，形成了今天发达国家、发展中国家、不发达国家的差别。

现代化带来了很多公认的变化，诸如生产的工业化、生活的城市化、国家的现代化（包括家天下变成公天下，政党政治取代皇家政治，民主政治代替寡头政治）、福利的国家化（生老病死等原本由自己、家庭和家族来解决，现在由政府兜底+个人自理+社会福利）。现代化也带来了全球化，从小范围的地域到国家再到今天国际体系的形成，现代化本身就是一个促进全球化的过程，它碾压了传统国家，塑造了现代国家，让国家与国家之间的界限变得日益模糊。尤其在今天网络时代，全球化的趋势更加明显。

多年研究的结果表明，现代化带来社会不稳定，也产生了诸多"后遗症"，包括"城市病"、乡村凋敝、密集型危机、精神虚脱、房奴、内卷、极化效应以及"中等收入陷阱"等。

过去一轮的现代化，从欧洲开始向世界蔓延，它带来了很多负面效应。因为和早期资本主义相伴随，所以它带来了物质主义、竞争主义、两极分化、圈地运动、工人运动、殖民主义、帝国主义……世界分化为东、西方两大阵营互相对垒，也可以看作这一轮现代化的遗产。因为早期人们信奉自发秩序，自由放任是普遍模式，因此政府消极作为，国家的作用也没有体现出来，国家的协调和调控经常出现缺位，导致发展留下许多后遗症，以至于今天还要倡导"治理"这个概念来解决这些问题。

现代化研究从50年代开始兴起，经典的现代化理论把现代化定义为"西方化"。之后产生了新理论，如依附理论、新依附理论等，这些理论都是对现代化的新认识。今天，中国式现代化和这些理论不完全相同，有必要做出学术解释。

政治学研究国家构建、国家发展、国家治理，这应该是现代化中的国家面临的基本问题。不同的国家在解决这些问题的时候，展现出的思路并不相同。

归结起来，现代化有两大主题——发展和治理。发展主题强调经济、社会、文化、各项事业的发展，而治理的主题强调的是所有国家之内的任何行为要得到规范，要保持均衡发展。这两个主题决定了现代国家的两个维度，既要有发展能力，还要有治理能力。发展能力更多地体现为民间社会的能力，而治理能力更多地表现为国家和政府的能力；发展能力表现为财富创造力以及民间社会追求发展的诉求和行动，而治理的能力表现为制度化、规范化、法治化、协调性和可持续。

老版现代化理论，可能在发展方面做了很多探究和阐述，而在治理的方面的努力未必那么充分。所以，中国式现代化作为一个新时代理论的核心概念，为现代化提供了新的发展方向，在构建国家与社会双向互动的关系上展示了新的要素和可能。

经济学更多地讲发展，而政治学更多地讲治理，治理更多地体现国家和政府的作用。中国现代化的经验显示，中国政府在现代化中的作用表现在两个方面，一个是发展方向的规划和引领，二是发展信心的保障和发展环境的营造。就此而言，中国的政党政治、中国的政府政治展现了更加积极和有效的作用。需要特别阐明的是，中国式现代化表明，社会与政府的博弈与互动，推动政治发展，推动国家的现代化，这应该成为后发国家可汲取的经验。

关于中国式现代化的讨论，党的二十大的报告总结了几大特点。学界还需要继续探究，进一步阐释中国式现代化新型发展的经验，阐释新型治理的经验，特别是在区域协同、均衡发展方面，更要把这些道理以及中国的经验和教训清楚地阐释出来。

中国共产党国家的政治哲学

姚 洋

(北京大学国家发展研究院博雅特聘教授)

理论问题的解决到了一个关键时刻，不解决理论问题，再往下走难度极大。很多经济问题和政治有关系，作为一个爱好政治哲学，感党的实践远远超前于理论。

为什么党是中国的领导力量？如何理解人民主权党领导下的人民主权怎么理解为什么要政治协商制度等？现在根本性的哲学理论，应该在方面

党的二十大报告提到马克思主义中国化时，有一句是新表述，马克思主义应该与中国人民日用而不觉的价值相。如何理解中国人日用而不觉的价值观？很重要的一点是贤能主义，中国人骨子里流淌着贤能主义的血液，一个人凭自己的本事发家致富是应该的，一个人凭自己的本事做了官是应该的，所以学而优则仕，中国人在骨子里就不太相信一人一票。

把中国人民日用而不觉的价值观上升到哲学层面，在政治领域选贤任能是我们去深度挖掘的原则。苏力老师在《大国宪制》提出选贤任能是我们古代治理的宪法原则。这个宪法原则在当代也可以应用，选贤任能哲学思辨要回到人性，因为任何不以人性为基础的理论都不可能是坚实的。今天所说的自由主义民主、选举民主都可以追溯到洛克，洛克写政府论是有人性基础的，但他是单一的人性假设，人是自利的，进而相信契约的导向，相信一人一票所谓自由主义政府。所以另辟蹊径，找出

新的人性基础。

回到儒家，儒家对人性的看法是不一样的，儒家相信人性是多样、流变可塑的，虽然孟子说人有四端，但是他也认为后天的努力也很重要，荀子虽然人性可能是恶的，但通过后天努力来改变人性，这就提供一个哲学基础，人性是可塑的。塑的过程中，人最终达到的成就是不一样的，并不是每个人都成为圣人，仅仅是自利的，人是从完全自利到完全公的广阔光谱里一个人在多大程度上成为一个圣人，取决于他的起点和能力，国家治理需要有能力和德性的人，位置越高，需要的德性和能力就越高，所以要选贤任能。

有了选贤任能的原则，如何党的先进性呢？党是由中国社会先进分子组成的，选贤任能要选一批人出来，这就是党的领导性。在党的领导下人民主权？在洛克那里，先有人民主权，找一个干点活，而我们是先有了再来人民主权所以我们的人民主权和洛克的人民主权是不一样的。全国人大是党凝聚共识的地方，党提供思路，人大去讨论、形成共识，最后以投票的方式来形成最终的法律文件。

为什么党要把最后的权交给人民？是由党的先进性决定的，既然你代表中国人民最根本的利益，就把的决定给人民。如果不这么做，老百姓心里就会担心，你都不让我有发言的权利，我怎么能相信你是为我们服务的。

最后法治因为党强大，才需要用法律形式固定下来，我们国家架构最重要的部分。

他者之资：比较视野中的"中国式现代化"[*]

任剑涛

（清华大学社会科学学院教授）

"中国式现代化"命题本身，就包含极其明确的比较现代化意味：它是"中国式"的现代化，就意味着它不是英国式、美国式、日本式、德国式，抑或俄罗斯式的现代化；它是中国式"现代化"，也就意味着它必须在已经或正在致力于实现现代化的国家间的比较中，找到一条适合中国的现代化进路。这是"中国式现代化"的两个基本规定性："中国式现代化，是中国共产党领导的社会主义现代化，既有各国现代化的共同特征，更有基于自己国情的中国特色。"[①] 在比较现代化的国别关注与国际比较的双重线索中，"中国式现代化"的中国特色的比较意味与现代化的比较特征交错浮现出来。这既是得他者之资的体现，也是中国在他者与自我的比较关怀中发现一条中国的现代化道路的必需。

一 楔入的"他者"

中国不是现代化的原发性国家。这是一个从现代化开启时间先后与动力机制两方面可以证明的事实。从前者看，世界现代化的最早发源，

---

[*] 本文已发表于《广西师范大学学报》（哲学社会科学版）2023年第3期，收入本书时略有删改。

[①] 习近平：《高举中国特色社会主义伟大旗帜 为全面建设社会主义现代化国家而团结奋斗——在中国共产党第二十次全国代表大会上的报告》（2022年10月16日），人民出版社2022年版，第22页。

在 13 世纪初期。1215 年，英国贵族与约翰王达成《大宪章》，是限制权力的政治现代化的实践创设点。此时的中国还处在元朝建国的起始阶段，游牧文明再次表现出征服农耕文明的强大实力。[①] 14—16 世纪，随着文艺复兴运动的展开，现代化的大致轮廓在西欧崭露出来。此时的中国，则处在明朝极为严厉的特务统治状态下，成为汉族人建立的最后一个政治高压王朝。17—19 世纪，随着英国光荣革命确立起君主立宪政体，以及 18 世纪的工业革命掀开历史大幕，19 世纪以尘埃落定的现代化国家面目出现在全球舞台。此时的中国，处在清朝政府的统治之下，与明朝一样，清朝也厉行海禁，禁止民间思想，妨碍市场成长，缺乏社会经济的革命因素，是一个故步自封的农耕文明国度。如果从晚明阶段中西文化接触开始计算中国的现代化进程，中国的现代化已经晚于世界现代化最初创设者 400 余年；如果从清晚期的洋务运动开始计算中国的现代化进程，那么晚于世界现代化的公认起始点即 1500 年，也已经达到 350 来年；如果将中国设定的现代起始点即 1840 年作为中国现代化进程的起计点，则与世界现代化的最晚计算时刻即 1789 年法国大革命相比较，仍然晚了 50 余年。总而言之，无论从前述哪个时间刻度起计，中国的现代化起始时间，都明显晚于现代化的先发国家。这是中国现代化属于所谓后发国家行列的明证。就后者，即现代化的动力机制上讲，中国现代化依赖于内外源双重动力。

从内源动力上讲，中国从"唐宋之变"开始积累新的社会因素，甚至"唐宋之变"本身就被视为中国现代化的起始点。日本历史学家内藤湖南明确指出："在唐宋之间，在政治、经济、文化等方面，都发生了变化。这就是中古与近世的差别。从这一点而言，中国的近世时期可以说自宋代开始。"[②] 尽管这样的断言是否能够成立尚存争议，但从相对较弱的意义上证明中国社会内部并不是死水一潭，而逐渐积累着内生的变化因素，则是可以成立的。但确认中国现代化的内源动力，并不等于说

[①] 参见翦伯赞主编《中外历史年表》相关年份的中外大事记，中华书局 1961 年版。
[②] ［日］内藤湖南：《中国史通论》（上），夏应元等译，社会科学文献出版社 2004 年版，第 334 页。

中国现代化的结构是起自中国社会内部。相反，愈是相信中国社会内部逐渐积累有现代化因素，就愈是显出中国现代化内源动力的明显匮缺。因为直到晚清阶段，中国社会也没有受内源动力的驱动而呈现自主性现代化的轮廓。倒是在1840年的西力东渐之后，与之前的西学东渐相契合，才真正推动了中国的现代转变。中国的现代化，主要是来自外部动力的推进。这一方面体现为晚清时期的"睁眼看世界"，另一方面则体现为晚清时期国人"向西方寻找真理"。为中国现代化聚集动力的这两种做法，不仅是学者的积极行动，也是官方变革者的主动尝试。缺乏这两种行动，中国的现代化就会变成边界模糊、难以清晰认知的事物了。

"睁眼看世界"是中国打破自明以来的闭关自守国策，开始了解外部世界的标志性事件。在明朝，虽有"郑和下西洋"的航海，有利玛窦向皇帝呈现的《万国舆图》，艾儒略为中国人撰写的世界地理图书——《职方外纪》，但从总体上讲，中国人还维持着自居中央、余皆蛮夷的狭隘认知定式。清朝初期，抵制中西文化交流的意识还非常流行，杨光先就非常干脆地主张，"宁可使中国无好历法，不可使中国有西洋人"。[1]这类狭隘的认知，不仅与中国人自古至今的"中央帝国""中华帝国"的自认有密切关系，也与明、清两朝的"厉行海禁"政策直接相关。直到晚清时期，魏源在林则徐编制《四洲志》的基础上，编制百卷本的《海国图志》，才将中国人观察世界的视野打开，是书征引广博，让中国人了解到世界各国，尤其是西方各国的地理、政治、经济、文化与风土人情，看到了现代化的西方国家的真实面貌。但即便如此，魏源在19世纪中期编制与修订该书时，也仍然将中国置于世界中心，而世界其他国家被区分为"海岸之国""海岛之国"，其地理观念甚至还不如晚明时期传教士输入中国的地理观念先进。直到清朝政府派出外交使节，真正到先发已成的现代化国家亲自观察，才发现中国是真正落后于世界了。1876年派驻英国的使节是开明派官员郭嵩焘与保守派官员刘锡鸿。后者强烈主张"用夏变夷"，自认中国的文明程度远高于西方国家。"外洋以

---

[1] 杨光先："不得已"，引自钟叔河《走向世界：近代中国知识分子考察西方的历史》，中华书局2000年版，第31页。

富为富，中国不以贪得为富；外洋以强为强，中国以不好胜为强。"[1] 他甚至以这样的判断，以副使身份跟上司郭嵩焘处处作对。及至考察英国现代政制运转，刘锡鸿才惊叹性地评论道："官政乖错，则舍之以从绅民。故其处事恒力争上游，不稍假人以践踏；而举办一切，莫不上下同心，以善从之。盖合众论以择其长，斯美无不备；顺众志以行其令，斯力无不殚也。"[2] 刘锡鸿对英国看法的转变，颇具标志性作用：一个非常保守的清廷官员，为事实所折服，现代政治文明不仅不会低于中国传统政治文明，甚至明显高于后者。这是中国人"睁眼看世界"的积极成果。

"睁眼看世界"的结果，一是打开了中国人的视野，使之看到中国之外还存在着的广阔世界，不至于井底观天；二是让中国人开始学会在国家间的比较中认识世界，而不至于故步自封。但"睁眼看世界"不等于发现世界的发展方向，也不等于醒悟中国向何处去。这需要人们真正弄清楚从传统到现代的转变这一历史发展方向，搞清楚西方国家已经先行一步，中国必须急起直追的历史处境，才可能将"睁眼看世界"进一步推进到触发中国现代化进程的地步。因此，"向西方寻找真理"，就成为"睁眼看世界"的合逻辑发展。"自从一八四〇年鸦片战争失败那时起，先进的中国人，经过千辛万苦，向西方国家寻找真理。洪秀全、康有为、严复和孙中山，代表了在中国共产党出世以前向西方寻找真理的一派人物。那时，求进步的中国人，只要是西方的新道理，什么书也看。向日本、英国、美国、法国、德国派遣留学生之多，达到了惊人的地步。国内废科举，兴学校，好像雨后春笋，努力学习西方。"[3] 这是一个对"睁眼"所看的"世界"的地域限定，不是仅仅在地理的意义上认识那个曾经被国人忽视的世界，而是要在国家发展方向的意义、即在从传统

---

[1] 刘锡鸿：《英轺私记》，引自钟叔河《走向世界：近代中国知识分子考察西方的历史》，中华书局2000年版，第245页。
[2] 刘锡鸿：《英轺私记》，引自钟叔河《走向世界：近代中国知识分子考察西方的历史》，中华书局2000年版，第254页。
[3] 《毛泽东选集》（第4卷），人民出版社1991年版，第1469页。

到现代转变的意义上认识先进的世界的突破。由此,"睁眼看世界"的范围性与"向西方寻找真理"的目的性相互支撑,标志着中国将学习现代文明的国家使命领承下来。

由于现代化不发生在中国,因此,中国只能采取学而现代化的发展进路。何以现代化没有发生在中国呢?这是一个现代化研究中引发人们诸多思考的大问题。其实答案不会太复杂。中国之所以没有内生地进入一个现代化状态,就是因为内有扼制社会变迁的超强权力,外有自设标准的天朝上国体系。就前者讲,皇权因其"普天之下,莫非王土;率土之滨,莫非王臣"①的权力专制规定性,以及在权力的实际运转过程中皇帝保有的"天下之事无大小皆决于上"②的决策权力专属性,注定了它要么与社会相疏离,要么高度压制社会活力的命运。从这个意义上讲,中国漫长的古代历史上的王朝更替与修复机制,确实很难发挥推进社会进步的作用。这不是在行政层次有多少消解皇权的因素、有多少合理过滤皇权不当决策的安排、有多少循吏发挥地方治理良性效能所可以化解的难题。就后者论,中国古代设定的天朝上国,或中央帝国与中华帝国的自定地位,以及朝贡体系的对外关系机制建构,注定将中国置于一个世界的中心位置,周边都只能以蛮夷戎狄视之。华夷关系作为文明与野蛮关系的另类表述,一方面确实表明中华文明相对于邻近地区的先进性,另一方面也限定了中华文明的自我更新意愿与能力。一种"称臣纳贡"与"册封赏赐"的君臣性关系支撑起来的朝贡体系,③明显发挥着一种鼓励中国古人自信与自负的消极作用。中国古代的内部制度安排与对外关系机制,构建了一种阻碍现代因素成长的固化结构。因此,人们可以理解为什么中国从"唐宋之变"就开始聚集的现代因素,到了晚清时期却不强反弱,而无以使之壮大为推动中国现代转变的强大内源动力。

正是由于中国社会的故步自封,让中国处在如何接受现代化方案的被动位置上。一者,中国是被强行楔入的先发现代国家这个"他者"被

---

① 《诗经·小雅·北山之什·北山》。
② 《史记·秦始皇本纪》。
③ 参见李云泉《万邦来朝:朝贡制度史论》,新华出版社 2014 年版,绪论,第 1 页。

动地推着前行的国家。这是其被动性的直接体现。这从晚清以来中国因战争失败被迫签署的一系列"不平等条约"上可以印证。这类条约的签署，一方面证明了中国固有的政治惯性被强行中止，另一方面则证明中国总是被动适应新的国际体系或现代化的国际关系局面。这与古代中国较为从容地主导朝贡体系下的国际关系状态，恰成对照。二者，一旦现代化从先发国家外推，就注定了现代化发展的先行与后进之间难以克服的差距。因为中国长期处在追赶型现代国家的位置，总是在悉心学习、潜心模仿与寻去超越的矛盾心境中面对他者。这是其被动性的长期体现。面对西方，一些中国人所抱有的敌意，完全是长期被西方国家压抑的社会心理反应。这种追赶西方的压力构成中国"保国、保种、保教"的被动式现代化的基本动力，也构成中国总是尝试摆脱西方国家影响的强烈冲动。三者，自被动开启现代化进程以来，中国一直处在一个被给定国际规则的环境中，国家总是在寻求一个打破既定国际秩序、由中国主导国际秩序的波动状态中。这是其被动性的深层体现。但中国至今并没有突破自己不情不愿进入其中的国际条约体系，因为它已经成为中国现代转型的一个组成部分，并对中国造成难以正视的影响。"必须把1860年以后的条约制度视为中国政体的一部分，中国的主权在这里不是被消灭，而是被订约列强所掩盖或取代。"[1] 也许这正是毛泽东将晚清以降的中国社会性质确定为"半殖民地、半封建社会"的理由；可能是中国现代化特殊性一个极为重要方面的表现。

二　模仿"他者"

中国的现代化受"他者"逻辑影响甚至是支配，让中国从传统向现代的转变进程，变成了一个模仿"他者"的过程。对晚清以降的中国而言，寻找现代化典范与依傍心仪的现代化典范来推进中国的现代化进程，成为中国近现代历史运行的基调。这样的判断，可能会降低中国现代化

---

[1] 费正清编：《剑桥中国晚清史》（上卷），中国社会科学院历史研究所编译室译，中国社会科学出版社1983年版，第288页。

的主动性与自主性程度。因为这会将中国现代化的外部动力视为主动动力，反而将中国的内部动力降格为次要动力了。这似乎不太符合内在驱动力才是一国推进现代化的主要动力，外部动力只能发挥辅助性作用的一般判断。对此，有必要稍作分辨。一者，从一国现代化的最终动力来讲，源自国家内部的动力确实是主要动力。如果一个国家内部根本不存在驱动现代化的力量，那么这个国家根本就无从开启它的现代化进程；如果一个国家拒绝接引外部动力并将其转化为国内发展的动力，那么这个国家也不可能进入现代化的国家运行轨道。二者，从国家转变发展动力机制的角度讲，中国传统受国家权力，尤其是国家高层权力驱动的机制，在晚清不再能继续发挥它曾经发挥的作用。因此，在根本上与这种机制相反的外部动力机制进入中国，便会生成一套不同于中国传统既成的动力机制的新机制。在此情况下，中国的现代转变，就会转向一个主要受新机制驱动的状态。如此，中国现代转变的动力主要来自外部，就不是什么令人惊奇的事情。

中国社会在现代化发展的起始处，有一个从内在动力驱动为主，转变为外部动力驱动为主的转型过程。如前所述，中国是一个历史悠久、自有其文化—文明的深厚传统机制的国家，在整个古代历史的长时段中，中国形成了儒家思想、小农经济、宗族社会、皇权政治相互支撑的庞大系统。在社会系统各要素相互支撑的结构中，中国社会维持了它举世罕见的韧性：这不单是从中国社会可以脱离国家权力的更迭而顽强延续其生命力的角度所说的，也是从外来的游牧文明征服者不得不臣服长期形成的农耕文明这一点上而言的。这一机制的长处是维持社会的既定机制，弱点是社会各要素的相互支撑强度太大，因此其结构性转变的余地不大。诚如梁漱溟所说，中、西、印文化是各自具有其文化基本性格的系统，"西方化是以意欲向前要求为其根本精神的"。[1] "中国文化是以意欲自为调和、持中为其根本精神的。印度文化是以意欲反身向后为其根本精神的。"[2] 换言之，中、西、印三大文化体系各有其运行的轨道。如果各自

---

[1] 梁漱溟：《东西文化及其哲学》，商务印书馆1999年版，第33页。
[2] 梁漱溟：《东西文化及其哲学》，商务印书馆1999年版，第63页。

按照三种文化的既定轨道运行，那么肯定会刻画出自有源流的运行轨迹。

但梁漱溟同时也看到，由于中、西、印文化的现代碰撞，中国和印度文化似乎已经完全不可能按照既定轨道向前运行了。西方文化对非西方文化，当然包括中国文化所构成的强大压力，已经展现在人们面前，不容忽视。"我们现在放开眼去看，所谓东西文化的问题，现在是怎样情形呢？我们所看见的，几乎世界上完全是西方化的世界！欧美等国完全是西方化的领域，固然不须说了。就是东方各国，凡能领受接纳西方化而又能运用的，方能使它的民族、国家站得住；凡来不及领受接纳西方文化的即被西方化的强力占领。前一种的国家，例如日本，因为领受接纳西方化，故能维持其国家之存在，并且能很强胜地立在世界上；后一种的国家，例如印度、朝鲜、安南、缅甸，都是没有来得及去采用西方化，结果遂为西方化的强力所占领。而唯一东方化发源地的中国也为西方化所压迫，差不多西方化撞进门来已竟好几十年，使秉承东方化很久的中国人，也不得不改变生活，采用西方化。几乎我们现在的生活，无论精神方面、社会方面还是物质方面，都充满了西方化，这是无法否认的。所以这个问题的现状，并非东方化对西方化对垒的战争，完全是西方化对东方化绝对的胜利，绝对的压服。"[①] 西方对中国造成的这种压力，就是现代化的压力。梁漱溟沿循西方现代化进入中国的坚船利炮、声光电化、学校实业、立宪制度、代议制度、伦理道德这条逐渐深入文化深层机制的线索，回观现代化的西方方案进入中国后引起的巨大变化，那就是对中国传统文化的系统颠覆。他正是基于捍卫中国文化精神血脉的立场，辨析中西印文化的不同路向，认定中国文化自有其西方文化替代不了的独特价值。

梁漱溟对东西文化价值的辨认，以及对东方文化，尤其是中国文化的辩解，可以说是在事实与价值的不同维度展开的。就价值上来讲，他对中、西、印文化价值特点的辨析，着眼点自然是为东方文化价值辩护，认定中、印文化不应被西方文化遮蔽。但在事实上，他承认西方文化携

[①] 梁漱溟：《东西文化及其哲学》，商务印书馆1999年版，第12页。

强力而来的相异文化，已经构成对东方文化，尤其是中国传统文化全方位的强大压力。无疑，西方文化在物质器物层面上已经是一个中国不能不正视的"显性的他者"，更为重要的是，西方文化在制度安排与精神价值上作为一个"隐性的他者"，也对东方国家，尤其是中国构成深层挑战。这个"他者"，显然是不同于此前来自印度的佛教这个"他者"，除开藏传佛教的政教合一模式对中土政治可能会有挑战之外，汉传佛教没有形成干政能力与传统。因此，佛教这个"他者"并没有对中国形成实力型挑战。加之宋明理学对佛、道二教的改造与吸收，让两者可能构成的社会与政治批判能量被既定社会心理与政治秩序系统地吸纳。由此可以说，在源自西方国家的现代化方案进入中国以前，中国传统没有受到过结构性挑战。但现代化的西方方案进入中国，带给中国全方位的结构化挑战：从现代观念体系上讲，一个源自基督宗教的强大信仰系统，让儒家的世俗化伦理体系受到根本挑战；一个源自政治共同体成员依宪、民主地介入公共事务的新机制，对中国传统的皇权主导的政治机制构成颠覆性影响；而一个由科学技术支持的工业—战争体系，更是给中国内保秩序、外御强敌制造了无法解决的难题——一个历史悠久、根基深厚的夕阳性传统农耕文明，是完全无法与朝阳般升起的现代工业文明抗衡的。

中国之所以选取一个远比自己强大的"西方"作为驱动现代化的外部动力源，可以说有三个动因。一是前述西方国家以硬实力敲开中国的国门，让中国人体会到坚船利炮的势不可当，因此，在总体不服输的情况下，心悦诚服地认取现代工业—军事生产产品的巨大威力。二是西方国家带给中国一种全新的国家行为模式，那就是依照国际条约体系选择国家行为的模式。尽管国际条约体系是以订约双方或多方谈判并由订约方共同签字同意才生效，但国家实力或先发现代化国家组团与后发、弱势的中国签约，让中国人深感一个利益似乎高度一致的强大"西方"对中国形成的严重威胁。三是从社会达尔文主义在中国发挥的强大影响力，让人们意识到，在中西碰撞中促使中国人逐渐形成了对现代化的生存竞争、弱肉强食、适者生存的社会达尔文主义的理念。社会达尔文主义在中国的流行，不仅促成了一种极为强劲的、中国现代化的全民族意欲，而且也型塑了一种关乎现代化认知的社会心态，甚至是心理定式。这是中国现代化进程中人们长期倾向于选择一个强者作为中国效法榜样的精神缘由。

正是由于上述三种驱动力的交错作用，中国现代化早期阶段认取的现代化"他者"，无一例外地都是"强者"。从一般意义上讲，选择现代化的"他者"，应是引导中国沿循现代化最适宜进路推动国家从传统到现代转变的国度。随着"强者"对"他者"的替换，从长远影响来讲，推动了中国现代化定位于富国强兵、国富民强这些有利于国家强盛的理念，高居于中国现代化的主导理念位置。人们对现代化世界中的最强者、最弱者最初的清晰区分，构成中国现代化的一条主线，而处在现代化转变进程中的中国，则以效仿强者并成为强者，成为似乎最切近中国现代化实际处境的实用定位。在这中间，对中国早期现代化发生极大影响的严复与康有为的相关理念，对促成进化论意义上的中国现代化观念定式发挥了长期作用。

严复强调，社会就是一个物竞天择的机制。"盖人之有散入群，原为安利，其始正与禽兽下生等耳，初非由感通而立也。夫既以群为安利，则天演之事，将使能群者存，不群者灭；善群者存，不善群者灭。善群者何？善相感通者是。然者善相感通之德，乃天择以后之事，非其始之即如是矣。其始岂无不善相感通者，经物竞之烈，亡矣，不可见矣。"①社会之从分散状态进入群体状态，是为了利益分配而生，而社会的产生，则是物竞天择的结果，只有在生物进化的基础上，才演化出社会基本规则与高级规则。尽管严复并没有明确支持社会领域中毫无规则的优胜劣汰，但他对社会进化论的翻译与解释，推动形成一种社会的优胜劣汰理念，则发挥了明显的推动作用。加之严复在中西对比的视角观察两者之

---

① ［英］赫胥黎：《天演论》，严复译，商务印书馆1981年版，第32页。关于进化论对中国现代思想的强大影响，王中江所著的《进化主义在中国的兴起——一个新的全能式世界观》（增补版，中国人民大学出版社2010年版）做了相当系统的梳理，对人们理解中国现代思想脉络中的社会进化论颇有助益。

间的发展差距时,明确指出,西方呈现的不断进取与中国历史的治乱循环,确实浮现出两者之间的重要差别。"尝谓中西事理,其最不同而断乎不可合者,莫大于中之人好古而忽今,而西之人力今而胜古;中之人以一治一乱、一盛一衰为天行人事之自然,西之人以日进无疆,既盛不可复衰,既治不可复乱,为学术政化之极则。"① 这就将正面碰撞的中西体系,安顿在了中国需要转变到一个更有利于竞争制胜的轨道上的问题:既然中国传统不利于竞争,那么中国就有必要学习西方,转向一个竞争性、进取性的文化风格。"西方"这个"他者"的典范性,似乎便由此树立起来。

康有为是中国现代早期的改良派领袖人物。一方面,他以"托古改制"的复古求新为基本进路,将孔子解释为一个进化论者,"孔子道主进化,不主泥古,道主维新,不主守旧,时时进化,故时时维新。《大学》第一义在新民,皆孔子之要义也,孟子欲滕进化于平世,去其旧政,举国皆新,故以仁政新之。盖凡物旧则滞,新则通;旧则板,新则活;旧则锈,新则光;旧则腐,新则鲜。伊尹曰:'用其新,去其陈,病乃不存。'天下不论何事何物,无不贵新者。"② 康有为致力于将谨守传统的文化风格扭转到求新求异的社会心理,这是他为维新运动开拓精神地盘的一个前提清理工作。在此基础上,他建构起进化史观,同时批判社会达尔文主义,尝试支持进化但拒绝恶性竞争。"其妄谬而有一知半解如达尔文者,则创天演之说,以为天之使然,导人以竞争为大义,于是竞争为古今世界公共之至恶物者,遂揭日月而行,贤者皆奉之而不耻,于是全地莽莽,皆为铁血,此其大罪过于洪水甚矣。"③ 欢迎进化的结果,但不接受伴随进化必有的竞争,是康有为对进化论的一个区隔性选择。基于这样的判断,他一方面确立起进化史观,"《春秋》分三世:有乱世,有升平世,有太平世。乱世无可得言治,治升平世分为三统:

---

① 严复:《论世变之亟》,载王栻编《严复集》(第1册),中华书局1986年版,第1页。
② 康有为:《孟子微 礼运注 中庸注》,中华书局1987年版,第86—87页。
③ 康有为:《大同书》,中华书局2012年版,第285页。

夏、商、周，治太平世亦分为三统：亲亲、仁民、爱物。"① 另一方面则据此建构了他的改革理念，既然从古至今儒家传统都支持政治变革，在中国遭遇结构性改革局面时，康有为主张全盘改革也就顺理成章。"观大地诸国，皆以变法而强，守旧而亡，然则守旧开新之效，已断可睹矣。以皇上之明，观万国之势，能变则全，不变则亡；全变则强，小变仍亡。"② 此后，"革命派"更是将进化论与革命论结合起来，推出了更为激进的中国现代化方案。而其中为孙中山所阐释的"天然力"与"人为力"的关系，呈现了革命派以"人为力"推动中国现代化的强烈意图。"世界中的进化力，不止一种天然力，是天然力与人为力凑合而成。人为的力量，可以巧夺天工，所谓人定胜天。这种人为的力，最大的有两种，一种是政治力，一种是经济力，这两种力关系于民族的兴亡，比较天然力还要大。"③ 这就从渐进进化论的现代化一跃到了激进进化论的路数上面。孙中山试图超越西方主流的现代化方案，将政治革命与社会革命"毕其功于一役"，此一念想，便成为他所强调的中国现代化核心问题，"夫欧、美社会之祸，伏之数十年，及今而后发现之，又不能使之遽去。吾国治民生主义者，发达最先，睹其祸害于未萌，试可举政治革命、社会革命，毕其功于一役，还视欧、美，彼且瞠乎后也"。④ 孙中山力求将中国现代化显著提速的意图，溢于言表。但这可以说为中国现代化奠定了学习而又超越西方现代化的基调。

三　认取谁？

如前所述，"西方"是作为中国现代化的一个经由整合的"他者"，

---

① 康有为：《万木草堂口说》，中华书局1988年版，第100页。
② 康有为：《上皇帝第六书》，载汤志钧编《康有为政论集》（上册），中华书局1981年版，第211页。
③ 孙中山：《三民主义》，载张苹等编《中国近代思想家文库·孙中山卷》，中国人民大学出版社205年版，第267页。
④ 孙中山：《〈民报〉发刊词》，载张苹等编《中国近代思想家文库·孙中山卷》，中国人民大学出版社2015年版，第45页。

呈现在现代化进程的中国人视野中。① 分析起来，在中国，"西方"是经西方的"西方化"、东方的"西方化"与东方的"东方化"三重加工而得到的一个抽象的概念。这个西方，已不再是一个地理概念，而是一个政治、经济与文化的统合性概念。对此，需要从三个方面略加辨析。

一是中国是不是面对过一个整全的西方？对晚清以降的中国来讲，"西方列强"以西力东渐的方式进入中国，自然让中国人心中产生一个利益高度一致、行为相互配合、相与侵夺中国、铁板一块式的"西方"认知。但实际上，这个"西方"是一个认知假象。因为那些致力于侵夺中国利益的"西方"国家，是一个个具体的国家，它们之间的利益差异之大、相互敌视之深、互相拆台之多，一点也不比面对中国的时候少。只不过这些国家基本属于先于中国而发的现代化国家，故而对后发的、未开放的中国市场及其利益都垂涎三尺，因此，一股脑儿来到中国，相互算计中共同算计中国，这让中国人误以为它们是一个利益整体。因此，在面对"西方"国家时，应当形成一种分散面对西方或西方化的这些具体国家，而不是将之笼而统之地作为一个国家整体来对待。否则，中国就永远也不可能找到与"西方"和"西方式"国家打交道的适当方式，反而会因为极不适当地将它们作为统一的敌对方对待，明显增加自己寻找国际友善力量的难度，反倒强化自己在国际上的孤立无援形象。

二是先发现代化的西方是如何经由西方人的整合而凸显在中国人面前的？"西方"国家首先是对先发现代化的欧洲地区，其次是对美洲地区和"西化"的亚洲地区国家的提炼结果。但需要看到的是，"西方"国家是绝对与相对先发的现代化地区，经由它们之间关系的先期整合，形成了相对一致的现代化国家状态，然后向非西方地区扩展的政经文化概念。因此，中国人有理由认为，"西方"确实是一个整体。西方的"西方化"过程，至少从三个方面体现而出：一者"西方"国家经由百年战争、30年战争这些长期的战争磨合，终于都大致被塑造成了现代国家的形式机制，即民族国家。二者在民族国家的冲突中逐渐凸显的立宪

---

① 参见任剑涛《典范及其蜕变：中国建构的"西方"》，《社会科学》2015年第11期。

机制，将国家权力推向一个较为规范运行的境地。三者寻求国家的经济发展与市场拓展，成为这类国家进一步发展的大致趋同方向，它们在欧洲、北美地区的市场整合基本完成之后，便向亚洲等地区扩展。因此，它们一出欧美进入亚洲，便给人一种拥有共同观念与行动模式的整齐划一感。这是一种先行的现代化国家给后进的现代转变中国家留下的一个必然印象。

三是作为寻找真理的对象的"西方"是如何经由东方人，尤其是中国人的整合而呈现在中国人面前的？西方国家是一个整全的"他者"，但以实在的"他者"身份出现在中国现代社会变迁进程中，则是各个具体的西方或准西方国家。在晚清以降流行于中国的"中西"关系的格式化表述，提醒人们注意中国忽视具体国家的利益而对西方国家做出的整体式表述，以及这种表述作为中国人整合而非西方人自己缺乏国家认同的概念特质。其实，在晚清阶段，中国人尽管对西方国家有一个趋于整体性的表述，但仍然是以罗列性的表述，如1900年慈禧太后直接催生八国联军对清战争的"对十一国列强宣战诏书"，就是对英、俄、日、美、法、德、意、奥、西、荷、比等国下的战书。但其中的表述，已然遵循的是一种中西、彼此的整体性思维。"彼尚诈谋，我恃天理；彼凭悍力，我恃人心。无论我国忠信甲胄，礼义干橹，人人敢死；即土地广有二十余省，人民多至四百余兆，何难翦彼凶焰，张国之威？"① 正是这种将西方列国视为一个整体的"彼方"，跟中国这个"此方"对立，塑就了国人将"西方列强"看作一个整体的思维定式。不过，此时整全的"西方"这个"他者"还是以联手而来的西方诸国的面目出现的，而且在寻找中国的现代化典范时，与慈禧太后发现国家敌人时的思维方式完全相同。康有为鼓动变法时的说法，堪为佐证。"夫泰西诸国之相逼，中国数千年来未有之变局也。曩代四夷之交侵，以强兵相凌而已。未有治法文学之事也。今泰西诸国，以治法相竞，以智学相上，此诚从古诸夷之所无也。尝考泰西所以致强之

---

① 《对十一国列强宣战诏书》，俗称《对万国宣战诏书》。

由，一在千年来诸国并立也，若政稍不振，则灭亡随之，故上下励精，日夜戒惧，尊贤而尚功，保民而亲下，其君相之于一士一民，皆思用之，故养护之意多而防制之意少，其士民之于其国其君，皆能亲之，故有情而必通，有才而必用，其国人之精神议论，咸注意于邻制，有良法新制，必思步武而争胜之，有外交内攻，必思离散而窥伺之。盖事事有相忌相畏之心，故时时有相牵相胜之意。所以讲法立政，精益求精，而后仅能相持也。"[1] 这段分析，不仅将西方国家作为一个整体看待，而且将西方国家取得现代发展成就的原因也做了趋同性归纳。尽管康有为将西方国家的崛起归结为诸国林立，而将中国的现代落伍归因于鹤立鸡群，还是有待辨析的一种说法。

康有为将西方国家与中国之间的差异性比较作为比较现代化的基本视点，倒是抓住了比较现代化的核心问题。这与他适当分辨处于现代世界的国家兴亡原因有关。他举波兰、越南、印度、土耳其、埃及等国为例，指出，"方今大地守旧之国，未有不分割危亡者也。"[2] 基于这样的判断，他将国家的现代转型，也就是积极仿照西方国家而进行改革，确立为后进的东方国家的首要国务。基于对俄罗斯与日本的政制改革经验，他强烈主张，清政府应积极主动地学习日本、俄国那样效仿西方国家进行变法。"择法俄日以定国是，愿皇上以俄国大彼得之心为心法，以日本明治之政为政法而已。昔彼得为欧洲所摈，易装游法，变法而遂霸大地。日本为俄、美所迫，步武泰西，改弦而雄视东方。此二国者，其始遭削弱与我同，其后底盛强与我异。闻日本地势近我，政俗同我，成效最速，条理尤详，取而用之，尤易措手。"[3] 这是一种打破整体主义思维，择定具体国家而为中国现代转变寻找具体典范的进路。这样的进路，至今仍然是中国寻求现代发展的基本进

---

[1] 康有为：《上皇帝第四书》，载汤志钧编《康有为政论集》（上册），中华书局1981年版，第149—150页。

[2] 康有为：《上皇帝第六书》，载汤志钧编《康有为政论集》（上册），中华书局1981年版，第211页。

[3] 康有为：《上清帝第五书》，载汤志钧编《康有为政论集》（上册），中华书局1981年版，第208页。

路。于是,关于中国现代化典范认取的两条线索便呈现在人们面前:一是整体主义思维主导下的认取或排斥"西方",二是具体选择情况下的某个或某些西方或西方式国家。前者是为中国现代化转变的宏观总体参照;后者是为中国现代化具体取法典范的择定。如果说前面对中国认取的整体性"西方"已有概要论述,那么便有必要对后一方面再做相对具体的叙述与分析。

在紧急应对国家危亡局面,必须即时启动法政现代转制方面,如康有为便将日本与俄国视为楷模。这使得两个国家与中国现代化的国家典范寻求过程一直联系在一起。不过,就日本而言,虽然一直是中国现代化的学习效仿对象,但并没有取得绝对典范的地位。1917年前的俄国,同样没有获得这样的地位。倒是英国、美国,以及1917年十月革命后的苏联,取得过压倒其他国家而对中国现代化示范的特殊地位。就英国来讲,相对比较好理解,因为它是第一个比较规范意义上的现代化国家。而且它对世界上大多数国家现代化的影响,都已经是载入史册的了,为数众多的国家在现代化进程中不同程度地取法英国。不过,英国对中国现代化的影响,既是最直接的,又是最深层的:晚清,1840年的鸦片战争,用强力敲开了中国的大门,并开启了中国从天朝上国转向现代国际条约体系的历程。在民国阶段,康有为自知保皇运动很难扭转共和政制的大局,因此极力倡导英式的君主立宪制。他自认自己考察了数十个国家的政制运行状况,故在比较中确信,英式的君主立宪制最适合于中国。[1] 这就让英国对中国现代化的影响,在中国现代政局的意义上鲜明呈现出来。民国时期,留英学人群体,无论是在参政还是议政方面,以英国政治思想为引导,设想中国的现代化政制,就更是体现出英国对中国现代化的全面、深刻影响。[2]

但中国在选择现代化典范国家的时候,真正取得压倒性影响的,在

---

[1] 参见任剑涛《政体选择的国情依托:康有为共和政体论解读》,《政治学研究》2017年第3期。

[2] 参见任剑涛《建国之惑:留学精英与现代政治的误解》,第一章"思想的钝化:中国现代政治理念的英国导因",中国政法大学出版社2012年版,第46—84页。

民国阶段是美国，在人民共和国阶段的靠前阶段是苏俄（苏联），靠后阶段仍是美国。当然需要指出，断言人民共和国近期取法美国，是一个概要的说法而已，因为在改革开放进入一定阶段的时候，中国自觉取法的国家，在深层结构上，一直取法的是苏联；取法美国，大致是在表层结构上面。而所取法的国家，在国家治理的要素组合结构上，新加坡则挺到了最前沿。[1] 美国之所以成为中国取法的重要对象，是因为在19世纪晚期，已经取得了现代化发展最令人瞩目的成就，成为全球国内生产总值第一的国家。而美国进入全球霸权争夺的方式，也不同于老牌帝国如英国那种军事入侵、占据领土、实施统治、掠夺资源，转而采取了一种新帝国的模式：开放门户、不占领土、商贸影响、相对共享。而对中国现代化所发生的这种影响，可以邹容的说法佐证，"立宪法，悉照美国宪法，参照中国性质立定。自治之法律，悉照美国自治法律。凡关全体个人之事，及交涉之事，及设官分职，国家上之事，悉准美国办理"。[2] 而从晚清留美幼童，到民国的留美热潮，再到改革开放以后的留美学生及其归国群体的重大影响，都可以证实美国对中国现代化所发生的重大影响。[3]

苏俄（苏联）对中国现代化所发生的巨大影响，始自十月革命，盛于人民共和国建立后的靠前阶段，在现代化观念的深处则一直左右着国人理念。[4] 十月革命是后发现代国家对主流现代方案进行革命性颠覆和重组的、一次具有世界性意义的尝试。它远比法国大革命对世界现代化进程的影响要更为广泛、深刻和深远：如果说法国大革命试图以一次革命解决掉社会所有弊端的话，那么俄国革命则以对解决社会一切弊端的

---

[1] 参见任剑涛等《典范选择、领袖偏好与国家发展——新加坡经验与中国现代转型》，《河北学刊》2010年第3期。

[2] 邹容：《革命军》，第六章"革命独立之大义"。载严昌洪等编《中国近代思想家文库 杨毓麟 陈天华 邹容卷》，中国人民大学出版社2014年版，第346页。

[3] 参见任剑涛《建国之惑：留学精英与现代政治的误解》，第四章"价值隐匿与知识扭曲：留美政治学博士对民主的拒斥"。另可参见任剑涛《寻找中国的位置：70年中国政治学国家主题的显隐》，《中央社会主义学院学报》2019年第3期。

[4] 参见任剑涛《建国之惑：留学精英与现代政治的误解》，第五章"革命的感召：'以俄为师'与中国的革命建国"，第201—241页。

前景的明确刻画，将后发国家在现代化进程中"弯道超车"的诱人前景展现在人们面前，给世界上所有仍然处在后发现代不利处境中的国家以巨大鼓舞。中国正是在这个意义上醉心于俄国革命道路的：李大钊欢呼道，布尔什维主义的胜利表明，"在这世界的群众运动的中间，历史上残余的东西，——什么皇帝咧，贵族咧，军阀咧，官僚咧，军国主义咧，资本主义咧，——凡可以障阻这新运动的进路的，必挟雷霆万钧的力量催拉他们。他们遇见这种不可当的潮流，都像枯黄的树叶遇见凛冽的秋风一般，一个一个地飞落在地。由今以后，到处所见的，都是 Bolshevism 战胜的旗，到处所闻的，都是 Bolshevism 的凯歌的声。人道的警钟响了！自由的曙光现了！试看将来的环球，必是赤旗的世界！"[①] 这是俄国革命道路以一种既实现现代化目标，又完全克服现代化所有弊端的样式进入中国现代化进程的标志。

如果说李大钊还只是知识分子对苏俄反西方现代化的现代化方案的欢呼，那么，孙中山在提出"联俄、联共、扶助农工"的新三民主义时对俄国道路的认取，则将苏俄式现代化方案，直接作为中国的现代化抉择。"盖今日革命，非学俄国不可"，"我国今后之革命，非以俄为师断无成就。"[②] 不过，由于孙中山提出这样的主张尚未及付诸全面实施就去世了，他的这一设想，在毛泽东那里得到了全面呼应，"'你们一边倒。'正是这样。一边倒，是孙中山的四十年经验和共产党的二十八年经验教给我们的，深知欲达到胜利和巩固胜利，必须一边倒。积四十年和二十八年的经验，中国人不是倒向帝国主义一边，就是倒向社会主义一边，绝无例外。骑墙是不行的，第三条道路是没有的。我们反对倒向帝国主义一边的蒋介石反动派，我们也反对第三条道路的幻想。"[③] 毛泽东这段话，不仅凸显了苏俄作为中国现代化的唯一典范意义，而且呈现了美国曾经作为中国现代化典范的历史含义。

---

① 李大钊：《Bolshevism 的胜利》，载《李大钊文集》（第二卷），人民出版社 1999 年版，第 246 页。
② 孙中山 1924 年 10 月 9 日致蒋介石函，载刘大年主编《孙中山书信手迹选》，文物出版社 1986 年版，第 193—194 页。
③ 《毛泽东选集》（第四卷），人民出版社 1992 年版，第 1472—1473 页。

进而，毛泽东这段话还提示，中国自近代以降，"认取谁"的问题，就是一个中国择定现代化典范的基本问题。"他者"对中国现代化的影响力之大，由此可见一斑。

四 "他者"在侧

在比较现代化视野中审视"中国式现代化"，是中国人为了实现现代转变的目标，一个基本处境所决定的状态。由于中国现代化的后发外生特性，这几乎是一个在中国实现现代化目标之前，无以改变的存在论处境。因此，这种处境便推动中国人从认识论视角确认中国现代化的诸种认知事项：如果现代化是中国社会变迁的必然方向，那么，究竟谁堪为中国现代化的效仿对象，就成为一个比较选优的认识与决断问题。无疑，在比较现代化视角看，选优并不是一个仅仅取法现代化先进国家的问题，而是一个关涉兜住底线与逼进上限的双线思考的复杂问题。在现代化进程中，一个国家试图兜住底线，就必须选择一条进取的路线，倘若陷入自我安慰，以那些比自己处境更为糟糕、回应更为迟缓、举措更不得力、效果更加不尽如人意的国家来告慰自己，那么它就很难兜住底线，势必成为现代化进程中的垫底者，国家就会陷入根本危机之中，亡国也就势所必然；一个国家尝试逼进上限，就是要尽快实现系统性的现代转变，跻身现代化国家的行列。就一个国家的现代化发展来讲，兜住底线往上行，总是会确定那些比自己发展更为先进的国家为其行为典范，这是一种比优的取向；而一些国家在现代化转变的进程中，则会从底线向下行，致力于寻找那些在现代化发展上不如自己的国家以求自我安慰，因此愿意处在现代化发展的末梢位置上，并不断下探底线，降低现代化发展的比较标准，这是一种比劣的取向。从总体取向上讲，中国现代化的"他者"认知是比优而不是比劣。换言之，中国寻找的现代化学习对象，总是自认处在现代化发展先进地位的国家，而不是落在与那些发展较差或很差的落后国家相比较的低位上面。这是一种兜住了现代化底线，力求融入现代化主流之中的国家定位。

> 国家治理现代化

康有为在论述中国的现代改革时,从兜住底线到抵达上限的基本思路,可以说代表了中国现代化向上取法的比较思路。除开前引康有为认定变法需学日俄、富强需取英美之外,他特别强调,要吸取落后国家在现代化进程中不思进取造成的亡国之祸的教训。"有亡于一举之割裂者,各国之于非洲是也;有亡于屡举之割裂者,俄、德、奥之于波兰是也;有尽夺其政权而一旦危亡之者,法之于安南是也;有遍据其海陆形胜之地,而渐次亡之者,英之于印度是也;欧洲数强国,默操成算,纵横寰宇,以取各国,殷鉴具存,覆车可验。"① 这正是康有为呼求"保国、保种、保教"基础上的奋力改革,进而实现国家富强目标的上行思路浮现出来的出发点。这一思路,构成此后中国追求现代化发展的一个基本思路,直到20世纪80年代中国启动改革开放引导下的现代化进程,依然会从中国会不会被开除"球籍"②的底线向上思考。这样的现代化思路,从表面上看,好像非常消极,其实稍加分析,就会发现其积极向上的现代化心理倾向:这是一条兜住中国必须现代化的底线,而向那些堪称典范的现代化国家学习并寻求超越的务实进路。

在比优的角度确立起来的中国现代化"他者"思路,如前所述,在整体对象的选择是"西方国家",在具体国家上则出现了不同的取法国家。而在现代化的社会变迁结构与功能视角看,则呈现出比方向、比程度、比状态、比结果的不同向度的现代化进路。以先发内生性现代国家为基本坐标,或者说以前述西欧现代国家,以及苏俄、日本这类转型国家为基本参照,在比方向上讲,是坚持中国古代传统取向,还是转向现代发展,成为回答"中国向何处去"的一个关键问题。近代中国可以说基本上不存在坚决抗拒现代转变的人群与主张。因此可以说,近代以来中国对现代发展方向是有广泛共识的,即便如前引晚清保守派刘锡鸿,到英国观察的结果,转而采取了认同现代的立场;像康有为那样的改良

---

① 康有为:《上清帝第五书》,载汤志钧编《康有为政论集》(上册),中华书局1981年版,第205页。
② 参见陆一主编《球籍:一个世纪性的选择》,引言,百家出版社1989年版,第1—6页。

派，更是采取"全变"的变革立场；革命派无疑采取的更是一种全面重造中国的立场。在比程度上讲，中国的现代化是仅仅限于"坚船利炮"的引入，从而限定在表层的物质器物的现代化，还是必须采取法政制度、社会教化相应变革的举措，从而进入更深层次的现代化，也是一个逐渐促使国人达成共识的大问题。从洋务运动致力于生产坚船利炮，到戊戌维新主张全面变革，再到辛亥革命推翻帝制，五四运动推动伦理觉悟，中国的现代转变渐次深入，终于在精神文化的深层次反思上取得突破。即便在现代化的后果上，对深透入精神文化层面的现代转变，在评价上有肯定与否定的不同看法，但只要看到即使坚定捍卫儒家传统立场的现代新儒学家，都认定需要接纳民主与科学，就表明中国人对现代化的认同程度之深。在比状态上讲，中国的现代转变并不是一蹴而就的，经历一个过程就实现了现代化目标的理想状态。因此，相比于英国、美国的现代顺畅发展而言，中国经历的曲折相当之多；相对于后发外生性的现代国家如日本、德国与苏俄而言，中国的现代化发展也付出了更大代价。即便就中国现代化自身历史来讲，也经历了晚清起伏、民国升降与人民共和国的曲折。因此，从中国现代化发展状态的具体线索上看，它的状态确实不太令人鼓舞。不过，有一点值得人们赞赏，那就是中国现代化所表现出来的强大韧性，或者说百折不挠的特点来看，它倒是表明了中国的现代化一直是近代以降的未曾被替换过的国家首要主题。就这一点而言，它无疑是现代化世界史上最令人赞叹的一种推进状态。在比结果上讲，中国至今还不能说是国际公认的现代化国家，而是处在现代化转型过程中的国家。换言之，中国的现代化仍然还在路上——"全面建成社会主义现代化强国，总的战略安排是分两步走：从二〇二〇年到二〇三五年基本实现社会主义现代化；从二〇三五年到本世纪中叶把我国建成富强民主文明和谐美丽的社会主义现代化强国"。[①] 但从经济发展的一个重要指标，也就是国内生产总值上讲，中国已经成为世界第二大经济

---

① 习近平：《高举中国特色社会主义伟大旗帜　为全面建设社会主义现代化国家而团结奋斗——在中国共产党第二十次全国代表大会上的报告》（2022年10月16日），人民出版社2022年版。

体。就此而言，中国经济发展的现代化进路已经呈现在人们面前。从这一结果看，中国现代化所取得的成就还是需要肯定的。

中国现代化发展之所以能够取得这样的成就，从动力机制上讲，其双重动力值得人们高度关注：一重动力是中国自晚清以来，虽经挫折，但却坚韧追求国家现代化转型的内源动力，这一动力，自始至终都是中国现代化最重要的动力源之一；另一重动力则是众多的"他者"所提供的——在现代化中领先全球的先进国家与落伍于全球进程的后发国家所共同提供的，前者提供的是激励力量，后者提供的则是忧患动能。

中国现代化发展一直不缺乏动力，但中国现代化的自我定位，在"他者"的映衬之下，则经历了走向两个极端后逐渐归于合宜进路的探索过程：一个极端是对传统的捍卫，尽管这样的捍卫多数是在接受现代化的前提条件下表现出来的，即致力于捍卫中国的传统文化，但愿意接受西方的先进科技、生产方式甚至是制度安排。但正是这样一种区隔现代文化机制的思路，已经成为中国推进现代化的精神障碍。这自然不是说要采取五四以来的某种反传统立场，而是说如何以现代文化为基本坐标去兼综传统与现代，才是一个明智的文化立场。但捍卫中国文化的人士，将中国文化的现代变迁解读为丧失了中国特质的惊人事变，结果可能就会妨碍中国的现代化转变。"中国在文化的领域中消失了；中国政治的形态、社会的组织和思想的内容与形式，已经失去它的特征。由这没有特征的政治、社会和思想所化育的人民，也渐渐地不能算得中国人……要使中国能在文化的领域中抬头，要使中国的政治、社会和思想都具有中国的特征，必须从事于中国本位的文化建设。"① 这不仅是一种将中国文化固定化在传统的那个样态，也是将中国文化与世界现代文化的互动视为畏途，更是将文化与政治经济做念想性切割的表现。这一进路，事实上，根本无法捍卫其所意图的中国文化本位，因为它实际上发挥着以本位的中国文化阻断中国现代文化的生长前路，最终伤害了中国

---

① 王新命等：《中国本位的文化建设宣言》，载罗荣渠主编《从"西化"到现代化——五四以来有关中国的文化趋向和发展道路论争文选》（中册），黄山书社2008年版，第417—418页。

文化现代延续的根本。

另一个极端是"全盘西化"。所谓全盘西化，学界长期望文生义，以为是将中国的方方面面扭转到西方化的地步，从而完全放弃中国古代传统。这是一种有意无意的曲解结果。全盘西化是基于现代世界发展的趋势，而对中国文化转向所做出的一种预判，更为准确的说法是"充分世界化"。但即便如此，将全盘西化归为一种与中国文化本位相仿的另一种极端主张，也是有理的：因为看到西方文化的现代转变，预示了中国文化现代转变的方向，因此在各个领域中指出向西方学习的必要，不过，这是推不出中国必须全盘"西化"的结论的。与此相关，以"欧洲近代文化的确比我们进步得多"，"西洋的现代文化，无论我们喜欢不喜欢，它是现世的趋势"[1]也证明不了"全盘西化"的必然。与其说中国的现代发展是全盘西化，不如说是中国的自身发展内在地要求现代化。而且这样的说法势必刺激中国文化的本位意识，让中国的现代化在本位文化与西方文化之间相互激荡、彼此对峙，无法真正落定在现代化的平台上。

在上述两个极端长期的磨合中，"中国式现代化"可以说是"叩其两端，执两用中"的产物，即中国的现代化，一方面肯定是"现代化的"，因此它必然促使中国转出传统体系，进入现代体系；另一方面它也必然是"中国式的"，因此它肯定是以中国为国家主体的现代化，而不是失去中国性的、无主体的现代化。从思想史的视角看，这就是一个罗荣渠所推崇的，从"西化"向"现代化"转向的结果。对此，张奚若早就指出，"现代化可以包括西化，西化却不能包括现代化。这并不是斤斤计较于一个无谓的空洞的名词，这其中包含着许多性质不同的事实"[2]。在他看来，文化变迁不是一个纯粹量的问题，还有一个质的问题。即便中国的现代化学习西方文化达到百分之八九十，那仍然是一个

---

[1] 陈序经：《全盘西化的理由》，载罗荣渠主编《从"西化"到现代化——五四以来有关中国的文化趋向和发展道路论争文选》（中册），黄山书社2008年版，第419页。

[2] 张奚若：《全盘西化与中国本位》，引自罗荣渠《从"西化"到现代化——五四以来有关中国的文化趋向和发展道路论争文选》（上册），黄山书社2008年版，第485页。

量的问题，而且不能视之为"全盘"。这种程度的转变，仍然没有改变中国文化之为中国文化的本质。这是一个重要的思想史觉悟。而从中国现代化进程来看，则是从"他者"处得到的重要资借：放眼望去，所有的现代化国家，都是基于国家实际情况推进其现代化进程的，一方面现代化的转变势不可当，另一方面国家的主体性也需要确立。在现代化普遍趋势与国家主体性之间，准确定位现代化的目标模式。这就是党的二十大报告强调指出中国现代化"既有各国现代化的共同特征，更有基于自己国情的中国特色"的原因之所在、寄意之所在。

现代化不是一个一帆风顺的过程。因此，任何一个国家都会致力于弄清楚先行、并行与跟随的现代化发展的国家所取得的经验、需要吸取的教训。就此而言，相对于英国的原生型现代化而言，所有后发的现代国家，都处在受现代化先行者这个"他者"影响的状态之下。即便是英国，因为也处在现代萌生的诸国家间的互动状况中，它也免除不了与其他国家互动，并从中摸索其走向现代的进路的命运，故而也处在与"他者"互动的状态之中。换言之，因为没有孑然独立的国家，任何试图免于"他者"影响，尤其是现代化先行者的"他者"的影响，甚至是制约，都是一种不切实际的幻想。对中国这样长期处在现代化世界进程不利地位的国家而言，这一点尤为重要。

进而言之，对任何现代化国家来讲，无论是处于现代化转变过程中的国家，还是基本实现了现代化的国家，常常会出现不进则退的现代化悲剧。就前者讲，尚未实现现代化的国家出现显著的倒退，那就是现代化的夭折；就后者论，基本实现现代化的国家出现明显的停滞，就是掉入了现代化的陷阱——"中等收入陷阱"或"转型陷阱"。前者是指"经济增长回落或停滞、民主乱象、贫富分化、腐败多发、过度城市化、社会公共服务短缺、就业困难、社会动荡、信仰缺失、金融体系脆弱等"，① 也就是经济、社会与政治发展的明显停滞。20 世纪 60 年代在经济上呈现迅速发展的、100 多个进入中等收入行列的国家，到 21 世纪初

---

① 冯严超：《"中等收入陷阱"的国际经验与中国对策》，《当代经济》2016 年第 25 期。

期,仅有 13 个国家保持了持续增长。就此可以知道,大多数迅速发展的国家,都掉入了"中等收入陷阱"。后者是指"改革和转型的过程就是从起点走向终点的过程,但是在这个过程当中,人们忽略了一种可能性,当我们从一个起点往终点走的时候,中间每一个点上都有可能停下来,在改革和转型的过程中,会逐步形成一种既得利益格局,尤其是像我们这样渐进式的改革,就更容易形成既得利益格局。这样的基本利益格局形成后就要求不要往前走了,要维持现状,然后希望把我们认为所谓过渡型的体制因素定型化,形成一种相对稳定的体制,这个体制是最有利于利益最大化的混合型体制"。① 这也就是将现代化的国家转型固定在一个权钱勾连的利益圈套中而无以突破的"陷阱"。人们一般将拉美经济、社会与政治发展的停滞判定为跌进"中等收入陷阱",其实它应当是跌进了转型"陷阱"。因为拉美发展曾经很迅速的一些国家,都是因为形成了权钱勾结的利益集团,而让国家陷入了停滞与倒退的状态的——"从 20 世纪 30 年代开始,拉美国家逐步推行'进口替代'工业化战略,开启自主现代化进程,经济一度持续高速增长,出现了被世界赞誉的'发展奇迹'。70 年代中期地区多数国家人均达到 1000 美元,步入中等收入国家行列。但进入 80 年代以后,地区经济持续低迷,社会分化日趋严重,发展能力不断下降,政治社会动荡不安等问题交织互动,整体发展出现阶段性滞缓,时隔 40 余年仍徘徊在发展中国家行列。有人将这一现象称为'拉美陷阱'。"② 可见,在理论上讲,中等收入陷阱也好、转型陷阱也好,在实践的意义上讲,其实就是拉美陷阱。这正是比较现代化的研究给人们极大的启示:不兜住现代化诸要素相互促进的底,就会让国家倒退到前现代化的状态。现代化这种"逆水行舟,不进则退"的特点,无疑对中国寻求实现现代化目标,是一个很富教益的提醒。这也正是党的二十大报告强调"全面建设社会主义现代化国家,是一项伟大而艰巨的事业,前途光明,任重道远"的原因。这是"他者"的现代化经验与教训对中国寻求现代化的重要提点。

---

① 孙立平:《怎样面对"转型陷阱"》,《学习月刊》2012 年第 5 期。
② 陈湘源:《试析"拉美陷阱"的成因》,《当代世界》2011 年第 8 期。

中国现代化的"他者",并不会在中国基本实现现代化的情况下退场、隐身。这不仅是因为现代化进程还是一个正在展开的世界历史进程,因此现代化会长期成为人类社会变迁的基本主题。而且也是因为现代化的国家发展,总处在参差不齐的状态,进者有之,退者亦有之,如何抱着戒慎戒惧的心态努力推进现代化的进程,是任何国家都必须处理好的重大问题。吸收先进国家的经验,总结其发展教训,相应以"眼观六路,耳听八方"的审慎精神,面对所有被卷入滚滚现代化世界洪流的诸国优点与缺点,为国家开辟一条保证行进在现代化轨道上的长治久安道路。换言之,在侧的"他者",对中国现代化健康发展所具有的价值,是不言而喻的。

现代化与
法治中国建设

引　言

强世功

（北京大学社会科学部部长、
习近平法治思想研究中心执行主任）

各位老师，我们这一分论坛有12位发言人，既有成名的学者，也有年轻的学者。我们知道，党的二十大提出在法治轨道上推进国家治理现代化，就意味着法治问题是我们整个现代化的每一个领域都想管的。所以，我们讨论的议题就比较多，我们有从理论上，有从国家战略上，有讲中国经验的，也有西方的。既有法治战略布局，又讨论到了法学的知识体系的发展，所以内容非常丰富。我简单地给大家概括一下我们讨论的内容。

第一，提出中国式法治现代化的概念理论，涉及道路、体系和格局，要理解中国式法治现代化必须要有法治视野，和中国古代传统的法治相比有哪些新的东西？复兴古典最重要是把它推进21世纪的中国的法治。

第二，和西方两大法治相比，我们有我们自己的民族特征，但是又保留了西方法治的内容。

第三，和中华人民共和国成立以来所形成的法治传统相比，我们今天说的中国式现代化、中国式法治现代化更多是在习近平法治思想的指导下建构起来的。

如果我们从这个角度来看，在法治现代化里最重要的是确立了一个新的体系，那就是在党的十八届四中全会上，习近平总书记提出的"法治体系"概念，这个概念我现在还没有找到一个好的英文的对应，因为英文讲的是法律体系，但是，我们这个显然内容比它丰富得多，包括法律法规体系、党规党法体系，包括监督体系、保障体系、支撑体系，等等。内容很丰富，所以，学者认为，这是习近平法治思想在人类法治思想里边最具有独创性的内容，其中最重要的就是党规和国法连在一起。我们知道了从严治党和依法治国紧密结合在一起，这是习近平总书记思想最大的创造。

　　总的来讲，在这个基础上，最重要的是形成了一个大的格局，法治格局，这句话就不讲了，非常经典的话，就是党的二十大报告里面提的，如果每一个词，每一个字都能理解，都有新的思想内涵在里边。比如说，执政兴国和长治久安，但是没有关系到人民的幸福安康，这个词怎么来理解？我的理解很简单，是说讲的法治价值，西方一说法治就关系到自由、平等、基本价值，但是要中国说我们的法治建设关系到人的自由平等，老百姓就不能答应，或者不太明白，但是你说关系到我们人民的幸福安康，这就是我们中国能理解的。所以，在这里边是把一些我们中国的传统，中国话语体现了以人民为中心的这样一个法治的构造和创造。

　　在这一基础上有学者提出来说，中国式法治现代化的一些基本特征是什么？比如说，有效性、正当性、中国性、历史性、世界性，那是他把习近平法治思想和中国式法治现代化用新的视角重新来阐释。后面很多学者讲的一些具体内容，比如说，中国式的司法的现代化，司法和西方不一样在哪儿？我们的体制上是什么样的，我们在司法模式上、价值标准、动力创新上都和西方法治模式有一个根本的区别。与此同时，还涉及涉外法治观，我们要统筹两个法治，要协调两个治理，坚持国家本位，建构人类命运共同体。

　　我们讲中国式现代化，但是大家如果要注意一下，和欧洲的现代化模式，和苏联当年的现代化模式相比，核心的问题怎么处理？如何处理好城市和乡村的关系，我们中国走了一个独特的道路，这个道路我们用一个词概括就是"工农联盟"，如果我们注意一下这个词，你可以发现，世界上我们比较现代化国家的《宪法》里面，唯有中国的《宪法》把工农联盟放在我们《宪法》里面，苏联的没有，朝鲜的也没有，包括越南的也没有，那欧洲的就不用讲了。实际上，我们通过《宪法》的视角重

引　言

新梳理不同国家的现代化模式和发展的进展，当然，我们还讨论了很多前沿的制度个案，比如说，数字平台的治理、执行和国家信息能力等。

第四，我们怎么建构中国的自主知识体系，这是我们今天和我们中国式现代化连在一起的就是要有自主知识体系。在法学体系里边，这个是更为严重的，我相信其他学科会好一些。法学很简单，今天学者讲，我们没有自己的思想，甚至也没有自己的理论框架，所以就是囫囵吞枣，这方面的例子非常多，我们不讲了。但实际上我们形成的法学非常困难，困难在哪儿？我们的学科壁垒非常森严，从一个意义上讲，我们没有严格意义上的法学界，为什么？一到部门法理这儿我们根本不懂。原因在哪儿呢？举个例子来讲，我们许多的制度，民法、刑法的制度从大陆法系来的，可是我们的经济法、商法、公司法、证券法都是从英美来的，大家用的理论体系都不一样，留学的背景也不一样，宪法的制度是从欧洲来的，但我们今天的宪法理论基本是从英美来的，所以错位很多，以至于大家说法学，就算我们在一个机构里，但是说得是越来越听不懂，彼此说听不懂。单从民法来讲，民法有德国版本，有法国版本，有日本版本，还有意大利版本。所以，民法学者内部引用的资料最后没法对话。

所以，我们在想，是说要立足中国式现代化，我们推进中国的法治，在这个基础上可能需要慢慢形成我们自己的中国自主的知识体系。如果从这个角度讲，我谈一个很简单的想法，我希望在座的所有学者都共同来关心法治问题，为什么？如果你们只看党的二十大报告的时候你会说，法治不用管了，法学院留给我们学法的，如果你这样想的话，实际上我们又是中国古代的历史的观点了，不是法学的观点。

实际上习近平总书记最大的理论贡献，其实是一个大的法学的概念，里边大量是关于政治问题，说我们法学界的人为什么不讨论？我们法学界实际上对政治学，甚至人文、社会科学并不很了解，所以很难对法学做出一个很大的一个深入的研究。

在我看来，中国式法治现代化实际上有三个问题，从1840年以来，清末法治改革以来，我们一直在这个法治道路上探索是一个钟摆的道路，这个钟摆的道路，为什么重要，其他的思想我不了解，我认为，法治思想是革命性的贡献，这个革命性的贡献要纠正的不是改革开放以来我们和西方接轨，而是一直追溯到清末法治改革，我们说清末法治改革以来，我们中国古代是多元的立法体系，清末法治改革变成一个律法的体系，就是国家的法。习近平总书记讲法律多元，党规党法都纳入进来，当然很多了。最重要的是我们清末法治改革以来，一想到中国古代，中国没有法治，没有民主，没有民法，然后专制主义，法治的反义词就是德治和人治。我经常说，如果按照这个路子来建法治，法治道路越往前走，我们中国人越没有自信，为什么？古代没有，马上可以追溯到古希腊，追溯到美国。

简单来讲，我认为这三次会议非常重要，我认为，习近平总书记是一个伟大的立法者。总的来讲，要推动三个传统，融合起来建构我们中国的法治，所谓三个传统，我认为是一个五代的民法传统，1949年以后形成的政法传统，改革开放以来形成的一个当代西方的传统，我们要把这三个传统融为一体。怎么融为一体呢？在我看来，最重要的就是把古代的礼法传统和我们今天的政法传统有机统一在一起。所以，习近平法治思想的核心是政法概念，所以希望我们很多政治学的学者加入我们法学讨论里来，给我们法学长期的历史观点提供一些新的理论资源和视角。

如果这样看，大家就能够明白一个道理，我认为对古代礼法传统的一个创造性转化就是党章、党规，党法是我们现代的礼治，如果你理解了以后，你就知道中纪委所有的党章党规全是我们法学研究，法学研究不是对着公检法。你看这个中纪委所有的这些你就知道现代的礼治，我们用一句话来讲，法律是对我们普通公民最底线的道德要求，可是党的规矩、党的理想信念，所有一切是对我们一个先锋，对更高的一个要求，那不就像古代法律是对一个普通老百姓的要求。如果这样理解，就是一个现代的立法传统，中国的法治走的道路就是中国古代立法传统的一个现代的复兴，而不是走的西方的完全与市场经济等立法为中心的这个道路。如果我们把这个理解清楚，我们中国的法治、政治体制道路就非常好理解，我们跟西方的区别也就非常清楚了。

总的来讲，中国式的法治现代化是在习近平法治思想的指导下，习近平法治思想，我认为，它的最重要的特征就是在古代礼法的基础上来建构一个全新的现代的立法传统，我们把大陆英美法、古代法和现代法融为一体，推动中国传统法系的创造性转化。至少我们认为，我们在未来的相当一段时间，其实我们中国慢慢要提出自己的法治概念，我相信，随着我们法治建设和中国式现代化的推进，现代的中华法系，或者中国法系，或者说中国特色社会主义法治体系必然会越来越成熟、完善。

中国式法治现代化的主要特征和基本要求

李 林

(中国社会科学院学部委员、法学研究所研究员，
中国法学会学术委员会副主任)

党的二十大报告从"坚持中国共产党领导、发展全过程人民民主、创造人类文明新形态"等九个方面，明确界定了中国式现代化的本质特征。这一本质规定性，从根本上决定了中国式法治现代化的主要特征和基本要求。

一 把握中国式法治现代化的新特征

中国式法治现代化的新特征是一个比较而言的概念，主要体现在以下三个方面。

一是与中华传统法律文化和中华法系相比较，它凸显21世纪中华法治文明的时代性、创新性和现代化、国际化等特征，推动中华优秀法律文化的创造性转化、创新性发展，推进中华法系的批判性继承、现代性复兴，赋予传统中华法治文明新的时代内涵，努力使古老的中华法系焕发出新的生命力。其中，最关键的是坚持和凸显中华法治文明的现代化，不仅推动历史上中华优秀法律文化和中华法系精神血脉的现代化复兴，也推进当代中国法治的现代化发展。

二是与当代西方两大法系等域外法治文明相比较，它凸显新时代中国法治文明的包容性、混合性、民族性以及中国化、中国特色、中华文

化等特征，立足中国国情和实际，借鉴人类一切法治文明的有益成果，汲取西方两大法系的法治文明养分，推动中华法治文明向现代化大踏步迈进，求同存异地融入世界法治文明。其中，最关键的是体现中国式法治现代化的民族性和包容性。中国式法治现代化，是立足中国国情、符合中国实际，同时兼收并蓄、包容天下的现代化。它不仅扎根于中华沃土和华夏文化，坚守法治文明的"中华基因""中华血脉"和"中国底色"，而且以胸怀天下的开放包容态度，广泛吸纳一切人类法治文明有益成果。

三是与新中国革命、建设、改革开放不同时期的法治文明建设相比，它以习近平法治思想为引领，从国家现代化建设事业的战略和全局高度定位法治、布局法治、厉行法治，推动全面依法治国理论创新、制度创新、实践创新，构建内有法德统一、良法善治，外有兼收并蓄、独树一帜的法治现代化体系，开创法治中国建设新局面。其中，最关键的是彰显中国式法治文明的新形态。它以全新的科学理念、思想和方法对待法治文明，运用古今中外的政治智慧设计法治文明，立足治国理政实践创新法治文明，在党的领导下动用各种力量和资源推动中国式法治现代化全方位、高质量、跨越式发展。

二 走中国式法治现代化的新道路

中国式法治现代化新道路，就是中国特色社会主义法治道路，本质上是中国特色社会主义道路在法治领域的具体体现，是建设社会主义法治国家唯一正确的道路，彰显了中国式法治现代化的社会主义性质、中国特色和人类法治文明共同特征。这条法治道路是中国法治建设成就和经验的集中体现，是建设社会主义现代化法治强国的必由之路，其核心要义是坚持党的领导，坚持中国特色社会主义制度，贯彻中国特色社会主义法治理论。这三个方面相辅相成、有机统一，共同规定和确保了中国特色社会主义法治体系的制度属性和前进方向。

三　建设中国式法治现代化的新体系

中国式法治现代化新体系，就是中国特色社会主义法治体系，是中国式法治现代化理论、制度和实践的新创造。

建设中国式法治现代化新体系的重大理论意义在于，它把建设中国特色社会主义法治体系明确为推进全面依法治国的总目标、总抓手和国家治理体系现代化的骨干工程，是习近平法治思想最具原创性、时代性的重大理论创新，不仅在中国历史上是第一次，在世界范围内也具有独创性，对人类法治文明贡献了中国智慧。特别是，它坚持把国家法律和党内法规紧密结合起来，把依法治国和依规治党、制度治党有机统一起来，形成国家法律制度和党内法规制度相互促进、相互保障，依法治国和依规治党相辅相成、有机统一的全新法治范畴和法治格局。用法治体系规范、制约和监督权力，把所有权力都关进法治和制度编织的"笼子"里，防止执政党和国家权力的滥用和腐败，是中国式法治现代化新体系的一个重大创造。

四　形成中国式法治现代化的大格局

全面依法治国是新时代党领导人民治国理政的大手笔、大战略，主要从两个方面着力构建中国式法治现代化的大格局。

一方面，从党和国家事业全局角度来看，我们明确提出全面依法治国是国家治理的一场深刻革命，关系党执政兴国，关系人民幸福安康，关系党和国家长治久安，是实现第二个百年奋斗目标的必然要求和根本法治保障；明确提出在法治轨道上全面建设社会主义现代化国家，把法治建设与现代化国家建设、法治现代化与中国式现代化紧密结合起来，全面推进国家各方面工作法治化，用法治促进和保障中国式现代化；从"五位一体"总体布局上明确提出，要实现经济发展、政治清明、文化昌盛、社会公正、生态良好，必须更好发挥法治的引领和规范作用；从

"四个全面"战略布局上明确提出,没有全面依法治国,我们就治不好国、理不好政,把全面依法治国纳入"四个全面"战略布局予以有力推进。

另一方面,从法治中国建设角度来看,我们强调全面依法治国是一个系统工程,紧紧围绕推进全面依法治国的总目标,围绕保障和促进社会公平正义的总要求,坚持"三个共同推进""三个一体建设",全面推进科学立法、严格执法、公正司法、全民守法,制定"一规划两纲要",构建法治中国建设的四梁八柱,中国式法治现代化建设系统性、整体性、协同性不断增强,法治固根本、稳预期、利长远的保障作用进一步发挥,执政党运用法治方式领导和治理国家的能力显著增强,中国式法治现代化大格局正在形成。

五 把握中国式法治现代化的底线边界

推进中国式法治现代化,必须深刻认识和把握"四条底线边界"。

(一)中国式法治现代化不等于西方化,绝不搞西方"宪政""三权鼎立""司法独立"那一套,绝不能削弱和否定党的领导。

(二)中国式法治现代化不等于走回头路,绝不搞"文化大革命"和尚打伞无法无天、砸烂公检法、"一长代三长"那一套,绝不能削弱和否定我国宪法确立的人民代表大会制度和法律制度体系。

(三)中国式法治现代化不等于苏联化,既不能照搬照抄苏联、罗马尼亚等原苏东社会主义国家的法治和司法制度,也不能照搬照抄越南、朝鲜、古巴等现在其他社会主义国家的法治和司法制度。

(四)中国式法治现代化既不走封闭僵化的老路,也不走改旗易帜的邪路,而要走中国特色社会主义政治和法治发展道路,在党的集中统一领导下,按照党的二十大关于中国式现代化总体决策部署,守正创新、积极稳妥地推进法治现代化。

六　推动中国式法治现代化超越式发展

中国式法治现代化前无古人，要采取"超越式"发展战略，努力实现"五个超越"。

一是在政治上要超越以"宪政民主""三权鼎立"多党制等为特征的西方民主政治模式，坚持三者有机统一，坚定不移走中国特色社会主义民主政治和现代化法治发展道路。

二是在法治观念上要超越"言必称西方"的西方法治中心主义，坚持习近平法治思想为引领，牢固树立法治领域的"四个自信"。

三是在法学理论上超越曾经主导中国法学话语体系的"西方法学"理论，汲取中华法律优秀文化精华，借鉴世界法治文明有益成果，走中国特色法学发展之路，加快构建中国自主法治知识体系。

四是在法治建构上要超越法治形式主义和法治工具主义，坚持政治和法治相一致，形式法治与实质法治相统一，法治价值与法治实践相结合，数字法治与实体法治相融合，全面推进中国式法治现代化。

五是在法治功能上既要超越法治万能主义，坚持依法治国与以德治国相结合，坚持依规治党与依法治国相结合；也要超越法治虚无主义，坚持全面依法治国，坚持宪法法律至上，实现中国式法治现代化的良法善治。

以"六个必须坚持"推进法治中国建设

周佑勇

[中央党校(国家行政学院)研究生院院长、教授]

党的二十大报告首次把习近平新时代中国特色社会主义思想的世界观、方法论和贯穿其中的立场、观点、方法系统概括为"六个必须坚持",即必须坚持人民至上、坚持自信自立、坚持守正创新、坚持问题导向、坚持系统观念、坚持胸怀天下。这"六个必须坚持"是习近平新时代中国特色社会主义思想的精髓和灵魂,也是鲜明地体现在法治领域、贯穿于习近平法治思想的立场、观点、方法,为深入推进法治中国建设提供了世界观和方法论指引。我们必须准确把握这"六个必须坚持"的立场、观点、方法,并将其贯彻落实到全面依法治国伟大实践中,奋力推进法治中国建设不断开创新局面。

一 坚持人民至上,始终站稳社会主义法治的人民立场

人民性是马克思主义的本质属性,人民立场是马克思主义政党的根本政治立场,也是马克思主义政党区别于其他政党的显著标志,集中体现了马克思主义唯物史观。习近平法治思想始终秉持"坚持人民至上"这一根本立场,明确提出依法治国是党领导人民治理国家的基本方式,必须坚持人民主体地位、坚持以人民为中心,深刻论述"全面依法治国最广泛、最深厚的基础是人民,必须坚持为了人民、依靠人民","推进

全面依法治国，根本目的是依法保障人民权益"，[①] 鲜明回答了法治中国建设为了谁、依靠谁的根本问题，为新时代全面依法治国明确了性质、指明了方向。深入推进法治中国建设，必须始终站稳人民立场，把体现人民利益、反映人民愿望、维护人民权益、增进人民福祉落实到全面依法治国各领域全过程，切实发挥人民的主体地位，更好满足人民群众需求、保护人民利益，不断增强人民群众的获得感、幸福感、安全感。要牢牢把握社会主义法治的人民属性，不断完善中国特色社会主义法律体系，以良法促进发展、保障善治，全面实现为人民所需要的良法善治。要紧紧围绕保障和促进社会公平正义，深入推进科学立法、严格执法、公正司法，全方位加强人权法治保障，不断健全社会公平正义法治保障制度，努力让人民群众在每一项法律制度、每一个执法决定、每一宗司法案件中都感受到公平正义。

二 坚持自信自立，坚定不移走中国特色社会主义法治道路

坚持自信自立是中国共产党独有的精神气质，也是习近平法治思想的坚定信念。新时代十年来，在习近平法治思想引领下我国社会主义法治建设取得历史性成就、发生历史性变革，法治中国建设开创新局面，为中国式现代化注入强大法治力量。中国法治建设实践之所以取得这样的巨大成就，究其秘诀，就在于党领导人民始终坚持自信自立，坚定不移走出了一条立足中国国情、扎根中国文化、遵循法治规律的中国特色社会主义法治道路。深入推进法治中国建设，必须坚定信念、保持定力，在党的领导下坚定不移走中国特色社会主义法治道路。要始终坚持从中国实际出发，突出中国特色、中国文化、中国问题，既不罔顾国情、超越阶段，也不因循守旧、墨守成规。要传承中华优秀传统法律文化，从我国革命、建设、改革的实践中探索适合自己的法治道路，同时借鉴国

---

① 习近平：《论坚持全面依法治国》，中央文献出版社2020年版，第2页。

外法治有益成果，坚持以我为主、为我所用，认真鉴别、合理吸收，决不照搬别国模式和做法，决不走西方所谓"宪政""三权鼎立""司法独立"的路子。实践证明，我国政治制度和法治体系是最适合我国国情和实际的制度，具有显著的优越性。在这个问题上，我们要有底气、有自信，努力以中国智慧、中国实践为世界法治文明建设做出贡献。

三　坚持守正创新，加快建设中国特色社会主义法治体系

坚持守正创新，是习近平法治思想鲜明的理论品格。党的十八大以来，以习近平同志为核心的党中央提出全面推进依法治国的总目标是建设中国特色社会主义法治体系、建设社会主义法治国家，既明确了全面推进依法治国的性质和方向，又突出了全面推进依法治国的工作重点和总抓手，具有纲举目张的重大意义。守正，即意味着要始终坚持以习近平法治思想为指导，牢牢把握中国特色社会主义这个根本定性，毫不动摇地坚持党的全面领导，坚持中国特色社会主义制度，确保中国特色社会主义法治体系的制度属性和前进方向。创新，即意味着必须紧紧抓住建设中国特色社会主义法治体系这个总抓手，紧跟时代步伐，顺应实践发展，推动法治体系建设与时俱进、创新发展，加快形成完备的法律规范体系、高效的法治实施体系、严密的法治监督体系、有力的法治保障体系，形成完善的党内法规体系。尤其是要处理好法治和改革的关系，在法治的轨道上推进改革，通过改革完善法治。要挖掘和传承中华法律文化精华，推动中华法系的优秀思想和理念实现创造性转化、创新性发展，使中华法制文明焕发出新的生命力。

四　坚持问题导向，持续深化立法、执法、司法、守法等重点领域改革

始终面向实践、坚持问题导向，是习近平法治思想鲜明的实践品格。

在新时代新征程,全面依法治国所面临问题的复杂程度、解决问题的艰巨程度明显加大,必须紧紧扎根中国法治实践,增强问题意识,结合中国实际解决中国问题,而不能一味移植西方所谓"成功"的法治经验。尤其是要聚焦法治领域人民群众反映强烈的突出问题,持续深化立法、执法、司法、守法等重点领域的改革,不断提出真正解决问题的法治新思路新办法,积极回应人民群众法治新要求新期待。要重点围绕人民最关心、最直接、最现实的切身利益问题,着力加强重点领域、新兴领域、涉外领域立法,健全国家治理急需的、满足人民日益增长的美好生活需要必备的法律制度。要紧紧盯住执法司法中存在的深层次问题,扎实推进依法行政,严格公正司法,不断深化行政执法体制改革、深化司法体制综合配套改革,健全执法权、监察权、司法权运行机制,加快构建系统完备、规范高效的执法司法制约监督体系,确保执法司法各环节、全过程在有效制约监督下进行。要夯实法治之基,着力加快建设法治社会,弘扬社会主义法治精神,深入开展法治宣传教育,增强全民法治观念,发挥领导干部示范带头作用,努力使尊法学法守法用法在全社会蔚然成风。

五 坚持系统观念,全面推进 国家各项工作法治化

系统观念是具有基础性的思想和工作方法,也是习近平法治思想的根本方法论。习近平总书记多次强调:"全面依法治国是一个系统工程,要整体谋划,更加注重系统性、整体性、协同性。"[1] "建设中国特色社会主义法治体系,要顺应事业发展需要,坚持系统观念,全面加以推进。"[2] 党的二十大报告首次提出"在法治轨道上全面建设社会主义现代化国家""全面推进国家各方面工作法治化"[3] 等重大论断,都蕴含着系

---

[1] 习近平:《论坚持全面依法治国》,中央文献出版社2020年版,第4页。
[2] 《习近平谈治国理政》(第4卷),外文出版社2022年版,第301页。
[3] 习近平:《高举中国特色社会主义伟大旗帜 为全面建设社会主义现代化国家而团结奋斗——在中国共产党第二十次全国代表大会上的报告》(2022年10月16日),人民出版社2022年版,第40页。

统性、整体性的科学思维方法。推进法治中国建设，必须坚持好运用好系统观念，不断加强理论思维能力。要善于从党和国家事业发展全局的战略高度，紧扣全面建设社会主义现代化国家的总体部署，统筹推进中国式现代化各领域各方面法治建设。要善于从系统整体的观念上综合考虑法治建设各个部分相互之间的普遍联系，围绕建设中国特色社会主义法治体系这个总抓手做好法治中国建设的整体谋划，围绕"坚持依法治国、依法执政、依法行政共同推进，法治国家、法治政府、法治社会一体建设"这个工作布局加强统筹部署、协同推进。要善于运用辩证统一规律，坚持两点论和重点论相统一，在法治系统中突出全面推进科学立法、严格执法、公正司法、全民守法这个重点任务，在"共同推进、一体建设"中抓好依法执政和依法行政这两个关键，率先突破法治政府建设这个主体工程。

六　坚持胸怀天下，统筹推进国内法治和涉外法治

当前，世界之变、时代之变、历史之变正以前所未有的方式展开，人类社会面临前所未有的挑战，世界又一次站在历史的十字路口。时代变局之下，历史大变革的关口，习近平总书记以大国领袖的世界胸怀和宏大的全球视野，深刻把握人类社会历史经验和发展规律，创造性提出立足国内国际两个大局、统筹推进国内法治和涉外法治的重大战略部署，为维护国际法治秩序、推动全球治理体系变革提供了中国方案，贡献了中国智慧。深入推进法治中国建设，必须进一步加快涉外法治工作战略布局，有机衔接好国内国际两类规则，推动我国法域外适用的法律体系建设。要综合利用立法、执法、司法等手段开展斗争，有效应对挑战、防范风险、反制打压，坚决维护国家主权、安全、发展利益，为全面建设社会主义现代化国家营造良好的外部法治环境。要积极深化法治文明交流互鉴，大力弘扬全人类共同价值，既要注重推动中华法系更好走向世界，增强中华法制文明传播力影响力，又要以海纳百川的宽阔胸襟借

鉴吸收人类一切优秀法治文明成果，不断丰富和发展人类文明新形态。

总之，在新时代法治中国建设的伟大实践中，我们必须坚持以习近平法治思想为指引，把马克思主义法治理论同中国具体实际相结合、同中华优秀传统法律文化相结合，用"六个必须坚持"的立场观点方法观察时代、把握时代、引领时代，不断谱写马克思主义法治理论中国化时代化新篇章。

致力于构建中国特色法学学术体系[*]

王 轶

(中国人民大学副校长、教授)

哲学社会科学是人们认识世界、改造世界的重要工具，是推动历史发展和社会进步的重要力量。[①] 党的二十大报告指出，加快构建中国特色哲学社会科学学科体系、学术体系、话语体系。新时代新征程，这就是中国哲学社会科学界的时代使命。对于中国法学界而言，目前的一项重要任务就是坚持以习近平法治思想为指导，自信自强、守正创新、踔厉奋发、勇毅前行，致力于构建对中国法治实践具有充分解释力、回应力和想象力的法学学术体系，为建构中国自主的法学知识体系奠定基础、创造条件。

党的二十大报告指出，开辟马克思主义主义中国化时代化新境界，坚持和发展马克思主义，必须同中国具体实际相结合，必须同中华优秀传统文化相结合，必须坚持人民至上、自信自立、守正创新、问题导向、系统观念、胸怀天下。问题是时代的声音，是创新的起点，也是创新的动力源，回答并指导解决问题是理论的根本任务。坚持问题导向是马克思主义的鲜明特点，只有聆听时代的声音，回应时代的呼唤，认真研究解决重大而紧迫的问题，才能真正把握住历史脉络、找到发展规律，推动理论创新。贯彻落实党的二十大精神，致力于构建中国特色法学学术体系，必须坚持问题导向，这就需要确定元法学问题，并从元法学问题出发。元法学问题主要包括两类：一类是思想资源问题，即塑造法学者

---

[*] 本文已发表于《教学与研究》2022年第11期，收入本书时略有删改。

[①] 习近平：《在哲学社会科学工作座谈会上的讲话》，人民出版社2016年版，第2页。

取向、前见、偏好的思想资源是什么的问题；一类是分析框架问题，即如何对法学问题进行类型区分、完成体系构建、确定论证方法、提出有效论据的问题。从元法学问题出发，就是从最低限度的法学学术共识出发。只有从元法学问题出发，不忘本来、吸收外来、面向未来，才能圆满完成构建中国特色法学学术体系的使命。

一　思想资源问题

党的二十大报告指出，马克思主义是我们立党立国、兴党兴国的根本指导思想。坚持以马克思主义为指导，是当代中国哲学社会科学区别于其他哲学社会科学的根本标志，[1] 也是当代中国法学区别于其他法学的根本标志。习近平新时代中国特色社会主义思想是当代中国马克思主义，是二十一世纪马克思主义，是中华文化和中国精神的时代精华，是党和人民实践经验和集体智慧的结晶，是新时代坚持和发展中国特色社会主义的行动指南。[2] 党的十八大以来，以习近平同志为核心的党中央从坚持和发展中国特色社会主义的全局和战略高度定位法治、布局法治、厉行法治，将全面依法治国纳入"四个全面"战略布局，放在党和国家事业发展全局中来谋划、来推进，领导和推动我国社会主义法治建设取得历史性成就、发生历史性变革，[3] 在领导推进新时代全面依法治国的伟大实践中创造性提出一系列新理念新思想新战略，形成习近平法治思想。习近平法治思想是习近平新时代中国特色社会主义思想的重要组成部分，是马克思主义法治理论中国化的最新成果，是中国特色社会主义法治理论的重大创新发展，是新时代全面依法治国的根本遵循和行动指南。新征程上，推进法治建设要以习近平法治思想为指导，认真贯彻党的二十大精神，加强谋划和设计，书写法治中国建设新篇章。[4] 塑造我

---

[1]　习近平：《在哲学社会科学工作座谈会上的讲话》，人民出版社2016年版，第8页。
[2]　《党的二十大报告辅导读本》，人民出版社2022年版，第206页。
[3]　《党的二十大报告学习辅导百问》，党建读物出版社、学习出版社2022年版，第115页。
[4]　《党的二十大报告辅导读本》，人民出版社2022年版，第387页。

国法学者取向、前见、偏好的思想资源就是习近平法治思想,致力于构建中国特色法学学术体系,必须旗帜鲜明坚持以习近平法治思想为指导。

"十一个坚持"是习近平法治思想的核心要义,包括坚持党对全面依法治国的领导;坚持以人民为中心;坚持中国特色社会主义法治道路;坚持依宪治国、依宪执政;坚持在法治轨道上推进国家治理体系和治理能力现代化;坚持建设中国特色社会主义法治体系;坚持依法治国、依法执政、依法行政共同推进,法治国家、法治政府、法治社会一体建设;坚持全面推进科学立法、严格执法、公正司法、全民守法;坚持统筹推进国内法治和涉外法治;坚持建设德才兼备的高素质法治工作队伍,坚持抓住领导干部这个"关键少数"。[①] 习近平法治思想的核心要义包含着新时代全面依法治国的世界观和方法论,既深刻回答了新时代全面依法治国怎么看的问题,又深刻回答了新时代全面依法治国怎么办的问题。坚持以习近平法治思想为指导,不仅需要准确理解"十一个坚持"的丰富思想内涵,还需要妥当把握"十一个坚持"的内在逻辑关联。其中,新时代为什么全面依法治国,回答的是"怎么看"的问题;新时代怎样全面依法治国,回答的是"怎么办"的问题。

新时代为什么全面依法治国?对这一问题的回答既关注全面依法治国的总目标问题,又回应为什么要实现这样的总目标的问题。简而言之,既关注"是什么"的问题,又回应"为什么"的问题。

党的二十大报告指出,我们要坚持走中国特色社会主义法治道路,建设中国特色社会主义法治体系,建设社会主义法治国家。这就是全面依法治国的总目标,是对"十一个坚持"中第六个坚持的重申和强调,既明确了全面推进依法治国的性质和方向,又突出了全面推进依法治国的工作重点和总抓手,对全面推进依法治国具有纲举目张的意义,[②] 全面依法治国各项工作都要围绕这个总目标扎实推进。推进全面依法治国涉及很多方面,在实际工作中必须有一个总览全局、牵引各方的总抓手,中国特色社会主义法治体系就是推进全面依法治国的总抓手,要加快形

---

① 习近平:《论坚持全面依法治国》,中央文献出版社2020年版,第1—6页。
② 习近平:《论坚持全面依法治国》,中央文献出版社2020年版,第111—112页。

成完备的法律规范体系、高效的法治实施体系、严密的法治监督体系、有力的法治保障体系，形成完善的党内法规体系。①"立善法于天下，则天下治；立善法于一国，则一国治。"实现全面依法治国的总目标，要坚持立法先行，加强重点领域、新兴领域、涉外领域立法，以良法促进发展、保障善治。推进科学立法、民主立法、依法立法，统筹立改废释纂，增强立法系统性、整体性、协同性、时效性。完善和加强备案审查制度。要加快建设包括宪法实施和执法、司法、守法等方面的体制机制，坚持依法行政和公正司法，确保宪法法律全面有效实施。要加强党内监督、人大监督、民主监督、行政监督、司法监督、审计监督、社会监督、舆论监督，努力形成科学有效的权力运行和监督体系，增强监督合力和实效。要完善党内法规制定体制机制，注重党内法规同国家法律的衔接和协调，构建以党章为根本、若干配套党内法规为支撑的党内法规制度体系，提高党内法规执行力。②

党的二十大报告指出，全面依法治国是国家治理的一场深刻革命，关系党执政兴国，关系人民幸福安康，关系党和国家长治久安。必须更好发挥法治固根本、稳预期、利长远的保障作用，在法治轨道上全面建设社会主义现代化国家。这就是对为什么要实现全面依法治国总目标的回应，是对"十一个坚持"中第五个坚持的深化和发展，明确了全面依法治国的时代使命。习近平总书记指出，一个现代化国家必然是法治国家。在"四个全面"战略布局中，全面依法治国是服务保障全面建设社会主义现代化国家的一项战略举措；在全面建设社会主义现代化国家的战略部署中，加强法治建设是一项重点任务；在全面建成社会主义现代化强国的战略目标中，建成法治中国是一项重要内容。③坚持全面依法治国，建设中国特色社会主义法治体系，建设社会主义法治国家，是我们党坚持科学执政、民主执政、依法执政，深入推进新时代党的建设新的伟大工程的必然要求，是坚持以人民为中心的发展思想、保障和促进

---

① 习近平：《论坚持全面依法治国》，中央文献出版社2020年版，第4页。
② 《习近平谈治国理政》（第2卷），外文出版社2017年版，第119页。
③ 《党的二十大报告辅导读本》，人民出版社2022年版，第386页。

人民群众各项权利实现的迫切要求，是坚持和发展中国特色社会主义制度、推进国家治理体系和治理能力现代化、确保党和国家长治久安的根本要求，① 是深刻总结我国社会主义法治建设成功经验和深刻教训作出的重大抉择。历史是最好的老师。注重从历史考察分析中汲取治国理政智慧、牢记历史经验、牢记历史教训、牢记历史警示，是我们党的优良传统和政治优势。② 正反两方面经验表明，社会主义建设只有在法治轨道上推进才能行稳致远，什么时候厉行法治，社会主义建设就能顺利发展，什么时候法治不彰，社会主义建设就会停滞不前。经验和教训使我们党深刻认识到，法治兴则国家兴，法治衰则国家乱。什么时候重视法治、法治昌明，什么时候就国泰民安；什么时候忽视法治、法治松弛，什么时候就国乱民怨。③

新时代怎样全面依法治国？首先需要回答领导力量问题。"十一个坚持"的第一个坚持旗帜鲜明，坚持党对全面依法治国的领导，这是推进全面依法治国的根本保证。领导力量问题的核心是党和法的关系。党和法的关系是一个根本问题，处理得好，则法治兴、党兴、国家兴；处理得不好，则法治衰、党衰、国家衰。党和法的关系是政治和法治关系的集中反映。法治当中有政治，没有脱离政治的法治。每一种法治形态背后都有一套政治理论，每一种法治模式当中都有一种政治逻辑，每一条法治道路底下都有一种政治立场。④ 习近平总书记指出，党的领导是我国社会主义法治之魂，是我国法治同西方资本主义国家法治最大的区别。坚持党的领导，是宪法的要求，宪法规定了党总揽全局、协调各方的领导地位，《中华人民共和国宪法》第一条第二款明确规定："中国共产党领导是中国特色社会主义最本质的特征。"坚持党的领导，是对实践经

---

① 《党的二十大报告学习辅导百问》，党建读物出版社、学习出版社2022年版，第116页。
② 张文显：《习近平法治思想的实践逻辑、理论逻辑和历史逻辑》，《中国社会科学》2021年第3期。
③ 中共中央文献研究室编：《习近平关于全面依法治国论述摘编》，中央文献出版社2015年版，第8页。
④ 中共中央文献研究室编：《习近平关于全面依法治国论述摘编》，中央文献出版社2015年版，第34页。

验的总结，依法治国是我们党提出来的，把依法治国上升为党领导人民治理国家的基本方略也是我们党提出来的，而且党一直带领人民在实践中推进依法治国。① 把党的领导贯彻到依法治国全过程和各方面，是我国社会主义法治建设的一条基本经验，离开了党的领导，全面依法治国就难以有效推进，中国特色社会主义法治体系、社会主义法治国家就建不起来。坚持党的领导，是社会主义法治的根本要求，是党和国家的根本所在、命脉所在，是全国各族人民的利益所系、幸福所系，是全面推进依法治国的题中应有之义。② 坚持党的领导，是加强和改善党的领导的需要，推进党的领导制度化、法治化，既是加强党的领导的应有之义，也是法治建设的重要任务。③ 全面依法治国决不是要削弱党的领导，而是要加强和改善党的领导，健全党领导全面依法治国的制度和工作机制，推进党的领导制度化、法治化，通过法治保障党的路线方针政策有效实施。要善于使党的主张通过法定程序成为国家意志，善于使党组织推荐的人选通过法定程序成为国家政权机关的领导人员，善于通过国家政权机关实施党对国家和社会的领导，善于运用民主集中制原则维护党和国家权威、维护全党全国团结统一。④ 新征程上，要始终坚持党对法治建设的领导，特别是要加强党中央对全面依法治国的集中统一领导，健全党领导法治建设的体制机制，切实做到法治建设方向由党指引，法治建设基本原则由党确定，法治建设决策部署由党作出，法治工作推进由党统领。⑤

新时代怎样全面依法治国？需要回答根本立场问题。"十一个坚持"的第二个坚持明确宣示，坚持以人民为中心，这是中国特色社会主义的本质要求。推进全面依法治国，根本目的是依法保障人民权益，必须牢牢把握社会公平正义这一法治价值追求，努力让人民群众在每一项法律制度、每一个执法决定、每一宗司法案件中都感受到公平正义，满足人

---

① 习近平：《论坚持党对一切工作的领导》，中央文献出版社2019年版，第78页。
② 习近平：《论坚持党对一切工作的领导》，中央文献出版社2019年版，第76—77页。
③ 习近平：《论坚持党对一切工作的领导》，中央文献出版社2019年版，第267页。
④ 习近平：《论坚持党对一切工作的领导》，中央文献出版社2019年版，第66—67页。
⑤ 《党的二十大报告辅导读本》，人民出版社2022年版，第387页。

民对美好生活的向往，以法治力量更好保障人民群众的获得感、幸福感、安全感，更好保障人民安居乐业。全面依法治国最广泛、最深厚的基础是人民，必须紧紧依靠人民。要把体现人民利益、反映人民意愿、维护人民权益、增进人民福祉落实到全面依法治国各领域全过程，保证人民在党的领导下通过各种途径和形式管理国家事务、管理经济文化事业、管理社会事务，保证人民依法享有广泛的权利和自由、承担应尽的义务。

新时代怎样全面依法治国？需要回答方向道路问题。"十一个坚持"的第三个坚持明确，坚持中国特色社会主义法治道路，这是建设社会主义法治国家的唯一正确道路。全面推进依法治国，必须走对路。如果路走错了，南辕北辙了，那再提什么要求和举措也都没有意义了。[①] 坚持党对法治建设的领导，最重要的是坚持走中国特色社会主义法治道路。中国特色社会主义法治道路本质上是中国特色社会主义道路在法治领域的具体体现，党的领导、中国特色社会主义制度、中国特色社会主义法治理论这三个方面实质上是中国特色社会主义法治道路的核心要义，规定和确保了中国特色社会主义法治体系的制度属性和前进方向。其中党的领导是中国特色社会主义最本质的特征，是社会主义法治最根本的保证。中国特色社会主义制度是中国特色社会主义法治体系的根本制度基础，是全面推进依法治国的根本制度保障。中国特色社会主义法治理论是中国特色社会主义法治体系的理论指导和学理支撑。新征程上，对于坚持走中国特色社会主义法治道路这个根本问题，我们必须旗帜鲜明，坚定自信，决不能照搬照抄别国模式和做法。[②] 坚持中国特色社会主义法治道路，既要立足当前，运用法治思维和法治方式解决经济社会发展面临的深层次问题；又要着眼长远，筑法治之基、行法治之力、积法治之势，促进各方面制度更加成熟更加定型，为党和国家事业发展提供长期的制度保障。要传承中华优秀传统法律文化，从我国革命、建设、改革的实践中探索适合自己的法治道路，同时借鉴国外法治有益成果，为

[①] 《习近平谈治国理政》（第2卷），外文出版社2017年版，第113页。
[②] 《党的二十大报告辅导读本》，人民出版社2022年版，第388页。

>> 现代化与法治中国建设

全面建设社会主义现代化国家、实现中华民族伟大复兴夯实法治基础。①

新时代怎样全面依法治国？需要回答首要任务问题。"十一个坚持"的第四个坚持明确，坚持依宪治国、依宪执政，这是建设社会主义法治国家的首要任务和基础性工作。坚持依法治国首先要坚持依宪治国，坚持依法执政首先要坚持依宪执政。②宪法是国家的根本法，是全面依法治国的根本依据，是治国安邦的总章程，具有最高的法律地位、法律权威、法律效力，具有根本性、全局性、稳定性、长期性。中国共产党领导中国人民百年奋斗重大成就和历史经验在国家法治上的最高体现就是宪法。我国宪法是我们党长期执政的根本法律依据，是党和人民意志的集中体现，是中国历史上第一部真正意义上的人民宪法，中国共产党领导是我国宪法最显著的特征。宪法的生命在于实施，宪法的权威也在于实施。新时代新征程，全面建设社会主义现代化国家，需要坚定宪法自信，增强宪法自觉，总结我国宪法实践经验，形成具有中国特色和时代特点的宪法性惯例、宪制性做法，更好发挥宪法在治国理政中的重要作用。这就要求坚持宪法确定的中国共产党领导地位不动摇，坚持宪法确定的人民民主专政的国体和人民代表大会制度的政体不动摇；完善以宪法为核心的中国特色社会主义法律体系，健全保证宪法全面实施的制度体系；加强宪法实施和监督，维护宪法权威；维护宪法和基本法确定的特别行政区宪制秩序，完善特别行政区同宪法和基本法实施相关的制度机制。③

新时代怎样全面依法治国？需要回答工作布局问题。"十一个坚持"的第七个坚持明确，坚持依法治国、依法执政、依法行政共同推进，法治国家、法治政府、法治社会一体建设。全面依法治国是一个系统工程，必须统筹兼顾、把握重点、整体谋划，更加注重系统性、整体性、协同性，在共同推进上着力，在一体建设上用劲。依法治国是我国宪法确定的治理国家的基本方略，而能不能做到依法治国，关键在于党能不能坚

---

① 习近平：《论坚持全面依法治国》，中央文献出版社2020年版，第3页。
② 习近平：《论坚持全面依法治国》，中央文献出版社2020年版，第3页。
③《党的二十大报告辅导读本》，人民出版社2022年版，第398—400页。

持依法执政，各级政府能不能依法行政。换言之，依法治国、依法执政、依法行政是一个有机整体，关键在于党要坚持依法执政、各级政府要坚持依法行政。新征程上，坚持以系统观念谋划推进法治建设，要坚持依法治国、依法执政、依法行政共同推进，进一步健全党依法执政的体制机制，全面提升各级政府依法行政的能力和水平。法治国家、法治政府、法治社会三者各有侧重、相辅相成，法治国家是法治建设的目标，法治政府是建设法治国家的主体，法治社会是构筑法治国家的基础。① 法治政府建设作为重点任务和主体工程，对法治国家、法治社会建设具有示范带动作用，法治政府建设应该率先取得突破。这就要求转变政府职能，优化政府职责体系和组织结构，推进机构、职能、权限、程序、责任法定化，提高行政效率和公信力。深化事业单位改革。深化行政执法体制改革，全面推进严格规范公正文明执法，加大关系群众切身利益的重点领域执法力度，完善行政执法程序，健全行政裁量权基准。强化行政执法监督机制和能力建设，严格落实行政执法责任制和责任追究制度。完善基层综合执法体制机制。② 推进法治社会建设，要坚持弘扬社会主义法治精神，传承中华优秀传统法律文化，引导全体人民做社会主义法治的忠实崇尚者、自觉遵守者、坚定捍卫者。建设覆盖城乡的现代公共法律服务体系，深入开展法治宣传教育。推进多层次多领域依法治理，提升社会治理法治化水平。发挥领导干部示范带头作用，努力使尊法学法守法在全社会蔚然成风。③

新时代怎样全面依法治国？需要回答重要环节问题。"十一个坚持"的第八个坚持明确，坚持全面推进科学立法、严格执法、公正司法、全民守法，这就明确了全面推进依法治国的重点任务。推进科学立法，关键是完善立法体制，抓住提高立法质量这个关键。④ 推进严格执法，要

---

① 《习近平谈治国理政》（第3卷），外文出版社2020年版，第285页。
② 《党的二十大报告学习辅导百问》，党建读物出版社、学习出版社2022年版，第153—161页。
③ 《党的二十大报告学习辅导百问》，党建读物出版社、学习出版社2022年版，第121—123页。
④ 《习近平谈治国理政》（第2卷），外文出版社2017年版，第120—121页。

现代化与法治中国建设

以建设法治政府为目标，重点是解决执法不规范、不严格、不透明、不文明以及不作为、乱作为等突出问题。①公正司法是维护社会公平正义的最后一道防线。推进公正司法，要深化司法体制综合配套改革，全面准确落实司法责任制，加快建设公正高效权威的社会主义司法制度。规范司法权力运行，健全公安机关、检察机关、审判机关、司法行政机关各司其职、相互配合、相互制约的体制机制。强化对司法活动的制约监督，促进司法公正。加强检察机关法律监督工作。完善公益诉讼制度。推进全民守法，必须着力增强全民法治观念。人民权益要靠法律保障，法律权威要靠人民维护，要充分调动人民群众投身依法治国实践的积极性和主动性，②使尊法学法守法成为全体人民共同追求和自觉行动。③

新时代怎样全面依法治国？需要回答迫切任务问题。"十一个坚持"的第九个坚持明确，坚持统筹推进国内法治与涉外法治。法治体系是国家治理体系的骨干工程，法治是国家软实力的核心内容。当前，世界百年未有之大变局加速演变，和平与发展仍然是时代主题，但国际环境不稳定性不确定性明显增加，新冠疫情大流行影响广泛深远。我国不断发展壮大，日益走近世界舞台中央。要加快涉外法治工作战略布局，协调推进国内治理和国际治理，更好维护国家主权、安全、发展利益。要加快形成系统完备的涉外法律法规体系，提升涉外执法司法效能。要引导企业、公民在"走出去"过程中更加自觉地遵守当地法律法规和风俗习惯，运用法治和规则维护自身合法权益。要注重培育一批国际一流的仲裁机构、律师事务所，把涉外法治保障和服务工作做得更有成效。我们要坚定维护以联合国为核心的国际体系，坚定维护以国际法为基础的国际秩序，坚定维护以联合国宪章宗旨和原则为基础的国际法基本原则和国际关系基本准则。对不公正不合理、不符合国际格局演变大势的国际规则、国际机制，要提出改革方案，推动全球治理变革，推动构建人类

---

① 《习近平谈治国理政》（第 2 卷），外文出版社 2017 年版，第 121 页。
② 《习近平谈治国理政》（第 2 卷），外文出版社 2017 年版，第 115 页。
③ 《习近平谈治国理政》（第 2 卷），外文出版社 2017 年版，第 122 页。

命运共同体。①

新时代怎样全面依法治国？需要回答基础性保障问题。"十一个坚持"的第十个坚持就此明确，坚持建设德才兼备的高素质法治工作队伍。全面推进依法治国，建设一支德才兼备的高素质法治队伍至关重要。我国专门的法治队伍主要包括在人大和政府从事立法工作的人员，在行政机关从事执法工作的人员，在司法机关从事司法工作的人员。全面推进依法治国，首先要把这几支队伍建设好。立法人员必须具有很高的思想政治素质，具备遵循规律、发扬民主、加强协调、凝聚共识的能力。执法人员必须忠于法律、捍卫法律，严格执法、敢于担当。司法人员必须信仰法律、坚守法治，端稳天平、握牢法槌，铁面无私、秉公司法。要按照政治过硬、业务过硬、责任过硬、纪律过硬、作风过硬的要求，教育和引导立法、执法、司法工作者牢固树立社会主义法治理念，恪守职业道德，做到忠于党、忠于国家、忠于人民、忠于法律。律师队伍是依法治国的一支重要力量，要大力加强律师队伍思想政治建设，把拥护中国共产党领导、拥护社会主义法治作为律师从业的基本要求。②

新时代怎样全面依法治国？需要回答关键问题。"十一个坚持"的最后一个坚持就此明确，坚持抓住领导干部这个"关键少数"。领导干部具体行使党的执政权和国家立法权、行政权、监察权、司法权，是全面依法治国的关键。必须抓住领导干部这个"关键少数"，首先解决好思想观念问题，引导各级干部深刻认识到，维护宪法法律权威就是维护党和人民共同意志的权威，捍卫宪法法律尊严就是捍卫党和人民共同意志的尊严，保证宪法法律实施就是保证党和人民共同意志的实现。各级领导干部要坚决贯彻落实党中央关于全面依法治国的重大决策部署，带头尊崇法治、敬畏法律，了解法律、掌握法律，不断提高运用法治思维和法治方式深化改革、推动发展、化解矛盾、维护稳定、应对风险的能力，做尊法学法守法用法的模范。对各级领导干部，不管什么人，不管涉及

---

① 习近平：《论坚持全面依法治国》，中央文献出版社2020年版，第5页。
② 《习近平谈治国理政》（第2卷），外文出版社2017年版，第123页。

谁,只要违反法律就要依法追究责任,绝不允许出现执法和司法的"空挡"。要把法治素养和依法履职情况纳入考核评价干部的重要内容,让尊法学法守法用法成为领导干部自觉行为和必备素质。①

"十一个坚持"以这样的内在逻辑构成了系统完备、逻辑严密、内在统一的科学思想体系,②提供了构建中国特色法学学术体系的思想资源。

二 分析框架问题

致力于构建中国特色法学学术体系,需要确定法学问题的分析框架,它建立在对法学问题妥当进行类型区分,合理实现体系建构的基础上。立足我国法学实践,根据讨论的结论是否需要落脚在法律规则的设计或适用上,法学问题可以被区分为法律问题和纯粹法学问题。讨论的结论需要落脚在法律规则设计或适用上的法律问题,又可以依据关注对象、讨论内容的差异,进一步区分为事实判断问题、价值判断问题、解释选择问题、立法技术问题、司法技术问题。讨论的结论无须落脚在法律规则设计或适用上的纯粹法学问题,也可以依据关注对象、讨论内容的差异,进一步区分为事实判断问题、价值判断问题、解释选择问题、表达技术问题。③

法律问题中的事实判断问题,关注的是生活世界中存在哪些类型的利益关系,以往对这些利益关系进行协调采用的策略是什么,采用这些协调策略希望实现的目标是什么,采用这些协调策略在多大程度上实现了目标,凡此种种,都属于事实判断问题的关注对象和讨论内容。事实判断问题的讨论结论,直接决定着是否需要依序启动价值判断问题、解释选择问题、立法技术问题和司法技术问题的讨论。例如经由社会实证分析方法的运用,通过细致全面的社会调查,认真梳理分析第一手的资

---

① 习近平:《论坚持全面依法治国》,中央文献出版社2020年版,第108—109页。
② 王轶:《论习近平法治思想核心要义的内在逻辑》,《地方立法研究》2021年第6期。
③ 王轶:《民法典编纂争议问题的类型区分》,《清华法学》2020年第3期。

料，确定现实社会生活中不存在特定类型的利益关系，就不需要考虑在法律中对该种类型的利益关系作出价值判断，更无须在价值判断的基础上进行解释选择，权衡立法技术，考量司法技术。只有经由社会实证分析方法的运用，发现存在特定类型的利益关系，才需要跟进思考如何去作出价值判断，进而在得出价值判断结论的基础上，进行解释选择，权衡立法技术，考量司法技术。就事实判断问题的讨论而言，其结论符合社会生活实际的，该结论为"真"；偏离社会生活实际的，该结论为"假"。换言之，事实判断问题的讨论结论，存在真假之分。

法律问题中的价值判断问题，关注的是哪些类型的利益关系适合用法律手段去进行协调；面对冲突的利益关系，让哪些类型的利益得以实现，又阻止哪些类型利益的实现；让哪些类型的利益优先实现，又让哪些类型的利益序后实现。换言之，法律问题中的价值判断问题，关注的是利益的取舍和利益实现的先后序位问题。在各类法律问题中，最值得我们关注的，除了事实判断问题，就是价值判断问题，然后才是解释选择问题、立法技术问题和司法技术问题。法律问题中的价值判断问题，首先不是一个真假的问题。对于价值判断问题的讨论，也应当用社会实证分析的方法去梳理和确定一下，针对具体的价值判断问题，社会的主流价值取向是什么，大多数人所分享的价值共识是什么。就我国而言，符合社会主义核心价值观，跟最广大人民群众所分享的价值共识相适应的价值判断结论，就是应当被接受的价值判断结论。

在成文法的法律传统之下，需要用有限的法律条文，来应对无限丰富的社会生活，为实现这一目标，必须用专业、抽象的法律术语来解释、表达、描述、想象社会生活中的各类现象。换言之，只有完成从生活世界向法律世界的转变，法律才能有效发挥其作用。法律问题中的解释选择问题关注的是生活世界中哪些生活现象需要进入法律世界，以及用法律世界中什么样的概念和术语来解释、表达、描述和想象这些生活世界中的生活现象。解释选择问题，没有真假之分，也没有对错之别。不同的解释选择结论，只有可接受程度高低的区别：哪种结论更吻合大多数人所分享的前见，该结论就是可接受程度较高的解释选择结论。但决不能据此得出结论,吻合少数人所分享的前见的结论,就是假的,或者是错误的解释选择结论。就解释选择问题的讨论而言,其核心和关键在于用社会实证分析的方法去梳理和确定,当下人们就某一解释选择问题广泛分享的前见究竟是什么,大多数人使用概念的偏好究竟是什么,吻合大多数人所分享前见的解释选择结论,就是更为可取的解释选择结论。由于解释选择结论,不存在真假和对错的问题,我们也必须以宽容的姿态来对待其他的解释选择结论。

法律问题中的立法技术问题关注的是,如何在一部法典或一部法律中妥善容纳诸多价值判断结论及其附属因素。法律问题中的立法技术问题,同样不是一个真假和对错的问题。就立法技术问题的讨论而言,妥当的立法技术,应当是最能够实现立法者所追求的立法目的,同时便于裁判者寻找法律依据的立法技术;应当是遵循了"立法美学",力求简明、便捷,避免法律规则重复、烦琐的立法技术。必须指出的是,立法技术本身并无真假、对错之分,但却存在何者更为可取之别,唯有结合立法者意欲实现的立法目的以及特定的法律传统,才能做出何种立法技术更具有适应性的判断,具有较高适应性的立法技术即属更为可取的立法技术。例如我国民法典编纂坚持以人民为中心的根本立场,重视人民生命健康和人格尊严,将人格权在民法典中单独成编,这是我国民法典体系顺应时代需求而进行的重大创新,在世界民事立法史上开创了民法典编排体例的新篇章。

法律问题中的司法技术问题是在进行法律适用的过程中所涉及的法律技术问题,关注的是如何将实定法中的价值判断结论,妥当运用到实际纠纷的处理中去。例如裁断民商事案件究竟是采用法律关系分析法,还是采用请求权基础分析法,这就是一个典型的司法技术问题。就同一个案件而言,无论是采用法律关系分析法还是请求权基础分析法,需要关注的事实和法律素材没有丝毫的差异,区别仅在于这些事实和法律素材的出场顺序。就此而言,究竟是采用法律关系分析法,还是采用请求权基础分析法,只不过是司法技术的差异而已。就司法技术问题而言,习惯了的,就是最合适的。法律关系分析法与请求权基础分析法并无对错之分，也不能脱离语境而探讨其优劣之别，而应当结合既有的司法传统进行分析，裁判者对哪种方法更加熟悉，哪种方法就是最适合的司法技术。

就法学问题而言，还有一些问题的讨论结论跟法律规则的设计和适用并无内在和直接的关联，这就是纯粹法学问题。纯粹法学问题的讨论结论，主要服务于法学知识的梳理和传播，并最终可以为法律规则调整社会生活的正当性提供间接的支撑。纯粹法学问题的讨论结论，和法律规则的设计或适用是一种负相关的关系。所谓"负相关的关系"，其实就是说，不能把纯粹法学问题的讨论结论立法化，而且法典编纂和法律制定没必要，也不应当回答纯粹法学问题的争论，而应该把它开放给学界讨论。

作为纯粹法学问题的事实判断问题，与作为法律问题的事实判断问题尽管都关注事件存否的确证与事实真相的辨明，尽管都需借助社会实证分析方法展开论证，但二者的关注对象以及讨论结论的功用都明显不同。作为法律问题的事实判断问题，关注的是现实生活中存在哪些类型冲突的利益关系，对这些冲突的利益关系采取的协调策略是什么，协调的绩效如何，讨论的结论直接事关法律规则的设计或适用。作为纯粹法学问题的事实判断问题，关注的是诸如比较法上是否存在某一项法律制度，究竟是哪位法学者表达了某一学术见解等，讨论的结论与法律规则的设计或适用无直接关联。但这并不意味作为纯粹法学问题的事实判断问题就没有意义。恰恰相反，清末以来西法东渐，积累形成的中国法律体系，建立在对域外法律制度进行吸收借鉴基础上的为数不少。对比较法的研究，有助于我们更为准确地把握域外的法律制度，更为深入地了解某项法律制度的制度背景和社会背景，有助于我们妥当判断是否需要在某一领域引入域外的法律制度，如果需要引入，如何结合中国的法治实际，结合中华优秀传统法律文化，以习近平法治思想为指导，对引入的制度进行适度的改变和调整。

作为纯粹法学问题的价值判断问题，与作为法律问题的价值判断问题，都关涉讨论者的价值取向与取舍偏好，但二者关注的对象与讨论的方法存在明显差别。作为法律问题的价值判断问题，关注的是何种类型的利益冲突适合用法律的手段进行协调；面对法律主体之间冲突的利益关系以及私人利益与公共利益之间的冲突关系，如何做出利益取舍或安排利益实现的先后顺序。作为纯粹法学问题的价值判断问题，关注的是诸如法学发展的学术路向、法学研究如何适应法学教学的需要、法学研究如何服务于法治国家的建设、如何更好地整合法学的研究力量等诸如此类的问题，讨论结论的可接受性取决于言说的主体、言说的频率与言说的技巧。言说的主体越权威、言说的次数越多、言说的技巧越高超，言说的结论就越能打动人，就越有机会成为言说对象思考问题潜意识的组成部分。纯粹法学问题中的价值判断问题，其价值判断结论的正当性某种意义上端赖于此。由于讨论者的价值取向不同，就纯粹法学问题中的价值判断问题进行的讨论，仁者见仁，智者见智，当属正常现象。何种有关纯粹法学问题价值判断问题的学说能够成为通说，讨论者的学术威望和言说技巧固然重要，持续不断地言说同一论题也必不可少。

  作为纯粹法学问题的解释选择问题，与作为法律问题的解释选择问题，尽管都需借助现代哲学解释学的思考成果展开讨论，但二者关注的对象、讨论的内容截然有别。作为法律问题的解释选择问题，是生活世界转化为法律世界过程中出现的问题，讨论者争论的焦点是如何面对生活世界运用法律范畴去进行解释、表达、描述和想象的法律建构问题。作为纯粹法学问题的解释选择问题，是面对法律世界进行理论梳理过程中出现的问题，讨论者争论的焦点是如何面对法律世界运用法学范畴去进行解释、表达、描述和想象的理论建构问题。

  纯粹法学问题中的表达技术问题，关注的是用何种方式去梳理相关的法学理论，从而形成对应的法学学术体系，以服务于法学理论的传播和掌握。不同的表达技术方案之间没有真假对错之分，能够实现"有理说得出"，"说了传得远"的方案，就是更为可取的方案。

  在所有类型法学问题的讨论中，社会实证分析方法都具有至关重要的意义和价值，这就印证了我们中国人的一句老话——"事实胜于雄辩"，这也是我们党实事求是思想路线在法学研究领域的具体落实和体现。如果我们对所有类型法学问题的思考，都能够始终坚持以习近平法治思想为指导，既能同中国具体法治实际相结合，又能同中华优秀传统法律文化相结合，还能有效借鉴域外有益法治经验，那么我们致力于构建中国特色法学学术体系，进而建构中国自主法学知识体系的任务，就一定能够早日顺利完成。

中国式司法现代化

黄文艺

(中国人民大学法学院院长、教授)

经过改革开放 40 余年法治实践探索,特别是新时代十年探索,当代中国已走出了中国式司法现代化新道路,正在构建人类司法文明新形态。中国式司法现代化与西方式司法现代化,既遵循一些普遍规律,有相同相通之处,又因文化传统、现实国情、政治制度等条件不同,存在许多实质区别和鲜明特色。下面,我从四个方面讨论中国式司法现代化的鲜明特色。

一 从领导力量来看,中国式司法现代化和西方式司法现代化最大的区别是坚持中国共产党的领导

正是在中国共产党的领导下,中国产生了一种既有统一领导又有依法独立行使职权、既有配合又有制约、既有公正又有效率的新司法体制。这是对西方司法法理和体制的突破和超越。西方式司法体制是建立在"三权鼎立"的基础上,以司法去政党化为突出特征的所谓的"司法独立"体制。这种体制当然有其优势,即司法机关与外部世界的隔离机制有利于排除司法的外部干预和压力。但也有其固有弊端,容易导致在诉讼问题上法院独大、司法问题上司法任性,甚至可能有法官独裁、司法专制的风险。

中国司法体制超越了西方司法体制,把党的统一领导的优势和司法

机关依法独立行使职权这两方面统一起来，确保既遵循司法审判不受任意干预的司法规律，同时又要防止司法独立可能存在的法官独裁、司法专制的风险。当然，要把这两个方面统一起来需要更多的制度设计，特别是解决好近年来讨论比较多的党如何领导司法工作的问题。党的十八大以来已经推出了不少具体的制度设计，如领导干部干预司法活动、插手具体案件处理的记录、通报和责任追究制度等，要完成这样一个目标。

二 从司法模式来看，中国式司法现代化同西方式司法现代化相比的鲜明特色在于坚持以人民为中心

以人民为中心的新司法模式，是对职业主义的司法法理和模式的突破。当代中国的司法实践，贯彻以人民为中心的法治思想，坚持司法为了人民、依靠人民、造福人民、保护人民，把体现人民利益、反映人民愿望、维护人民权益、增强人民福祉落实到司法全过程。中国式司法现代化正在多个维度拓展以人民为中心的司法实践操作空间。

一是从民治维度看，坚持在尊重司法专业化的前提下，创新并完善人民陪审员、人民监督员、人民调解员等制度，让人民广泛参与司法、监督司法。

二是从民权维度看，以保障人民权利为根本目的，从更广范围、更高标准、更强力度、更实效果依法保障实体权利和诉讼权利，让司法成为人民权利救济和保障的坚固防线。

三是从民生的维度看，以增强便利度、获得感为根本追求，尽可能地给当事人创造最大限度的各种诉讼便利条件，让人民成为司法现代化的最大受益者。比如，中国司法提出了比西方更高的司法便利标准，至少创造了两种司法便利模式。第一种模式是我们党在局部执政时期创造的以马锡五审判方式为代表的司法下乡模式，像"炕头上的法庭""马背上的法庭""车轮上的法庭"。第二种模式是以现代科技为支撑的线上诉讼模式，让当事人和律师少跑腿、不跑腿。

四是从民心的维度看，把深入民心、赢得民心确立为司法工作的努力方向，把人民满不满意作为衡量司法工作成效的根本评价标准。

三 从价值目标来看，中国式司法现代化是价值目标高远的司法现代化

中国式司法现代化不仅在同世界各国司法现代化共享的价值目标上，如司法公正、司法效率、司法廉洁，赋予了新内涵新意义，提出了比西方司法现代化更高标准、更严要求，还提出了一些特殊的价值目标，如诉源治理，从源头上防范和减少诉讼。

以司法公正为例，中国司法实践所追求的公正实际上已经超越了西方传统意义上的司法公正。一是更可见的正义。传统意义上的看得见的司法正义，主要体现为司法过程让当事人及律师现场参与、见证。中国司法机关在实现传统意义上的可见正义的同时，运用网络信息技术追求更可见的正义。这就是，将执法司法全过程以视频和网络全程留痕的形式记载下来，使正义在现场和在事后都看得见，让当事人、旁观者、监督者都看得见。二是更入心的正义。中国司法所输送的正义，不只是一般意义上的程序公正和实体公正，还应是让当事人可理解可接受的正义。这要求司法人员既要解开案件的"法结"，又要解开群众的"心结"。就是说，要把握人民群众最朴素的正义感，善于运用群众语言把内心确信的司法公正转化为当事人听得懂、辨得明的司法公正，达到案结事了的效果。三是更及时的正义。面对诉讼案件快速增长的态势，中国司法机关通过深化诉讼制度改革，加快构建立体化、多元化、精细化的诉讼程序体系，推进案件繁简分流、轻重分离、快慢分道，"让公平正义提速"。四是更有效的正义。这体现为生效的执法司法文书得到严格执行，胜诉当事人合法权益得到应有保护，违法犯罪人员受到应有惩罚。党的十八大以来，中国司法机关通过深化民事、刑事执行制度改革，解决"司法白条""纸面服刑""提钱出狱"等执行问题，确保司法公平正义不折不扣实现。

诉源治理，这是最具中国法律传统特色的目标状态，即从源头上防范和减少诉讼的发生。中国古典的"天下太平"政法理想，就包含了"天下无冤""天下无讼""天下无刑""天下无贼""天下无囚""天下无贪"等理想。改革开放40多年来，中国对待诉讼的态度发生了历史性变化，即从诉讼化到非诉化再到无诉化。

四 从创新动力上看，中国式司法现代化是现代科技驱动的司法现代化

近年来，中国式司法现代化的重要特征就在坚持把科技伟力转化为司法伟力，因而正在为世界开辟一种数字化、智能化的未来司法新图景。面对日新月异的移动互联网、大数据、人工智能、物联网、区块链等新科技，西方司法界对应用新科技有不同的声音，甚至还有抵触抵制心理。相比较而言，中国司法系统既有强大的创新热情，又有政府雄厚的财政投入，因而中国司法领域的现代科技应用在过去十年实现了超常规的异军突起，在互联网司法、数字检察等领域已处于全球领跑地位，已引发西方政府和智库的警惕和焦虑。

现代科技在司法领域的应用，将能破解千百年来制约司法理想实现的一系列难题困境，能化不知为可知、化不能为可能、化不行为可行，开辟出一种更为美好的未来司法图景。我经常举的一个例子是"命案必破"。过去，"命案必破"是一个很有争议的口号。这是因为，在科技落后的条件下，片面追求命案必破，容易出现刑讯逼供、屈打成招，最终可能导致冤案的发生。不过，"命案必破"又是中国自古以来的司法理想。我们经常讲，人命关天。出现了命案，就必须尽可能地破案，给死者及家属一个交代。现在，在现代科技伟力的强大支撑下，"命案必破"正在成为一个能够实现的理想。据公安部介绍，全国现行命案破案率达99%，中国长期处于全球命案发案率最低国家行列。

现代法治建构的中国方案

喻 中

(中国政法大学习近平法治思想研究院副院长、教授)

我发言的主题是现代法治建构的中国方案,谈这个主题,主要有两个方面的考虑:一方面,是想直接回应中国式现代化,因为,法治是中国式现代化的一个重要表征;另一方面,是想谈谈学习党的二十大报告的体会,因为在党的二十大报告中,已经蕴含了现代法治建构的中国方案。大致说来,这个方案应当包括以下五个方面的内容。

第一,党中央集中统一领导的法治领导体制。中国式现代化是中国共产党领导的社会主义现代化。作为中国式现代化的一个组成部分,中国式法治现代化当然也是中国共产党领导的法治现代化。这就是说,中国现代法治是在中国共产党领导下建构起来的。进一步看,如果把党领导法治的体制称为法治领导体制,那么,党中央集中统一领导就是这个法治领导体制的关键所在。从这个意义上说,党中央集中统一领导的法治领导体制,堪称中国现代法治建构方案中的一根主轴。

第二,人民至上的法治德行准则。人民至上的法治德性准则,既夯实了中国现代法治的伦理基础,同时也彰显了中国式法治现代化的中国特色,因而在现代法治建构的中国方案中占据了一个不可或缺的重要地位。从源头上说,人民至上的法治德行准则可以从传统中国的民本思想里找到深厚的根源。通过创造性转化、创新性发展,民本思想转变成了现在的人民至上。从实践层面来看,尊重人民在法治领域的创造,建构为人民服务的法治,都体现了人民至上的法治德性准则。奉行这种德性准则的法治,或许可以概括为"人民法治"。

第三，面向国家治理的法治功能定位。在中国式现代化进程中，中国现代法治的建构其实是中国现代国家建构的一个组成部分，中国现代法治也因此成为中国现代国家的一个重要标志。中国现代国家的建构是一个宏大的主题，既离不开现代法治，更需要完善国家治理，正是在这样的语境下，可以看到，国家治理能力与法治能力在相当程度上是重叠的，国家治理的事业与法治的事业在相当程度上是重叠的，国家治理体系与法治体系在相当程度上是重叠的。概而言之，法治与国家治理在相当程度上具有一体两面的关系，中国现代法治的建构标志着国家治理的一场深刻变革。从这个角度来看，现代法治建构的中国方案，必然选择面向国家治理的法治功能定位。

第四，传承中华优秀文化的法治历史意识。在现代法治建构的中国方案中，还包含着传承中华优秀传统法律文化的法治历史意识。这样的法治历史意识主要体现为：对中华优秀传统法律文化进行创造性转化、创新性发展并使之融入现代法治的历史意识。立足于古今之变，可以发现，中国现代法治虽然是在中国式现代化进程中兴起的，但是，现代化的中国法治并不能脱离中国的历史与传统。中国式法治现代化所蕴含的特色，在相当程度上，就是由中华优秀传统法律文化赋予的。如果没有中华优秀传统法律文化，中国的现代法治不可能形成自己的特色，现代法治建构的中国方案也就成了无源之水、无本之木。因而，传承中华优秀传统法律文化的法治历史意识，必然成为现代法治建构方案的一个重要选项。

第五，针对外来法治成果的法治吸纳机制。在一个开放的时代，在一个开放的世界建构中国的现代法治，必然要借鉴吸纳外来的有益法治成果。这是文明交流、文明互鉴的必然要求。要借鉴外来法治有益成果，就需要一个借鉴吸纳机制。这个机制应当有鉴别的功能，也要有吸纳的功能。

中国式现代化建设中的涉外法治观

郭 雳

(北京大学法学院院长、教授)

党的二十大报告指出,"全面依法治国是国家治理的一场深刻革命","必须更好发挥法治固根本、稳预期、利长远的保障作用,在法治轨道上全面建设社会主义现代化国家",要"完善以宪法为核心的中国特色社会主义法律体系","加强重点领域、新兴领域、涉外领域立法"。同时,法治在增强维护国家安全能力、积极参与全球治理体系改革和建设等方面均能够发挥重要的作用。上述要求深刻体现了习近平法治思想,而涉外法治领域是习近平法治思想的重要组成部分。

习近平总书记指出,"要坚持统筹推进国内法治和涉外法治。要加快涉外法治工作战略布局,协调推进国内治理和国际治理,更好维护国家主权、安全、发展利益。要强化法治思维,运用法治方式有效应对挑战、防范风险,综合利用立法、执法、司法等手段开展斗争,坚决维护国家主权、尊严和核心利益。要推动全球治理变革,推动构建人类命运共同体。"[①]

这些重要论述着眼于新时代涉外法律实践和全球治理中的时代命题,深刻地回答了为什么要实行涉外法治,怎样实行涉外法治等重要问题,是习近平法治思想中涉外法治观的集中体现。涉外法治观可以从价值观、方法论和战略观三个方面进行整体把握。

---

① 《坚定不移走中国特色社会主义法治道路 为全面建设社会主义现代化国家提供有力法治保障》,《人民日报》2020年11月18日第4版。

一 从价值观的角度看涉外法治观

一是树立国家利益本位的价值观。习近平总书记强调,开展涉外法治工作的目标是"更好维护国家主权、安全、发展利益""坚决维护国家主权、尊严和核心利益"。[①] 由此可知,国家利益本位是我国开展涉外法治工作的优位价值。在涉外法律实践中应该把国家利益本位的价值观置于一切工作的前端。从国际社会现实来看,当今世界还没有出现能够公平调解各国利益纷争的权威力量。在其他国家纷争逐利的时代,一国在涉外活动当中就应当把国家利益置于首位,自主维权。无论是中国近两百年的历史教训,还是近年来个别国家采取各种方式遏制中国发展利益的残酷现实,都充分表明我国在涉外活动中应坚决维护国家利益。

二是树立人类命运共同体的价值观。习近平总书记强调,在涉外法治建设中"要推动全球治理变革,推动构建人类命运共同体",[②] 这反映出人类命运共同体应当是中国涉外法治建设在国际层面的价值追求。人类命运共同体的价值观契合当前国际社会日益休戚与共的现实环境,对促进全球治理具有重要意义。当前,全球化浪潮不可避免地使世界上所有的国家地区都密切地联系在一起,现实主义国际关系理论关于"自足国家"的论断难以成立。[③] 这样的情况下,各国在维护本国利益的基础上实现共同利益最大化的追求就具有现实的合理性。此外,人类命运共同体理念是独具中国特色的前瞻性理论构想,其对话协商、共建共享、合作共赢、交流互鉴、绿色低碳的治理观,[④] 有助于提升涉外法治建设

[①] 《坚定不移走中国特色社会主义法治道路 为全面建设社会主义现代化国家提供有力法治保障》,《人民日报》2020年11月18日第4版。
[②] 《坚定不移走中国特色社会主义法治道路 为全面建设社会主义现代化国家提供有力法治保障》,《人民日报》2020年11月18日第4版。
[③] 参见张胜军《当代国际社会的法治基础》,《中国社会科学》2007年第2期。
[④] 参见习近平《共同构建人类命运共同体——在联合国日内瓦总部的演讲》,《人民日报》2017年1月20日第2版。

水平。

二　从方法论的角度看涉外法治观

涉外法治观的方法论是实行法治，具体来讲，包含以下三个方面。

一是中国应加快建设并完善涉外法律制度体系。习近平总书记在中央人大工作会议上指出："要加快完善中国特色社会主义法律体系，以良法促进发展、保障善治。"① 在国内，应当以国家利益本位和人类命运共同体的价值观、国际法基本准则、"科学立法、民主立法、依法立法"的立法原则指导涉外法律制度体系建设。在国外，一方面，应当推动利用各类国际机制，参与国际规则的构建，反映中国的利益诉求。② 另一方面，应当秉持人类命运共同体的价值观，与理念相近的国家积极开展国际合作，在网络安全、极地问题、气候变化等问题上共同发声，推动制定具有民主性、公平性的国际规则。

二是我国应着重打造高效涉外法律实施体系。徒法不能以自行，习近平总书记指出："如果有了法律而不实施、束之高阁，或者实施不力、做表面文章，那制定再多法律也无济于事。"③ 因此，涉外领域还需要建立健全高效的法治实施体系，实行严格执法、公正司法、全民守法，以收善治效果。

三是强化涉外卓越法治人才培养。这也是法学院校的主责主业。涉外法治水平的高低，与高素质涉外法治人才密切相关。各类国际组织特别是国际法院、国际仲裁机构等法律类国际机构中的中国员工数量还比较低，④ 不利于中国推进国际法治的努力。目前这一领域还存

---

① 《习近平在中央人大工作会议上发表重要讲话强调　坚持和完善人民代表大会制度　不断发展全过程人民民主》，《人民日报》2021年10月15日第1版。
② 参见张文显《习近平法治思想的理论体系》，《法制与社会发展》2021年第1期。
③ 习近平：《关于〈中共中央关于全面推进依法治国若干重大问题的决定〉的说明》，《人民日报》2014年10月29日第2版。
④ 参见黄进《完善法学学科体系，创新涉外法治人才培养机制》，《国际法研究》2020年第3期。

在一些不足，中国应该从补足院校教学培养体系短板、强化学生涉外法律实践能力以及协同克服体制机制障碍等方面着手，提高涉外卓越法治人才培养质量。① 需要强调的是，中国应该更加积极地鼓励推荐涉外卓越法治人才到国际组织工作，增强我国在国际组织当中的影响力。②

三　从战略观的角度看涉外法治观

战略观的中心词是统筹协调，习近平总书记在这方面也有非常精辟和深刻的论述。习近平总书记指出，"要坚持统筹推进国内法治和涉外法治""协调推进国内治理和国际治理"。③ 统筹两个"法治"、协调两个"治理"是习近平总书记站在全局视角，对国内国际形势作出的深刻判断。因此，统筹协调是习近平法治思想中涉外法治观的重要战略观。对此，我从系统论的角度来加以学习和理解。统筹协调的战略观之所以重要，是因为国内法治和涉外法治高度关联，相互影响。

其一，国内法治和涉外法治的核心内涵相贯通。"良法"和"善治"是法治的两大核心，实现国内法治和涉外法治均需要制定良法和实行善治。只不过，国内法治是站在国家的对内立场而言，涉外法治是站在国家的对外立场而言，两者相互依存。

其二，国内法治和涉外法治都服务于促进国家发展这一共同目标。目前我国正在积极打造以国内大循环为主体、国内国际双循环相互促进的新发展格局。国内法治和涉外法治分别对促进国内经济循环和国际经济循环大有裨益，共同作用于中国发展大局。

其三，国内法治和涉外法治的涵摄范围存在重叠。改革开放以来我

---

① 参见郭雳《创新涉外卓越法治人才培养模式》，《国家教育行政学院学报》2020年第12期。
② 参见黄文艺《习近平法治思想要义解析》，《法学论坛》2021年第1期。
③ 《坚定不移走中国特色社会主义法治道路　为全面建设社会主义现代化国家提供有力法治保障》，《人民日报》2020年11月18日第4版。

国深度融入全球体系，与国际社会的联络互动日趋紧密，因此有必要在内外规则的协调统一上下更大的功夫，避免规则的分割。在这一方面，相比国内法治，涉外法治所要做的工作可能更多，因此呼吁涉外法治领域应更加积极地补齐短板，突出发展。

工农联盟：中国式现代化的一个宪法基础

凌 斌

(北京大学法学院教授)

如何理解中国式现代化？强调"中国式"的前提，是放到全球现代化的历史进程中来理解中国的现代化。这里有两个问题：一是什么是现代化？二是什么是中国式？

一 要理解现代化，离不开现代性的概念

第一个问题，要区分现代性和现代化。

现代性的相对概念是古代性。现代性的诞生早于现代化，早于工业革命。比较公认的是，1500年以来，国际贸易的发展逐渐催生了不同于古代的现代观念。这个过程中的一个关键转折是形成了以基督新教世俗化观念为基础的现代性政治思想，最终凝结成了第一批宪法，这里称为"现代性宪法"。

现代性宪法的首要任务是要塑造一个未来的世界。因为最早的这些宪法都诞生在古代社会。耳熟能详的英国、美国、波兰和法国宪法，最早的这些宪法，都是在工业革命尚未开始，或者刚刚开始之际诞生的。这个时候，社会形态还没有发生根本性的变革。所以早期宪法不都是现代宪法。比如波兰宪法，就是一部古代宪法，主要是为了维护波兰封建制度。而现代宪法，以英国、美国、法国的宪法为代表，这些宪法的主要作用，是提出未来的宪法原则，所以称之为现代性宪法。现代性宪法

的首要任务，是设计一个蓝图，是构想一个新世界，核心是启蒙原则的宪法化。

随着19世纪中叶第一次工业革命的基本完成，诞生了第一个现代工业国家——英国。西欧国家直至亚非拉的国家或地区纷纷被卷入了现代性浪潮。人类世界由此被分为两个世界，一个是现代世界，一个是古代世界。也就是说，在物质上、生活上彻底区分开了。对应着两类国家。一类是先发的现代工业国家，一类是后发的古代农业国家，全球的现代化进程是从这个时候才开始的：先诞生了第一个工业国家，第一个现代国家，它是独一无二的，这就是现代英国。在英国完成工业革命之前，其他国家都还没有进入现代。也就是说，与现代性概念不同，现代化概念意味着所有后发的古代国家都要模仿第一个工业国家，向现代国家转变。现代化，是后发的古代国家的现代化。

中国开始现代化的时间点，正好是整个世界进入现代历史的时刻，也就是英国完成第一次工业革命之际。中国和世界的现代化进程基本上是同步的。鸦片战争是第一个现代工业国家和当时最为强大的古代农业国家的历史遭遇。清王朝在鸦片战争中的失败具有历史必然性。

后发国家和以英国为代表的先发国家之间，有一个本质的不同，即它们面对的是一个已然初步形成的现代世界。所有后发国家面临的是一个共同的根本性的任务：如何应对现代工业国家。

这意味着整个人类历史的划分。比如，殖民主义在工业革命之前和工业革命之后是两码事。前工业革命时代的叫殖民主义。工业革命开启之后，殖民主义开始演变为帝国主义。前工业革命时代，是海盗式的殖民主义，是小打小闹，它只能对付玛雅文化这样生产力极其落后的国家。但是，工业革命之后的殖民主义，逐步进入了帝国主义时代，能够打败像中国这样强大的国家。这个时候，所有后发国家面对的问题，也就是现代化本质上必须解决的问题，是能否和如何进入现代世界的问题，特别是以什么姿态、以什么地位进入现代世界的问题。这是这些国家宪法的首要使命。相应地，这类宪法，这里称为"现代化宪法"。

我们要理解现代化宪法，首要的问题是要理解现代化的失败教训。在理解现代化的时候有一个常见的误解，以为所有国家都可以成功开启乃至实现现代化，以为现代化是历史的必然进程。这是错误的。能够实现现代化的国家非常稀少。这是我们理解现代化、现代化宪法、中国式现代化非常重要的出发点。

套用托尔斯泰那句名言，反其道而用之，失败的国家都是相似的，成功的国家各有各的幸运。成功的现代化国家，现在用两只手能数得过来。简单说，就是G7，通常也称之为发达国家。其他国家很难称之为成功的现代化国家，在经济乃至政治上大都依附于少数发达国家。更重要的是，没有相对完整的工业体系，无法实现经济和社会发展的独立自主。一些国家可以在GDP、人均收入上成为发达国家，这样的国家还可以再增加十几个，但是都只能依附于G7建立的发达国家工业体系。通常意义上说的发达国家，其实可以分为两类，一类是有自己工业体系的国家，另一类是依附于他国工业体系的国家。这里讲的成功的现代化国家，不是通常意义上说的，而是特指具有自己工业体系的现代工业国家。

现在经济学家总结出来"中等收入陷阱"，其实和中等收入关系不大，而是与收入结构有关。核心的问题是现代化带来的普遍贫困。一方面，现代化带来的是商品的极大丰富；但另一方面，现代化带来的是人民的普遍贫困。现在讲基尼系数、共同富裕，都是在讲这个问题。大多数国家在启动工业革命之后都会落入这个贫富差距巨大的"中等收入陷阱"。

启动工业革命、开启现代化的通常结局是什么？作为一个历史进程来讲，一个国家在进入现代化之后首先面对的问题是贫困化，是城乡矛盾和工农矛盾。几乎所有国家在进入现代化过程中都跨不过这个坎儿。现代化是一个坎儿。这是我想着重指出的一个问题。现代化是一个坎儿，大多数国家跨不过去。能跨过现代化这道坎儿的国家屈指可数，用两只手数得过来。

· 269 ·

二 在找到中国式现代化道路之前，总结历史上现代化的成功经验，无外乎两条道路

一条是西欧道路。西欧道路，也可以是英国道路，怎么解决现代化进程中的城乡矛盾和工农矛盾的问题呢？从世界历史进程来讲，这是一个可以观察的现象。西欧道路的办法是矛盾外移，简单说就是殖民，通过对外扩张来解决这个问题。当时日本学的、走的就是这条路。所谓脱亚入欧，就是走对外殖民的道路。对外殖民的道路，就现代化而言是成功的。G7都走了这条道路。其中一些国家直接是英国道路的产物，是英国殖民地独立的结果。但是，除了这七个国家以外，再没有别的国家可以成功复制这条道路。

再往后的国家，包括其他欧洲国家，都走不了这条道路。先发的现代国家已经够多了，把这条路堵死了。这个时候，苏联探索了不同的道路，通过一国之内的现代化来解决问题。这就是现代化的第二条道路：苏联道路。

苏联取得了不容忽视的历史成就。现在苏联失败了，我们称为苏联，总是容易否定它。但是我们要知道，没有苏联成功的现代化，打不赢"二战"，整个人类的命运或许就彻底被改变了。当时英法被德国打得惨不忍睹，美国不敢参战，只有苏联在正面战场把德国击败了，才改变了战局。

苏联在1927—1937年，实现了工业化，这是非常了不起的历史成就。但是代价也非常大，有惨痛的历史教训。这条道路同样是难以复制的。根本的问题是，工农矛盾和城乡矛盾始终没有得到妥善解决。列宁时代采取的权宜之计，战时共产主义、国家资本主义之后，实行新经济政策。最典型的是合作社。实际上是希望实现工农互惠，通过经济互惠实现阶级联合。但到列宁去世前，他仍然非常担心。在著名的"列宁遗嘱"当中，他提出了自己的担心。他临死之前担心两件事儿，一件是工农分裂，一件是党内分裂，实际上工农分裂是党内分裂的根源。他提出

了一些设想中的解决办法,都没来得及实施。

列宁去世以后,苏联陷入了严重的党内斗争。当时有三条路线。第一条是托洛茨基主义,可以称为左翼反对派,要坚定实行工业专政,要剥削农民,实行社会主义原始积累,说白了,就是要苏联在国内走欧美在国外走的道路。这个道路激化矛盾,走不通。第二条是布哈林主义,所谓的右翼反对派。实际上是市场乌托邦主义,想延续合作制和新经济政策,以更为强有力的方式进行经济诱导,促使农民能够响应国家的工业化号召,实际上不可能实现,现在回头看是非常幼稚的。布哈林主义只是提出了"工农联盟"的这个口号,但完全没有在制度上和实践上实现。第三条是斯大林主义。斯大林击败左右反对派,采取的道路是农业集体化和重工业化,通过集体农庄和优先发展重工业,成功的同时也付出了非常惨痛的代价。

从列宁到托洛茨基、布哈林、斯大林,可以看到苏联党有一个非常强的党内焦虑,可以称为农民焦虑。左右为难,既需要农民,知道工业化离不开农民;又担心农民,觉得农民会拖后腿,农民是小资产阶级,农民代表不了现代化方向。因此要依靠官僚来对付农民,但是又担心依靠官僚以后被官僚俘虏。苏联始终处于农民焦虑,左右为难当中。原因何在?因为苏联党从诞生之初一直是城市党、工业党、精英党,对农民的态度,对农村的态度,是临时性、策略性、工具性的。所以,苏联道路的成功和失败都源于"三农"政策。它的出发点是工农对立,最后依靠官僚制、国家暴力机器来实现强制性的工农联合,或者说是强制性的工业对农业的汲取。最后的结果是工农彻底分裂了。苏联党越来越依赖官僚,最后官僚资产阶级复辟。苏联道路最终失败了,东欧道路也随之失败。

三 中国走了一条与西欧和东欧、英国和苏联都不同的道路

中国式的现代化,既不同于欧美式的现代化,也不同于苏东式的现

代化，是名副其实的"中国式"现代化。

中国式现代化与苏联式的现代化有一些相似的地方，实际上又有着根本性的不同。相似的地方是，都是农业大国，都没有彻底沦为西方国家的殖民地，因此有自主现代化的机会。并且都处在存亡的危急时刻，因此爆发了国内的工农革命，形成了一定程度的工农的政治基础。

但两者的差异非常显著。最直接的原因是近代中国的现实处境决定了中国既走不了西欧道路也走不了苏联道路。资产阶级弱小，工人阶级也弱小，整个工业就没有发展。而中国共产党的独特之处在于，最终走了一条建立农村革命根据地，农村包围城市的道路。中国共产党在革命进程中发展成一个基层党、农村党、农民党——与苏联党相比，中国共产党一方面始终坚持"工人阶级领导"，另一方面又以农民为主体，党内成员主要是农民，很长时间里的主要活动地区在农村。所以才能够有这样的组织基础，有这样的群众基础来形成真正巩固的工农联盟。

由此来看中国宪法。《宪法》表达和规定了中国式现代化的一个独一无二的政治基础。中国宪法从共同纲领到八二宪法，所有宪法的第一条，都讲"工人阶级领导"和"以工农联盟为基础"。研究其他所有国家的宪法，没有这样的讲法，只有中国是这样讲的。并且，七五宪法、七八宪法到八二宪法在序言里又重申了工农联盟的问题。工人阶级领导，在社会主义国家都讲。但只有中国在宪法第一条规定：工农联盟，并且是以工农联盟为基础。

对工农联盟的坚定的宪法规定和宪法承诺，意味着两个重要方面：一方面，承认工农差异，这是一个大前提；另一方面，通过承认工农差异摆正了工农位置，工人是领导阶级，农民是同盟阶级，是超越其他所有阶级的。由此决定了宪法和法律上的一系列安排，这里不能详细展开讲了。

在中国共产党的领导下，作为中国式现代化道路的一个重要的宪法基础，工农联盟是长期性、基础性、目的性的，是写在宪法第一条的。这个宪法规定不是手段，不是策略，不是工具。

这意味着，中国式现代化必然是长期的、渐进的。为什么讲"两个一百年"？为什么这么长时间？苏联十年就完成了，中国要用两个一百年，实际上是一百三四十年，为什么要用这么长的时间？就是因为要带领农民一起现代化。把农民当成同盟阶级，需要认真对待农民的诉求，不能把农民丢下不管。以往批判城乡二元结构，现在回头看，包括农村集体土地所有制，包括农民工、户籍政策等，实际上都是为了落实工农联盟，为了让占人口绝大多数的全体农民，都能够逐步实现现代化。因此，在农民没有实现现代化，在农村还是相对落后生产力的情况下，要给他们基本的生活保障，特别是教育方面的可持续性的发展机会。

四　人类的现代化道路

回顾历史，人类的现代化道路有两条。一条是，走自己的路，让别人无路可走；另一条是，走自己的路，让别人跟着走。

中国不仅走出了一条独一无二的中国式现代化道路。而且，这条道路的成功，将为世界上绝大多数尚未实现现代化的国家，特别是广大亚非拉国家，提供一条可资借鉴的发展道路。这一点，是中国式现代化至关重要的一个特征，具有真正伟大的历史性意义。苏联的道路失败了。欧美道路无可复制。中国道路给这个世界上其他国家提供了一种可能性，就是可以通过本国的独立自主的以工农联盟为基础的发展道路实现现代化。当然，中国式现代化还没有取得最终成功。行百里者半九十。但是，中国式现代化的部分经验，已经可以为这个世界提供一条可借鉴、可参考、可共同发展的出路。

这就是"以工农联盟为基础"。这个中国式现代化的宪法基础，从始至终写在《宪法》第一条中。

复杂治理挑战的边际应对

戴 昕

（北京大学法学院副院长、长聘副教授）

坚持在法治轨道上推进国家治理体系和治理能力现代化，是习近平法治思想包含的"十一个坚持"之一。当代中国建设法治的追求始终是达到"善治"的目标。而实现这一目标，正如习近平总书记指出，在当前时代面临重大挑战、重大风险、重大阻力、重大矛盾。之所以如此，主要是因为当下重要的治理问题，其复杂性均处于不断提升之中。

所谓"复杂性"，此处主要有两方面含义。

其一，指相关治理问题具有系统性，牵一发动全身，某个看似具体的问题，其影响可辐散到许多其他领域。在本文中，我将以数字经济领域的治理问题为例展开讨论。数字经济治理就是这样一个系统性问题，其之所以复杂，是因为它与今天人们关切的几乎其他所有问题都有关联。例如，当前教育界最为担忧的问题是年轻人就业，而当前年轻人就业形势与此前几年数字经济领域的产业发展及其出台的一些政策和规制手段显然有关系。

其二，指相关治理问题具有不确定性和不可预期性，围绕相关问题进行预测越来越困难，这使得顶层设计或者更低层级的政策设计都很难，因为设计的关键是要预计考虑采取的政策和制度措施可能产生何种效果和功能。

鉴于这种日益提升的复杂性，治理还能如何展开、推进？在我看来，当下在许多治理领域和场景中，可能应更重视边际性的应对，而不轻易尝试寻求结构性调整。此处以数字经济规制与治理议题为例。一般认为，我国自2020年起进入数字经济治理的所谓"强监管"时代，直至2022年下半年，其间一系列举措在全世界范围内都引起了较多关注。如果只看中国的情况，人们可能觉得中国在这期间的做法很特殊。但实际上，近年来，全球范围内，其他主要法域的数字经济治理在范式上也都出现了非常类似的总体趋严的转变。如果要做比较的话，从2016年起至今，欧洲显然大动作不断，始终在进行高规格的数字经济立法。而在美国，从2016年总统大选开始，如加利福尼亚州等地已经在州层面完成了相对严格的数据和数字经济相关立法。而即使联邦层面至今尚未通过正式的严厉监管性质的立法，但平台企业在包括数据、反垄断在内的诸多事项上，政治压力非常大，不断地被召到国会接受质询。

中国的强监管，法律层面的一个突出表现是责任体制从传统的总体克制的赔偿责任转向全面从严的"主体责任"——放在过去30年的尺度观察，这个变化趋势就能看得更加明显。虽然国内外很多人的印象是中国对数字经济从来都管得比较严，但事实并非如此。中国从理念上确实一贯有"互联网不是法外之地"的表述，但在民用互联网兴起后的很长一段时间内，权威部门针对互联网行业的执法都是比较克制的。后来讲的是"包容审慎"，体现的也是这个思路。长期以来，监管的主线是合作型的治理安排，监管者、企业、行业广泛、持续协商，是中国的特点。到2020年下半年，出现了强监管，与此前相比确实出现了很大的变化——直到2022年底的中央经济工作会议，才把这个调子重新调回来，到2023年继续讲所谓的"常态化监管"。

对照中国此前出现的上述变化，再看美国——世界上另一个真正具有发达数字经济的法域——，其所经历的治理范式也在一定程度上出现了类似变迁。美国早期的相关主导思路确实是自由放任。虽然针对网络侵权致害引起的纠纷，司法早期尝试沿用基于过错的赔偿责任，但到1996年，联邦层面的立法事实上创制了对网络服务提供者广泛豁免责任的轻监管体制。这一体制总体上持续到了2016年。2016年出现了比较大的政治动荡，特朗普当选总统和英国脱欧对西方社会的整体政治心理造成较大冲击，因此2016年以后美国国会及监管部门在内容治理、数据保护、反垄断等方面对企业的压力越来越大。

所以，无论中美，基本上都出现了从相对宽松监管、保护产业发展，到更强施压、强调全面问责的较大范式转变。为什么会如此？在我看来，这主要归结于数字经济治理问题的复杂性，特别是治理者时常面临多元乃至相互竞争的目标，且在不同时期可能会有不同考虑。数字经济领域中，存在相互竞争关系的治理目标，最基本的是两个：一是社会保护，因为数字经济对社会各个方面都会带来影响，而且很多时候是负面影响；二是产业保护，即如果这个行业本身有重要的价值，它具有积极的社会进步价值，此时治理者会有动力去保护其发展，特别是在早期的时候能够给其一个相对宽松的环境。换言之，虽然这里讨论的主要是法律上的责任体制，但在更宏观的治理层面，其实法律上的责任体制本身也构成产业政策的一部分。

理想地来看，法律、监管、治理，最好能做到既不过多，也不过少，恰到好处，照顾全面——但这在规制理论上是一个著名的难题，因为现实中通常是没办法做到"刚刚好"的，不可能既要又要。那这时应该怎么办？此处，或可借助科斯所谓的"损害相互性"的视角。数字经济涉及大量极有价值的生产性活动，但其同时会产生社会成本，后者总要落到特定社会群体头上，而治理者需要考虑，在数字经济发展的不同阶段，如何配置上述成本，从而在相应时期最大化数字经济创造的价值。

由是观之，在互联网发展的早期，各国均意识到监管的核心是要保障发展，避免将成本过多配置在产业头上。有一个比较著名的测算指出，1995—2017年，美国法律的网络服务提供者侵权免责体制，为行业避免了约36000亿美元的成本。实际上，这些成本并不是从未存在，只是被法律转移配置到各类受到侵害的社会主体头上了，这就构成了对互联网行业本身的巨大补贴。某种程度上，中国互联网发展的早期也有类似现象，互联网企业出现时为积累资源大量侵权，但并未面临特别严格的执法。而到了今天，不管是在中国还是美国，社会及权威部门的看法都是，行业已经进入了成熟期，需要承担更多责任，审视是主体责任，不但包括比较严格的事后责任，还包括非常细密的事前要求和监管——这在某种意义上，其实也有很强的再分配意义，即希望"追讨"行业在过去获得的补贴。

当然，眼前我们面临的问题是，在结构层面开展重新分配的最佳时机是不是真的来了；或者，是否我们至少在目前，可能还是应当继续沿用发展的方式来解决问题。鉴于数字经济治理问题的复杂性，很难预判大的政策动作会导致何种后果，因此，如果还是要在推进治理的方向上往前走，或许一个方案是通过"边际"应对的方式。所谓边际应对，是指在遇到问题时，不求一揽子解决，主要去想在人们关切的监管或治理问题情境当中，特定的行动主体到底有没有在边际上能够采取、值得采取的有效率的社会保护性措施。例如，在平台监管领域，人们经常会觉得平台在食品安全、消费者保护、数据保护、公平竞争等方面都做得不够好。那么，监管者或治理者应如何采取措施，解决这些问题？如果采取边际思路，这就意味着监管者或者治理者真正要思考的问题是，在给定条件下，我们能不能说，相关行动者未能采取的某一项举措，如果采取，其在边际上的社会保护收益，会超出相关举措给其自身及社会其他相关群体带来的额外成本——换言之，边际成本是否大于边际收益。如果特定的边际变动是值得的，那么监管者或治理者就可以运用自身的工具箱，去要求作为监管对象的行动者采取相关边际举措。

这种边际意义的治理动作相对容易设计，也容易实施，同时可以为行动者提供较强的可预期性。但它也有一个劣势，即如果解决所有问题都用边际方式推进，那么监管或治理者有被产业俘获的风险，因为行业或企业永远会主张，某个举措太昂贵，也未必有效。不仅如此，还有一个问题是，因为复杂治理问题往往有极多维度，边际特别多，而假如多部门的监管者在不同的边际要求企业做点东西，最后又会有监管叠加的风险。因此，边际应对的进路不是没有问题。不过它的问题相对来讲，比较容易被看到，也有一些办法去回应。

与边际进路相对的是所谓的结构性应对进路。后者在西方当代讲得比较多，认为数字经济治理如果总是采取边际进路，很难彻底解决问题，必须有结构性的大动作。在西方，这主要意味着两类动作，一是反垄断，把大企业拆解，二是公用设施规制，即将数字平台企业都视为水、电、气一样的公用设施或者是基础设施，要求限制价格，并提供开放、普遍的服务，等等。而类似中国的全面主体责任，也是一种结构性进路，即纷争出了，任何问题都是你的，事前要求非常细，事后还要求承担所有的责任。结构性进路的一个优势，是提供一个比较明确的顶层设计。它的劣势是，虽然若路径正确则可以全面解决问题，但是其错误成本非常高，例如一个大企业打碎了以后，再拼起来很困难；一个行业在发展势头比较好的时候被叫停，很可能就一蹶不振。

在数字科技领域国际竞争异常激烈的背景下，我国的数字经济治理或许更适合采取边际策略，因为我们可能面临极高的错误成本：在竞争的环境中，如果我们选错了治理策略，导致不利的后果，自己丢了1分，别人同时又得了1分，这实际上意味着我们自己丢了2分。因此，我们可以注意到，不管是去年的中央经济工作会议还是刚刚过去的政治局会议，讲到经济问题时都提到了平台，提出要支持平台企业在引领发展、创造就业、国际竞争当中大显身手，推动规范健康发展，鼓励它探索创新。这无疑是正确的方向。在当前形势下，如果确实要保证平台有探索的空间，保证它有敢于探索的预期，那么接下来的常态化监管需要强调边际分析的思路，即每一次提出的监管要求，都应保证其在边际上具有合理性和有效性，产生的边际治理收益超出措施本身可能给企业、行业、社会带来的边际损失。

从法律执行看国家信息能力

胡　凌

（北京大学法学院副教授）

今天跟大家交流的题目是法律执行。信息技术的引进实际上会大大加强国家的能力，这里我加了一个副标题，这是基于我之前写的一篇文章，看新冠疫情期间国家怎么通过信息能力去加强法律执行。个人觉得，新冠疫情虽然看起来是一个比较极端的情形，事实上恰巧通过这个极端情形才能看到体制的特点，以及我们如何通过使用技术来做到治理。一是从国家能力的概念出发，政治学、法学都在讨论国家能力，国家能力非常重要的一点是认证能力，知道国家有哪些人，有哪些事都在干什么，最好能够去了解，能够定位。

二是从法学的角度来看，讨论立法能力是说在立法时最好能够知道社会主体在干什么，如何能够实时把握社会主体的信息，这个时候才能制定相对精确的、有针对性的规则。

三是从执行的角度来看，如果能够实时获取相关对象的行为信息就可以增加概率，而且一旦披露这个概率就可以产生一定的威慑。最后，怎么能够降低合规成本，如果法律想管的事非常多，要管的事也非常多，这个社会特别复杂，法律要怎么应对？你要把所有想管的都写出来吗？问题在于这个时候社会主体对于规则的认知成本会非常高昂，如何能够在微观层面上让人们知道应该做什么、不应该做什么，同时还不让信息超载，这都是传统法律理论和现代信息的结合。

2020年以来，这三年的新冠疫情让我重新思考信息能力怎么能够更好地应对这样一个非常复杂的情况，它之前从来没有过，比 SARS 的时代更为复杂，而且不同的国家有不同的经验。我总结了三点经验。

第一，从基础设施入手。前面谈到了国家能力非常重要的一点是认证。每个人都要有独一无二的身份，用身份追踪，放置在疫情期间大规模传播病毒。可以看到在疫情期间，因为有信息技术的辅助，就形成了新型的信息基础设施，比如说健康码这种东西，几乎所有人都有，即使老年人和小孩儿没有，也是和家庭成员绑定的，可以说现在几乎所有地方，只要有人流动就可以精确识别到。这样一个功能大家都用过，都非常清楚，这种新型的身份识别的功能实际上是整合了身份、行踪、健康信息等的信息，这是之前做不到的，而且也没有办法整合不同类型的信息。这样的话，才能在一个非常特殊的情况下切断传染源，或者进行事后的识别，切断传播途径。从这个意义上讲，它早就不是一般性的公共卫生防治了，恰巧它改变了整个社会所有的主体日常行为模式，这本身就是一个宪法性制度，而不单纯是一个公共卫生制度。根据经验，这个基础设施形成了常态化的信息生产，只要有手机，只要在外头流动就可以进行生产，而且可以实时使用，形成了一个比较完备的闭环系统。有几类信息，比如说身份信息、行踪、做了哪些行为，还包括区域疫情信息，一旦人口流动起来就需要划分中高风险。通过这样比较快速、低成本的信息共享，这种认证基础设施基本上在特定的时间内发挥了作用。

第二，从规则的角度来看，颗粒度与因人而异的规则。颗粒度有时候会很粗，有时候会很细，很粗的时候只能在情境中判断这个人的行为怎么样，如果颗粒度比较细可以因人而异，希望这个人有能力遵守什么样的规则。疫情期间有一个现象，怎么能够更好地优化疫情信息的使用，而且尽可能做到因人而异。主要从三点来展开：一是公开流调信息，你得公开哪个人传染了，哪个楼被封锁了，这样的话大家不仅可以查到别人的信息也可以查到自己的信息，这是最基本的，任何风险点都可以披露。二是通过一个健康码或者行程卡的信息，这种信息有的时候对外展示，有的时候是自己可以查到自己，比较精准。特别是人们在流动的时候，或者出差的时候，北京健康宝弹窗了，基本上是通过技术实现了因人而异，那些没有流动或者没有离京就不会弹窗，如果频繁地流动大概率会弹窗，这样的话感觉通过技术的手段至少在全国范围内已经形成了大规模的使用。三是流调信息怎么在后台追踪，比如说密接、次密接的问题，这样可以降低大家的认知成本。因为信息技术的成本比较低，使获取特定人的活动范围、活动轨迹，以及人们对于规则认识本身都发生了比较大的变化。

第三，网络与网络相互切换支撑。中国最普遍的治理模式是网格化治理，而且网格化治理在整个改革开放的过程中起到了非常重要的作用，实际上通过行政发包的方式，逐级发包，发包到最细的治理单元——网格。因为有了互联网之后，在最近十多年时间探索出了平台主体责任的形式，实际上是网络化的治理模式，强调的是扁平式，强调更多的流动性，更多的跨区域的流动。因此，现在讲的智慧城市也好，数字政府也好，都是跟这样一个观念有联系。我的理解是，疫情期间我们可以清楚地看到基本上还是能够做到网格和网络的两种治理模式可以随时根据需要切换。比如说在2020年最早期的时候是网格化治理，那时候会有封闭，或者是暂停，后来复产复工之后人们流动起来，开发了健康码，作流动中认证，确保安全。后面又有反复，反复本身是因为外部的病毒我们没有办法预测，风险会很大，问题是你要平衡，你不能把所有人都关在家里，有一些特殊事件决定了不同的城市有不同的政策，总的来讲，为了经济的复苏还得让人流动起来。这就回到了一个老问题，如何安全地流动，以及如何通过低成本信息技术方式去追踪，这是一种治理模式。另外一种治理模式是不追踪，但是减少流动。这两种模式不一定是在疫情期间，其实在更早的时候可能也是同时存在的。当然，现在又恢复了流动性，看到更多的应用信息技术，重新启用信息基础设施，进行更大范围的追踪。因此，至少有了信息技术的使用帮助探索，除了传统网格化治理之外，还出现了更加推动流动的网络化治理。如果往中国式现代化靠的话，这是其中的一个探索出来的方式，也就是因为有了更多信息技术和平台模式的出现使得治理模式有了更多的选择。

司法如何"以人民为中心"：
法治现代化的视角

邵六益

（中央民族大学法学院助理教授）

中国式现代化是当前的重要研究议题，在法学领域则表现为法治现代化问题。我希望将法治现代化问题放到党的十九大以来的大背景下来看：党的十九大提到的社会主要矛盾，社会不平衡不充分发展的问题，党的二十大明确了中国式现代化是人口规模巨大的现代化，是全体人民共同富裕的现代化。到了法律领域我们要回答一个问题，在人口规模巨大的中国，在社会分化和不平衡发展的情况下，如何去满足人民日益增长的对公平正义的追求，实现习近平法治思想所讲的以人民为中心呢？这里我以司法理论中的"以人民为中心"思想为例，尝试做一个解读。

中国司法当然要以人民为中心，但是，这个人民并不是抽象意义上的人民，而是有着具体身份的人民。从理论上说，至少有三个身份：一是法律技术上所讲的同质化的当事人；二是社会学意义上讲的日渐分化的群众；三是政治哲学意义上的整体性概念的人民。

首先是当事人的形象。改革开放以来，法治发展的一个重要趋向是，将人与人之间背后的政治经济身份抹掉，实现法律的"去身份化"，使法律主体成为一个同质化的当事人，进而把当事人塑造成一个责任自负的法律参与者。这样一个塑造的过程是在实体法和程序法的共谋下完成的。除了我们诉讼法中所说的当事人外，实体法中也多有体现。例如，20世纪80年代的时候有三部不同意义上的合同法，合同法里都没有讲到自然人的概念，20世纪90年代初的时候我们制定统一的公司法、合同法的时候，当时有一个重要理论问题就是，一定要将公民个体作为主要的规制对象提出来。1999 年的合同法把这个问题解决了，自然人成为合同中最主要的主体。

在程序法层面上，主要变化是当事人概念的出现，我比较了 1982 年的《民事诉讼法（试行）》和 1991 年的正式的《民事诉讼法》，可以看到，在 80 年代的时候"当事人"根本没有出现在法律的规制对象里，而在 1991 年中正式浓墨重彩地出现。这样一个新词的出场不仅仅是概念问题，背后有一整套隐秘的逻辑和理解：当事人是能够为自己的利益进行最大化的追求的。当时有很多文章就在证明，当事人和法官相比，能够更好地去呈现自己的利益诉求，法官不需要去越俎代庖替他作出决定。比如有研究就指出，"为人民服务"和"为当事人服务"是两个不同的概念，由此将传统意义上为人民服务的概念进行解构。

一个经典的具体制度是，2001 年的《民事诉讼证据的若干规定》，其核心是让当事人负责，法官少管或不管证据问题，理论这样想的，现实中是什么样的？我找了两个材料，一个是安徽省高级人民法院做的一个报告，另一个是四川省成都分院做的一个报告，可以看到与学术界积极乐观主义相比，实务界更加冷静，不断地在乐观主义的立场往后退，不管是在当事人负责，还是在法官取证的问题上，都在不断地回归中道的逻辑，由此可以看到，真实的法律参与者其实不是单纯的当事人，而是一个真实的社会中的群众形象。

当事人的社会构成是比较复杂的，每一个基层法院在某一类案件里当事人的构成是不一样的，我自己也曾以行政诉讼做过一个类似的研究，由此可以看到中国法院所面临的是一个"双城记"，一个是城市社会，一个是乡村社会。不同的法院所面临的语境是不一样的，所面临的主要当事人和当事人最主要的案件类型是有区别的。既然这样，我们就要承认，对于不同的当事人诉求，用一套简单的同质化当事人的预设来剪裁，必定不能达到想要的后果，因此我提倡重新找回真实的人民。

2003 年，张军首席大法官在国家法官学院的第一课就讲到了能动司法，特别提到不能搞坐堂办案。在今天（2023 年 5 月 6 日）最高人民法院的公众号上推了一篇特别有意思的文章《"小明"来了，街坊们不走了》，讲的是背着国徽去审判。但是讲的不是马锡五，不是崇山峻岭之间，讲的是东城区。东城区也要背着国徽走街串巷去审判。在这个意义上可以说，我们的司法最高层已经意识到这个问题了，那就是要重新找回人民，尊重人民的真实面貌。

那么，人民在哪里呢？如何找回人民？一旦形式化的方案无法满足人民多样化需求的时候，人民就会以各种方式超越形式化的法律逻辑，找回自己的政治身份。诉讼法学者以送达为例做了很好的研究，很多当事人不接受判决结果的时候，会选择拒绝被送达；通过拒绝被送达来拒绝进入法治化所构建的话语和权力体系之中，因此要找到人民。人民如何发现？其实，重要的不是发现人民——人民不是被发现的，人民是被塑造的。人民其实是在被动员的过程中成长起来的，有学者特别提到是在抗日战争与解放战争过程中出现的，还有老师讲的是在中国共产党的人民政策中才有了真正的人民。我自己更多是从新中国成立之初的阶级共和和民族共和两个角度关注"中国人民"生成。

回到司法领域的人民，应该关注政法体制对人民的塑造。要借助中国的司法体制完成对群众不同诉求的实质代表来实现多样化人民的平等尊重。从宏观上讲，要平衡专业司法和传统司法。从具体微观的案件，尤其是难办案件来说，当形式主义的法治无法满足人民诉求时，要更多借助审委会与合议庭的互动机制去超越教义学意义上的理解，去实现司法的法律效果、社会效果和政治效果的统一。

最后要指出的是，对于没有办法被形式化的法治化所接纳或者很好地服务的底层，为什么我们要如此关注他们？这就要回答一个更深层的问题，为什么提到司法为民的时候这么重视底层呢？我想讲两个层面的问题。

第一，从治理的角度来讲，伴随着信息化的到来，司法的边缘和中心发生了转变，在扁平化的信息时代不存在司法的边缘，也不存在真正的底层，而且更多时候底层的反抗更有可能成为压倒司法公信力的最后一根稻草。这是很多案件中已经展现出来的，此处不赘述。

第二，从道义来讲，中国对底层的关注是真正意义上践行以人民为中心的本质要求。很多学者已经做了解释，比如强世功教授将中国和美国进行对比发现，社会主义价值观要求不断缩小阶层之间、城乡之间、地区之间的经济差，这是中美的差别，也是中国贡献给世界的一种价值选择，是中国现代化特别重要的特质。中国式现代化中的"以人民为中心"，就是要尊重或者还原以人民的本来面目。其实，在中国礼法传统中，会把人置于儒家的多元伦理框架下来理解，差序格局的伦理会产生不同的法律效果；在政法传统中，会从政治的角度去理解人民。两者看到的都不是同质化的人民。

文化自信与文明互鉴

引　言

韩毓海

（北京大学习近平新时代中国特色社会主义思想研究院副院长、中国语言文学系教授）

尊敬的各位专家、各位老师，谢谢大家参加这个盛会，感谢你们的宝贵的思想和学问，因为时间紧，我就最简单地介绍一下本分论坛的讨论。

参加讨论的学者主要有张首映，他原来是我们那级的北京大学老学长，《人民日报》原副总编辑。钱乘旦先生是著名的历史学家，也是北京大学区域与国别研究院的院长。李宗焜教授是北京大学的人文讲席教授，他在甲骨文方面做出了很卓越的贡献。黄平教授现在是中国社会科学院香港学术研究院的院长。还有三联书店的总编辑、《读书》杂志主编常绍民，北京大学中文系的党委书记贺桂梅，北京大学外国语学院副院长、阿拉伯问题研究专家付志明教授，还有不远万里赶来给我们传经送宝的浙江大学的代玉启教授，还有薛秀军老师，还有来自空军工程大学的苏军茹教授，还有谢佩宏博士。我不一一地介绍诸位专家的观点了，大概总结这么四条，这四条可以说是大家的共识。

第一，文化自信是最根本的自信，是因为最能够体现和彰显中国特色，最能够从根本上决定中国道路。

第二，一个民族只有知道从哪里来，才能知道往哪里去，这是我们"习研院"门口写的总书记的话，对自己的来路认识得越深，对于现实的认识也就越清醒，这是我们说的文化自信和历史自信的关系。

第三，今天的中国离不开世界，历史上的世界离不开中国。一花独放不是春，百花齐放春满园，一个文明不可能构成人类历史，只有通过文明互鉴才能够更加深入地了解世界和自身。

第四，任何文明的形成与发展都与其语言、文字的历史发展有着最为直接和紧密的关系——历史语言学。在此基础上所形成的现代哲学社会科学体系对于我们认识和描述自身，对于我们理解中国独特的表述和认识世界的范畴具有非常重要的意义。20世纪60年代的时候，钱穆先生等学者在香港发表中国文化复兴宣言，他们也写了几条。我想我们今天这个很短的，但是做了很充分准备的讨论，总体上认识就是这样四条，谢谢大家！

为实现中国式现代化营造良好舆论环境

张首映

（人民日报社原副总编辑）

干任何事情都需要一个好的环境。环境包括自然环境、社会环境，也包括舆论环境。环境有其质量。环境质量至少分为不及格、及格、良好、优质四个档次，用百分计量，60分以下属不及格，60分以上为及格，75分以上属良好，85分以上为优质。良好环境指75分以上，最好是85分以上。从事全面建设中国式现代化这么一项亘古未有之宏伟事业，这么一项惠及14亿人的巨大福利工程，这么一项促进中华民族伟大复兴的标志性壮美建筑，既需要良好的自然环境、社会环境，也需要良好的舆论环境。

从媒体角度看，形成良好舆论环境既是媒体的功能和工作，也是其他方方面面的合力所致。

新闻媒体是媒体形成良好舆论环境的主导者、推动者和守望者。几十年来，我国新闻媒体在高举旗帜、围绕中心、紧扣大局、服务人民、与时俱进等方面发挥了不可替代的作用，在多个方面多个层次上促进中国式现代化建设。现在，盼望已久的全面建设中国式现代化的号角已经吹响，全面建设中国式现代化的征程已经开启，新闻媒体为全面建设中国式现代化全面发力的时机已经到来。当前，无论新闻报道还是评论理论，无论主流媒体还是商业媒体，为了营造全面建设中国式现代化的良好舆论环境，争取形成有利于全面建设中国式现代化的国际舆论环境，大家正勠力同心奋斗着，撸起袖子加油干。

新媒体，尤其是智能手机媒体，是当前舆论传播的集中聚散地、舆论引导的重中之重、形成良好舆论环境的主要抓手。智能手机媒体容纳海量资讯、交互便捷、汇集多种媒体资源，播散信息、传播思想观点、形成舆论场，人工智能等高新科技更是把它推向媒体之历史巅峰，可视性强、赋能点多、渗透面广，富于带动性和聚合性，成为当前媒体舆论的最大亮点和集中关注者，关系舆论引导效应，关系舆论环境质量，关系全面建设中国式现代化的舆论环境质量。我国拥有 10 亿多智能手机用户。在一个拥有 14 亿人口、10 亿多智能手机用户的国家全面建设现代化国家，这在人类历史上是绝无仅有的。这是巨大机遇，也是巨大挑战。可以说，智能手机媒体的舆论环境质量达标了，良好了，优秀了，全面建设中国式现代化的舆论环境质量就基本上达标了，良好了，优秀了。近来，智能手机媒体在全面建设中国式现代化的主题传播上，总体是正面的、积极的、鼓劲的，众多智能手机媒体机构推出多种鼓励支持全面建设中国式现代化的创新作品，具体又鲜活地讲述共同富裕、物质文明和精神文明相协调、人与自然和谐共生等的故事，推广有关地区和单位在建设中国式现代化上的新思路、新经验、新举措，引发广泛关注，受众对此赞不绝口。我国已建立中央、省、市、县四级融媒体系统，走在世界融媒体建设前列。同时也要看到，新一代人工智能带来意识形态安全风险，少数极端分子利用它阻滞中国式现代化顺利推进；有的新闻机构面对媒体的智能转型，准备不足、投入不够、办法不多、效能不强，对营造全面建设中国式现代化良好舆论环境贡献不大，需要引起高度重视，着力打造数字化、智能化、可视化的新型主流媒体，健全全媒体传播体系，更好构筑全面建设中国式现代化的良好舆论环境。

新闻媒体是天天见、时时新的媒体，既可全景式展示全面建设中国式现代化的生动画面，也能全过程呈现全面建设中国式现代化的历史进程，自始至终为全面建设中国式现代化营造良好舆论环境。长城不可能一日建成。全面建成中国式现代化需要二三十年时间。实现全体人民共同富裕，也不可能一蹴而就。舆论引导需要鼓励支持多策多举扩大中等收入群体，尽量减少低收入群体，让先富起来的群体帮扶困难群众；在世界经济低迷、我国经济仍在爬坡过坎的时候，更要激发全体人民为共同富裕奋斗的拼搏精神、顽强意志和聪明才智，破解"速富论""均富论""仇富论""毁富论"等的迷思。2023年，越来越多的融媒体推介内容供应侧结构性改革，发布广大干部群众打拼经济、改善民生、守望相助、增加百姓收入和福利、谋划长远发展的奋斗故事和励志报道，突出以"例"服人，用鲜活事实说话、用扎实数据说话、用生动画面说话、用追寻共情共鸣说话、用新媒体互动交流，在报道热点中消化热点，在显现焦点中引导焦点，令人击节称赞。实现人与自然和谐共生，一样需要久久为功。党的十八大以来，我国生态文明建设取得举世公认的成就，"两山理论"深入人心，众多市县融媒体报道当地百姓享受自然风光时那种怡然自得的精神面貌，很是令人羡慕。但是，我国幅员辽阔，海空面积广袤，整治根治原生的、次生的、新生的、外来的环境"病兆""疾病"不是一朝一夕之事，舆论方面，仍要发挥正面引导和监督批评"两手抓"的功能，促进地方有关方面在抓好经济民生等的同时抓好环境综合治理，为美丽中国建设做出地方独特贡献。

现在，世界并不太平，处于百年未有之大变局，我国新闻媒体营造有利于全面建设中国式现代化的国际舆论环境的不确定、不稳定、难料因素增多，挑战较以往更大，机遇随之增加。我国高举构建人类命运共同体旗帜，弘扬和平、发展、公平、正义、民主、自由的全人类共同价值，以中国式现代化推进中华民族伟大复兴的历史进程已不可逆转，中国式现代化的理念、本质、特征、要求等得到越来越多的国际友好人士的认同，我国新媒体通过智能化、可视化、对象化等多种方式推介中国式现代化的意义、价值和惠及众多国家及地区人民的好处取得成效。随着"一带一路"国家和国际组织增加，越来越多国家认识到，"一带一路"是中国提供的国际公共产品和国际合作平台，是破除发展赤字的和平之路、繁荣之路、开放之路、创新之路、文明之路。随着希望加入金砖国家组织的国家增多，金砖国家对我国友好的声音增加，我国的正义主张得到响应，双方多方合作发展的要求得以回应，正面形象得以树立。世界进入新的动荡变革期，经历着大调整、大分化、大重组；美西也不例外，一样经历着大调整、大分化、大重组。在欧洲不少国家，"中国经济胁迫论""中国崩溃论"的观点已不得人心,那种对华肆意攻击、恶毒中伤、造谣惑众等的宣传骗术时常受到嘲讽。我国与有关国家合作,共同借力、借势、借平台、借场所,做好技术赋能、服务赋能、活动赋能、研究赋能,解决国际话语权"卡脖子"问题,奋力扭转信息流的"逆差"、中国真实形象同美西主观印象的"反差""软实力"和硬实力的"落差",以战略主动赢得发展主动权,用新媒体打造国际传播新型生态圈,提升国际传播效能。

期刊,尤其学术期刊在营造舆论环境方面具有重要作用。中国社科院主办的《中国社会科学》《哲学研究》等,北京大学主办的《国家现代化建设研究》等,有的开设专栏,有的突出发表研究阐释中国式现代化的论文,筑造起良好学术舆论。

高校虽非媒体机构,却是思想舆论、学术舆论、教育舆论等的生产者和聚散地。这次北大以校庆之机,举办"全面建设社会主义现代化国家研讨会",积极营造研究并支持中国式现代化的良好舆论环境。

舆论本是众人之论,也是众人之事。我们要确立"大舆论"概念,促进新闻舆论和其他舆论一起,通过各自优势、强项和渠道,为全面建成中国式现代化书写新时代华章,提供强劲精神动力!

坚持文化自信　保障中国现代化

钱乘旦

(北京大学区域与国别研究院创院院长、博雅讲席教授)

中国人看世界，经历了一个跌宕起伏的变化过程。近代以前，我们看外部世界是非常有信心的。我们看外边，认为无非就是些夷狄之辈，我们是伟大文明，所以充满了自信。可是从19世纪中叶开始，情况发生了巨大的变化，我们经历了一系列的挫折、打击和失败……由此，中国人对外界的认知发生了很大变化，从盲目自信变成了盲目自卑。这种变化对国人的心态影响也很大，一直延续了好几代人，到现在仍没有完全消除。

这就涉及文化自信的问题。确实，中国现代化能不能成功，文化自信是非常重要的一个因素。把文化自信的问题提出来，是很有必要的。

国人心态的变化有其历史原因，可是用这样的心态去看世界、看我们自己的时候，就会失之偏颇。为什么呢？中国能够发展到今天这样的程度，能够取得举世瞩目的成就，究其原因，是我们摸索出了自己的现代化道路，坚持走我们自己的路。

有相当一部分国家，把西方的经历，尤其是美国的经历看作自己实现现代化、改变自身面貌的唯一方向、唯一榜样、唯一正确的道路。结果怎样呢？当今这个世界上，有很多国家的现代化仍旧没有成功；为什么不成功？就是因为它们盲目地去拿别人的东西、去模仿别人，完全没有意识到自己的现代化是要由自己来完成的，自己的现代化道路必须由自己来寻找、由自己去摸索出来，必须符合自己的国情。

中国在现代化的过程中，尽管经历过很多挫折，有过很多的失败，但是能够发展到今天，完全是因为我们确实找到了一条符合中国国情的发展道路。包括我们接受马克思主义，也不是盲目地把苏联模式的马克思主义直接拿过来，我们没有照搬苏联的经验，例如十月革命以后那段时间里成功的经验，我们没有生搬硬套地拿过来。我们走了一条马克思主义中国化的道路，所以我们才能够走到今天，才取得今天这样的成就，这是个事实。可是这个事实在很多场合下没有被提出来作为我们今后发展的指导方针，或者说最基本的原则。相反，由于一些历史原因，国人中有一部分人唯西方马首是瞻，按照毛泽东主席的说法，就是西方的月亮也是圆的。我们可以举很多例子，比如一说到经济发展，马上就联想到自由主义，其实我们学历史的人都知道，特别是在英国经济发展的整个过程中，并不是都执行纯粹的亚当·斯密式、李嘉图式的绝对的自由主义市场经济。英国的经济发展，政府介入与否，完全是按照当时的需要来做决定的；政府有时介入，有时不介入。可是中国人对此却有误解，甚至在学界，也有这样的误解：以为英国经济的成功完全归功于绝对的自由主义的经济发展模式，这种看法直到现在仍然非常顽固。

再举一个例子，一说到政治体制就是议会，就是三权分立，就是民主制度。其实关于西方的民主制度，尤其是美国的三权分立，我们认认真真地去看一看，不完全是表面那样，它的"民主"是很需要剖析的，这个方面我们做得很不够。所以，很多问题形成固定的印象，一旦形成就不可动摇，这已经成了一种固定的思维方式。一直到现在，国人当中仍然有相当一批人存在唯西方是从、唯西方理论正确的心态。根子在哪里？根子还是我们缺乏自信，这个自信就是文化自信，就是心态的自信。

所以，建立文化自信，树立我们的信心，这对于我们现在要完成中国社会主义现代化的任务来说，是非常重要的，需要把它作为头等重要的工作来做。

我们为什么会丢掉自信？国人从盲目自信转变成向西方学习，失败和挫折告诉我们必须接受西方的成功经验，接受西方文明中好的一面，但人们在改变自己盲目自信和自傲自大的心态的同时，也丢掉了一些东西，就像俗话所说，把洗澡水倒掉的时候，连小孩子也泼掉了。泼掉的

"小孩子"是什么呢？就是我们中华文明几千年积淀起来的优秀的部分、好的方面，在承认西方文明中好的一面的同时，否定了中华文明的所有传承。这是一个自觉或不自觉的失误，给中国现代化带来了不利的影响。

其实，中华文明几千年的积淀中，有很多好东西是值得当下借鉴的，而这些东西却被盲目地抛弃了。可以举一些例子，比如先秦时期，各国之间纷争不断，国与国之间的关系应该怎样处理，它们采用什么办法解决矛盾，如何应对相互间的战争、外交、内政等问题，积累了很多的智慧。这些事例和经验教训，不值得我们今天研究国际关系的人去学习了解吗？难道我们的国际关系学院不应该开这门课？难道那里面的智慧会亚于今天西方学者写出来的国际关系史（其实是西方国家的相互关系史）？绝对不亚于。而这些宝贵的知识财富居然被丢掉了。

再举个例子，中国对所谓的"少数民族"地区的治理，对"少数民族"的政策，也曾积累很多经验，这些都很珍贵。比如说，清政府对西藏的政策、对蒙古的政策、对西南少数民族地区的改土归流政策等，都有很多的智慧和创见。可是我们现在研究民族问题、研究宗教问题，有多少学者研究这些东西？那些东西很有用，可是居然被有些人丢掉了。为什么会丢掉？就是因为我们把自己的文化自信丢掉了，在我们承认应该向西方学习的同时，把自己的文化传承、优秀传统，连洗澡水带小孩子一起泼掉了，这是我们今天必须纠正过来的。文化自信是中国现代化的精神保障，缺少了文化自信，完成现代化的任务会举步维艰。

对习近平关于甲骨文研究与文化建设重要论述的思考

李宗焜

（北京大学人文讲席教授）

习近平总书记一直非常关心甲骨文跟其他古文字的研究，几次公开提到要重视甲骨文等古文字材料的研究与传承。在纪念甲骨文发现120周年座谈会上，习近平总书记发了贺信，里面讲到甲骨文研究的一些问题，应该引起重视。

甲骨文是汉字的源头，虽然它不是中国最早的文字，却是现在所能看到的最早汉字，一切汉字研究的根源，都必须回归到甲骨文。可见甲骨文的重要，它值得更加重视、传承与发展。

中华人民共和国成立70多年来，党和国家高度重视甲骨文的整理与研究。在新形势下，要确保甲骨文等古文字研究有人做，有传承。但甲骨文是属于小众的冷门学科，一般人不愿意做，或者愿意做也非常辛苦，却一定要有人做。讲文化自信，这就是当行本色，没有其他国家有这样的古老文物，这是中华文化的精髓。自己有这样的宝贵材料，如果没有人做，那就太不合理了。我们必须把这种在制高点的东西确确实实地做出成绩来，而且要发扬光大。

习近平总书记提到希望广大研究人员坚定文化自信、发扬老一辈人的家国情怀和优良学风、深入研究甲骨文的历史思想和文化价值，促进文明交流互鉴、为推动中华文明发展和人类社会进步做出新的更大的贡献。习近平总书记的贺信为进一步做好甲骨文等古文字研究与应用工作指明了方向。这也说明甲骨文研究的重要性，以及党和国家高度的重视。

对习近平关于甲骨文研究与文化建设重要论述的思考

今天就以甲骨文为例，来谈一下甲骨文的研究与文化建设。甲骨文的研究课题非常多，甲骨文出现 120 多年来，各个方面的问题都有人研究，无论是甲骨文字本身，还是商朝的历史文化都做出了很多的成果。

今天重点介绍甲骨材料的整理与出版。所有一切研究最根本的基础就是要掌握材料，而材料的出版对研究是绝对重要的。过去甲骨的著录方式，主要是拓片和摹本，也许大家对拓片和摹本不一定熟悉，所以我用图版来说明。

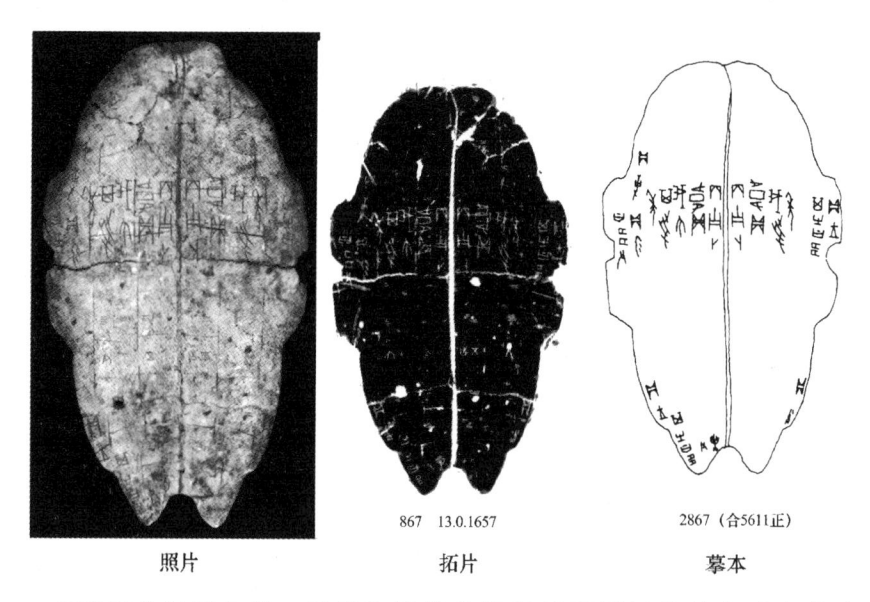

照片	拓片	摹本
	867 13.0.1657	2867（合5611正）

在照相术发明之前，对器物的各种信息只能用拓片的方式去传达，不只是甲骨，包括铜器铭文（比如大家知道的毛公鼎等），都要靠拓片来传达。拓片就是像这样的黑底白字。最早著录甲骨文的书是刘鹗的《铁云藏龟》，收录的就是甲骨拓片。虽然它的印刷水平较低，但在甲骨学史上，还是有非常重要的意义，这是甲骨著录的第一本书。

《铁云藏龟》的重要性，除了它是第一本著录甲骨的书之外，刘鹗在书的序言中提到，这是"殷人刀笔文字"，断定了甲骨文是商朝的东西。就现在来说，这是妇孺皆知的一个常识，但是甲骨刚刚出土的时候大家都很茫然，不知道它是什么东西，才有把它拿去当中药吃这样愚昧的行为。刘鹗提出来这是商朝的文字，是一个非常重要的发现。

另外一种著录的方式是摹本，摹本就是把甲骨上的字描下来（有的可能不一定是描，而是对着甲骨画下来），这样的摹本，表面上看起来比较清楚，比拓片容易读。学生都很喜欢我给他们做摹本，因为看得清楚，看拓片就要靠自己的本事了。

不论摹本或拓片都有它的局限，摹本没有办法确保精确，每个人摹的水平不一样，摹出来的是否正确，光靠摹本是不太敢相信的，只能作为参考。

拓本的问题是它没有办法体现墨迹。甲骨文多数是刻的，还有极少数是写的，这些写在甲骨上面的字迹，无法靠拓片传达。大家知道做拓片的一个原理，就是凹下去的笔画做成拓片就会变成白色的，我们就能看到黑底白字。写上去的字跟载体在同一个平面上，拓片是显现不出来的，这是拓片的局限。

拓本和摹本都有它的问题，可是在早期的甲骨著录，几乎都是用这两种办法，拓片用得多一点。到1959年日本京都大学出版他们收藏的甲骨，主要也是用拓片，但是附了几张黑白照片，这是甲骨出版有照片的开端，不过这是极少数的个案。

刚刚提到拓片没办法呈现墨迹，我们进一步来谈一下这个问题。下图左边是甲骨照片，右边是拓片。大家可以很容易比较出来，左边的照片，这种笔画，白白的就是刻的，红红的就是毛笔写的，可以看出刻的跟写的有很大的差别。而右边的拓片只能呈现刻的部分（即照片中较细的白色）。

再看这一张，上面两个字是写了之后再刻，后面这个字写了没有刻。如果做拓片的话，下面这个字就呈现不出来，所以照片是绝对必要的。但是以前的甲骨著录书极少有照片，这是甲骨著录上一个很大的缺憾。

接着就是另外一个问题。现在照相技术非常发达，要用彩色照片是非常容易的。大家随便拿手机一拍，都能拍出很好的彩色照片，传统的拓片还有存在的必要吗？以前是因为没有照相技术，只好用拓片，现在照相技术这么好了，还要走回头路去用拓片吗？我想用两个图来说明这个问题。

对习近平关于甲骨文研究与文化建设重要论述的思考

有些即使用高档的专业相机都未必能很好呈现的,拓片却很容易表现。下图是史语所收藏的甲骨,当时拍甲骨的照片,用的是非常专业的高档相机,所以绝对不是设备的问题。那为什么有些地方不能拍出来,还要拓片继续发挥它的作用呢?主要原因是这个龟的上部两侧边缘是往后边弯的,照相最清楚的是同一个平面的东西,它往后弯的部分就不清楚,或照不到。但是拓片的纸很薄,只要碰到水就很软,可以顺着龟的边缘往后面弯,施拓之后,把纸拿下来再把它铺平,字就可以完整地呈现。从这个角度看,拓片还是不能完全被照相取代的。

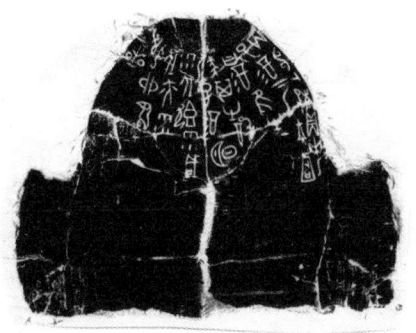

· 301 ·

文化自信与文明互鉴

第二个问题，下图这也是史语所收藏的甲骨。左边的照片字看不清楚，右边的拓片就看得较清楚。这是为什么？古董收藏有一个名词叫作"包浆"，比如桌子被刀片新划一道，它就白白的，非常明显，可是时间久了之后，那一道的颜色就不清楚了，道理是一样的。甲骨刚刻的时候一定非常清楚，可是时间长了以后，字的笔画跟龟的颜色很接近，反差没有了，字就不容易看清，反倒拓片黑白分明看得更清楚。这又说明虽然现在照相技术这么好，拓片还是不能没有。

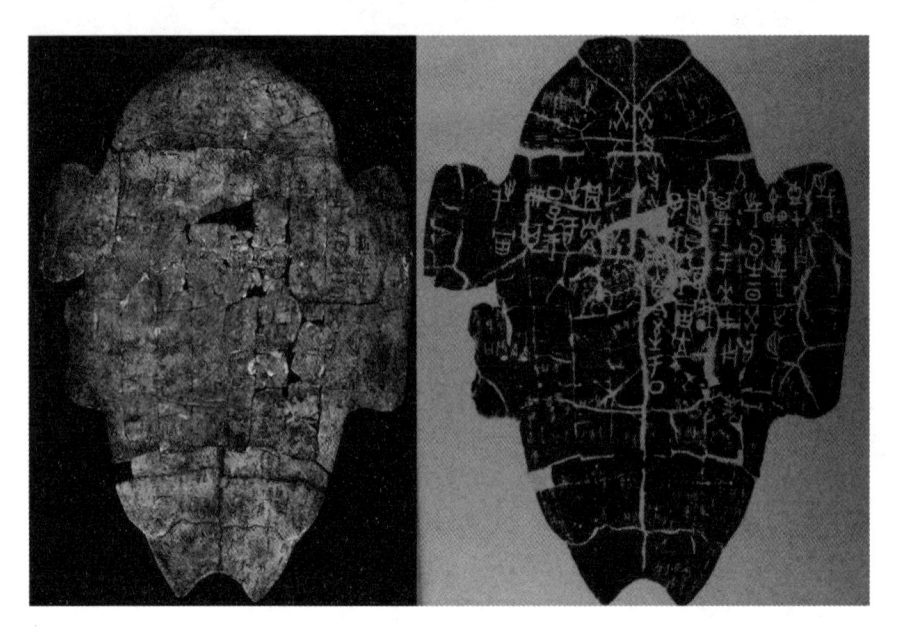

甲骨最理想的著录方式，应该包含这么几种：要有高清的彩色照片、拓片、摹本、释文，四位一体。现在要做甲骨著录，基本上都要达到这样的要求。

最后要说的一点是盛世修典。20世纪80年代出版的《甲骨文合集》，号称是甲骨文的集大成，但全部是拓片，而且很多不清楚。目前的甲骨著录，是以收藏机构为单位，用四位一体的方式进行。如能串联所有收藏机构一起合作，就能把甲骨全部著录出版。

现在国家强盛进步了，在习近平新时代中国特色社会主义思想的指导下，如果所有收藏甲骨的机构能够群策群力，按照一定的标准、一定的规格，按照四位一体方式把甲骨文全部整理出来，会比原来的甲骨著录好很多。不只国内，应该把海外收藏的甲骨也一并纳进来，让全世界的甲骨，都能用最好的方式、统一的标准出版，编成21世纪版的甲骨文"四库全书"，这是盛世修典的大事，也是这个时代所应做的甲骨文贡献。

我们讲文化自信，甲骨文不需要谈文化自信，没有人比我们更有发言权。我们应该把握这个契机，把甲骨文集大成的工作彻底做好。

以文明互鉴精神推动文化对外传播

黄 平

(中国社会科学院研究员)

从几个方面简单向大家汇报一些不成熟的思考。

第一，从理论上说，"文化自信"和"文明互鉴"这两个重要概念都是党的十八大以后习近平总书记亲自提出的，在文化自信之前提过三个自信，后来总书记亲自又加上了文化自信，而且说明了文化自信是前面那三个自信的基础。最近，党的二十大报告又提出历史自信，虽然没和四个自信并列，但是党的二十大报告一上来就提出了历史自信。所以，现在对这两个概念的理解，可以说文化自信与历史自信是一而二、二而一的，因为我们的优秀文化就是植根于悠久、丰富和漫长的历史基础上的，她是中华文化，是多样的、多元的文化。文化自信和历史自信，是民族伟大复兴的前提、必要条件，也是它的测量标准，如果没有文化自信和历史自信，经济增速可以很快，人均收入可以很高，甚至城市化率等其他的指标也可以很不错，我们中国式现代化如习近平总书记所讲，当然也有现代化的共同特征。但是，如果没有精神、思想、道德层面的文化自信、历史自信，以及在这个自信基础上的传承与弘扬、守正与创新，如果只有经济层面的，再加上一些社会层面、政治层面的，还是远远不够的，更不足以显示是中国式的现代化。所以，它既是中国式现代化的必要条件，也是测量它的重要的维度。

以文明互鉴推动中国文化对外传播，这是习近平总书记到日内瓦的联合国总部、到巴黎的联合国教科文组织总部等重要国际场合向全世界讲的，中华文化与其他文化，中华文明与其他文明之间，不是冲突、对抗、隔阂，而是交流、沟通、互鉴。从思想、理论上乃至于概念上，现在全党都在学习，在这个学习过程中，至少对于从事文化研究、理论研究、学术研究和教学传承的人来说，"文化自信"和"文明互鉴"可能就是两个很核心的概念。而我认为，文化自信和文明互鉴正好又是一而二、二而一的，有了文化自信更有底气和勇气来开展文明互鉴；反过来说也一样，是不是真有文明自信，也要看能不能以开放的心胸来开展文明互鉴，从与其他文明的交流沟通中取长补短、互相学习、互相借鉴。

这些年传得比较广的是费孝通老先生题的16个字，第一要各美其美，就是要有文化自信，要自尊、自爱、自强；第二要美人之美，也就是要看到别的文化之长，学习它们、欣赏它们；第三要美美与共，与今天讲的命运与共很接近，不论不同文化和文明差别多大、各有何长；最后要共同分享它们中的人类文明优秀成果。费老还在最后添了"天下大同"，能够美美与共，才可能天下大同。美美与共和天下大同也是一而二、二而一的辩证关系，如同文化自信与文明互鉴有了文化自信，就更能文明互鉴。反过来说呢？能不能真正文明互鉴，也取决于是否真有文化自信，这是第一点。

第二，从源远流长几千年的文明史、延绵不断的上万年文化来看，为什么既要有一个马克思主义基本原理与中国具体实践相结合，还要有一个与中国的优秀传统文化相结合？从历史上看，中华文明不但是古老文明、伟大文明之一，而且是唯一的延绵不断延续至今的文明，而且它还在不断丰富完善、不断创新。这不仅仅是个事实判断，毫无疑问，这当然是个事实，而且这个事实是足以引以为骄傲的，但是，它不仅是个事实判断、实然判断，甚至也是给我们提供真正的文化自信、文化自主之依据的历史判断，乃至我们为之骄傲的价值判断、应然判断。

为什么这么说？我们历史上当然也有曲折，也有波折，甚至也有战争、动乱，也有1840年以后的大的波折，当时甚至叫"千年未见之大变局"。但是它的确不但延绵下来了，这是一个基本事实，而且，也是更重要的，它为什么能够延绵下来？为什么还在不断发扬光大？一定是因为它是包含着有价值的，优秀的传统文化，否则它一定是没有生命力的，仅凭国家版图大，我们未必能生存下来，很多其他古老文明，有的曾经版图也很大，后来还是灭亡了、消失了，有的是被灭亡了，不是说这里边没有优秀文化或优秀的东西，但是客观上说，它们没能够延续至今，而中华文明延续至今还在不断发扬光大，那一定包含着它极强的生命力和内生的价值，这才使得这个古老文明和它所包含的多种文化不但能够延续下来，还能够生机勃勃，不断创新。

我记得大约改革开放 20 年的时候，当时接触的一些西方著名学者，例如写《漫长的 20 世纪》的阿锐基，他讲到中华文明时说，你们仅仅 1840—1949 年，不过有近 100 年受了挫折、曲折，但是你们接着又活过来了，不但活过来，而且还越来越生机勃勃，而其他的文明要么灭了，要么充其量在博物馆、展览馆、纪念馆里留下一些断壁残垣、古迹碎片。他这么看当时就给我留下很深的印象。我自己在中国老少边穷地区做发展研究中也发现，中华文明和它所蕴含的多种文化的确就是活生生的，连普通人、老百姓，包括山区里不识几个字、没有受多少正规教育的，也是用几千年的优秀文化在待人接物、为人处世、相夫教子，这些活着的文化，它们的生命力，用今天的新词就是确实是个学习型、开放型、包容性的，因此得以延续并发扬。我们今天提文明互鉴不是空穴来风，就是不断地吸收、吸纳、吸取其他文明、其他文化里的长，取人之长。中华文明几千年也是一个包含多种文化的大文明，而不是一个单一的文化，即使主流的汉文化也不是仅仅儒家一家，它本身就包含着丰富性、多样性。中华文明多样性问题还有费老提出的一个很重要的八字命题。至少在今天我们研究和对外传播界，还没像费老"各美其美，美人之美，美美与共，天下大同"这 16 个字那么引起足够重视，费老是在思考和总结中华文化为什么大一统并延续至今时提出来的这八个字，这就是"多元一体，和而不同"。费老晚年在思考中华文明中国文化的生命力的问题，用这八个字"多元一体，和而不同"是在讲中国几千年文明为什么能够延绵不断的道理。这里说的第二点就是想说，从历史的延绵不断来看，中华文明不仅存在几千年而且为什么能够存在如此之久，很重要的原因就是多元一体，和而不同。

第三，今天讲文明互鉴，讲构建人类命运共同体，恰好不是要把我们的文化推行强加于别人，而是要建构人类命运共同体，如果是按照多元一体和而不同来构建，那么这个共同体就将是天下一家，天下无外。所以，越是以美国为首的极少数西方国家或势力对我对实行全方位的打压、围堵与遏制，我们就越要走文明互鉴的道路，本着坚实的文化自主与充分的文化自信，当然也包括制度自信、理论自信等四个自信，再加上历史自信，面对别人的围堵、打压、封锁，我们就越要走文明互鉴之路，不仅仅是经济贸易层面的对外开放，也是以整个中华文化的开放包容学习精神，不断取人之长，向其他文明、其他文化、其他国家和地区（包括一些小的国家，似乎不起眼的文化）学习和借鉴。

必须强调，中华文明这个已经延续了几千年的优秀人类成果能够不仅守正而且创新，本身就是一个辩证法，尽管今天对外传播中还有不少短板，很多时候恰恰是因为我们缺乏文化自主与自信，就被别人的话语牵着鼻子走，也容易掉进别人设计的议题甚至是规则的陷阱，然后在他们已经设置好的议题陷阱、规则陷阱里去简单地怼回去、驳回去，其实如果议题和规则已经被人家定好了，比如只能踢足球，围棋什么的就不能玩了。即使踢足球，什么叫犯规，什么叫进球，规则也是人家制定好了的，最后只是在第三个层面，在他们设置好的议题和规则下去拼命踢球，那么就常常显得很无力也很无助。而反过来说，越是最后冲刺中华民族伟大复兴和国家的繁荣富强，就越要走文明互鉴之路，人类命运共同体之路。

由布罗代尔的文明史研究说起

常绍民

（生活・读书・新知三联书店副总编辑、编审，
兼《读书》杂志主编）

提到 20 世纪史学，无疑绕不开法国年鉴学派；提到年鉴学派，肯定绕不开费尔南・布罗代尔（1902—1985）。1980 年，时任法国国立图书馆馆长的历史学家勒华-拉杜里这样写道：“总有一天，当我们的同胞在总结 20 世纪的知识、科学和技术时，他们会发现我们在军事技术、尖端工业或原子物理学等领域内，并不始终处于领先地位。这些浅薄的法国人或许能够聊以自慰的是，他们毕竟在 1930 至 1965 年，全靠'年鉴派'的努力，产生了世界上最好的历史学家。”[①] 这里所说的“最好的历史学家”，指的是吕西安・费弗尔（1878—1956）和马克・布洛赫（1886—1944），他们是年鉴学派的第一代，尤其是把他们的思想发扬光大、使年鉴学派不仅成为法国最大的史学力量，而且在世界史坛具有举足轻重地位的第二代宗师费尔南・布罗代尔。作为年鉴学派第二代代表人物，布罗代尔几乎以一己之力，把年鉴学派推到了学术研究的最高峰，在法国乃至欧陆史界的影响至今罕有可以匹敌者。而他本人在地中海研究、资本主义问题等方面的研究，曾在国内学界产生了巨大影响。今天，在这个场合，只想就其文明史研究做点粗浅介绍。

---

① ［法］埃马纽埃尔・勒华拉杜里、周立红：《乡村史、气候史及年鉴学派——埃马纽埃尔・勒华拉杜里教授访谈录》，《史学月刊》2010 年第 4 期。

一 布罗代尔论文明史

在现代学术意义上,"文明"一词有着成百上千种不同的解释,而它和"文化"一词的异同是另一复杂的问题。布罗代尔有一部专门的著作研究文明问题,此即《文明史》(直译当为《文明史教程》)。这部书初版于1963年,是布罗代尔用年鉴学派方法,为法国16—18岁的中学生撰写的一部历史教材,他力图借这部作品,"说明和示范讲解在所有人文科学中要求最严格、最新颖、最稀奇的历史学,可以教授和怎样教授。它的一项基本原则是,要使成为教育对象的产生兴趣,就必须让他们在理解历史的同时,直面他们即将步入的世界"(法国史家莫里斯·埃马尔语)①。布罗代尔为了这部"小书"倾注了大量心血,但尽管他在尖端史学领域取得了巨大成功,蜚声国内外,但在中学历史教育领域,他遭受了彻底失败,《文明史》在几年之后就被撤出了教材目录,甚至未能继续列入教师用书。然而,从另一个角度看,《文明史》却又取得了巨大成功,时至今日在法国仍在不断重印,西方其他各主要语言都有译本,遥远的东方,也有日文和中文译本。学界公认,《文明史》和《十五至十八世纪的物质文明、经济和资本主义》一道,为世人呈现了一部与布罗代尔成名作《菲利普二世时代的地中海和地中海世界》不一样的世界史,用前引埃马尔的话,"和《十八世纪的物质文明、经济和资本主义》一起,它给了我们一部世界史"②。美国史学大家、全球史鼻祖威廉·麦克尼尔称这部世界通史"囊括了数千年的时间和空间,勾勒出人类历史的主要文明"。一部未取得成功的教科书,蝶化为一部不朽名著。

《文明史》分为三个部分,第一部分阐释文明的含义,后两个部分

---

① "序 布罗代尔教授历史",参见[法]费尔南·布罗代尔《文明史》,常绍民等译,中信出版集团2017年版,第ix页。
② "序 布罗代尔教授历史",参见[法]费尔南·布罗代尔《文明史》,常绍民等译,中信出版集团2017年版,第xxi页。

研究实例，分别介绍欧洲以外的文明和欧洲文明。那么文明到底指的是什么？布罗代尔通过对这一术语历史源起的考察，认为它既具道德含义又具物质含义，既共时又历时，既是单数形式又是复数形式。要阐释文明的观念，需要所有社会科学门类通力协作，特别要关注作为地理区域的文明、作为社会的文明、作为经济的文明和作为集体心态的文明。对任何文明的考察都要从历史的角度深入考察。"一种文明总是与一种历史密切相关，这种历史过去存在过，现在仍然存在。""如果对现在文明所遵循的道路、所承继的价值观以及所拥有的经验了解甚少，我们便不能真正理解这一文明。"人们乐于或直接看到的是文明中某些容易把握的东西，如一出戏剧、一次画展、一种哲学，或者把精力放在不同的历史时期上，但是时时应该记住的是文明的连续性具有根本意义，也就是说，要关注文明的长期历史连续性。布罗代尔认为，对文明的研究，历史学家至少是在三个层面上进行工作：第一个层面可称为A，是传统历史学的层面，即政治事件。第二个层面可称为B，是作为一个事件的一系列事件的层面，如浪漫主义、法国大革命、工业革命等，这里的时标是10年、20年甚至50年。它们或者被称为时期，或者被称为阶段，有时被称为时段，有时被称为趋势。最后是第三个层面，可称为C，所考虑的只是那些按照一个世纪或更长的时间来称量的现象。在这个层面上，历史进程十分缓慢，跨越了巨大的时间范围。在布罗代尔看来，"一个文明既不是某种特定的经济，也不是某种特定的社会，而是持续存在于一系列经济或社会之中、不易发生渐变的某种东西"。因此，文明只能在长时间段中进行研究，"这样才能把握一条逐渐呈现的主线——为一群人所共同遵守的某种东西。尽管历史上出现过动荡和骚乱，但这种东西还是被人们视为最为珍贵的遗产，一代又一代地传承下去。"这些东西包括宗教信仰和民族精神等，它们构成了布罗代尔说的"结构"。这些结构是文明的基础，它们通常历史悠久、长期存在，而且总是各具特色、与众不同，所有文明都把它们视为不可替代的价值。从这个意义上讲，文明可以与长时段画等号："经过一系列经济、一系列社会，仍坚持下来，同时几乎只是一点一滴地才改变方向者，就是文明。"就此而言，历史学具有独特的价值："有谁能够否认历史学的强烈作用呢？——重要的问题在于，历史学是一个至为重要的组成部分，没有它民族意识就无法维持下去，而没有这种民族意识，就不可能有独创的文化，不可能有真正的文明。"①

"长时段"一词是布罗代尔的发明，广为我国学者引用。这个词最早也最权威的表述出现在他的成名作《菲利普二世时代的地中海和地中海世界》（1946年出版，后多次再版）之中。这部长达150余万字的著作从总体史学的思想出发，努力把16世纪后半期即西班牙国王菲利普二世在位时期（1556—1598年）的地中海世界作为一个整体来加以考察。在作者笔下，地中海不再是一个毫无生机的海洋，而是一个充满激情和生命的历史人物。按照作者自己的说法，该书的写法是：把历史事实按照三种具有连续性的记载来写，或者按照三种不同的楼梯台阶，或者说按照三种不同的时间计量单位来写。具体说来，全书共分为三个部分。"每部分自成整体，单独阐明一个问题"。第一部分题为"环境的作用"，根据地理观察的框架和脉胳仔细寻找了地中海历史上的局部的、不变的、重复的事物，即"具有规律性的事物"，论述的是同它周围环境的关系史。第二部分题为"集体的命运和总的趋势"，可以说一部社会史或群体和集团史。这是一种处在地理环境之上而又有别于它、节奏缓慢的历史。该部分重点考虑的是"这些深海暗流怎样掀动了地中海的生活"。第三部分题为"事件、政治和人"，属于传统历史学的部分，叙述的是个人规模的历史。"这是表面的骚动，是潮汐在其强有力的运动中激起的波涛，是一种短促和动荡的历史。……这是所有历史中最动人心弦、最富有人情，也最危险的历史。……它们……对历史的深层只是蜻蜓点水。"这三个部分，也就构成了作者所说的长、中、短三个时段。三个时段构成了历史乐章的多个声部，因为在布罗代尔看来，"历史应该是一首能够用多种声部唱出的、听得见的歌曲"。②按照这样的结构和安

---

① 以上引文均见费尔南·布罗代尔《文明史》上编"文明释义"。
② ［法］费尔南·布罗代尔：《菲利普二世时代的地中海和地中海世界》（第1卷），唐家龙等译，商务印书馆1996年版，第8—12页。

排,书中首先用大量篇幅讨论了地中海地区的自然地理状况,进而探讨了该地区的经济社会状况和文化生活,最后涉及16世纪中晚期该地区的政治史。为了明晰地中海的全貌,作者广泛运用了历史学、地理学、社会学、政治学、民族学和经济学等多学科研究方法,把宏观分析与微观考证有机地结合起来,立体、生动地再现了所述时代地中海和相关地区人类的文明与历史,揭示了它的命运,向人展现了一部在时间轴上地理时间、社会时间和个体时间三层面、在空间上不同尺度纵横交错的坐标共同演绎的历史。对于他的这种研究,他的亲密伴侣,也是他工作中的合作伙伴布罗代尔夫人在专门为这部书中译本写的序言中说道:"在这种历史观里,文明具有特殊的地位……透过文明的历史表面的演变甚至是变革,它们的某些持久性将在很长一段时期内把它们记录下来。我们每人身上都有这样常常埋藏的痕迹,它使我们各自采取不同的常常是无意识的态度,是我们通过语言、饮食习惯、传统宗教信仰和所有存在的一切与诸多渠道继承下来的。这些消除不掉的特点有时使文明之间彼此强烈对立。"[1]

  布罗代尔在他后续的研究中一直在坚持使用他的长时段理论。《十五至十八世纪的物质文明、经济和资本主义》是他的另一部重磅之作,全书三卷分别为《日常生活的结构:可能和不可能》《形形色色的交换》和《世界的时代》,用的是三层分立的模式。布罗代尔把衣、食、住、行等最基本的物质生活统称为"物质文明",这些"日常生活"构成社会经济的基础。建立在基础之上的塔身,即生产与交换的正常机制,是以竞争为基本法则的"市场经济"。具有欺诈和独占性质,并由少数大商人包揽的不平等交换构成宝塔的顶层,占着居高临下的地位,他称之为资本主义。布罗代尔在本书绪论中不无自豪地这样写道:"三层分立模式已变成本书的参数表;在本书的构思过程中,我故意把理论撇开,而专一地注意具体观察和从事历史比较。我立足于长时段,根据过去和

---

[1] 布罗代尔夫人:"中译本序",见费尔南·布罗代尔《菲利普二世时代的地中海和地中海世界》(第1卷),唐家龙等译,商务印书馆1996年版,第8-9页。

现在的辩证关系，从时间上进行比较：这种方法从未使我失望。"① 图书出版后各界的反应证明作者没有自夸。

二 布罗代尔论法兰西文明

上面提到的布罗代尔三部著作虽然都是经典之作，但研究的（主要）不是他的祖国法国。到了生命的晚期，接近70岁高龄时，布罗代尔决心按他的理论框架撰写一部法国史。"我怀着与儒尔·米什莱同样苛刻、同样复杂的一片真情热爱着法兰西，不论是它的美德还是缺陷，也不论是我乐于接受的还是不易接受的东西。"固然，历史学家应尽可能超脱，不受个人偏好影响，不过，"历史学家只有研究本国的历史才能真正得心应手，他几乎可以本能地了解它的迂回曲折、独特品格和薄弱环节。……因此，我没有先挑可口的白面包吃，而留着在晚年享用。"② 布罗代尔的这个研究计划非常庞大，全书计分三大部分，分别是《法兰西的特性》《法兰西的诞生》和《法兰西的命运》，其中第一部分又分四个部分，分别是《空间和历史》《人和物》《国家、文化和社会》和《法兰西在国外》。然而很遗憾，当该书第一部分前半部分即《空间和历史》即将出版时，布罗代尔于1986年11月去世，留下大量手稿。《法兰西的特性》在他去世后不久出版，但只包括原计划的前两部分，让人唏嘘再三。

《法兰西的特性》试图从不同人文科学的角度，分别考察法兰西的全部历史。"让我们再次按顺序排列：地理学、人类学、人口统计学、政治经济学、政治学或政治科学、文化和心态研究、社会学、国际关系（法国在国外的活动）……"③ 这么做归根结底是要解决一个

---

① ［法］费尔南·布罗代尔：《十五至十八世纪的物质文明、经济和资本主义》第一卷"绪论"，顾良、施康强译，商务印书馆2017年版。
② ［法］费尔南·布罗代尔：《法兰西的特性》，顾良、张泽乾译，商务印书馆2020年版，第2页。
③ ［法］费尔南·布罗代尔：《法兰西的特性》，顾良、张泽乾译，商务印书馆2020年版，第8页。

问题，即何谓法兰西特性？它/它们是怎么形成的？"确定法国历史的特性也就意味着确定法国人在其自身生活中的地位"①。那么，如何确定这种特性呢？布罗代尔这样归纳道："这是一种至高无上的品性，是事关全局的核心，是法国自己掌握自己的命运，是绵延不绝的往昔慢慢垒积而成的结果……总之，这是残存、交混、添加、混合的过程，是旨在求得永存的针对自身而进行的一场战斗……一个民族为求得存在，只能对自身进行无穷无尽的探寻，朝着合乎逻辑的演变方向实现自我变革……认同本民族最优秀的和最基本的品质；从而在高贵的形象前，在仅为局内人所知的暗语中看出自己的特性，在成百上千种验证中，在各种信仰、言语、借口、默契、汪洋大海般的无意识暗流中，乃至在意识形态、神话和幻想中认出自己的特性。"② 这些特性也构成一个文明的根基。

与中国一样，法兰西以多样性著称，空间、人口、历史、民族等方面都是如此，不过，抓住这样几个点，即"长时段（首先是它，尤其是它）、六边形（法国国土呈六边形）、欧洲、世界"③，就可以从空间和时间（历时与共时）方面找出法兰西历史和文化的特质。由于历史、民族、经济、文化等方面的不同，法国确实具有多样性，正是这种多样性导致了对抗、分离和不统一。在很大程度上，这与以农业立国有很大关系。但是应当认识到从古到今这些貌似迥异的文化、省份之间存在着各种基本经济的联系，法国的统一性正肇始于此。寻找认同，这是历史研究的重要目的之一。在布罗代尔看来，法国真正具有统一性是很晚的事，其标志既不是人们津津乐道的圣女贞德，也不是三百来年一直是话题中心的法国大革命，而是要到铁路出现、初等教育普及等之后；16世纪法国人才有了祖国的概念，大革命时期才有了

---

① [法]费尔南·布罗代尔：《法兰西的特性》，顾良、张泽乾译，商务印书馆2020年版，第3页。

② [法]费尔南·布罗代尔：《法兰西的特性》，顾良、张泽乾译，商务印书馆2020年版，第10页。

③ [法]费尔南·布罗代尔：《法兰西的特性》，顾良、张泽乾译，商务印书馆2020年版，第7页。

法兰西民族的雏形。"历史深层的运动决定着法兰西各历史时期的前进速度和发展方向",因而这种研究离不开长时段的研究方法。"长时段的历史"是"衡量和说明任何命运的一项参数","它能使我们区分主要和次要,掂出法兰西的分量,领会法兰西的历史,进而了解法兰西的特性是什么",当然,这种历史也有缺陷:"在长时段历史中,人的自由和责任具有局限性。人并不是历史的创造者,反倒是历史创造着人,并且为人卸除责任。"①

应当说明的是,"法兰西的特性"这个译名虽不算错,但不能说完全准确,或者说无法完全反映出布罗代尔的思想。中译本出版后不久,北大历史系高毅教授就指出,"特性"一词,法文原文为L'IDENTITE,英文为IDENTITY,译为"认同"或许更为确切,指的是一个民族、文化、群体特性的认同感。确实如此。这部书核心所在就是法兰西如何成为法兰西,当然,此法兰西固然一直保有自己的特点,但"没有法国史,只有欧洲史"(马克·布洛赫),再进一步说,"没有欧洲史,只有世界史"。法兰西是欧洲的法兰西,是处于世界风云变幻中的法兰西,在当下的世界,"只能设想镶嵌在地球仪上的六边形"。"对任何民族来说,不得不与世界进行越来越多的对话并不意味着自身的历史就此消失。只有混合,没有融合。"② 法国在这方面可以说具有超强的能力(我国在历史的一段时期里也是如此),2010年获诺贝尔文学奖的马里奥·巴尔加斯·略萨曾这样写道:"在发现外国的艺术天才方面,没有哪个国家望帝啼鹃比法国更好。法国人会赞颂他们,把他们放在聚光灯下,使他们融入法国文化。"③ 法国的历史与欧洲和世界的命运犬牙交错;由法国可以揭示出欧洲和世界的进程。

---

① [法] 费尔南·布罗代尔:《法兰西的特性》,顾良、张泽乾译,商务印书馆2020年版,第1068页。
② [法] 费尔南·布罗代尔:《法兰西的特性》,顾良、张泽乾译,商务印书馆2020年版,第7页。
③ [秘] 马里奥·巴尔加斯·略萨:《略萨谈博尔赫斯:与博尔赫斯在一起的半个世纪》,侯健译,人民文学出版社2022年版,第63页。

三　余论

在介绍布罗代尔的文明史理论时，不由得想到一个人、两句话。

所谓一个人，就是吴于廑先生，今年是他诞辰110周年，去世30周年。他可以说是国内很早就具有整体史学和全球史观点的历史学家，其由点到面的世界史，认为世界现代文明是由远古的一个个孤零零的点一点点向外延伸扩展而成的，其中文化的交流，包括军事战争，起了非常重要的作用。在这一漫长的历程中，农耕与游牧世界的碰撞尤其令人关注。吴于廑先生某种程度上可以说堪与布罗代尔媲美，可惜后继乏人。

所谓两句话，是指王国维和陈寅恪二位先生的两句名言。观堂先生曾说："异日发明光大中国之学术者，必在兼通世界学术之人，而不在一孔之陋儒，固可决也。"[1] 金明馆主则云："若真能于思想上自成系统，有所创获者，必须一方面吸引外来之学说，一方面不忘本来民族之地位。"[2] 为学当如此，认识现实世界更应如此，当今这个世界尤应其如此。

因此，透视布氏的文明史学说，发现其深层内涵，在当下的我国也具有现实意义。布罗代尔探究法国人文明认同感过程和成因的努力，对于我国的国史研究也颇具参考价值。

---

[1] 王国维：《奏定经学科大学文学科大学章程书后》，转引自蔡鸿生《学境》（第3版），生活·读书·新知三联书店2022年版，第27页。

[2] 陈寅恪：《金明馆丛稿二编》，生活·读书·新知三联书店2001年版，第284—285页。

"重写"百年文学史：中国式现代化的理论与实践*

贺桂梅

（北京大学中国语言文学系党委书记、教授）

"中国式现代化"作为中国共产党第二十次全国代表大会提出的重大理论创新，为思考和推动中国百年文学史研究的范式转型提供了当代性契机和理论资源，为重新建构百年文学史叙述的新形态提供了可能性。可以说，这也是21世纪展开新一轮"重写文学史"研究实践的主要理论基础。本文立足中国式现代化的理论与实践探索，尝试就如何"重写"百年文学史提出纲要式探讨。

一 百年文学史研究的范式转型

"重写文学史"是20世纪80年代现当代文学研究界提出的说法。20世纪80年代中期，针对20世纪五六十年代形成的中国现当代文学史叙述体例和基本范式，彼时的年青一代学者，提出"20世纪中国文学""新文学整体观"等新的文学史理论范畴，进而在20世纪八九十年代形成了文学史研究界影响深远的"重写文学史"思潮。[①] 这一重写实践是在当代中国的特定历史语境中展开的，"重写"的内涵与"被重写"的对象，都有特定的所指。但也由此造成较为普遍的错觉或印象，将"重

---

* 本文已发表于《文学评论》2023年第5期，收入本书时略有删改。
① 贺桂梅：《"新启蒙"知识档案：80年代中国文化研究》，北京大学出版社2021年版，第368—436页。

写文学史"固定化为20世纪八九十年代特有的现象。实际上,自"文学史"这一现代范畴于20世纪初期进入中国知识界以来,百年中国文学的创作、批评、传播和再生产实践,就始终与文学史的研究与理论实践紧密关联,互相建构。

文学史的研究实践并不仅仅是在文学创作与批评实践"完成之后"进行的归纳与提炼,而总是包含了"总结"与"规范"文学实践的双重内涵。从"总结"这一面而言,文学史不同于文学创作、文学批评的地方,在于它是对已有的文学创作、批评、传播与再生产实践的总体性归纳、概括和提炼。缺少对已有文学实践的梳理、描述和分析,文学史就可能沦为概念化的图解和空洞的阐释。但同时,对已有文学实践的概括总结,并不是一个纯学术或纯客观的知识演绎行为,而总是包含了对未来文学实践方向的引导和规范。采取何种核心理论范畴展开文学史研究实践,是一个高度主观化和选择性的行为,必然包含着研究者和书写者对现实的理解、对未来的规划,并由此出发而对已发生的文学创作实践进行选择性的评判和重构。因此,文学史研究同样是一种"叙事性"行为,总是包含了对过去的重写和对未来的规范。从这样的意义上可以说,中国百年文学史研究实际上于不同阶段都在进行着不断的"重写"。

中国百年文学史的研究实践并不是直线型展开的,而是包含了不同阶段基于文学与社会现实之间的互动关系所做出的调整,并呈现为文学史理论与研究实践主导性范式的变迁。可以简略地将百年文学史主流范式的演变,概括为以下几个大的阶段和几种主要形态。

第一个阶段大致划定在20世纪20—30年代,可以概括为现代性文学史研究"启蒙范式"的确立。在这个阶段,如何确立现代性的文学规范、如何从中国文学的纵深脉络中勾勒文学史发展的历史图景,特别是"新文学"自身的合法性,构成了"启蒙范式"的主要叙述内容。这其中代表性的文学史著作包括胡适的《五十年来中国之文学》(1922)、周作人的《中国新文学的源流》(1932)、朱自清的《中国新文学研究纲要》(1933)等。特别是1935年由赵家璧主编、蔡元培作总序、新文学运动发起者和倡导者主编的"中国新文学大系(1917—1927)"的出版，是启蒙范式新文学史研究的集大成之作。可以说，正是经由这部大系的总结和阐释，新文学才完全取代传统白话文学、晚清通俗文学和古典"旧文学"而成为百年中国文学发展的主流。

这个时期文学史研究范式的核心问题是如何处理文学的古今关系，如何从现代性视角建构新文学的合法性，同时确立作为现代性的文学即"literature"的文类体制。这一新旧转型的历史书写与实践，不仅发生在新文学场域，也发生在同时期的哲学、史学乃至社会科学领域。新文学与新史学、新哲学、新伦理、新社会科学等是同时产生并成型的。与此相应，伴随着与现代性文学密切相关的现代出版传播市场体制和现代教育体制的确立，现代中国学科体制也逐渐成型。"中国文学史"的研究和教学实践，正是在现代高等教育体制中形成，并与传播市场、文学生产体制等密切关联。

第二个阶段是革命范式主导的20世纪40—70年代。代表性的文学史研究著作，包括20世纪50年代王瑶的《中国新文学史稿》（上、下册，1951、1953）、20世纪60—70年代唐弢、严家炎主编的《中国现代文学史》（三册，1980），也包括1962年华中师范学院编著出版的第一本当代文学史《中国当代文学史稿》、20世纪70年代与80年代之交北京大学中文系张钟等五位老师编写的《中国当代文学概观》（1980）及其增订版（1986）、华中师范大学编写的《中国当代文学》（1983、1984、1989）、十二院校编写的《中国当代文学史稿》（1989）等。

启蒙范式主要关注文学的新旧断裂，关注现代国民精神和文学表达，关注现代文学文体的确立等核心问题。与此不同，革命范式的重心是处理新文学的内在差异，特别是新的"超现代"文学即人民文艺的确立，由此而提出处于更高历史阶段且更具社会主义先进性的"当代文学"，并将此前的新文学称为"现代文学"。现代文学与当代文学被视为中国革命文学发展的不同阶段，前者被视为"新民主主义文学"，而后者则是"社会主义文学"或"社会主义时期的文学"。这种文学史叙述的主要理论范畴，是人民、阶级、反帝反封建、社会主义等，其核心不再是文学的文体体制与抽象性的现代国民精神，而是文学实践与社会革命之间的互动互构，文学被视为社会运动、国家建设等的重要组成部分，由此形成了文学与政治之间的密切关联。文学的自律性规律和独特性探讨，虽也受到关注，但更强调在社会主义现实主义总体规范内的表现形态，因此，主题、题材、典型人物、真实观等成为文学研究的主要范畴。

革命范式的确立是和中国百年革命实践的发展密切相关的。"当代文学"构想的起源，是20世纪30年代和40年代之交"马克思主义的中国化"理念的提出和毛泽东1942年《在延安文艺座谈会上的讲话》的发表。[①] 文学实践和文学史书写被纳入新中国人民政治的确立和建构实践中展开，文学（文艺）借以生产、创造、传播和再生产的机制，和新中国的政治、经济、社会与文化的总体性机制紧密相关，并被视为确立中国革命和社会主义建设的文化领导权的核心构成部分。可以说，与第一阶段以转化和吸收西方式现代文学及其体制的启蒙范式的最大不同在于，革命范式不仅确立了文学实践和文学史书写的政治主体（人民与人民文艺），而且明确地凸显了中国化诉求。这是在社会主义文化建设和国家塑造的总体性视野中展开的文学创作与文学史研究的革命现代化实践。从总体性的理论话语体系上来说，"马克思主义中国化""民族形式""中国作风与中国气派""中国自己的道路""中国特色的马克思主义美学"等范畴的提出，都在普遍性的社会主义文化实践和独特性的中国道路中展开了辩证思考和创新性探索性实践。

值得提及的是，文学史研究实践密切地关联着20世纪50年代和60年代之交中国教育体系中文科知识体系的确立和大学文科教材建设。这也表明，革命范式的确立不仅表现在现当代文学研究领域，同时也实践于中国哲学、中国历史、中国美学等领域。如何分析和探讨20世纪40—70年代的现当代文学史研究，总结其历史经验，不能仅仅局限在文学（特别不能局限在"纯文学"）领域，而应放在新中国建设时期马克思主义中国化的理论话语与知识生产体制的总体性视野中展开分析。

第三个阶段是"文化大革命"结束后，特别是20世纪八九十年代直

[①] 参见贺桂梅《书写"中国气派"：当代文学与民族形式建构》，北京大学出版社2020年版，第2—3页。

至 2010 年左右这段时间的现代化范式。这包含了前文提及的"重写文学史"思潮,其核心理念是"纯文学"观念的提出,将文学和政治对立起来,强调文学实践和文学史书写的去政治化诉求。以"现代化"来命名这一范式的主要特点,是因为这个阶段对"现代化"的理解,从总体的理论体系和知识体系而言,有意无意地受到西方主导的现代化理论的影响,把"现代化"理解为一种普遍性的世界价值观和社会发展趋势,并且将"现代化"与"革命"对立起来,借以完成对前 30 年中国革命实践的批判性反思。

将 20 世纪 80 年代提出的重写文学史思潮,放在 20 世纪七八十年代转型的中国视野和全球视野来看,可以说,这是在中国社会自身改革和向外部开放这双重力量作用下所形成的中国文学体制的内部调整。其重心是强调文学叙事媒介的独立性、文学研究的专业化,这被视为文学现代化与学科现代化的主要标志。在此,"现代化"既是一种价值观,也是一种未曾得到历史化反思的规范和目标。其中,没有得到自觉反思的正是所谓的"现代化"规范,往往有意无意地来自西方社会,特别是改革开放以来的欧美世界。现代化的具体内容被理解为人性、现代性、世界性、专业性等普遍内涵,但在具体的探讨和实践中,有意无意地以西方现代性为规范来源。这也造就了 80 年代中期"寻根"思潮凸显的历史(无)意识结构,即传统与现代、中国与西方的二元对立思维框架。

作为 80 年代重写文学史思潮深化的代表性著作,钱理群、温儒敏、吴福辉等合著的《中国现代文学三十年》(1987 年初版)、洪子诚的《中国当代文学史》(1999 年初版)、陈思和主编的《中国当代文学史教程》(1999 年初版)、严家炎主编的《二十世纪中国文学史》(2000)等,一方面延续并推进了百年文学研究的学科化建设,另一方面在文学现代化实践的具体书写和研究中不同程度地突破了西方式现代化范式的规范。所谓文学史研究与写作的"犹豫不决",表明以抽象的"文学现代化"作为内在规范的文学史研究遭遇的某种矛盾和困境。[①] 从范式研

---

① 参见钱理群《矛盾与困惑中的写作》(《文艺理论研究》1999 年第 3 期)和洪子诚《我们为何犹豫不决》(《南方文坛》2022 年第 4 期)等文章。

究的角度而言，这意味着范式自身的危机，也预示着可能到来的文学史研究和实践转型的新阶段。

以上对中国百年文学史研究三种范式的梳理，意在指出"中国式现代化"理论的提出，为解决当前面临的范式危机提供了突破性契机。某种意义上，这也意味着文学史研究范式的"否定之否定"。正如革命范式是启蒙范式的自我否定，现代化范式是革命范式的自我否定，中国式现代化的提出，意味着现代化范式的自我否定。但这种自我否定并不是回到革命范式，正如现代化范式不是回到启蒙范式。真正需要明确的，是"现代化"的具体历史内涵和推进实践的主体，由此，百年中国文学实践展开的历史图景及其蕴含的历史经验，才能得到更有效的思考和总结。

推动百年文学史研究的范式转型，需要从实践和理论两个维度重新考察中国百年文学实践现代性转化的历史过程。"中国式现代化"既是一种历史实践经验的总结提炼，也是一种理论创新的规范和目标。从实践的层面，意味着重新考察百年文学的实践史和研究史；从理论的层面，意味着对既有的有关"现代化"的话语表述本身做出历史化的清理和反思，并将构建中国特色的现代化理论表述作为自觉的创新诉求。

二 理论话语的清理："现代化理论"和"中国式"建构

作为理论范畴的"现代化"，并不是一个内涵自明的概念。在许多人的反应中，它常被等同于"西方现代化"。从世界史的角度看，现代化实践最早也是从欧美西方社会开始的。如何理解"中国式现代化"，不仅需要对现代世界体系中的现代社会发展做出历史化思考，同时也更需要从话语层面对现代化范畴本身做出清理。对于文学史研究而言，这种理论谱系和知识概念的清理显得尤为必要。

在英语世界，特别是在社会科学领域，"现代化理论"（近代化理论，Modernization Theory）是一个专有的理论范畴。它既是 20 世纪 60 年代美国政府针对全球第三世界国家和地区制定的对外政策，也是美国社会科学界建构的一套知识表述，进而在 80 年代演变为一种全球性意识形态。对于这一演变过程，美国学者雷迅马在《作为意识形态的现代化：社会科学与美国对第三世界政策》中做了深入的历史化考察和批判性分析，① 由此也使我们意识到，如何理解"现代化"的内涵，首先不得不从话语谱系上做出清理。

雷迅马的研究显示，20 世纪 60 年代肯尼迪政府时期，美国社会科学界提出并构建的"现代化理论"，带有十分明显的冷战色彩，其初衷在于建构一套有关落后国家的发展理论，而与社会主义阵营争夺第三世界的领导权。比如经济学家 W. W. 罗斯托的经济学著作《经济成长的阶段》，就有着一个醒目的副标题"非共产党宣言"。② 这也可以解释，为何人们谈论"现代化"时，总是将其与"革命"相对立，以及这种将自身建构为"客观性"社会科学理论与普遍性全球意识形态的现代化理论，为何不得不是"美国中心主义"的。从经济、政治、社会等社会科学知识角度构建的"现代化理论"，包含了四个要点：（1）传统与现代社会二元论；（2）政治、经济、社会与文化的整体结构论；（3）全球所有国家和地区享有共同的、直线式发展道路；（4）发展中国家通过与发达国家的交往，并获得发达国家的支援而加速推进其现代化进程。这四点也被视为关于现代化的普遍发展模式。

这种看似非意识形态化的"纯"社会科学理论，实质上核心目的是为确立美国的全球中心位置，其关键在于内在地将西方社会特别是美国作为现代化发展的典范和标准："理论家们将西方的、工业化的、资本主义的民主国家，特别是美国，作为历史发展序列中的最高阶段，然后

---

① 参见［美］雷迅马《作为意识形态的现代化：社会科学与美国对第三世界政策》，牛可译，中央编译出版社 2003 年版。英文版初版于 2000 年。
② 参见［美］罗斯托《经济成长的阶段——非共产党宣言》（内部读物），国际关系研究所编译，商务印书馆 1962 年版。

以此为出发点，标示出现代性较弱的社会与这个最高点之间的距离。"① 也可以说，这是一种"一元现代化"或"单一现代化"的理论形态，由此，为美国20世纪60—80年代在全球争夺第三世界国家和地区的领导权提供了合法性意识形态。并且正如美国批判性理论家阿里夫·德里克所说，从史学研究的范式角度而言，这种知识形态在80年代经历了从"现代化理论"到"现代化范式"与"现代化意识形态"的演化。② 当一种具有明确意识形态诉求的社会科学理论演变为学术研究的专业化内在规范时，它的建构性和政治性就完全隐蔽起来，而变成了普遍性的全球"价值观"。

指出美国式"现代化理论"的生产过程及其意识形态特性，并不是要将"中国式现代化"理论同样意识形态化，而是需要意识到，当人们谈论"现代化"时，如果不了解这一范畴本身附带的历史内涵，就无法针对性地思考"中国式"的主体性内涵如何呈现。70年代后期，中国主动调整社会主义建设的方略，启动改革开放的新阶段之初，邓小平开始提出"中国式的现代化"的说法。他在1979年3月21日会见英中文化协会执行委员会代表团时这样说："我们定的目标是在本世纪末实现四个现代化。我们的概念与西方不同，我姑且用个新说法，叫做中国式的四个现代化。"③ 此后，又在不同场合说："现在搞建设，也要适合中国情况，走出一条中国式的现代化道路……中国式的现代化，必须从中国的特点出发"，④"我们要实现的四个现代化，是中国的四个现代化，我们的四个现代化的概念，不是像你们那样的现代化概念，而是'小康之家'"⑤。这样的表述充分强调了中国现代化建设的主体性，强调四个现

---

① ［美］雷迅马：《作为意识形态的现代化：社会科学与美国对第三世界政策》，牛可译，中央编译出版社2003年版，第6—7页。
② ［美］阿里夫·德里克：《革命之后的史学：中国近代史研究中的当代危机》，吴静研译，《中国社会科学季刊》（香港）1995年春季卷。
③ 《邓小平年谱（一九七五——一九九七）》（上卷），中共中央文献研究室编，中央文献出版社2004年版，第496页。
④ 《邓小平文选》（第2卷），人民出版社1994年版，第163—164页。
⑤ 邓小平1979年12月6日会见日本首相大平正芳时的谈话，收入《邓小平文选》（第2卷），人民出版社1994年版，第237页。

代化是基于中国国情、从中国社会主义建设的主体诉求出发、带有战略性的思考方案。特别是"小康之家"这样的范畴的提出，赋予了中国式现代化更为明确的中国文明内涵。将"现代化"与"中国式"结合起来，首先打破了"现代化"与"革命"的冷战式二元对立，而强调了以革命和社会主义建设的方式规范并完成现代化建设的可能性思路。

关于现代化理论，以北京大学罗荣渠1985年主持成立的北京大学世界现代化进程研究中心为代表，研究、翻译、出版多项成果，从理论层面做了颇为深入的研究与推进。[①] 罗荣渠也指出，八九十年代成为"热门话题"的现代化研究，无论在中国还是全球，理论上仍难以摆脱"社会科学知识在中心（西方国家）生产，在边缘（第三世界）消费"的基本局面。[②] 也就是说，原创性的现代化理论著作，"作者大多数是美国人"，而且，"几乎是清一色的自由派观点占了上风"。[③] 发展至21世纪初期，西方理论界关于"后现代主义"的讨论，特别是"亚洲四小龙"的崛起，以及现代化理论的"文化转向"等，诸种理论和实践的变化，使越来越多的研究者意识到，"我们再也无法讨论单数的现代性了"。[④] "多元现代性"理论的提出，可以说与"中国式现代化"作为一种理论创新的探索，有着共同的诉求。但中国式现代化有着自觉的理论诉求和长期的历史实践基础，因此它既不是美国式现代化理论的简单对立，也不是去政治化的"多元现代性"的横移，而是基于中国国情和社会主义现代化建设发展到新时代之后，在理论探索上的必然要求。

可以说，这是当代中国现代化建设实践发展到一个新阶段的时代要求。现代化实践并非仅仅是概念上的辨析，还是一个极其复杂的整体性社会实践工程。国家的战略性要求，和不同结构性场域的具体实践，特

---

① 相关成果参见《罗荣渠文集》和"世界现代化进程研究丛书"等。
② 罗荣渠：《编者的话》，载［美］塞缪尔·亨廷顿《现代化：理论与历史经验的再探讨》，载罗荣渠主编《当代学术思潮译丛》，上海译文出版社1993年版，第3页。
③ 罗荣渠：《编者的话》，载［美］塞缪尔·亨廷顿《现代化：理论与历史经验的再探讨》，载罗荣渠主编《当代学术思潮译丛》，上海译文出版社1993年版，第2页。
④ 金耀基：《另类现代性在东亚的兴起》（英文初版2001年），见［德］多明尼克·萨赫森迈尔、任斯·理德尔、S.N.艾森斯塔德编著《多元现代性的反思：欧洲、中国及其他的阐释》，商务印书馆2017年版，第189页。

别是不同文化领域的专业化建构之间，还存在着复杂的转换、深化、治理的过程。可以说，在启动改革开放方案之初的80年代，对于何谓"现代化"存在着各种各样、不同层次的理解，由此也造成了这个实践过程的丰富性、复杂性和多样性。[①] 经过三十多年的发展，中国社会已经初步建成了现代化的基本形态，需要提出更为明晰、具有新时代特点的理论阐释，以规划中国未来的发展方向和道路。"走一条中国式的现代化道路"，不仅需要对具体的历史实践经验进行总结，也需要从理论原创性的高度提出中国自主性的现代化知识体系和理论体系。

这种现代化理论与实践之间的复杂互动关系，也同样适用于文学创作和文学史研究的实践。需要打破前后30年文学研究范式的简单对立，在当代中国70年历史的综合性视野中重新理解和评价当代文学史（也包括百年文学史），以求对文学的未来发展做出更自觉的战略性规划和引导。如果说20世纪40—70年代的革命范式在强调总体性视野的同时，一定程度地忽略了文学创作和文学研究的自律性和专业化特点的话，那么当下文学创作与文学史研究的主要问题则在自律性与专业化的过度成熟，由此导致总体性视野的欠缺或薄弱。这也是当前文学和文学史介入当前社会实践的力量削弱的主要原因之一。因此，从理论高度对一些带有根本性的文学问题做出重新阐释和总结，进而通过对百年文学史的重新梳理而构建新的研究范式，成为一种时代性要求。

2022年，习近平总书记在中国共产党二十大报告中明确提出的"中国式现代化"，既是中国现代化历史经验的总结，也是关于未来中国发展的目标规范。党的二十大报告中提出的"中国式现代化"的五大特征，即人口规模巨大的现代化、全体人民共同富裕的现代化、物质文明与精神文明相协调的现代化、人与自然和谐共生的现代化、走和平发展道路的现代化，明确了现代化之"中国式"的具体内涵。"现代化"的普遍性和"中国式"的独特性之间的辩证关系，需要在实践中完善并展开进一步的理论创新。"五大特征"在这个意义上，是一种规范和诉求，

[①] 贺桂梅：《"新启蒙"知识档案：80年代中国文化研究》，北京大学出版社2021年版，第40—58页。

而非理论教条。因此，需要重新考察百年中国现代化的实践史，通过梳理、分析和阐释具体历史现象和经验，而深化其理论化过程。

"中国式"现代化理论的关键因素，首先是基本立场和主体站位的调整，即是立足于中国的主体视野，还是立足名为"世界"的西方现代性规范。同时，这也是基于中国国情特点和文明传统而做出的战略性规划。其中包含了三个基本历史维度。其一，这是一种新时代的当代性规划。中国式现代化的理论内涵具有当下中国的时代性特点，是回应新时代挑战的当代性创新。忽略这一点，就无法理解中国式现代化理论本身的建构性特点。其二，这是对中国既有现代性经验的反思、总结和提炼。中国式现代化理论探索是在重新思考和总结百余年中国现代化实践史的基础上展开的。离开百年中国现代实践史的考察和总结，就无法呈现中国式现代化理论的实践性特点，也无法超越既有现代化实践的问题。其三，这是中国文明的创新性发展。中国式现代化之"中国"不是抽象的，而是立足长时段的中国文明视野而重新思考21世纪中国置身的古今中外格局及其走向。中国国情并非一日生成，而是在中国文明根基上展开的现代化实践所形成的历史与现实。强调"文明根基"，既是打破西方中心主义的现代观而思考中国现代化实践的丰富性和主体性，也是从人类命运共同体的高度思考中国与世界的辩证关系。与美国式"现代化理论"主要是为第三世界落后国家提供发展规范不同，中国式现代化理论更强调立足中国国情而规划自身的发展道路。在此，"中国"是一个国家，也是一个文明体。对中国文明根基的强调，并非民族主义的重申或"中国中心主义"，而是唯有意识到中国的独特性和主体诉求，才能尊重其他国家与文明体的主体性，进而构建"人类命运共同体"才成为可能。费孝通所谓"各美其美，美人之美，美美与共，天下大同"也正是这样的意思。[①]

当代性建构、现代性反思和文明根基的视野，这三者的融合是思考中国式现代化理论创新的基本框架，也是探讨百年文学史"重写"可能

---

① 费孝通：《人的研究在中国——个人的经历》，《读书》1990年第10期。

性的立足点。

三 实践层面的定位:现代化发展的"第四波"

以上从理论话语层面,对新时代的文学史研究如何理解中国式现代化的具体内涵及其理论谱系做出了初步的清理。同时,也需要从一种新的历史视野出发,从社会实践与文学实践的层面,对百年文学的基本形态、文学体制、重要主题、历史阶段等做出重新阐释和分析,进而明确21世纪中国式现代化提出的历史依据和时代性特点。可以说,中国式现代化的理论创新,是对中国现代化实践发展到一个新的历史阶段而做出的历史性定位和时代性回应。这也可以说是从更大的历史背景来理解和定位重写百年文学史研究范式转型。

百年来中国现代化发展的历史,也可以说是中国从被动融入西方主导的现代世界体系,进而创造性整合并转化中国文明传统,逐渐形成具有中国主体性的现代化发展道路的过程。可以简略地将其概括为四个阶段和"四波"展开轨迹;① 相应地,也形成了文学史研究的不同主流范式及其核心问题序列。由此,通过历史梳理和回顾,以期更为准确地定位今天中国社会的现代化发展阶段和主要任务。

19世纪后期至20世纪上半叶,可以称为中国融入现代世界体系和现代化发展的"第一波"。在这个阶段,"中体西用"模式被打破,在西方以军事为先导的现代文明冲击下,中国文明的回应从技术、军事、政治直至文化,逐层深入,吸收转化西方现代文明,进而以五四新文化运动为标志,形成中国现代文化新形态。虽然"冲击/回应"的史学阐释,② 不足以呈现这个时期中国文明现代性转换的内生性特点,但需

---

① 有关现代化发展的"四波"这一说法,汪晖的相关说法为本文提供了启示,参见汪晖、贺桂梅、毛尖《民族形式与革命的"文明"论》,《文艺理论与批评》2021年第2期。

② "冲击/回应论"是美国学者费正清最早提出的有关中国现代化的史学模式,后成为20世纪五六十年代现代化理论阐释中国发展道路的主要形态。这一理论模式在80年代美国学界受到挑战。相关分析参见〔美〕柯文《在中国发现历史:中国中心观在美国的兴起》第一章,林同奇译,中华书局2002年版,第1—53页。

"重写"百年文学史：中国式现代化的理论与实践

要意识到，这个"融入"的过程对中国而言，仍旧是"被动性"成分居多。特别是考虑到，当中国在 19 世纪与 20 世纪之交打开国门之时，西方社会自 15 世纪航海大发现、工业革命、民族国家体系塑造等之后，已经形成了一种以西方文明为中心的现代资本主义世界体系。西方文明进入中国，因此就并不像以佛教为代表的印度文明进入中国社会那样平和，而是在中西文明体的激烈冲撞中，被动地开启融入世界体系的过程。这可以视为两种世界体系的碰撞和融合，而其中中国文明显然居于被动位置，但并不意味着中国失却了文明主体性。这也正是竹内好所论及的中国和日本吸收转化西方现代文明的不同方式。① 近年来，强调中国现代性转化的内生性特点，逐渐成为学界探讨中国现代化起源的主流观点。但对中国现代性"内生性"特点的强调，并不意味着忽略 19—20 世纪之交中国现代化的具体历史情境。显然，没有西方主导的现代世界体系的全球扩张，百年来中国现代化发展显然就会是另一种形态。

称其为"第一波"，正因为外来文明的冲击和中国社会的回应是个逐渐深入的过程，从东部沿海沿江地区到内陆乡村地区，从都市中心地区到乡村边缘地区，同时伴随的是现代性市场体系、印刷出版文化体制、教育体制等逐渐成型。现代中国的"文学"（literature）正是在这个过程中生成。其主要特点是以西方式现代化作为学习目标，提出"文学的国语，国语的文学"，逐渐形成都市印刷体系和现代教育体制中的新文学。在这个阶段，新文学作为现代中国国家建构和动员的组成部分，格外强调一种以"新"为导向的现代性文学；同时，无论其如何新，也还是建立在中国文明现代性转化的基础上，始终伴随着批判现代性或反现代性的创新性调适。同时因为新文学活动的主要区域在东部地区和都市社会，新文学的主要形态和接受市场也主要限于都市学生、市民和知识分子阶层，因此，必然会有更为深入的展开过程。

中国社会与现代性文学发展的"第二波"，可以划定在 20 世纪 40—

---

① 参见［日］竹内好《何谓近代——以日本与中国为例》，《近代的超克》，李冬木等译，生活·读书·新知三联书店 2005 年版，第 181—222 页。

70年代。这个阶段，不仅从理论上确立了马克思主义中国化的基本原则，从知识体系上开始构建中国特色的哲学社会科学，从文学与文艺形态上确立了人民文艺的实践体制，同时也使现代化实践深入广大的内陆地区和乡村腹地。在"农村包围城市"战略的指导下，中国共产党取得了革命成功；中华人民共和国成立后，对农村的社会主义改造，形成了具有中国自主性特点的社会主义现代化发展道路。这既是对西方式现代化的超越，也是中国道路的基本确立。这个阶段初具雏形的人民文艺，在继承和发展五四新文学的基础上，更为自觉而主动地转化地方、民间、旧文艺、方言土语等传统民族文化，由此也形成了社会主义人民文艺与现代中国的民族形式互相建构互相推进的新的实践方式[①]。

但需要意识到，现代化发展的"第二波"，特别是20世纪50—70年代，主要是在全球冷战格局中展开的。一方面，中国的社会主义建设处在资本主义世界体系的包围圈中，被动地形成了"脱钩"状态。这也使得中国现代化建设处在极为艰难的处境中。另一方面，社会主义阵营和第三世界国家在20世纪六七十年代的转型与变化，特别是70年代资本主义体系石油危机和金融危机的冲击，使得中国现代化发展开始进入"第三波"。当代中国从60年代的"自力更生"到七八十年代之交的"改革开放"，既是现代化发展的需要，也是主动因应全球格局变化而做出的阶段性调整。

这一时期，可以视为世界资本市场体系的转型期和人民文艺的自我变革时期。从宏观视野来看，中国与世界体系的关系似乎又回到了五四时期，但关键不同在于，此时中国已完成了国内市场整合和国民经济体系的基础建设，是以能动的主体性姿态主动开放国门，重新融入全球资本市场和世界体系。中国社会东部与西部的融合，城乡二元结构的调整，经济特区的设立等，都显示出"第三波"阶段中国主动融入世界体系的能动性特点。邓小平此时提出"中国的现代化"，也正是基于这样的判断。从文学发展的角度，社会主义文艺体制和学科体制在恢复中重建，

[①] 参见贺桂梅《书写"中国气派"：当代文学与民族形式建构》，北京大学出版社2020年版，第2—3页。

突破社会主义现实主义文艺规范,吸收转化20世纪西方现代派哲学与文艺,构成了这个时期文学变革的基本内容。虽然从作家和革新者的主观意识层面,有着"西化"诉求和特点,但文艺体制的主导规范,仍旧是社会主义文艺的连续性展开和深化。

可以说,从20世纪七八十年代之交至2010年前后,构成了中国现代化发展的第三阶段和"第三波"。这是一个中国更为深入系统地吸收、转化西方文明,确立中国在国际格局中的主体位置的时期。2008年北京奥运会的成功举办、2010年中国成为全球第二大经济体,至2012年中国共产党十八大召开,并提出新的国家发展和建设方略,都可以成为这个阶段完成的标志性事件。

从中国文明自身发展的视野来看,今天的中国正处在新一轮文明融合和创造性发展的阶段。柳诒徵早在1920年初版的《中国文化史》中,就从文明交流与互鉴的宏观视野,将中国文化分为三个发展阶段。第一阶段"自邃古以迄两汉,是为吾国民族本其创造之力,由部落而建设国家,构成独立之文化时期",第二阶段"自东汉以迄明季,是为印度文化输入吾国,与吾国固有文化由抵牾而融合之时期",第三阶段则"自明季迄今日,是为中印两种文化均已就衰,而远西之学术、思想、宗教、政法以次输入,相激相荡而卒相合之时期"[1]。如果说印度文化(主要是佛教文化)自东汉输入中国,直至宋明时期中国儒学形成新的形态(理学),完成的是中国文明第一次大规模吸收和转化外来文化(也是文明)的话,那么西方文化(即柳诒徵所谓"远西文化")自明末开始进入中国,经历20世纪西化现代化的高峰期,到了21世纪中国特别是第三个十年,则也可以说发展到了一个融合中西文明而构建中国文明新形态的时期。这种文明史大视野与中国式现代化理论的提出,有着异曲同工之妙。

中国现代化发展到今天的新阶段,从马克思主义的基本原则出发,融汇古今中西一切优秀传统与理论资源,是回应当前中国问题并构建人

---

[1] 柳诒徵编著:《中国文化史》,中国大百科全书出版社1988年版,第1页。

类文明新形态的主要途径。一方面，西方文明已经不再能为中国的现代化发展提供"答案"；另一方面，中国社会的结构性统合和共同发展（涵盖东部与西部、城市与乡村以及民族、阶层、区域等），也需要同时结合自上而下与自下而上、由外而内与由内而外、以今通古（铄古铸今）与马克思主义的中国化时代化创造等多元面向，创造符合中国国情的主体性知识体系与话语体系。构建中国自主的现代化理论也正是因应于新一轮中国文明创新的内在需要。在这样的大背景下，百年文学史研究也需要在综合此前历史经验的基础上，形成新的研究范式。

四 核心问题：重构人民文艺的总体性视野

重写中国百年文学史，需要将焦点放在重新思考人民文艺的历史经验和当代传统。为什么要把重心放在如何阐释"人民文艺"，并由此出发重构百年文学史研究的新范式？这是实现中国式现代化五个特征的实质性要求，也可以说是新时代推进文学创作实践和文学史研究范式转型的核心突破点和关键问题。

百年文学史研究中，无论是革命范式还是现代化范式，如何书写当代文学前后30年的关系，始终是一个难题。或者说，现代化范式和革命范式的提出及二者的二元对立，本身就是这种难题性的具体呈现。将两者对立起来无法解决问题，简单地将两者相加，也并非真正的历史叙述。两种范式实际上都是同属西方式现代性范式，无法对中国与文学的现代化经验展开批判性反思。因此，需要提出既超越又涵纳两种范式的综合性研究视野。

对现代性的反思，也是近年来海外中国学研究界关注的问题。从文学史的研究角度，近年来的成果如日本学者藤井省三的《华语圈文学史》[1]、哈佛大学王德威主编的《哈佛新编中国现代文学史》[2]等都将百年甚至更长时间段的中国现代性文学放在中国文学的长时段视野、世界

---

[1] 参见［日］藤井省三《华语圈文学史》，贺昌盛译，南京大学出版社2014年版。
[2] 王德威主编：《哈佛新编中国现代文学史》，张治等译，四川人民出版社2022年版。

文学的全球视野中展开分析，呈现出百年文学实践更为丰富复杂的纵深面向。但这种文学史都程度不同地简化乃至忽略 20 世纪 40—70 年代的中国文学。更为关键问题在于，它们没有也无法呈现中国文学现代化发展的实践主体和动力机制，可以说是一种偏于"描述"、缺少历史焦点、无法显现内在历史动力机制的文学史。这种文学史形态本身也是西方式（或西方化）学院体制的产物，文学史研究被视为纯专业的学院知识生产的环节，而失去了与中文学发展实践关联互动的可能性，更不用说通过文学史研究实践来引导和规范当前的中国文学发展。

  如果要重新激活文学史研究的实践性特点和能动性活力，特别是在推进中华民族伟大复兴的新时代发展和构建中国特色哲学社会科学的总体性格局中定位文学史研究的意义，那么，从文学实践主体和社会动力机制的联动视野出发，就成为构建新的文学史研究范式的关键着力点。马克思主义哲学不同于一般经院哲学的根本特点，正如马克思在《关于费尔巴哈的提纲》中所说，"哲学家们只是以不同的方式解释世界，问题在于改变世界"[①]。这是一种改造世界的实践哲学，理论从实践中提出，同时也指导实践，并在实践中发展。可以说，中国式现代化理论的提出也是这样一种实践哲学。这一理论立足于 21 世纪第三个十年的中国国情，在总结中国现代化实践经验的基础上，提出带有规范性的发展目标和诉求。它既延续了现代化的普遍性诉求，同时又在对全球现代化发展经验的总结中凸显了中国作为实践主体的能动性。特别是如何突破西方式现代化的"瓶颈"和局限，而创造现代性的人类文明新形态，是这一理论创新的根本出发点。百年文学史研究既是这一理论创新实践的构成部分，同时也丰富和深化了这一理论的具体内涵。

  从这样的角度出发，可以看出在中国现代化发展的"四波"中，20 世纪 40—70 年代"第二波"人民文艺的提出和实践，具有重要意义。正是在这个阶段，明确了中国现代化实践的主体，同时在马克思主义实践哲学的理论指导下，构建出一种人民文艺的总体性视野。1980—2010

---

  ① 马克思：《关于费尔巴哈的提纲》，收入《路德维希·费尔巴哈和德国古典哲学的终结》，中共中央马克思恩格斯列宁斯大林著作编译局编译，人民出版社 2018 年版，第 66 页。

年的"第三波",并不是对人民文艺的否定,而是在自我批判和历史反思的基础上,深化并丰富了人民文艺实践的具体内容。但在特定的历史情势下,这种深化与拓展往往表现为自我否定与自我批判,而在一定程度上忽略了人民文艺实践置身其中的总体性视野。在 21 世纪的今天,重提人民文艺的总体性视野,并不是要回到 20 世纪 40—70 年代,而是在新的时代语境和历史高度重构这种总体性视野,由此创造新时代的文艺形态。

因此,建构新时代百年文学史研究的新范式,关键在于重新理解人民文艺的总体性视野,并由此出发构建具有当代性的文学史叙述和文学实践规范。简略而言,值得深入探讨以下三个主要议题。

第一,从理论上来说,需要重构人民文艺的"三元结构"视野。五四新文学的主流范式可以说是一种"二元结构",即启蒙范式所呈现的新与旧、现代与传统、中国与西方等二元对立结构。马克思主义中国化的提出及其在文学和文学研究中的实践,意味着一种区别于五四新文学的"三元结构"的出现:其一是现代性文学的自我超越,其二是新的人民政治与人民文艺的提出,其三是文明根基的当代性延续。这具体地表现为"民族形式""中国作风和中国气派"的塑造,成为当代文学建构实践中与人民政治同等重要的文学问题。其中包括重视文艺的群众性和普及性,提出"工农兵"作为文艺的主体,也包括重视并转化乡土中国延伸至今的"活的传统",中国革命实践中那些基于中国文明传统的"行而不知"的当代理论形态。应该说,正是当代文学的提出和人民文艺的实践,文学创作和研究中的"中国式现代化"才真正成型。这三个结构性要素,构成了"当代文学"(人民文艺)涵纳、深化并超越"现代文学"的内在机制。

发展到 20 世纪八九十年代,当代文学的三元格局要素出现了历史性错动,特别是传统与现代、文学与政治的二元对立思维框架曾产生过广泛影响,但并不能说人民文艺的三元结构就完全消失了。从当代中国的历史连续性视野出发,可以将 80 年代的"新时期文学"视为从实质性意义上展开的人民政治和人民文艺的自我变革。所谓"实质性"就意味着，即便那些在意识层面看起来是对革命文艺的自我否定和自我批判，从其实际展开的方式和文艺体制的保障层面来看，也仍旧是人民文艺的持续发展和自我推进。

20世纪与21世纪之交，在全球化的文化交流格局中"文化自觉"被明确提出，也由此形成了21世纪的"文明自觉"。[①] 与此相关的文学（文艺）现象是"传统文化热""人民性"的重新塑造和文艺建构文化领导权的持续探索。可以说，21世纪新时代文学实践和文学史研究的基本特性，需要在更高的层次上重新构建和整合人民文艺的三元结构。由三元结构所呈现的总体性视野，应成为反思和总结百年来中国式现代化文学实践的关节点，也应是新时代文学史研究和文学实践的基本视野。缺少这种总体性理念和视野，就无法创造出中国式现代化在文学领域的新形态。

第二，从"文学"这一叙事媒介的特点上来说，需要重新理解"人民文艺"的总体性视野区别于一般西方式现代"文学"的特质。应该说，只有从人民文艺的总体性视野出发，才能真正实现中国式现代化理论五大特征的基本要求。

这需要摆脱已成现代性常识的有关西方式现代"文学"的认知方式，综合中国文明视野中古典时期"文""文章"的传统，重构文学介入社会实践的思想性活力。西方式现代文学，如柄谷行人的研究所指出，是一套建立在"内在的人"、民族主义意识形态和现代国家三位一体基础上的制度化装置[②]。这种现代文学把"人"从古典中国人文秩序中的天、地、人这三重格序中抽离出来，依托"风景"化的现代透视机制，表现"内在的人"的主观世界。由此，形成了越来越制度化、专业化的文学体制。这种体制本身是现代性话语的组成部分，而缺乏超越现代性的自我反思能力。从中国长时段"文章"和"文"的

---

① 相关分析参见贺桂梅《阐释转变的21世纪中国：二十年思考札记》，《美学研究》2022年第1期。
② ［日］柄谷行人：《日本现代文学的起源》，赵京华译，生活·读书·新知三联书店2003年版，第264页。

传统，重新思考何谓"文学"并重构其活力，将是探讨"中国式现代文学"的重要思路。与此同时，人民文艺是基于马克思主义哲学"改造世界"这一根本诉求而展开的文化实践，人民文艺的"总体性视野"从根本上来说源自马克思主义理论的整体性特征。在这种总体性视野中，文化不是从社会、政治、经济中脱离出来的独立部分，而是彼此联动的环节。因此，需要对人民文艺区别于西方文学的同时也超越古典之文的特点做出新的理解。

文学（文艺）的重要特点在于从"生活故事"出发，中国文明的根基就蕴含于生活故事之中，并通过文学叙事转化为当代性形态。既需要叙事形式的探索和创新，也需要总体性视野与传统文艺形式的当代性转化，由此才能完成文明传统的创造性转化和创新性发展。值得提及的是，当前正处于传播媒介的革命期，网络媒介、自媒体、人工智能、数字化等都显示出 21 世纪文学具有不同于 20 世纪的诸多特点，由此也需要从"文明"与"传播媒介"、"人文"与"科技"的文明史视野中重构当代文学的功能和意义。

可以说，重构当代中国乃至百年中国总体性的文学史图景，需要从重新界定和理解"文学"特别是"文艺"的基本特性出发，进而在综合当代中国前后 30 年文学实践的历史经验的基础上，构建新的人民文艺的总体性视野。前 30 年，人民文艺的基本特点涵盖了人民政治理念的上下贯通、政治与文艺的整体性联动、文学实践与政教体系的同构性与自律性之间的辩证关系等。这是一种具有总体性视野并在整体性社会机制中展开的文学与文艺，不同于"纯文学"所强调的独立性特征。但这种总体性视野与格局中的文学实践，也造成了一定的问题，即不同程度地忽视了文艺的独特性和辩证的自律性特征。后 30 年，文学和文学研究的专业化，文学与文艺实践的媒介自觉，极大地推进了中国文学和文学研究的发展。但作为前 30 年文学主要特点的总体性视野，在后 30 年因过于强调"纯文学"而没有得到应有的重视。

基于此，新时代重构人民文艺的总体性视野，意味着打破前后 30 年的二元对立，打破文学与政治的简单对立，重新思考文学与社会、国家建设的联动机制如何形塑，重新理解文学创作和文学研究在国家—社会—地方—族群等不同层次的"多元一体"关系，以及如何理解"人民""文艺""国家"三者间的转换和联动。换言之，新时代中国式现代化理论具体落实为文学创作实践和文学史研究实践时，首先需要对何谓"文学"本身做出新的理解和重构，突破"纯文学"观念体制而激活人民文学（文艺）之"文"的实践性特质。

由此出发，也需要重新阐释作为创作主体的作家和文学实践者的"中介性"意义。所谓"中介性"，意味着既涵纳了每一意义结构同时又超越单一结构，并塑造出一种综合性的新视野，而不仅仅是纯粹的"文学"和专业化的"文学"研究。如果说人民文艺实践内在地包含了当代性、现代性和文明传统的三元意义结构，那么从实践的层面而言，处在人民政治理念和文学创作实践之间的中介性环节，便需要格外关注具有总体性人民文艺视野的创作主体。只有具备这种视野的作家（文艺家），才能创作出更具新时代特点的人民文艺。这涉及如何更为完整地理解作家的"三所学校"[①]（政治、生活、艺术），作家作为"有机知识分子"的中介性意识对于创造人民文艺所需的总体性视野的重要意义。这既是中国式现代化文学的实践要求，也是重写百年文学史需要关注的焦点问题。当代文学前30年偏重文学的政治性，更为关注社会性生活；后30年偏重文学的艺术性，更为关注个人性生活；而重视作家的中介性特质和创作意识，是超越并综合前两个时期而形成21世纪新时代特点的文学形态的枢纽环节。

第三，"重写"百年文学史，核心难题是如何重新阐释40—70年代的中国文学。可以说，这曾是研究界评价"最不稳定"的一个阶段。在"20世纪中国文学"和"新文学整体观"的相关论述中，甚至被视为"只有政治，没有文学"。这种评价模式的关键问题，是对"政治"做了极为简单化的理解，同时"文学"的内涵也有意无意地依照西方式文学观做了抽象的本质化处理。宽泛而言，一方面需要意识到，现代性文学

---

① 参见贺桂梅《柳青的"三所学校"》，《读书》2017年第12期。

自其出现之初,就是现代民族国家建构的一个组成部分,也可以说不得不是"政治的"。因此,关键不在是否是政治的,而在政治组织的方式。另一方面,40—70年代的中国文学形态相对源于西方现代文学观的五四式文学与新时期"纯文学",始终表现出一种"异样性"乃至"异质性"。这种异质性曾是学界否定其文学性的依据,但正是这种异质性,打开了我们关于"多样的文学现代性"想象和阐释的视野。甚至应该说,如果不能很好地解释40—70年代文学实践的独特性,就谈不到"多元现代性"。更关键的是,也正是这个时段,开启了一种以革命的方式完成现代化的社会革命与文化建设形态,并塑造了人民政治与人民文艺的最初形态。可以说,曾经的难题也正是今天思考"中国式现代化"的主要着力点。

重新阐释这个特定历史阶段的文学特性,首先,需要将其放在中国革命与当代中国发展的总体性历史格局中加以考察。当代中国前30年,是以人民政治实践为主导,以革命的方式完成现代化。作为"人民文艺"的当代文学既是人民政治整体实践的一个构成部分,也为塑造人民政治的文化领导权而提供合法性阐释。但也要意识到,这种革命现代性内在地受制于特定历史语境中现代性意识形态的限制。对抗性冷战格局和第三世界国家发展道路的选择性困境,决定了当代中国前30年的人民文艺实践难以彻底摆脱冷战意识形态的限制,并表现为文学(文艺)与社会政治联动机制的内在紧张关系。

其次,也需要在全球体系视野中重新阐释七八十年代之交当代文学转型的历史内涵。70—80年代之交是世界体系发生结构性变化的时期,包括冷战结构的内部错动与松动、社会主义阵营的自我改革、第三世界国家体系的危机、"晚期资本主义"的形成与发展等。这种全球性变局,是中国通过改革开放而迈入现代化发展第三阶段的关键动因。可以说,这是中国从冷战结构中的社会主义阵营和第三世界国家体系,主动迈入全球性市场体系的过程。这不是从"封闭"走向"开放",更不是从"传统"转向"现代",而是现代化发展新阶段的自我调整。因此,70—80年代之交的文学转型,不能简单地解释为"启蒙"与"救亡"二元论框架中五四启蒙话语的"复归"①,而应解释为中国社会"第三波"现代化发展尤其是现代化范式的重构与实践。80年代人民文艺从内部展开的自我批判和文学体制改革,以及向外部主动吸收和转化20世纪西方文学与文化资源;90年代立足深化改革和全球化格局的新视野,地域性、民族性、性别等族群书写的凸显,"后革命氛围"与"新历史主义"叙事的发展等,都可以视为人民文艺实践的深化和调整。至2005—2008年,中国经济崛起的指认,特别是知识界有关"中国道路""中国经验"等的讨论,则意味着一种重构中国主体位置的新语境和新尝试。

总而言之,立足21世纪的当下视野,将会提供不同于20世纪80年代"新时期"文学史叙述的新路径。这是今天"重写"百年文学史的实质性含义。关键是需要意识到40—70年代人民文艺的生成性及其内在困境所导致的未完成性,同时意识到1980—2010年中国文学是人民文艺的自我批判式调整和发展的新阶段,综合两者,或许可以构建一种既贴合历史发展的实际经验又更具整合性的文学史阐释范式。

以上从人民文艺的三元结构、文学内涵的重新界定、文学史图景的重构等三个方面,简要地勾勒出重构人民文艺总体性视野的主要思考维度。这是重写百年文学史,推动文学史研究范式转型的核心问题。由此,中国式现代化的理论创新及其在文学史研究中的具体实践,或许能得到切实的推进。

结语　人文学的想象力与文明新形态

中国式现代化理论从20世纪中国现代化实践中生长出来,同时又超越了20世纪视野和限度的理论新探索。其提出的重要历史契机,源自全球百年未有之变局和中国在全球格局中位置的变化。全球性现代文明的危机和人类科技及产业革命,迫切需要探索一种具有想象力的未来发展的可能性。"中国式现代化"是从人类文明史高度提出的新理论,不仅

---

① 李泽厚:《二十世纪中国文艺一瞥》,收入《中国现代思想史论》,东方出版社1987年版,第209—264页。

关涉中华民族的命运，也将塑造人类文明史上的新形态。西方式现代化理论主要侧重社会科学领域的理论阐释，并且自觉不自觉地拘囿于西方中心主义逻辑。正是对文化问题的重视，使得人们越来越意识到再也不能讨论"单数的现代性"了。"以中国式现代化推进中华民族伟大复兴"，是一项"我们的前人从来没有做过的极其光荣伟大的事业。"① 从这样的高度来思考中国百年文学史研究的范式转型，挑战的不仅是文学研究的深度和广度，也将是人文学的想象力。

---

① 《毛泽东文集》（第6卷），人民出版社1999年版，第350页。

中国式现代化语境下的
外语人才培养途径

付志明

（北京大学外国语学院副院长、教授）

习近平总书记在党的二十大报告中指出："从现在起，中国共产党的中心任务就是团结带领全国各族人民全面建成社会主义现代化强国、实现第二个百年奋斗目标，以中国式现代化全面推进中华民族伟大复兴。"

党的二十大报告指出，中国式现代化是人口规模巨大的现代化；中国式现代化是全体人民共同富裕的现代化；中国式现代化是物质文明和精神文明相协调的现代化；中国式现代化是人与自然和谐共生的现代化；中国式现代化是走和平发展道路的现代化。

文明互鉴有两个，一个就是如何能够借鉴外国的先进的文明，一个就是把中国的现代化的经验能够传递出去。因此在第二个部分中，更多的是外语人才培养，因为需要借鉴别人的东西，同时又要宣传自己的东西。因此，外语人才培养是一个关键性的话题。其实外语人才培养，以前受了苏联外语学科的认定，把外语当成听、说、读、写、译技能。外语学习的目的是以听、说、读、写、译为最高要求，但是这五功，只是五门技巧，是一个综合体，但是会听、会说、会读、会写及最后的会译，其实它们之间的关系一段时间被神话了，如果片面将这五个技巧全面说成是学习外语的目的，那对于学习外语的人来说则是一种悲哀，也是不负责任的，因为外语学习绝不是仅会这五个技巧就能成就合格外语人的大业的。

能够完全掌握听、说、读、写、译的外语人，应该是凤毛麟角。但是我们现在对于语言学习者的要求又是不分专业，不分级别，不分目的，要求这种五功并会，教学途径也是面面俱到，语音、语法、词汇、修辞、句式、篇章、语义等，吓坏了许多外语学习的爱好者，使得外语学习者站在外语学习的大门外，只敢窥视，不敢轻易进入，进入者也是因为过分的要求，纷纷退避三舍。因此我们在学科不断发展与改革的前提下，在展示中国式现代化建设的关键时间，外语人，特别是肩负中华文化"走出去"历史使命的外语人，如何发挥所学专长，是一个极其重要的课题。

甚至有人把外语当成一个工具来学，实际上是不对的，语言不仅仅是工具。外语和母语是一样的，如果我们把中文当工具，把说的话都当成工具，肯定不对。语言是引导你的思维的，所以外语实际上也是一种思维的方式，是一种文化的方式，是诸多学科的基础。严格上讲，钱（乘旦）老师是不是外语人？钱老师就是外语人，他是外语专业毕业的，他的英国史专业及著作，是用外语的方式考察了世界历史，总结了世界历史，他不是不懂外语，他不是用中国历史的东西去写了一本英国史，他是用外语所掌握的一手资料的东西去研究英国历史，撰写关于英国史的专著。所以外语专门人才的培养就要有另一种方式了，不能够仅仅用过去的听、说、读、写、译唯一的衡量标准，这样的话就会认为学外语就是掌握工具，没有文化内涵，就会听、说、读、写、译，就会做传声筒。在文化自信，特别是在文明互鉴当中会产生非常大的一个问题。

对于外语人应该做到的，我认为主要有以下方面。

第一，加强理论学习，理论学习是根本，认真弄懂习近平新时代中国特色社会主义思想的理论内涵，吃透中国式现代化的根本内容，熟悉中国式现代化的理论模式。中国式的现代化是在中国共产党的领导下，实现中华民族伟大复兴伟业中的中国特色现代化，它既要与世界各国的现代化相协调，同时还要兼顾中国特色，掌握了理论，就是掌握了武器。我们在做外宣工作的时候，如果有人问，说中国传统或中国发展的经验是什么？如果没有一点儿理论知识，历史总结，可能就会无从下手，钱（乘旦）老师在，我会说，他可以帮助我；如果钱老师不在，我就不会说，这怎么行呢，这肯定不行，因为你在现场你就要用理论与实践去解决现实问题，没有理论知识，你就没有办法把自信的东西传出去。

第二，要有一个为国建设、为党服务的品质与修养。要有一个个人服从国家，服务党的事业报国之心。任何一个外语实践者，都应该有一份报效祖国的责任心。习近平总书记对我国现代化的基本特征做出了深刻揭示："我国现代化是人口规模巨大的现代化，是全体人民共同富裕的现代化，是物质文明和精神文明相协调的现代化，是人与自然和谐共生的现代化，是走和平发展道路的现代化。"构建人类命运共同体是习近平外交思想的重要内容，是当代中国对世界的重要思想贡献和理论贡献，反映了全人类的共同价值追求。要坚持对话协商、共建共享、合作共赢、交流互鉴、绿色低碳，建设一个持久和平、普遍安全、共同繁荣、开放包容、清洁美丽的世界。让全世界了解人类命运共同体的本质内涵以及在人类文明进程中的推动作用，宣传习近平总书记人类命运共同体的基本思想，是外语人的基本责任，也是历史担当。外语学习者，应该主动承担起文化、文明传递者的责任，其实主要肩负两重使命，一是将外族先进的民族文化宣传引入，同时要宣传中华文化的优秀精神，而不仅仅是传声筒，外语学习者的社会责任感、民族自豪感、历史使命感应该是融入血脉中，并在实践中发扬。在祖国最需要的时候，发出中国的最强音。

第三，是对中国文化，特别是中国传统文明有基本的了解，特别是中国对于人类文明所起到的作用，要认识清晰，了解透彻。习近平总书记指出："独特的文化传统，独特的历史命运，独特的基本国情，注定了我们必然要走适合自己特点的发展道路。"中华文化源远流长，中华民族在历史上为人类所做的重大贡献有目共睹，但是文化有其独特性，这种独特性要有用世界性的语言，让世界了解并在世界范围内发扬光大，将中华传统文明研究的精华，用世界人民能够理解并接受的语言传递出去，更是外语人的基本工作，敦煌文化，已经被世界接受，成为传承中华文明的一颗瑰宝，但被习近平总书记提到"良渚是实证中国五千多年文明史的圣地"的良渚文化，可以还需要不断地宣传，我们还有许多优秀灿烂的文明，等待发掘、传承、宣传。这些与中华文明血脉相关的传承，需要世界了解，也是认识中华传统文化发扬光大的重要途径。中华文化不仅是历史传承，中国改革开放与发展取得的成绩，也是中华文化的一个组成部分，其中理论创新与制度创新，文化自信与制度优势更是我们宣传的重要内容，强化对改革开放以来，中国共产党领导下中取得的成就，人民生活的日益改善，中国世界地位的不断提升，特别是中国的发展模式更是许多国家希望借鉴的经验，讲好中国的故事，是中国式现代化与文化传播的重要途径。正是因为中国的发展，才有中国式现代化的理论与实践。作为中国外语学者，应该在最初学习外语的阶段就树立这种远大的理想与精神，以弘扬文化为己任，并不断地实践。"为发展中国家探索现代化道路积累更多的经验。党领导人民成功走出中国式现代化道路，为加快发展又希望保持自身独立性的国家和民族提供了全新选择。未来，我们要努力创造出更加成熟定型、不同于西方现代化模式的中国特色社会主义现代化发展模式，为发展中国家走向现代化提供更多的中国经验。"

第四，强大的外语水平与深刻了解外语与外国文化的文化要求，外语水平是对外语学习者最大的基本要求，但是外语学习，只是所有学习过程中的一个环节。文明的互鉴是双方的文明认同，这也是外语实践者的强大优势，但是如果只强调借入的重要性，忽视了传播的重要性，单向的传播势必造成文化因素的侵入，也会对中华本土文化造成冲击，将外国优秀的文化因素与中国优秀的文化因素完美结合，优秀文化的相互借鉴，是文化传承的重要手段，也是文化相互吸引与历史进步的桥梁。

文化传承是双向的。中华文明传承大家都是公认的。其实阿拉伯文明，特别是其中的阿拉伯语发展也是连续不断的。就全世界来讲，古老的语言，一直传承下来的就是阿拉伯语。阿拉伯语为什么难学？就是因为这个语言是自现存记载以来，基本语法没有大的改变的一个语言，英语也好，汉语也好，包括希伯来语，都有很大的改变与演进，但是阿拉伯语，因为有宗教的原因，它依然沿用古时期的语法，自成闭环体系，没有根本改变。中华文明与阿拉伯文化，这两种古老文化有很多可讲的故事，如果把这两个故事，一个是连绵不断的文化，一个是连绵不断的语言，深入挖掘，会有许多文明互鉴的故事。外语应该把文明互鉴做起来。文化是双方向的，不是单方向的。

第五，外语学习者的实践活动。外语学习的方式与方法，技巧与手段只是学习与实践的第一步，对于一个外语实践者，了解中国大地深入中国，了解中国，开展实践调研，是重要的一步，只有亲身体会了中国式现代化取得的成就，亲耳听到人民群众对于中国式现代化的评价，了解中国改革对于社会发展起到的实际作用，对于在中国共产党的领导下，攻坚克难，脱贫致富，改善民生取得的成绩亲身体会，才能激发他们的精神与热情，才能在对外宣传中传播精华，将理论学习与实践活动有机地结合，现在对于大学生进行的思政实践活动，就是一项重要的举措与手段，同学们走乡村，下基层，体察民情，激发爱国热情。现在对于外语学习者，如何开设第二课堂、第三课堂，系统化，体制化，是一项重要的课题。

掌握外语，一定要了解国情，了解中国的发展。北京大学对于大学一年级的同学有一个活动就叫作思政实践活动，是特别好的一个事情，我自己觉得大一、大二，甚至到大四应该连续不断，因为随着学生们在学校不断成长，他们对知识认识、国家的认识也会发生变化，对国家发展的认识也会有很大的改变。

第六，目前外语人才的培养过程，还有一个比较大的弊端就是急功近利，人才培养不能急于求成。试图在学校把所有的东西都一股脑儿地传授给学生，教学大纲越来越细致，讲授的课程越来越综合，学生苦于外语技巧的学习，而大大忽视了相关专业知识的构成，这是一个方面，还有用人方面，用人单位希望毕业生尽快投入具体的工作中去，将培养人责任全部落在学校，提前毕业实习，寄希望本科毕业生就能完成所有的工作，纯粹将外语作为工具来用，忽视了外语人应该承担的使命与担当，其实用人单位的培养与教育，宽容与和睦，更是人才培养的重要途径。所以我自己觉得做外语人才的培养，从文明互鉴和文化自信的角度来讲，应该重新规划对外语人的定义，因为不仅仅是只会说，但是更多的还要了解，还要能够传输，这是非常重要的，这不是两三年能够做到的事情。

习近平总书记指出，中国式现代化道路破解人类社会发展的诸多难题，摒弃了西方以资本为中心的现代化、两极分化的现代化、物质主义膨胀的现代化、对外扩张掠夺的现代化老路，拓展了发展中国家走向现代化的途径，为人类对更好社会制度的探索提供了中国方案。

北京大学作为一个综合性的大学，外语学科是一个综合性学科当中的一个部分。因此，外国语学院有一句话，叫做"祖国在我心中，世界在我脚下"，其实就是这样一个话题，看上去话是很简单，但是实际上完成这个东西不容易。因此，我觉得一个合格的外语人，应该是心系家国情怀，厚植中华文化，心系世界文明，承载历史责任，精于专业素养，深入社会实践，脚踏世界沃土，祖国在我心中，心系祖国，奔赴世界，这才是真正的外语人追求的目标。

中国式现代化：现代文明的中国话语

薛秀军

(华侨大学社会科学研究处处长、福建省习近平新时代中国特色社会主义思想研究中心华侨大学研究基地研究员、哲学与社会发展学院教授)

党的二十大报告指出，中国式现代化是中国共产党领导的社会主义现代化，既有各国现代化的共同特征，更有基于自己国情的中国特色。

无论从历史逻辑、理论逻辑还是现实逻辑来看，中国式现代化都是在五千年中华文明和五百年现代文明的碰撞和对话中生成的，其必然也必须要以能更深刻透析和把握中华文明和现代文明的内在逻辑、根本特性的马克思主义为指导，在中华文明与现代文明更深层次的对话中，展现和呈现出一种现代文明的中国话语。

从历史逻辑看，东方和西方、中国和欧洲的文明对话，在很大程度上促进了欧洲现代文明的生成，而在与欧洲现代文明的碰撞和交融中，中华文明也逐步孕育和生成了中国式现代化。古代中国不仅对东亚、对东南亚产生了深刻的影响，而且对中亚、西亚，并且经由阿拉伯，对欧洲都产生了深刻的影响，特别是欧洲文艺复兴和启蒙运动中也掀起了中国热。欧洲人曾经俯视中华文明，如果把时间尺度拉得再大一些，我们会看到，欧洲人也曾经仰视过中华文明，在中华文明和欧洲文明的双向交汇中，既有西学东渐，也有中学西传，有很多中华文明的经典著作传播到欧洲去，这在一定程度上对欧洲现代文明的生成产生了多维的影响。但是在这个过程中，随着欧洲现代文明的生成，欧洲现代化不断加速，而中国却处于相对停滞的状态。这个时候，已经生成了现代文明的欧洲，在他们生成的现代文明的基座上反观中华文明,则变成了一个俯视的状态,一种俯视的心态。但是他们却忘记了,他们现代文明的生成,本身就是融合了包括中华文明在内的多元文明交流对话、交融互鉴的结果。然而,欧洲在其资本主义现代文明形成以后,却把这一文明形态单一化或者单维化,认为其是现代文明的唯一代表,以此拒斥和否定其他一切文明,拒斥和否定现代文明多种多样的可能性,同时,其本身也在割断自己的历史,通过否定自身和一切所谓的"传统"来凸显其"现代"。与之相对,中国式现代化则是在中华文明根基的基础上建构起来的,其既不可能割裂自身的历史,否定自身的传统,也不会拒斥和否定包括西方现代文明在内的一切其他文明,而是更强调与其在自愿平等基础上的包容互鉴、交流学习。

从理论逻辑看,中国式现代化,要把五千年中华文明和五百年现代文明融会贯通,但是这个融会贯通不是经由中华文明自身的内生动力可以实现的,而是需要以马克思主义为指导,借助马克思主义这一理论中介,在马克思主义不断中国化时代化的历史进程中,在马克思主义与中国实践相结合、与中华优秀传统文化相结合的"两个结合"中逐步实现。之所以如此,就在于马克思主义本身是现代文明的产物,同时也强调在现代文明的基础上,通过对现代文明的深刻反思和批判,去历史性地开出一个更好的、更符合人性的,或者更能展现和彰显人的价值,更符合历史发展规律和趋向的新的现代文明。中国式现代化的探索,正在不断体现和践行马克思主义的根本理论旨趣。并且,也只有在能深刻把握人类历史发展规律,把握人类文明演进规律,深刻透析和反思现代文明的马克思主义的指导下,我们才能真正把握和推进中华文明与现代文明的结合,才能不断实现现代文明对中华文明的融入以及中华文明对现代文明以新的价值智慧、思维理念、话语表达的"再造"和"呈现"等。

从现实逻辑看,中国无产阶级的诞生、中国共产党的成立以及其团结带领中国人民走过的百年艰辛探索之路,为中华文明与现代文明的融合,为中华文明现代致思逻辑和话语表达的形塑提供了现实的基础和保障。中国进入现代化的时空节点、历史文化传统、民族特性和社会心理等，中国共产党的领导，中国无产阶级的不断壮大等，都决定了中国式现代化只能是社会主义现代化，中华文明根基基础上形塑和生成的现代文明必然是指向社会主义的内蕴社会主义根本价值的现代文明，其既融合了西方现代化的具有一定普遍性的特征，也融合了人类文明的一般性特征，是立足中国实际，放眼世界，正在不断生成、不断发展的，可以包容世界多元文明、与多元文明和谐共生、并行不悖的人类现代文明新形态。

总之，基于历史逻辑、理论逻辑和现实逻辑，中国式现代化始终体现着中华文明与现代文明的碰撞、对话、融入，其从根本上说，就是将现代化的基本要求与中国的具体实际相结合，将科学社会主义的根本价值与中华文明的独特智慧相融合，其正在不断形塑和彰显的是一种现代文明的中国话语。这个话语本身是要不断面向未来的，是要不断推进马克思主义中国化、时代化的，是要推进马克思主义同中国具体实际、同中华优秀传统文化相结合的，是用马克思主义不断地激活中华文明原有的内在力量，努力将其转化为一种现代力量，以此不断焕发和生成中华文明的现代价值和现代生命，为中国式现代化提供深厚有力的科学指引和根本价值支撑。

在此，我们要特别注意，首先，中华优秀传统文化是中国式现代化丰厚富足的文化底蕴或者是文化价值资源，但是中华优秀传统文化不能成为中国式现代化直接的价值指引，这个直接的价值指引只能是具有根本现代文明禀赋并有更深远更根本历史指向的马克思主义，只有在马克思主义的指导下，立足中国现代生活的不断展开，实现中华优秀传统文化的创造性转化、创新性发展，才能为中国式现代化提供源源不断的价值指引、精神支撑和心理驱动。

其次，就是要立足唯物史观，以大的历史视野、历史尺度、历史框架来分析和把握中华文明和现代文明的这种内在的深层的关联互动，探究彼此对话融合的根本契合点和现实可行性，以及由此所决定的中华文明和现代文明的未来走向。我们都知道，过去一讲中国现代化，往往是从1840年讲起,现在也有学者提出要从明末讲起,甚至要从宋元讲起,这不一定完全正确,但是,我们今天看待中国式现代化,看待中华文明与现代文明的融合创新,确实需要有大的历史视野,既要有大的历史纵深,也要有广阔的世界眼光,要把中国式现代化、中华文明放到世界文明的发展演进,特别是世界现代文明的发展演进的整体视野中,这样才能更好地理解和明确中国式现代化所要承载和体现的现代文明的中国话语的实质和精髓,才能更好地把握其未来走向并给予其现实的科学指引。

最后,中国式现代化也必须要以宽广的胸怀、包容的心态、自信恢宏的气度在自身探索实践中,在自身发展向前中,自觉主动地推进中华文化海外传播,推进中外文明交流互鉴。现代文明是在交流互鉴中生成的,中国式现代化,中华文明的现代形塑和重生也只能是在文明交流互鉴中不断推进和实现的。从另一个角度来看,要让世界更好地了解、认识、包容乃至认同中国式现代化,也需要通过丰富多样的中华文化海外传播,通过持续推进的文明交流互鉴、平等包容、相互尊重、双向融合的文明交流对话等才能实现。在此基础上,中国式现代化才能更好地走向世界,才能更好地融入和引领世界现代化的发展。

现代化与社会发展

引　言

周飞舟

（北京大学社会学系系主任、教授）

本分论坛的主题是现代化与社会发展，一共有六位发言的专家，发言人数虽然不算多，但发言热情都很高，形成了比较热烈的讨论。六位学者有三位来自社会学学科，三位来自公共管理学科。在社会治理的议题上形成了两个学科的讨论和对话，是非常有意思的。

大家的共识和提出的问题是一样的，就是中国改革开放以来有"两大奇迹"，经济快速发展，社会长期稳定。社会长期稳定和我们的社会建设、社会治理和社会发展有着特别密切的关系。所以，学者主要是围绕这个角度来展开讨论的。

中国社会科学院社会发展战略研究院院长张翼教授主要从传统的社会学研究领域，即社会阶层和社会结构的角度来讨论中国的社会治理问题，他对中国现行的社会分化和社会阶层做了很多的研究，也指出来中国目前社会治理的关键在于如何扩大中等收入群体，如何打破阶层的固化，如何增强社会的活力。

清华大学社会学系主任王天夫教授从社会调查的中国传统入手来谈社会建设。他回顾了中国社会调查的历史，从 20 世纪初怎么把新民德、开民智的社会调查引入中国，重点讨论了毛泽东主席和习近平总书记对社会调查的论述，也指出，解决社会稳定和增强民生活力的关键，社会调查是一个基础性的前提手段。

中国人民大学社会与人口学院院长冯仕政教授接着这个话题讨论怎样增强社会的活力，实现社会的繁荣流动，打破阶层的固化。他提出，应该重新重视社会团结的建设，人与人之间的关系怎么从联结发展到团结，怎么构成紧密的共同体，和共同富裕的目标紧密联系在一起。

四川大学城市治理研究院院长姜晓萍教授，从公共管理的角度来研究社会治理，提出了社会治理韧性的概念，然后围绕这个概念构建了一个社会治理的框架，目标主要是导向一个有力度、有弹性和有温度的社会治理的社会。

中国人民大学公共管理学院何艳玲教授主要讨论了治理现代化进程当中的"人民"命题，她展开讨论了人民的概念，提出了一个"人民算法"的说法，围绕人民至上来讨论如何在社会治理当中把人民放在第一位。

北京大学政府管理学院田凯教授发言的题目是人才强国，整理了习近平总书记关于人才强国的重要论述，回顾了公共管理学和社会学关于人才和人力资本的理论，提出了人才强国的主要社会途径。

议题主要集中在社会建设和社会治理方面，虽然学者的学科不同，视角不同，但是经过讨论还是有非常一致的共识，就是现代化和社会发展的关键离不开这四个字，叫"人民至上"。

中国的阶层分化与社会建设

张 翼

（中国社会科学院社会发展战略研究院院长、教授）

改革开放以来，中国创造了两大奇迹，一是经济快速发展奇迹，二是社会长期稳定奇迹。在现代化历史上，这两大奇迹同时发生的社会很少。社会长期稳定对经济快速发展做出了极其重要的贡献。应该说，没有社会长期稳定的奇迹，就没有经济快速发展的奇迹。

为维护社会长期稳定的奇迹，在党的十八大以前，社会学界就有人呼吁要将"社会管理"改革为"社会治理"。党在十八届三中全会进行了理论创新，将社会管理改革为社会治理，虽一字之差，但背后体现的是治理理念的变化，由此也促进了社会治理体系和治理能力的现代化。早在2003年，时任浙江省委书记的习近平同志就强调要把毛泽东同志倡导的"枫桥经验"转化为"新枫桥经验"。应该说，"枫桥经验"转型为"新枫桥经验"的过程，实际也体现着社会学意义的社会治理理论的本土化和时代化过程。枫桥经验的本质，就是通过柔性和韧性社会的建设，依靠人民群众自己化解矛盾，维护好社会的团结。而社会学学科的一个重要特色，就是破解社会问题，促进社会整合，维持社会稳定。社会治理理论的逐步成熟过程，就显示了"一元多方"之治理体系的建构过程。尤其是在基层治理中，群众性自治组织只是一元，而民主协商、社会协同与公众参与等，就发挥着社会组织的多元参与作用。只有形成多元参与的治理之道，才能更好地解决人民的急难愁盼问题，营造中国式现代化建设所需要的稳定祥和环境，从治理资源的建构上，满足社会发展的功能需求。

社会稳定的另外一个维度，在于进行社会建设，只有建成一个有利于稳定发展的社会结构，才会降低社会治理成本，增加社会发展活力。在2014年中央经济工作会议上，习近平总书记曾经说，中国之所以能够全面建成小康社会，就在于已经形成了一个庞大的中产阶层。当前我们所说的中产阶层，不同于毛泽东主席所说的中产阶级概念，也有别于马克思所说的中产阶级概念，而是更具有时代化的中产阶层含义。因此，我们完全可以说，习近平总书记发展了马克思主义的阶级阶层治理学说。习近平总书记还说，要防止社会阶层固化，畅通向上流动通道，给更多人创造致富机会，形成人人参与的发展环境。习近平总书记的这些论述，既为我们进行中国特色社会主义的社会建设指明了方向，也为我们赓续社会长期稳定奇迹奠定了治理理论的元基础。

社会建设主要聚焦于就业、教育、社保、卫生等民生问题。教育是社会建设的最重要内容。教育的发展取决于经济的进步和教育部门的扩张。伴随新时代的快速发展，当前每年大学生招生规模超过1000多万。应该说，中国作为发展中国家，建成了世界最大的教育体系，保障了人民的受教育权利，满足了劳动力人口转型的需要，为中国式现代化建设的顺利推进奠定了人才基础。与此同时，中国的就业结构也发生了重大变化。改革开放之初，劳动力主要在农业部门就业。但在当前，中国的主要劳动力已经进入服务业就业。中国已经开启了后工业化进程。为顺利实现社会结构的转型，我们在大疫之后，需要更加关注民营企业的复苏。现在，民营经济创造了90%以上的新增就业，发挥着极其重要的稳就业稳民生稳财政作用。社会学意义的社会建设，实际就是通过教育和就业建设具有和谐功能的社会结构，更明确地说，就是建设以中产阶层或中等收入群体为主的社会。教育与就业发挥着这种社会建设作用。只有通过教育，变人口大国为人力资源强国，我们才能最终跨越中等收入陷阱，实现全体人民的共同富裕。所以，当前的社会建设，或者当前建设社会的一个重要任务，就是做大中等收入群体和中产阶层，从而优化我国的社会结构，实现第二个百年奋斗目标。

在前面的论述中，我说过，要准确理解社会建设，实际应该把这个词倒过来，形成"动宾结构"，即符号化为"建设社会"，这样更易于让我们理解其本质意义。社会治理从属于社会建设，或者从属于建设社会。社会治理却不能简单地倒过来理解其符号含义，即不能将其理解为要"治理社会"。但现在的很多地方、很多学者和官员，就是在"治理社会"的意蕴中理解社会治理。治理社会很容易生发为"他治"，即找到一个外在于社会的力量，并将其加之于社会以形成其需要的秩序。社会治理则主要讲的是依靠社会力量治理社会，或者在社会互动与社会整合中形成社会自身发展所需要的秩序，并以社会自身的力量实现秩序化过程的活力化。

绝大多数社会学家更倾向于将社会治理解释为依靠社会自身的治理，即更偏好依靠社会治理社会。费孝通先生曾经说，在封建社会，乡土士绅阶层自下而上的治理形成了一条治理的主线，而皇权自上而下地形成了另外一条治理的主线。虽然封建社会的皇帝多数并不是明君，但却能在君权更替中维持二三百年的统治，就是依靠了这两条线的治理。我们是不是能够将费孝通先生所说的这两条线叫作"两线结合"的治理呢？自下而上的依靠乡土社会的士绅等精英的治理，就是自治，也叫作礼治。但费孝通先生说"皇权不下县"这个我还不是很理解。因为说皇权不下县，那保甲制是怎么来的呢？

这就是说，如果要依靠"他治"而治理社会，治理成本会很高。但如果依靠社会的力量自治，尤其是在基层群众性自治组织中培育自治体系，就会有效降低治理成本。在经济上行时期，以他治的方式秩序化某个具体的社会，财政能够负担其治理成本。但在经济下行时期，再依靠财政的力量去强化他治，就很难见其效果。即使有资金支持他治体系的运行，那也摆脱不了帕金森效应，即其机构会越来越趋于扩张，其所需要的运行经费会越来越多，其治理成员之间因为收益分配不均而引起的相对剥夺感会越来越强。这就是某些村庄"党支部书记干，其他村干看"现象形成的主要原因。

在我国从农业社会转型为工业社会的过程中，我们取得了稳定治理重大成功，畅通了社会流动渠道，形成了劳动力人口依靠自己之所学或勤劳肯干而流动的合理机制。在我国从工业社会转型为后工业社会的过程中，社会流动的性质会发生变化，即从那种跨阶层的长距离流动，会转变为阶层内部的短距离流动，这会降低人们在短距离的社会流动中的满足感。还应该看到，教育部门的扩张速度超过了经济转型的速度，这就使经济部门或者企业部门创造出来的高质量就业岗位很难满足超多大学生的需要。因为优质就业岗位存在极其强烈的竞争，所以，就出现了一些"拼爹"现象。那些家庭背景不那么硬的学生，就难以找到合适的就业岗位。他们难以实现自己的预期——本来想当白领的，却有可能转变为工人。

可长期以来，我们在治理理论中强化了"学而优则仕"的思想。在古代社会，读书人很少，能够考取功名的人更少，所以苦读大体能够实现"学而优则仕"的梦想，即使是范进这样的人，最终也做了大官。可在现代社会，绝大多数人都有机会上大学。现在的大学毛入学率都超过60%了。这样就不能再鼓励"学而优则仕"，而应该倡导"学而优则企"，倡导企业家精神，倡导市场部门的创新精神。

这就要求我们建设通向企业就业而成功的理论与实践。如果大学生都想进体制，当公务员，或者选择做官，那么，在当前的公务员招聘数量的限制中，只会有少数人成功，而且在大学毕业生中占绝对的少数，这会使大多数人产生挫折感。因此我认为，我们不能继续建构"学而优则仕"的社会流动渠道，而应该建构"学而优则企"的创业性或企业就业性社会流动渠道。实际上，公务员不需要特别有创新思想的那类人。如果国家公职人员不是依法依规办事，而经常创新办事方式，不但上级会很难领导，而且会极化办公室政治。在公务员这个职业里，只有规规矩矩做事，干干净净做人，才能真正将上级的意图贯彻在实干之中而甚少遭受百姓诟病。但企业部门则需要创新，需要将科技与管理密切结合，形成市场竞争力，提高劳动效率。这就是说，在现代社会，无论是社会治理，还是社会建设，都需要在建设现代社会流动渠道中想问题，拓思路。

正因为企业部门的竞争不力,再加之对垄断管理不够,所以才导致头部几家企业形成了行业垄断,拿走了垄断利润,但却不能推进创新。比如说,某东拿走了中产阶层这一块的消费,某多又把乡民们的消费一网打尽。由于我们在社会流动渠道的建设上出了问题,我们才缺少市场部门的创新,而诱使劳动力使劲往体制内拥挤,出现"千军万马过独木桥"这样的事情。这样的社会流动,在大学生占劳动力人口比重达到一定程度后,将很难维持。

所以,现代化的结果应该是淡化企业垄断、淡化社会分层,应该形成以职业为主的人群聚合共同体。但我们的社会政策、教育政策、社保政策却强化了社会分层。在我们的教育体系中,一个人考上北京大学,那其大概率会进入中上阶层。但如果一个人考上的是三本,则大概率会收入较低。所以,我们的教育分层正在导致社会分层,可能一个人从高中开始就处于分层之中。教育在将人们导入分层体系后,到大学会固化这个体系,然后通过就业形成事实的分层体系。

当前,在全部劳动参与人口中,农民阶层大约占15%,但是把老年农民,把70岁以下的农民也计算进来,则其可能超过20%。工人阶层大约占35%。旧中产——就是那些开店面而不雇人的人群大约占15%。当前快递通过电商与平台等科技创新形成的"颠覆性破坏",主要挤压了这群人的生计。这群人占比从19%已经降到15%,到今年预计降到12%、13%。新中产大约占30%——这些人面临的问题有两个:其一,怕自己掉落阶层位置;其二怕自己的子女掉落阶层位置——最近互联网大厂由于科技革命,尤其是ChatGPT的革命而对这些人形成了挤压。当前的工业革命与原来的工业革命不一样的地方,就是对知识生产者也形成了就业挤压。比如老师这个行业,一直很吃香,但现在学生问一下ChatGPT,就能找到他们想要的答案。甚至于ChatGPT也有助于大学生写毕业论文(但是不利于创新)。因此,当前我们得做好社会流动渠道工作,使得新中产能把他的位置给稳住,这样我们才能以庞大的中等收入群体形成共同富裕的支撑力量,也得靠这些人把社会转型平稳地过渡过去。

总之,社会建设就是建设社会,目的就是建成一个能够使我们的社会趋于稳定发展的结构,能够使我们赓续经济快速发展和社会长期稳定的人间奇迹。

中国式现代化新阶段与
社会建设新格局

冯仕政

(中国人民大学社会与人口学院院长、教授)

中国现代化是赶超型现代化,一定是国家会发挥主导作用,国家是组织者、动员者,和西方有着明显区别。西方现代化是社会和市场驱动的,中国则最早是由打败仗的军事官员或曰武人来驱动的,后来才变成文人。因此,社会力量的发育存在先天不足。中国古时候虽然也有乡绅家族,但还不是现在的巨型复合社会,而是聚落社会、"散装社会"。现代意义上的巨型复合社会是发育不足的。开启于20世纪初叶的新文化运动,整个社会改良和革新的基本方向,都是强调组群、组社。为什么?就是要打破原生的聚落社会,推动国人走出家族、村落等范围,学会跟陌生人打交道。搞社会建设,就是要打破中国长期以来的"散装"状态,要"纠合群力",把群众"组织起来"。近代以来,中国社会各种改良、革新和革命最重要的主题之一就是"组织社会",把原来的"社会"打破了重组。

到了新发展阶段,"社会"发育不足的困境就更明显了。原来是穷,中心任务是解决贫困问题、温饱问题、小康问题,那时候要吃没吃、要穿没穿,经济不打头也不行。而现在的目标是追求美好生活了。这时候你会发现,社会建设是追求美好生活的一个关键"瓶颈"和卡点。

要把握"社会治理",要害不在"治理",而在重新理解"社会"上;重心应该放在"社会"上,而不是"治理"上。"社会"为什么需要治理？治理到底要治什么、怎么治？这要从"社会"概念讲起。"社会"内部有一个基本的张力，即联结和团结的张力。"社会"的本义，就是社交，就是人与人的交往。交往有两种基本形态，一是初级形态的联结。联结是朴素的、散乱的、自在的，没经过精心策划的，体现了人的社会性。二是高级形态的团结。即为了保持人类为一个类的存在，每个人都得适当地谦抑和克制自己、体谅他人，"克己复礼"。团结是需要经过组织教化，是要自觉意识的。团结体现了人的公共性，不是"散装"的，而是唇齿相依的。

而联结和团结之间是有张力的。为什么呢？因为团结是对联结的进一步筛选、精选和分层。也就是说，并不是所有联结都会被人们接纳，有些联结不可避免要发生，却被人们选择性地忽视和摒弃。这样，联结与团结之间就存在着一种排斥关系。与此同时，两者之间也有依赖关系。因为一方面，离开数量庞大的、后来看似无用甚至无聊的联结打底，不会有磨砺和凝炼出真正的团结，也就是说，团结离不开联结；而另一方面，如果人与人没有起码的同理心，也就是没有起码的团结，那么人和人的联结就容易变成"狼与狼的战斗"。没有团结的联结很可怕，会演变成互相"挖坑"。因此，联结与团结，既有相互对立的关系，也有相互依赖的关系，哲学上讲叫对立统一，我在这里称之为张力。

那么，"社会"作为一个问题，到底是个什么问题？从哲学上讲，所谓的"问题"是什么？有张力、搁不平，才是问题。就像谈恋爱，看不上却甩不掉、看得上却追不着，才是问题；看上的追着了、看不上甩掉了，都不是问题。总是因为中间有矛盾才叫问题。矛盾在哪里呢？"社会"是一种风险危险，人们都想撇开它，但它又是生机活力之所在，人们又离不了它。就是这样一种两难，让"社会"成为一种需要治理的问题。

一切活动都依赖于人和人的交往。只有通过不断地联结和团结，各种生产要素才能不断地裂变和聚变。同时，"社会"也意味一种风险危险。因为"社会"就是一个无名氏的集合体，无名氏就容易失控失管。

就像新冠疫情期间，天堂酒吧一群人有可能把全北京都感染了，这就是失控失管。再则，基于"社会"而来的反复联结和团结可以扩展人与人的分工与合作，但这种联结和团结也可能逆转为连劫和勾结。也就是说，在某种条件下，"社会"也可能被搞成"黑社会"。总而言之，"社会"之所以为"社会"，既是活力所在，也是乱力所在；既是蛮力所在，也是元气所在。

社会治理的中心任务是调整人类现代化进程中的发展与秩序，或者说活力与秩序的关系。而发展与秩序的张力，从根本上说，来源于底层的连结与团结。联结意味着走出自我、张扬自我、扩展自我，更有利于促进发展；而团结则是克制自我、收缩自我、谦抑自我，是往内收的，更有利于维持秩序。

发展和秩序之间的张力是人类现代化进程中一个基础性、根本性、全局性的矛盾。其他矛盾都是这个矛盾在特定领域或条件下的衍生物。发展与秩序之间为什么会有张力？因为现代化意味着发展，而一发展就要打破秩序。既得利益者希望永远不要改变，永远保持既得利益，只有穷人老想翻身，老想打破既有的秩序。所以，发展和秩序是有张力的，社会乱了没法发展，社会不发展也会乱，但是发展本身也可能造成混乱。推动现代化进程的中心任务，就是处理这个张力，处理得好，张力就会变成动力，处理得不好，就容易崩盘。亨廷顿的《变革社会中的政治秩序》其实就是讲这个问题：大量发展中国家在推进现代化过程中，发展与秩序的关系没处理好，结果在最初的高歌猛进之后纷纷翻船落水，沦落为"失败国家"。我们反复讲的克服"中等收入陷阱"，其实也是在讲这个问题。所谓"中等收入陷阱"，也就是发展上已经达到中等收入国家水平，但就秩序而言，却因为腐败、两极分化等原因而陷入动乱、骚乱、暴乱、政变、种族屠杀，等等，难以维持。

社会治理的目标是什么呢？是活而不乱、争而不战，有人气、不气人，求出最大公约数、画出最大同心圆。社会治理要达到这种理想状态，所应采取的具体办法，是坚持从联结到团结的反复迭代，促进联结与团结的互动共生和良性循环。

现代化与社会发展

现在到了新发展阶段，要构建社会治理新格局，要努力做到"三新"。

一是新定位，即要把社会治理放到新的更加突出的位置上。现在讲社会主要矛盾是发展不平衡不充分，而我认为，最根本的不平衡和不充分是经济这条腿长、社会这条腿短，社会建设与经济建设相比不平衡、不充分。现在企业竞争力的核心已经从经济能力的竞争转变为社会能力的竞争。经济能力是什么？就是生产要素的优化组合，努力提高全要素生产率。重心是原料、技术、管理，等等。社会能力是什么？是企业的运行和产品能够触达和触动更多社会阶层。淄博现在成了"网红"城市。据说它在疫情期间，认为被隔离的孩子们受苦了，请他们吃了一顿烧烤，结果孩子们免费给它带货。这就是社会能力，它的所作所为触达和触动了这些孩子，他们给你免费带货。政府的治理能力，也有一个从经济能力向社会能力转变的问题。经济搞上去了，人们却"有时间挣钱、没时间花钱"，这样的生活怎么美好呢？这个社会怎么可持续呢？现在要把社会建设、社会治理放到新的更加突出的位置上，这也是生活美不美好、能不能突破"中等收入陷阱"的关键卡点和堵点，一定要高度重视。

二是新内容，就是要从面向小社会的小治理转向面向大社会的大治理。小治理是什么？就是面向那些吃不饱、穿不暖的弱势群体的治理，主要功能是兜底、民生，今后要逐渐转向更大的"社会"概念，就是把社会的各个阶层、各个领域有机地衔接起来，更好地整合起来。这个时候，社会治理的功能就不只是兜底和拾遗补缺，而是在各个板块之间穿针引线，中心任务是促进整合、增进团结。

三是新手法，即从"为社会"转向"靠社会"。所谓"靠社会"，就是社会治理不要只是把群众作为一个服务对象，只是给予，而要更多地发挥群众的主动性和能动性，让群众更多更好地参与整个治理过程。既要共享，更要共建和共治。不要嫌弃群众落后或者不懂。习近平总书记曾经讲，群众哪怕要跳火坑你也要和他一起跳。再落后的群众，也不能放弃。首先要走近他、贴近他，和他建立联结，然后加深感情、提高认识，带动群众一起奋斗，形成团结。群众的东西要敢于放手让群众自己去干。你的优雅不是他的优雅,你的体面不是他的体面,各有各的优雅,各有各的美丽,"羞答答的玫瑰静悄悄地开",群众的玫瑰让群众自己去开,根据"开"的情况再去调理。即使开得不好,至少还有得治;要是完全不开,就彻底没治了。

社会治理现代化进程中的韧性构建

姜晓萍

（四川大学城市治理研究院院长、教授）

在百年未有之大变局中，风险同我们如影随形，社会治理韧性的实现显得尤为重要。"社会治理何以韧性"既是社会发展中的一个"棘手问题"，更是中国式现代化进程中的一个大问题。

安全始终处于党和国家战略方针的重中之重。我们可以从习近平总书记关于社会安全的重要论述中看到，社会安全的价值取向在于民生为本，关键在于党的领导，尤其注重科技支撑。虽然既往党和国家报告方针中，"安全"被放在社会治理范畴中加以强调，而在党的二十大报告中，安全被抬升到国家安全体系的总体层面，提出要"以新安全格局保障新发展格局"。

传统"社会安全"研究多从社会保障角度展开探讨，而在中国本土化实践中，社会安全更是容纳了矛盾处置、冲突化解等内容，所以"社会安全"具有广义与狭义两重界定。从狭义层面来说，社会安全更多指涉着社会治安防范与社会矛盾纠纷化解等具体事项，在行政职责划分中一般由政法系统负责。而广义层面的社会安全更多是指国家安全体系、国家安全观中影响社会发展和治理的各种安全因素的总和。社会安全呈现出社会性、紧急性、危害性、复杂性等特性，包含民生保障、治安防控、矛盾化解、风险预警、个体排斥、心理安全、社会凝聚、社会认同等内容。

在公共管理学科中，韧性研究具有非常明确的适用对象。韧性原先被放置在危机管理范畴中作讨论，而现在则是聚焦于社会安全来谈治理韧性的实现。大量的城市韧性、社会韧性、社区韧性的研究都是以社会安全为着力点的,所以治理韧性的适用对象被牢牢锁定在社会安全领域。在社会安全这一总体研究领域中,治理韧性的实现关键需要回答三个阶段性问题:"社会安全场域中治理与韧性何以耦合?""社会安全场域中治理韧性为何?""社会安全场域中治理韧性如何实现?"。

首先,我们来回答"社会安全场域中治理与韧性何以耦合"的问题。

从字源来说,《说文解字》里的"韧"实际上讲的是制熟的牛皮。虽然牛皮在制作过程中发生了形变,但是却始终难以断裂,其中充斥着一种抗裂力和恢复力。这种抗断裂、可恢复的能力正是社会在应对风险时所应具备的能力。所以,公共管理学科正是在危机治理的过程中,借鉴了生态学、社会学、心理学甚至是物理学中有关于韧性的知识,逐渐从韧性视角建构对社会治理的解释,强调社会治理在危机情境与突发事件中沉着应对、有效调适、持续发展的内涵。

韧性的内涵特质在社会治理中究竟如何体现?这就需要运用韧性的简约化、重叠性、整体性思维来指导治理,对治理过程加以重塑。

第一,治理的简约化旨在缩减治理的中间层级,推动治理重心下移就是一种治理层级简化的尝试。在社会安全场域中,重心下移减少了治理的中间层级,避免了政策在上传下达中变形,提升了居民需求由下至上的传递效率。比如上海的"一网通办""一网统管"实践,将指挥权通过向下授权的形式下移到前线指挥部。一场原定于七点半开场的烟花秀,可能五点半观众就已经挤满场地了,这时如果有前线指挥部在场,就能够瞬时启动疏散人群的决策方案,并且决定开场时间是否需要提前,且不需要向上级层层汇报,从而极大地降低踩踏事件的发生概率。

第二,治理的重叠性就是要让公共治理的过程富有弹性,像国画一样有留白,留有调整的空间。在治理中讲空间与弹性,就意味着公共治理有了多重可选择的方案,使得公共治理不再只是一个单项选择题而是一组多项选择题,在一种治理方案难以施行时,另辟蹊径选取备选治理方案,能够有效应对复杂系统的变化。举个例子,在社区疫情防控的物资保供中，就不单单有让社区工作人员去做保供工作这一种选项，社区中蕴藏着丰富多元的社会资源，社会力量、市场力量同样也能够成为社区保供的备选项。就像上海抗疫中的"我的团长我的团"实践那样，把社区居民的力量发挥起来，勃发出社区强大的韧性与生命力。成都的社区在疫情防控中，给所有的快递工作员、外卖小哥都发放了紧急通行证，以社会力量保障着非常态情境中的物资运力。

第三，治理的整体性就是要通过各种治理要素的整合、周期的衔接来实现治理体系一性，从而解决复合型风险所引发的要素碎片化与阶段断裂的问题。总的来说，韧性指导下的社会治理模式能够打破传统风险治理的思维定式，所以才被公共管理学和政治学视为风险社会中治理体系转型的必由之路。

其次，我们还需要思考"社会安全场域中治理韧性为何？"的问题。具有韧性的治理之所以能够形成，关键在于治理要素的调适有度。"调适"二字就是在强调治理的敏感性，"有度"，也就是说，治理要素之间的关系要依照平衡的尺度来规范。"调适有度"具体包含两个内容。

第一，如何调适？治理体系的调适就是治理的要素结构与当下的治理情境之间应该适配，它不能太过超前，更不应太过滞后，要思考在特定的社会情境中治理需要调适什么、在什么时间节点调适、以什么方式调适等问题。针对不同的治理要素，调适也就有着不同的表现形式。比如说针对单元规模的调整、主体关系的调适、治理模式的转换、政策周期的休止。以单元规模的调整举个例子，成都推动的"微网实格"实践。由于超大城市的区域范围广阔，社区单元物多且样杂，传统治理模式中"摊大饼式"的治理单元在超大规模城市的治理中极易停滞失效，这就需要将治理规模缩放到社区网格，来落实超大城市治理的精细化，从而保障治理单元与治理能力之间的匹配。

第二，调适需要遵循何种尺度？调适这个动作需要去考量社会发展自身的规律，需要符合社会的情、理、法，如此才能够避免风险的逆变。这种尺度实际上也是治理韧性的维度构成。社会治理韧性的实现要在多重张力中找到平衡,尤其要处理好治理权力中集权与放权的张力、主体结构中松散联结与有机团结的张力、治理价值中效率与公平的张力、治理目标中精准与冗余的张力。一是集权与放权之间的限度,也就是要如何处理管理权力与社会发展之间的权力分配问题,如何在保障社会秩序的同时激发社会活力,解决活力与秩序的平衡难题。积极发展基层民主中的社会发展,重视社会组织的孵化培育,就是在激发社会活力。从更深层次上看,集权与放权实际上就是在政府与社会、国家与社会的权力分配之间去把握彼此之间的权力边界。二是主体结构关系之间的紧密程度。不能太过松散,这会削弱治理共同体之间的凝聚力;当然也不能太过紧密,如果结构单元的联结太过紧密,不仅会挫损主体多样性,在风险中也容易产生结构破坏间的链式反应。比如在疫情管理防控中,不同主体间需要实现严密管控与社会发展之间的尺度平衡。三是治理价值在效率与公平间的温度,实际上,也就是说,治理在追求效率、追求速度的同时也要追求公平、追求法度。四是服务供给与服务需求之间的精准对接程度,也就是说,公共治理的服务供给与居民的需求之间要达成供需衔接,这种供需精准衔接的实现需要经过大量的调查。在现实中,我们总是能接触到一个让我们困惑的现象,为什么尽管政府非常努力地在供给公共服务,但是公众的满意度仍然不高?其中矛盾的关键就是政府难以精准识别社会需求,无法达成韧性式的多样化供给。仅仅通过"一刀切"的方式提供服务,必然会导致供需之间难以匹配,要么是供过于求堆积出饱胀感,要么就是供少于求造成"饥饿感",这些问题都会导致公共服务供给的低效。在实践调研中,我们就遇到过诸如此类的现象,在2008年,一个残联组织收到了一大批捐赠的助听器,但是助听器应该发给谁?残联组织却不知道怎么办,因为当时他们无法识别这些需要助听器的残疾人在何方,在这种情况下,我们便思考残联组织需要制定一类量体裁衣的个性化服务,针对残疾人的不同需求来制定服务供给的渠道与方式。社会治理韧性的目标之间,比如说发展同治理的关系、生活同品质的关系,都是可以实现共生与平衡的。举个例子,我们知道成都的基层治理,一直在强调在发展同治理的互动中实现人民对美好生活的向往，中央文件也多次强调高质量发展、高效能治理、高品质生活。其实，高质量发展指涉的实际是人民的高质量幸福增长、经济的高质量效益增长、社会的高质量美好增长。而高效能治理就是系统治理、依法治理、源头治理，高效能治理与高质量增长是有共通的部分，在这两个命题间，活力与秩序不再是取舍的关系，而是相互成就的关系，最终实现高品质的生活，让社区邻里和睦、居民守望相助、人民生活幸福，这是社会治理韧性的终极目标。

最后，我们来思考"社会安全场域中治理韧性如何实现？"的问题。也就是说，在对标社会安全这一目标下，如何去找寻实现治理韧性的路径呢？这实际上与社会情境的特征有关。高流动的社会需要全域性的社会治理，需求多元化的社会渴望共生型的社会治理，群体高度异质的社会需要精细化的社会治理，数字化时代的社会需要平台型社会治理，突发性风险频发的社会需要敏捷型的社会治理。所以说，在治理韧性与治理情境的结合中，这其实是一个双向奔赴的问题。我们都在说"平安是底线"，这实际上是传统危机管理研究的术语，且在政府的危机管理中得到了形象体现。但是，更重要的其实是"以民生为高线"。如何去理解呢？我们将平安底线理解为是在烈火熊熊燃烧之时，做的一个灭火动作，但在灭火之后，我们更要思考，如何让这个引火源头不要上火。发改委现在做的基本公共服务均等化这项工作中，关键强调的是人民生活的品质，这其实就是要从根本上去解决人的生存问题，成就人民的发展需要。运用源头治理的思维，世界只有美好起来才能让社会氛围不暴躁，而让世界美好、让社会幸福的本质仍然需要通过强基础、优服务、惠民生来彻底落实。所以，底线保障安全，高线成就安全。明白了这个道理，社会治理韧性的实现似乎可以通过多重机制来推动。比如在地方政府的矛盾化解、社会安全实践中就展现出许多高招。我们现在谈起矛盾纠纷化解就会想到新时代的"枫桥经验"，浙江已经在推动三治融合的3.0版本。而成都则在展开信托物业实践，居民在物业信托中能够实现对社区治理的全过程监督。实际上，数字信息技术的蓬勃发展，倒逼着数字公共治理的变革，也为韧性治理提供了新的实现路径。同时，心理安全、个体压力的问题也理应重视,近期的一项社会心理安全报告显示,当代人真的很焦虑,大学生的抑郁率非常高,甚至连中学生都出现这样的情况。总而言之,随着新时代的新变化,以韧性思维指导公共治理,实现社会治理韧性之路仍旧是一个未尽的过程!

治理现代化进程中的"人民命题"

何艳玲

（中国人民大学公共管理学院教授）

我们理解治理现代化进程中的"人民命题"，最重要的是理解政府治理过程中的人民。一方面，可以还原治理过程中的鲜活的人民及其需求，呈现被遮蔽或被忽略的人民在场的议题。另一方面，可以从一个全新的视角阐明宏大治理和微观生活之间的联系，为治理现代化的政策设计提供一个理论框架。治理现代化进程非常重要的是政策设计，设计的基本逻辑和框架必须联结宏大治理和微观生活之间的关系。再一方面，我希望提出人民算法，并为具体治理过程的决策选择提供科学模型。治理不是为了管理人民，而是去甄别人民的需求，还原鲜活场景中人民细微的需求，除了体制、制度以及政策的支持，还需要技术支撑。技术能够很好地解决精细化问题，精细化是指人民需求的精细化区别于以往的需求。由于过去的人民都被标准化，都被遮蔽了活生生的个体经验面孔，使得个体化无法进行，缺乏充足的资源支持。如今由于技术的存在，技术可以使治理过程向善并对特定治理过程的决策选择提供一个相对科学的模型。把情怀具象化是当今中国一切从事社会科学研究人士都应具备的一个共同标签。

对治理现代化进程中"人民命题"讨论的前提是有效治理基本问题，通过特定制度安排实现人民的充分生存权和适度发展权，并保持多数人与少数人、公权与私权、当下与未来的相对平衡。以人民为中心是如何确保通过民生来保障生存权和维持适度发展的权利，但往往会忽略人民的权利。而仅有人民的权利才会带来矛盾，使得现行制度安排和治理安排复杂化，因为要同时考虑大多数人和少数人，少数人对治理过程是至关重要的，它既区别于过去，又区别于公权和私域、当前和未来的相对均衡，是一个有效治理问题。当前，尤其是进入新时代后的叙述中，有效治理这一原则至关重要，而这一原则往往被用于政治层面。

"人民至上"是党的价值追求，是行动指南，也是宝贵经验，但是，在治理过程中更多地会提及以人民为中心的治理。"人民"一词实际上是在某种意义上以西方的"人"修饰中国的"民"，就有了"人民"概念的基本范畴，即在强调整体性的条件下承认个体性的自由权利。当"人民"这一概念出现的时候，其实在中国整个政治话语体系中已经意味着现代性，强调的关键要素是人民。回归到治理过程中，人民是什么？人民是分群的，是分类的，是分层的，不是整体所指，而是具体所指，在互联网社会中其实是个体所指，人民的鲜活性在治理过程中其实表现得非常明显。基于政治过程中的整体性的人民是不能代替治理过程中的这种群体所指以及个体所指的人民。在市场化、城市化、全球化"三化共时态"过程中，人民需求层次不断发生变化与叠加。当前治理与制度设计所造成的民众分层至少可划分为三类，即收入分层、住房分层、认知分层。

第一个需要关注的是收入分层。收入分层并不意味着财富分化。疫情数年后是否存在非劳动性收入实际上将主要是收入分层的基础，封闭在家时是否还存在收入，疫情中很重要的冲突其实出现在两类人，有一类人在家照样有收入，还有一类人在家待业没收入。简单而言，能否做到不劳而获，这种实际上已将民众划分为两个新收入分层群体的做法是政策上不得不考虑的问题。当前的社会保障的制度设计均低于平均收入，没有将收入分层融入政策与制度设计。

第二个需要关注的是住房分层。住房分层要考虑的问题是能否支付公共服务的隐性价格，作为公共服务尤其是基础教育的教育本应免费，但目前城市化进程仍存在着大量的代价。因此，住房分层首先要解决是否能支付公共价格。此外，住房借贷实质上就是对劳动性收入的一种预先透支，却从未发生过如现在这种将金融的危险由生产领域向消费领域转移的情况，更进一步向日常生活领域过渡，这种加杠杆极大地增加了人们日常生活中的脆弱性。政策设计的依据如果没有考虑人们的住房分层，没有去还原鲜活的人民，就不够精细化。

第三个需要关注的是认知分层。市场化强化了认知分层，全球化拓宽了认知分层的议题和范围，可以称之为三化共识态。互联网是一个扁平化信息传播的渠道，在一定程度上消灭了认知分层，所以看似人民平权，但是，社群和算法其实又强化了认知分层，变得更垂直，我们所看到的世界不是所想的世界，而是算法推介的世界，可以看到不同价值观的人、不同认知的人。在互联网场域，特别是在线上社会，已经成为非常重要的不同政策群体，政策制定还没有考虑到认知分层。

根据三类分层，在此意义上可以构建出人民需求的政策，当下的人民需求已经变成三个层次：第一个层次是回应和供给，意味着"要面包"，例如为人民群众办事；第二个层次是参与和分享，即我必须参与做面包，参与和分享是越来越强烈的一种需求；第三个层次是自主和自觉，我不只是"要面包"，还要其他东西。这三个需求层次是不同的，逐级迭代。人民需求层次的变化本身是现代性的累积过程，特别是自主性和自觉性，相对而言，是在现代化语境中最高层次的一种现代性，由传统的政策制定和治理过程的群众变成群体并且进一步变成了社群，而且进一步变成了我，每一个我都如此重要。这个变化在某种意义上是社会层面上中国的一个社会结构的现代性的一个累积的过程。

进一步而言，如果要以人民为中心，在治理过程中到底以哪部分群体为中心？到底以哪类需求为中心？以人民为中心是有比较级的，在嵌入比较级后，治理过程中以人民为中心其实会转变成以下命题：治理过程中的社会思维或人民思维如何保证利益相关群体中的多数者的重要需求，并且保证对少数者的伤害最小化。因此，在治理过程中不同的人民群众及其需求必须在法律、数据和事实的基础上做出评估、测准和锚定，这是一个基本机制。如何通过现有的制度，特别是现有的技术去甄别这个需求，在这个基础上利用各种数据让甄别变得科学化，同时利用民主化的协商过程最后确定如何决策。比如，社区空地是变成老人们喜欢的小公园还是年轻人想要的停车场？回应上述治理命题和解决实践问题，需要提出一种治理理念与方法，即人民算法。

人民算法在本质意义上是针对社会治理和城市治理中技术过密化所提出的一个设想，技术的使用必须是让多数的、重要的、迫切的人民及其需要变成可发现、可感知、可预判的具体政策对象，这是新时代社会治理现代化与过去谈论社会建设的区别，具有科学性。具体而言，基于人民算法的治理过程应该从人民的需求端出发到最后供给端的输出，涉及的条件有两个维度：一是约束性条件，涉及财政、法律和能力；二是发展性条件，包括人民参与的能力、参与的渠道等，最后形成一个基于人民算法的治理模型。这才是在当下针对分层分群的人民的一个基本的立场，当然最重要的是技术运用。

人民算法是在治理科学化和民主化可能的实践方案，并将延伸出很多重要的并没有被讨论的很多议题。

第一，治理过程中必须重新反思和高度关注少数者，少数者怎么去回应、怎么去保障、怎么去救济以及怎么更好地平衡少数者和多数者的权利，也就是治理过程中的少数者议题要被重新定义和反思。

第二，治理过程中要重新关注人民是参与弱势者，不是社会保障角度上的弱势群体，而是参与的弱势者在表达和参与的失能，相对任何一个事件来说，每一个人都可能成为弱势者，因为每个人都可能发不出声音。政府如此注重舆情是因为舆情一定是由发声很大的人构成的，还有一些沉默者。政府越重视互联网化，参与弱势者的问题可能会越迫切，人民参与弱势者是治理过程中必须高度重视的问题。

第三，治理过程中要关注人民之代表者。人民一定是有代表的，或者通过代表更好地去完成表达过程。目前代表有政协委员、人大代表，是分界别的，界别是一个行业的概念，但并不是一个群体分群的概念。所以，"代表者"这个概念何以能够被代表还需要重新思考。

第四，治理过程中要关注人民之"我者"。互联网带来了人人都有话筒，线上社会建构了我、赋能了我、拓展了我，我即人，我即民。如何去解决整体性和个体性之间张力的问题。因为每个人都有话筒，不只是你有话筒，所以人民之我者，这个我是代表比较个体的我。

第五，人民之政策配套。政府出台政策必须配套，出台针对多数的以人民为中心的政策，必须出台针对少数者的政策配套，伤害和救济是任何政策都必须纳入的变量，而不只是民政部概念下讨论的变量。政策应该是配套的、系统的，而不应该是单个的、孤立的，对少数人的救济以及对个体的尊重应该是所有部门应有的思维。

总之，治理过程中以人民为中心不仅是一个政治和价值命题，也是科学和技术命题，基于人民算法的以人民为中心的实现是公共性和人民性被重新定义的过程。

中国式现代化中的人才强国战略

田 凯

(北京大学政府管理学院教授、副院长)

党的二十大报告高度强调了高素质人才对于中国式现代化的重要性。报告明确指出，培养造就大批德才兼备的高素质人才，是国家和民族长远发展大计。科技是第一生产力，人才是第一资源，创新是第一动力，深入实施科教兴国战略、人才强国战略、创新驱动发展战略。坚持党管人才原则，坚持尊重劳动、尊重知识、尊重人才、尊重创造，实施更加积极、更加开放、更加有效的人才政策。完善人才战略布局，建设规模宏大、结构合理、素质优良的人才队伍。加快建设世界重要人才中心和创新高地，着力形成人才国际竞争的比较优势。加快建设国家战略人才力量，努力培养造就更多大师、战略科学家、一流科技领军人才和创新团队、青年科技人才、卓越工程师、大国工匠、高技能人才。加强人才国际交流，深化人才发展体制机制改革，把各方面优秀人才集聚到党和人民事业中来。党的二十大报告为我国人才工作指明了方向。

学术界大量研究已经证明，高素质人才对于一个国家的发展具有至关重要的影响。早在17世纪中后期，古典经济学家威廉·配第就认为，劳动者的技能是影响国家竞争力的重要生产要素。一个人如果技艺高超，就可以和许多人抗衡。一个国家尽管领土小、人口少，但由于地理位置、产业和政策优越，可以和人口众多、领土更为辽阔的国家相抗衡。

亚当·斯密在《国富论》中，专门论述了人的教育、知识和技能对于国家财富增长的影响。斯密认为，个人通过接受教育获得才能，虽然个人为学习耗费了资本，但其习得的才能是个人及社会财产的组成部分，因此，为学习支付费用是值得的。斯密把为人民提供教育方面的公共设施和工程，视为国家的义务之一。他认为，国家应加强教育投入，以防止人民的堕落或退化，尤其应增加针对普通人民的基本教育投入，保障全体人民获得基础教育。

阿尔弗雷德·马歇尔认为，知识是生产中最重要的动力。对人的投资所耗费的资本是最有价值的资本。专业人才对于提高国家的生产力具有重要推动作用。

在西奥多·舒尔茨看来，一个国家的人口质量是促进经济发展的关键要素，人口的知识、经验、技术及健康状况影响着国家的未来。知识的进步是国家经济发展的重要源泉，国家的经济发展与该国高等教育方面的成就密不可分。资本可分为物质资本和人力资本，一个国家的发展取决于在这两方面的投资，相对于物质资本投资来说，人力资本投资可以获得更高的收益率。第二次世界大战后，德国和日本的物质资本遭到了严重破坏，但人力资本却很好地保存了下来，所以第二次世界大战后这两个国家的经济能够快速恢复并实现高速发展。低收入国家要发展，必须依靠大学培养大量工程、技术、医疗等方面的专门人才。这些人才必须具有扎实的科研能力，不仅能够运用发达国家的知识和技术，更重要的是能够结合本国需要，开展创造性的研究。科学研究能够促进经济发展，改善人民福祉。

加里·贝克尔对美国、日本和欧洲的研究发现，这些国家通过加强对劳动力的教育和培训，实现了经济快速增长。"亚洲四小龙"的腾飞，依赖于受过良好教育、训练有素的劳动者。他认为，教育和培训是最重要的人力资本投资，个人通过学习知识、技能和分析问题的方法，可以提高生产力，获得更高收入。除了学校提供的教育之外，正式和非正式的在职培训对个人适应工作和增加收入都有重要促进作用。

我国应该怎样更好地实施人才强国战略呢？我认为，可从如下几方面入手。

第一，立足中国、放眼世界，加强建设世界重要人才中心和战略高地，广纳全球贤才。世界人才中心和一流强国存在对应关系。目前，我国在人工智能、信息技术、生物技术、新能源、新材料等重点科技领域存在高精尖人才不足的情况，应该紧紧围绕国家战略需求，优化海外人才引进机制，有针对性地采用制度化的渠道引进高端人才。我国本身是人才流失严重的国家，在采取有力措施减少人才外流的同时，应该通过技术移民政策等多种方式，把全球范围内的优秀人才吸引到我国来。

第二，加强对国家战略人才的培养。党的二十大报告对我国高端人才培养提出了更高要求，"努力培养造就更多大师、战略科学家、一流科技领军人才和创新团队、青年科技人才、卓越工程师、大国工匠、高技能人才"。相对于我国的人口规模、经济规模和受教育者规模来说，我们的世界顶尖级人才还是明显不足。当前，我国经济发展已进入创新驱动阶段，急需大量创新型人才。高校应该在创新型人才培养中发挥领军作用。我国世界一流大学和世界一流学科建设已经取得明显成效，在培养高端人才方面发挥着重要作用。大学应该进一步优化博士生培养制度，优化培养流程，完善培养机制，激发博士生的好奇心和想象力，积极培养博士生的创造性思维能力和批判性思维能力，鼓励博士生探讨国际前沿问题。从目前来看，我国在某些关键领域和世界级水平还存在一定差距。应该大力加强国际交流合作，大力推动人才培养的国际化。鼓励博士生参加高水平国际学术会议，并通过与国际著名高校建立合作项目，为学生国际交流交换提供平台。

第三，理顺人才培养相关领域中政府与市场的关系。当前我国人才发展战略中，政府发挥着支配性作用，政府既要掌舵又要划桨，角色超载，相对来说，企业、高校等用人单位的能动作用发挥还不够充分，劳动力市场活力不足。政府应该把主要角色定位在宏观政策制定，在人才评价、流动、引进等具体环节，可以进一步激发市场活力，放权给企业、高校、社会组织等用人单位，让其发挥更为关键的作用。

第四，加强与海外华人的联络，吸引精英人才回国。海外华人与祖国有着深厚的血肉联系，在全球化的今天，应该加强与海外华人的沟通与交流，让他们及时了解祖国的发展和进步，加深对祖国的归属感。通过提供良好的科研条件、丰厚的薪酬待遇，吸引高端人才回国工作，还可以采用访学、合作研究、讲座授课等多元化的方式，加强华人对我国高端人才培养、科技发展的推动作用。

人与自然和谐共生的现代化

引　言

郇庆治

(北京大学习近平生态文明研究
中心主任、马克思主义学院教授)

本平行论坛共有10位发言人，主题是人与自然和谐共生的现代化。

复旦大学陈学明教授主要讨论了实现人与自然共生现代化的关键是找准阻碍这种共生得以实现的根源，他特别强调的还是社会生产方式和生活方式的根本性变革的重要性。

习近平生态文明思想研究中心钱勇主任围绕深入学习贯彻习近平生态文明思想，以美丽中国建设来推动人与自然和谐共生的中国式现代化，回顾了中华人民共和国成立以来国家人与自然和谐共生现代化政策的演变，并着重解读了党的二十大报告相关精神。

中国人民大学张云飞教授强调分析了中国式现代化的人与自然和谐共生特征对于其他四个特征的一个引领或促动作用。

苏州大学方世南教授重点分析了以人与自然和谐共生的现代化如何创造人类生态文明新形态，既强调了它的丰富理论思想资源，同时也认为它存在着十分艰巨的现实困难与挑战。

福建师范大学陈永森教授回顾分析了马克思恩格斯的"控制自然"的观点，并为我们深入理解人与自然和谐共生现代化概念提供了一种新的思路。

北京大学国际关系学院张海滨教授主要强调了人与自然和谐共生现代化对于发展中国家的普遍性意义，提出要关注发展中国家的关注点和兴趣，并建议注重传播新的理念、新的制度框架和新的治理方法。

北京林业大学林震教授把人与自然和谐共生现代化的理论内容概括为和谐共生、和合共治、和美共富这样一个新的理论架构，颇有新意。

中国社科院生态文明研究所黄承梁研究员主要强调了习近平生态文明思想的经济学意义，并要求掌握好几个议题性思想的结合。

北京邮电大学李全喜教授分析了人与自然和谐共生现代化的生态哲学意蕴，而这很可能不只是一个新意蕴的问题，还是一种新的生态哲学的问题。

北京科技大学周鑫副教授主要讨论了建设人与自然和谐共生现代化的方法论与政策要义，尤其围绕"六个坚持"做了比较具体意义上的分析。

以上是各位学者讨论的主要内容。基于这些讨论，我想强调个人的一个观点，即我们可能还是需要从深入理解人与自然和谐共生的中国式现代化这个概念的准确意涵入手。我最近在《学术前沿》发表的一篇文章所讨论的第一个问题，就是关于这个概念的意涵。目前，学界讨论最多的是中国式现代化的五大特征，但实际上，五大特征的讨论还必然涉及共同特征、根本特征等一系列关系问题。我的主要看法是，需要同时关注这个概念所包含的双重维度，即既要关注它的事实性维度，也要关注它的规范性维度，而规范性维度就是习近平总书记所讲的独特"六观"里的生态观。

与此同时，基于今天所做的讨论，我们还应注意到同时存在的人与自然和谐共生现代化这一话语理论和生态文明这一话语理论，既要看到二者之间的通约性，也要谨慎对待二者之间的张力。从通约性意义上来讲，我们完全可以说，人与自然和谐共生现代化其实就是生态文明建设，就是美丽中国建设，也就是习近平生态文明思想的另外一种表达。但是，生态文明话语的缘起和初心是作为现代化话语的对立与替代而出现的。因而，我们也必须要注意到二者之间的张力。基于此，接下来应该充分强调现代化话语，包括人与自然和谐共生的中国式现代化同时还是关于当代经济社会全面绿色转型的话语理论，否则的话，就可能会在理论和逻辑上都会遇到一些困难。

实现人与自然共生的现代化的关键是找准阻碍这种共生的根本原因是什么

陈学明

(复旦大学马克思主义学院、哲学学院教授)

习近平总书记在中共二十大报告中归纳了中国式现代化的五大特征。这五大特征中第一个特征，即"中国式现代化是人口规模巨大的现代化"，基于的是中国的国情，而后四个特征，即"中国式现代化是全体人民共同富裕的现代化""中国式现代化是物质文明和精神文明相协调的现代化""中国式现代化是人与自然和谐共生的现代化""中国式现代化是走和平发展道路的现代化"，则都是针对着西方式的现代化的。

西方式的现代化道路产生了巨大的成果，整个现代文明都是这条道路的产物，但与此同时，正是这条道路也带来了诸多不幸甚至灾难。可以说，现代文明的创造是建立在巨大代价的基础上的。

对西方式现代化的所带来的消极后果，西方发达国家的人民有着深切的体验，广大发展中国家的人民更有着切身的体验，而在广大发展中国家中，我们中国人民的感受则特别深刻。

比起其他非西方的国家和地区，中国较晚走上资本现代性的道路，就现代性而言，有人把中国说成是"后发外生型"国家，即中国不但走上现代性道路较晚而且又主要是在西方现代性的影响下"被迫"地卷入现代性的洪流之中。这样，即使中国跨入现代性的门槛时间不长，对现代性的"祸福相依"这一点的感受可能特别深切。中国人民明白，如果完全照搬西方式的现代化模式，那么我们很有可能现代化的正面成果还没有充分享受到，而代价、消极效应已经把我们葬送掉了。

人与自然和谐共生的现代化

综观整个世界，西方式现代化的不良后果主要就是这四个方面：两极分化日益严重；物质文明与精神文明相冲突，人成了"单向度的人"；人与自然不相协调，以牺牲自然来谋取经济的发展；充满着血腥味，伴随现代化的是掠夺与争斗。

中国人民是不可能因为在现代化的进程中可能面临这些不良后果而放弃对现代化的追求的。中国人民唯一的选择就是走出一条既能充分现代化的正面成果又可使代价降到最低限度，即"鱼和熊掌能够兼得"的独特的现代化之路。习近平总书记在党的二十大报告中所说的中国式现代化的五大特征，正表述了中国所要追求的现代化就是避免西方式现代化的消极效应的现代化。

问题在于，中国人民选择这样一条道路有合理性吗？按照新自由主义和后现代主义思潮等的理论，这是不可能的，按照我们国内学界有些人的观点也是不可能的，因为在他们看来，现代化过程中出现的负面效应是与现代性的理念，与理性、科学、技术等不可分割地联系在一起的，在某种意义上，现代化的负面效应是由现代性理念本身滋生的。人类在追求现代化的过程中必然也得接受其负面效应。

无论是新自由主义者还是后现代主义者，都强调现代化的正效应、负效应是与现代性的核心精神原则捆绑在一起的，不可能只要前者而不要后者。中国如要选择现代性的道路，那就应准备承受现代性所带来的种种不良后果，准备付出沉重的代价，但倘若感到无法承受这些不良后果，经受不起代价，那么就干脆放弃对走现代性的道路。

西方面对现代性，主要有两种截然有别的思潮：一是坚守现代性的新自由主义；二是批判现代性的后现代主义。我们看到，不但坚守现代性的新自由主义认为旨在既充分享受现代性的积极成果又要把代价降到最低限度的中国式现代化道路，并不具有合理性，而且批判现代性的后现代主义也强调中国式现代化道路企图"鱼和熊掌兼得"仅仅是一厢情愿。

比如说，西方式现代化带来的一个严重后果是对自然的伤害，带来了生态危机和自然危机。如果造成这种危机的是现代性理念本身，是人类对工业文明的追求，是科学技术，是"生产逻辑"，那么在追求现代化的过程中，要消除生态危机是不可能的。

我们研究西方绿色思潮的对这类观点实在太熟悉了。西方的生态主义者就是这样讲的。他们批判生态危机时，是与批判现代工业文明，批判科学技术，批判人类中心主义的现代化理念紧紧结合在一起的。

所以如果接受他们的把生态危机的根源归结为现代化理念本身，归结为科学技术，那么必然会得出结论：只要是走在现代化的道路上，实现人与自然的共生是不可能的。

当然，联系到我们中国，要实现人与自然共生的现代化也是不可能的。在他们看来，这是我们的空想。

所以，关键还在于找准阻碍人与自然共生的根本原因。

能够为中国独特的现代化道路提供理论依据的正是马克思主义，严格地说，是马克思主义的现代性批判理论。关键在于，马克思主义的现代性批判理论并不把现代化过程中所出现的种种消极影响归结于现代性理念本身，而是强调是社会制度、生产方式，那种以利润为中心的生产方式促使现代化走向了反面，强调现代性理念与现代化过程中的消极作用之间并不存在必然联系。

马克思对现代性的批判绝不如后现代主义者那样仅仅是"观念论"的批判，即马克思绝不仅仅是"观念的历史叙述"，而是开辟了"现实的历史叙述"。马克思的这种批判绝不停留于观念的层次上，而是把矛头直接对准现代社会存在论的根基，正如海德格尔所指出的那样，马克思深入历史的本质的维度之中了。按照马克思的现代性批判理论，现代性展现过程中之所以导致了如此多的不良后果，问题不是出在现代性的理念本身，不是由现代性的精神原则，即理性带来的，笼统地把现代性的恶果归结于理性、知识、科学是不公平的，而应当追溯隐藏在所有这些背后的"物质"的动因。马克思的现代性批判理论也正视现代社会中价值理性向工具理性的蜕化，但并不认为这种蜕化是由理性本身所必然带来的，而是认为是理性背后更深层的社会原因导致理性的这种蜕化。

也就是说，按照马克思主义的现代性批判理论，既然在现代性实现过程中所出现的种种负面效应并不是现代性逻辑所必然带来的，那么中国人民完全可以找出并逐步消除造成现代性走向反面的根源，从而在充分享受现代性的积极成果的同时，使所付出的代价降到最低限度。中国特色社会主义道路的宗旨正在于此，而这样做有着马克思主义的现代性批判理论的强有力支撑。中国人民有理由对这样一条道路充满着理论自信。有理由对在追求现代化的过程中，实现人与自然的共生，对开创出人与自然共生的中国式现代化道路充满信心。

实际上，只要我们放眼看一看中国这些年生态文明建设方面所取得的巨大成就，与此同时想一想取得如此成就的根本原因是什么，不要抱成见和偏见，从西方生态主义的立场真正转到生态马克思主义的立场上，对此是不难理解的。我们主要依靠的是社会主义的生产方式，依靠的是政府一切从人民的利益出发的价值立场。在这样一种生产方式和价值立场的支配，科学、技术、工业化，不是带来了对自然环境的保护，而是用于维护环境。

中国人民对自己选择道路的自信心不仅来自马克思主义现代性批判理论的支撑，更基于实践上的成功。现实生活是判定一条道路、一种选择是否具有合理性的根本标准。中国这几十年的成功，证明了在马克思主义，特别是在马克思主义的现代性批判理论指引下的中国特色社会主义道路旨在既能充分享受现代性的积极成果，又把代价降到最低限度是完全有可能做到的。

我的上述观点，不是今天才形成的，而是10多年前开始我就一直坚持这样的观点。2008年我出版的《生态文明论》一书就提出了这一观点，而在2008年出版的《谁是罪魁祸首》一书则系统地阐述了这一观点。

我的这一观点接近于西方著名的生态马克思主义者福斯特的观点。由于我的这本书早被译成英文在国外出版，福斯特大概看到了这本书，所以他在许多场合对我加以赞赏，包括在《每月评论》上专门发了书评。

遗憾的是，国内学界，包括在我们这支队伍里，产生了一定的影响，但反响并不是很大。不少人虽然没有公开表示出来，但实际上我知道他们对我的观点是有保留的。

在我看来，如果对我的观点持保留态度，在造成生态危机的根源的问题上，坚持生态主义、自由主义、后现代主义的立场，那怎么能够为中国的生态文明建设鼓与呼呢？怎么能够对在中国实现人与自然共生的现代化充满信心呢？对这一点，我一直弄不明白。想求教于大家！

深入贯彻习近平生态文明思想以美丽中国建设推动实现人与自然和谐共生的现代化

钱 勇

(习近平生态文明思想研究中心主任、研究员，
生态环境部环境与经济政策研究中心党委书记、主任)

党的二十大报告深刻阐释了新时代坚持和发展中国特色社会主义的重大理论和实践问题，是全面建设社会主义现代化国家、全面推进中华民族伟大复兴的政治宣言和行动指南。报告内容极为丰富，集中体现在两个方面。一是凝练提出习近平新时代中国特色社会主义思想的世界观和方法论，以及贯穿其中的立场、观点、方法。二是，概括提出中国式现代化，明确中国式现代化的五个中国特色，强调以中国式现代化全面推进中华民族的伟大复兴。2023年2月7日，习近平总书记在学习贯彻党的二十大精神研讨班开班式上，系统全面阐述了中国式现代化的一系列重大理论和实践问题。这是马克思主义中国化时代化的重大创新，[1]是科学社会主义的最新重大成果。

报告对生态文明建设和生态环境保护工作进行了全面总结和系统部署，强调中国式现代化是人与自然和谐共生的现代化。我们要深入学习并领悟党的二十大精神，牢固树立和践行"绿水青山就是金山银山"的理念，以美丽中国建设推进建设人与自然和谐共生的现代化。

---

[1] 颜晓峰：《中国式现代化理论是马克思主义中国化时代化的重大创新》，《红旗文稿》2023年第7期。

一 深刻认识我国生态环境保护事业的伟大历程

2023年是世界和我国生态环境保护发展历程的两个"五十年"的重要节点。第一个"五十年",联合国召开人类环境会议至今。1972年,在周恩来总理的亲切关怀和支持下,中国政府派代表团参加会议,原燃化部副部长唐克、原国务院计划起草小组成员曲格平是代表团的重要成员。这是中国在联合国恢复合法席位以后,第一次公开登上国际舞台。会上,代表团坚持发扬斗争精神,坚决重启《人类环境宣言》讨论,并把毛主席语录"世间一切事物中,人是第一宝贵的""人类要不断地总结经验,有所发现,有所发明,有所创造,有所前进"纳入文本。最重要的是,通过参加这次会议,中国赶上了世界环境发展历程。第一个"五十年"见证了中国在全球环境发展历程中,由参与者向引领者、贡献者的重大转变。特别是,2022年我们作为《生物多样性公约》缔约方大会第十五次会议(COP15)主席国,主导通过"昆明—蒙特利尔全球生物多样性框架",为全球生物多样性治理擘画了蓝图,确定了目标,明确了路径,凝聚了力量。

第二个"五十年",1973年召开第一次全国环境保护大会至今。1972年代表团回国后,周恩来总理明确要求召开全国性的环保会议。1973年8月份,国务院召开第一次全国环境保护会议,审议并通过了环境保护"32字方针"(全面规划、合理布局,综合利用、化害为利,依靠群众、大家动手,保护环境、造福人民),作出"环境问题现在就抓,为时不晚"的明确结论,为开创中国环境保护事业指明了方向,抓住了重点,确定了目标和任务,标志着我国将环境保护提上了国家的重要议事日程。

经过50年的理论和实践艰辛探索,党不断深化对人与自然关系的规律性认识和把握,推动生态环境保护事业从无到有、从小到大,不断壮大。20世纪80年代,党中央把环境保护确立为基本国策,90年代将可持续发展上升为国家战略。进入 21 世纪，党中央提出科学发展观，强调建设以资源环境承载力为基础、以自然规律为准则、以可持续发展为目标的资源节约型、环境友好型的社会，将主要污染物排放总量作为经济社会发展的约束性指标，开辟了社会主义生态文明建设新局面。

进入新时代，以习近平同志为核心的党中央把生态文明建设摆在全局工作的突出位置，谋划开展了一系列根本性、开创性、长远性工作，我国生态文明建设发生历史性、转折性、全局性变化，在续写世所罕见的经济快速发展奇迹和社会长期稳定奇迹的同时，创造了举世瞩目的生态奇迹和绿色发展奇迹，[1]为建设人与自然和谐共生的现代化提供了有力的支撑。

第二个"五十年"见证了中国不断探索解决环境与发展矛盾难题的光辉历程，取得重大的理论成果、制度成果和实践成果。这个成果集中体现为习近平生态文明思想，深刻揭示了人与自然、保护与发展、环境与民生、国内与国际等关系，系统回答了为什么建设生态文明、建设什么样的生态文明、怎样建设生态文明等重大理论和实践问题，就其主要方面来讲，体现为"十个坚持"，即坚持党对生态文明建设的全面领导，坚持生态兴则文明兴，坚持人与自然和谐共生，坚持绿水青山就是金山银山，坚持良好的生态环境是最普惠的民生福祉，坚持绿色发展是发展观的深刻革命，坚持统筹山水林田湖草沙系统治理，坚持用最严格制度、最严密法治保护生态环境，坚持把建设美丽中国转化为全体人民自觉行动，坚持共谋全球生态文明建设之路。这"十个坚持"深刻回答了新时代生态文明建设的根本保证、历史依据、基本原则、核心理念、宗旨要求、战略路径、系统观念、制度保障、社会力量、全球倡议等一系列重大理论与实践问题，标志着我们党对社会主义生态文明建设的规律性认识达到新的高度。[2]

---

[1] 俞海、王鹏、张强、宁晓巍：《努力擘画新时代生态文明建设崭新篇章》，《科技导报》2022 年第 19 期。

[2]《习近平生态文明思想学习纲要》，学习出版社、人民出版社 2022 年版，第 3 页。

二 准确把握党的二十大对于美丽中国建设的战略部署

学习宣传贯彻党的二十大精神,是当前和今后一个时期全党全国的首要政治任务。在生态文明建设上,我们要坚持原原本本、逐字逐句学,深入学习领会贯彻党的二十大对推动绿色发展、促进人与自然和谐共生作出的重大部署,书写美丽中国建设的新篇章。

一是把握一个重大逻辑。报告明确提出,我们党的中心任务是全面建成社会主义现代化强国、实现第二个百年奋斗目标。特别强调高质量发展是全面建设社会主义现代化国家的首要任务,推动经济社会发展绿色化、低碳化是实现高质量发展的关键环节。报告还强调,尊重自然、顺应自然、保护自然,是全面建设社会主义现代化国家的内在要求。从中心任务,到内在要求,再到首要任务和关键环节,环环相扣、紧密相连,绿色低碳发展、高质量发展和中国式现代化,在理论逻辑、任务逻辑、行动逻辑上,更加紧密、更加内生、更加融合①。

二是落实一个战略要求。习近平总书记在十九届中央第二十九次集体学习时指出,要站在人与自然和谐共生的高度来谋划经济社会发展。党的二十大报告创新发展了这一重要理念和要求,强调站在人与自然和谐共生的高度谋划发展。可以理解为,无论是政治建设、经济建设、文化建设、社会建设,包括生态文明建设本身等各方面各领域各环节,还是全面依法治国、全面深化改革、全面从严治党等,都要落实落地这个战略要求,从促进人与自然和谐共生的角度做好顶层设计和战略安排②。

三是锚定一个奋斗目标。报告强调,我们要推进美丽中国建设。党的十八首次提出,努力建设美丽中国。党的十九大首次把"美丽"纳入社会主义现代化强国目标,把"生态文明建设"纳入"五位一体"总体

---

① 钱勇:《深入推进环境污染防治》,《秘书工作》2023年第3期。
② 钱勇:《站在人与自然和谐共生的高度谋划发展》,《学习时报》2023年1月20日第2版。

布局，把"人与自然和谐共生"纳入新时代坚持和发展中国特色社会主义基本方略。2022年7月，习近平总书记在省部级主要领导干部迎接党的二十大专题研讨班上发表重要讲话，强调现在开始在生态文明建设上就是推进美丽中国。

四是坚持一个思想方法。这个思想方法就是更加注重系统观念在生态文明建设中的实践深化和科学运用。报告在安排部署推动绿色发展任务方面，对坚持系统观念提出了许多要求，包括"一体化保护"、"系统治理"、"统筹"和"协同推进"等，清晰地勾画出实现美丽中国建设目标的路径策略。在战术路径上，报告还提出，"精准治污、科学治污、依法治污""加强污染物协同控制""统筹水资源、水环境、水生态治理"等要求。我们要始终坚持系统思维，在协同推进降碳、减污、扩绿、增长等多重目标中，寻求探索最佳平衡点。

五是推进一系列重大任务。报告进一步明确了推动绿色发展、促进人与自然和谐共生四项重大任务。一是加快发展方式绿色转型，二是深入推进环境污染防治，三是增加生态系统的多样性、稳定性、持续性，四是积极稳妥推进碳达峰碳中和。明确把碳达峰碳中和纳入生态文明建设整体布局和经济社会发展全局。报告提出很多新的要求，首次提出要健全资源环境要素市场化配置体系。一旦资源环境要素成为新的生产要素，纳入要素市场化配置体系，必将调动不同的市场主体的内生动力和积极性，激发更大的市场活力、创造力和无限的潜力。

三 加强人与自然和谐共生的现代化顶层设计

党的二十大报告是对中国式现代化的最高顶层设计，是建设人与自然和谐共生的现代化的根本遵循和行动指南。习近平总书记指出，中国式现代化蕴含的独特世界观、价值观、历史观、文明观、民主观、生态观等及其伟大实践，是对世界现代化理论和实践的重大创新。必须全面贯彻党的二十大精神和习近平生态文明思想，坚持生态优先、节约集约、绿色发展，坚持正确的策略方法，走好人与自然和谐共生的中国式现代化道路。

一是深入学习贯彻习近平生态文明思想。习近平生态文明思想是习近平新时代中国特色社会主义思想的重要组成部分，是马克思主义基本原理同中国生态文明建设实践相结合、同中华优秀传统生态文化相结合的重大成果。要深入学习贯彻习近平生态文明思想，坚持学思用贯通、知信行统一，始终做坚定信仰者、积极传播者、模范践行者。深刻把握贯穿其中的立场、观点、方法，继续推进实践基础上的理论创新，不断开辟马克思主义中国化时代化新境界。

二是加强党的全面领导。中国共产党领导人民成功走出中国式现代化道路，创造了人类文明新形态。坚持党的全面领导是坚持和发展中国特色社会主义的必由之路。要深刻领悟"两个确立"的决定性意义，不断增强"四个意识"坚定"四个自信"、做到"两个维护"，牢记"国之大者"，始终保持加强生态文明建设的政治定力和战略定力，把党的领导落实到生态文明建设全过程和各领域各方面各环节。充分发挥党总揽全局、协调各方的领导核心作用和我国社会主义制度能够集中力量办大事的政治优势，动员全党全社会各界力量参与生态文明建设，真正做到站在人与自然和谐共生的角度谋划发展。

三是坚持完整、准确、全面贯彻新发展理念。新发展理念是一个整体，在贯彻落实中要完整把握、准确理解、全面落实，把新发展理念贯彻到经济社会发展全过程、各方面、各领域和各环节。绿色是永续发展的必要条件和人民对美好生活追求的重要体现，建立健全绿色低碳循环发展经济体系、促进经济社会全面绿色转型是解决我国生态环境问题的治本之策。必须牢牢抓住实现减污降碳协同增效总抓手，加快推动产业结构、能源结构、交通运输结构调整，全面提高资源利用效率，发展绿色低碳技术，加快形成绿色发展方式和生活方式，推动碳达峰碳中和目标如期实现。坚持精准治污、科学治污、依法治污，深入推进环境污染防治。坚持山水林田湖草沙一体化保护和系统治理，提升生态系统多样性、稳定性、持续性。

四是构建现代环境治理体系。推进环境治理体系与治理能力现代化是建设人与自然和谐共生的现代化的重要支撑。要健全环境治理的领导责任体系、企业责任体系、全民行动体系、监管体系、市场体系、信用体系、法律法规政策体系。深入推进中央生态环境保护督察，压实各级党委和政府生态文明建设的政治责任。全面强化政策制度保障，健全生态环境保护法律法规，提升生态环境监管执法效能。加强绿色低碳技术创新运用，建设数字生态文明。积极引导公众参与，推动生态环境保护由"要我做"转变为"我要做"。

五是引领全球生态文明建设。党领导人民成功走出中国式现代化道路，创造了人类文明新形态，为发展中国家提供了独立自主迈向现代化的全新选择。要秉持人类命运共同体理念，积极推动全球可持续发展。主动承担与国情相符合的国际责任，践行真正的多边主义，聚焦全球关注的气候变化、海洋污染治理、生物多样性保护等热点问题，深化环境保护国际交流合作，履行国际公约。大力推进绿色"一带一路"建设，不断深化南南合作以及周边国家合作。推动落实"昆明—蒙特利尔全球生物多样性框架"，加快推进生物多样性主流化进程。讲好中国生态文明故事，共建清洁美丽世界。

以人与自然和谐共生的现代化创造人类生态文明新形态研究

方世南

(苏州大学马克思主义学院教授)

党的二十大报告首次明确了中国式现代化的性质、基本特征和九条本质要求，其中，"促进人与自然和谐共生""中国的现代化是人与自然和谐共生的现代化"和"创造人类文明新形态"都是中国式现代化基本特征和本质要求中的重要内容。"人类文明新形态"这个概念必然包含和引申出"人类生态文明新形态"这个概念。

"人类文明新形态"是一个总体性概念，内含人类物质文明新形态、人类政治文明新形态、人类精神文明新形态、人类社会文明新形态和人类生态文明新形态等诸多方面的丰富内容。人类文明新形态与人类生态文明新形态是属种关系。人类生态文明新形态是人类文明新形态的重要组成部分，是人类文明新形态在生态文明上的体现。以习近平生态文明思想为指导，坚持人与自然和谐共生的现代化，是创造人类生态文明新形态并以此展示人类文明新形态的重要战略和必由之路。

在生态环境问题已经成为全球性问题和生态环境危机已经成为严重危及现代化进程的严峻态势下，中国是最有底气、最有资格、最有能力来推进人与自然和谐共生的现代化，从而创造人类生态文明新形态的国家。之所以这样认为，就在于中国式现代化所推进的社会主义生态文明新形态具有的资源是西方国家不具备的。

一是我国有马克思主义生态文明理论资源。马克思主义生态文明理论是指导我国创造人类生态文明新形态的重要思想资源。对这方面的研

人与自然和谐共生的现代化

究,我国应该说还是起步阶段,近几年很多学者围绕马克思、恩格斯的生态文明理论进行了研究,产生了很多非常有价值的成果。

我在国内最早提出要大力"推进马克思环境思想中国化",我国是以马克思主义为指导思想的社会主义国家,一定要把马克思看作"红绿交融"的马克思,以往我们讲马克思主义中国化,更多讲的是红色的马克思主义中国化,集中于马克思主义阶级斗争学说、无产阶级专政理论、暴力革命主张、武装夺取政权思想、全人类解放理想等。但是,对于马克思关于人与自然和谐共处的思想、关于人类必须善待自然的思想、关于不尊重自然必然会遭到自然报复的思想、关于人类社会可持续发展的思想、关于人的本质是自然本质和社会本质有机统一的思想、关于人的受动性和人的能动性辩证结合的思想等,研究、倡导、弘扬和宣传得则很少。中国式现代化要创造人类生态文明新形态,就要把马克思看作"红绿交融"的马克思,从马克思主义生态文明理论中汲取生态智慧,在大力推进人与自然和谐共生的现代化进程中不断创造人类生态文明新形态。

二是我们有既源远流长又博大精深的中华优秀传统生态文化的思想资源。党的二十大报告指出:"中华优秀传统文化源远流长、博大精深,是中华文明的智慧结晶。"[1] 生态文化是中华优秀传统文化的重要内容,特别是关于道法自然和天人合一的思想,是中华优秀传统生态文化的精髓,对于解决全球生态环境问题具有普适性价值,有助于创造人类生态文明新形态。中华优秀传统生态文化关于"道法自然"、"天人合一"的宇宙观、"民胞物与"的伦理观、"以时禁发"的循环经济观、"利用厚生"的恒产富民观、"谨封为禁"的缘法而治观、"仁者乐山,智者乐水"的审美观、"余气相培"的物能循环观、"万世其昌"的永续发展观等,都闪耀着中华优秀传统生态文化智慧的璀璨光辉。2014年9月24日,习近平在纪念孔子诞辰2565周年国际学术研讨会上的讲话中指出,"世界上一些有识之士认为,包括儒家思想在内的中国优秀传统文化中

---

[1] 习近平:《高举中国特色社会主义伟大旗帜 为全面建设社会主义现代化国家而团结奋斗——在中国共产党第二十次全国代表大会上的报告》,人民出版社2022年版,第18页。

蕴藏着解决当代人类面临的难题的重要启示,比如,关于道法自然、天人合一的思想"。① 习近平总书记指出:"道法自然、天人合一是中华文明内在的生存理念。"并强调中华文明创造了"道法自然、天人合一的中国传统智慧",中华文明在发展中造就了"中华民族天人合一的崇高追求"。习近平总书记认为,天人合一包含的深刻哲理,体现了中华文化的宇宙观、伦理观、审美观。习近平总书记反复强调,在我国经济社会发展中必须注重中华优秀传统生态文化的作用,"我们应该遵循天人合一、道法自然的理念"。在当今这个生态环境问题已经没有国界的时代,在这个生态安全和人的生命安全已经是一个全球普适性话题的时代,在这个要以人类文明共建共享的时代,要认真地挖掘、整理、传承、弘扬中华优秀传统生态文化,推动其创造性转化和创新性发展,在中国式现代化进程中促进中华优秀传统生态文化的现代化和世界化。

三是我们有生态文明建设积累的丰富实践资源以及继承发扬的全世界生态文明优秀成果的资源,改革开放以来,特别是党的十八大以来,我们大力推进生态文明建设,具备了宝贵的经验教训,同时我们又以海纳百川的胸怀吸收西方现代化中的经验和教训,继承发扬全人类优秀生态文明理论成果和实践成果,为推进人类生态文明新形态发展提供了思想准备和实践准备。

以人与自然和谐共生的现代化创造人类生态文明新形态,是由强烈的问题意识和对策意识所决定的重大发展战略。今天有两个方面的突出问题,迫使要以人与自然和谐共生的现代化创造人类文明生态新形态。第一个问题,我们在生态文明建设方面面临的压力。党的十九大报告得出了一个结论,我国的生态文明建设任重而道远。党的二十大报告指出生态文明建设任务依然艰巨,其中把三大攻坚战作为生态治理的重要任务,也就是蓝天保卫战、碧水保卫战、净土保卫战,这是一场总体战,也是人民战,由此可见,我国生态文明建设任务非常艰巨。今天提出创造人类生态文明新形态,其实就是一种责任,彰显出强烈的问题意识和

---

① 习近平:《在纪念孔子诞辰2565周年国际学术研讨会暨国际儒学联合会第五届会员大会开幕式上的讲话》,人民出版社2016年版,第6页。

对策意识。中国式现代化坚持人与自然和谐共生的现代化,必须坚定不移朝着"美丽中国"建设目标发展,走向社会主义生态文明新时代,同时推动构建地球美好家园,推动人类命运共同体发展。第二个问题,我们在生态文明建设方面充满着希望。习近平生态文明思想是马克思主义生态文明理论中国化时代化的重大理论创新成果,以习近平生态文明思想为指导,有助于我们大力推进人与自然和谐共生的现代化,走向社会主义生态文明新时代。

以人与自然和谐共生的现代化创造人类生态文明新形态,我们自身心灵世界的建设、生态文化的建设是一个重要任务,这个建设任务和生态文明建设任务一样任重而道远,异常艰巨。因为环境污染问题,加强生态文明建设问题,归根到底是要回归我们自身,加强我们自身的建设。外在的物理世界和我们内在的心灵世界是紧密关联的,生态治理必须将破除空中霾和破除心中霾结合起来。今天很多人都在埋怨雾霾,但是却没有想到空中的雾霾和自身心灵世界的雾霾是什么样的关系。要把破除物理世界的污泥浊水和破除自身心灵世界的污泥浊水结合起来。要在改造客观世界的同时,改造主观世界,改造我们自身的心灵世界。自然生态本身其实是没有什么文明和野蛮之分的,而人却有文明和野蛮之分。生态问题是客观自然现象,地震海啸、阴晴雨雪,都是客观自然现象,无法也不必作出文明和野蛮的价值判断,生态是否文明,是由人是否文明地对待自然生态所决定的。敌人并不是外部世界,"敌人"就是我们自己。只有加强人自身的文明建设,倡导生态文化,才能创造人类生态文明新形态。

生态文明与制度文明是密切关联、不可分割的。制度文明与否决定生态文明与否,如果生态文明制度不健全、不完善、不合理,生态就不可能出现文明。制度既是生态文明和生态文化存在和发展的重要载体,也是推动生态文明和生态文化发展的根本保障和重要力量。加强生态文明制度体系建设并从中推动发挥制度效能,就会强有力地促进生态文明形态不断得到提升。今天很重要的问题是生态文明体制机制改革任务非常艰巨。最为关键的是要构建生态文明建设的共同体,改变各级政府在埋头干，广大民众在消极地看的现象。不能将生态文明建设只看作政府的事情，是环保部门的事情，而广大民众和生态文明建设没多大关系。目前，很多企业对生态文明建设抱有消极的抵触情绪。他们认为政府搞生态文明建设是阻碍企业发展的，这不利于生态文明建设。为此，必须大力构建生态文明建设的利益共同体、发展共同体、责任共同体、共享共同体。没有这四个共同体的制度设计和大力组建，生态文明建设很难推进，会举步维艰。

在当今这个自然生态系统和人类生命系统紧密关联的复杂时代，必须牢固确立大生态观、大健康观、大安全观的理念。改变传统的各自为政、条块分割、壁垒森严、互不通气的现象。现在，很多生态问题并不只是生态环境部门管理的问题，它和其他部门紧密关联。人的生命健康和生态健康具有一体化的关系，如果条块分割，各行其是，就因为缺乏大生态概念、大健康概念、大安全概念，而无法统筹协调复杂多样的关系，也就不可能形成将生态安全、经济安全、社会安全、文化安全等各个方面整合起来的确保国家总体安全的生态文明体制机制。因此，我们不光要讲生态发展，生活富裕，生态良好，还要讲生命安全，也就是要从"三生"走向"四生"。要突出生命安全在整个生态文明体制当中的重要地位。因此，以人与自然和谐共生的现代化推动生态文明新形态形成，从总体上看是社会建设的问题。在生态文明体制机制创新过程当中，要把社会各个部门协同起来，既要将政府、企业、公众协同起来，又要将社区、学校、部门单位协同起来，形成强大合力，推进生态文明建设，构建生态文明新形态。

再论"控制自然"

陈永森

[《福建师范大学学报》（哲学社会科学版）主编、教授]

怎么看待西方自从文艺复兴以来控制自然的话语？马克思和恩格斯是否主张控制自然？我们应该如何看待人与自然的关系？这是生态文明理念和生态文明建设的基础性问题，也涉及如何理解人与自然和谐共生的现代化问题。

在马克思看来，自然是全部人类活动的应用场所，是人类劳动得以进行的前提；人在活动中改变了自然界，但也改变了自身；人的创造性开辟了利用自然资源的新的可能；随着工业的发展，机器将逐渐地把人从无尽的劳苦中解放出来；不断更新的机械化生产将产生新型的人对自然的统治。在马克思和恩格斯的论著中，我们可以找到不少他们关于"控制""支配""统治自然"的主张。在马克思、恩格斯那里，可能"控制""支配""统治"的概念是有一些区别的，我这里都将它们当作"控制"的概念来理解。

马克思说："表现为生产和财富程度的宏大基石的，既不是人本身完成的直接劳动，也不是人从事劳动的时间，而是对人本身的一般生产的占有，是对自然界的了解和通过人作为社会体的存在来对自然界的支配。"①

马克思说："社会地控制自然力，从而节约地利用自然力，用人力兴建大规模的工程占有或驯服自然力，——这种必要性在产业史上起着最

---

① 《马克思恩格斯全集》（第31卷），人民出版社1998年版，第100—101页。

有决定性的作用。"①

马克思说:"社会化的人,联合起来的生产者,将合理地调节他们和自然之间的物质变换,将它置于他们的共同控制之下……,而不让它们作为一种盲目的力量来统治我们……"②

恩格斯说:"动物仅仅利用外部自然界,简单地通过自身的存在在自然界中引起变化;而人则通过他所作出的改变来使自然界为自己的目的服务,来支配自然界。"③

如何准确理解马克思、恩格斯的"控制自然"思想?马克思和恩格斯是主张支配或控制自然的。但是要全面理解他们的控制自然的思想,需要注意如下几点。

首先,"控制自然"是建立在认识和尊重自然规律的基础上。"不以伟大的自然规律为依据的人类计划,只会带来灾难。"④"我们对自然界的全部支配力量就在于我们比其他一切生物强,能够认识和正确运用自然规律。""不要过分陶醉于我们人类对自然界的胜利,对于每一次这样的胜利,自然界都对我们进行报复"。恩格斯要人记住:"我们决不像征服者统治异族人那样支配自然界,决不像站在自然界之外的人似的去支配自然界——相反,我们连同我们的肉、血和头脑都是属于自然界和存在于自然界中的,我们对自然界的整个支配作用,就在于我们比其他一切生物强,能够认识和正确运用自然规律。"⑤

其次,控制自然但不可伤害自然。马克思关于人是自然界的组成部分和自然是"人的无机身体"论断意味着人要保护自然生态才能得以生存和发展。马克思认为,人是自然界长期发展的产物,是自然界的一部分,人作为一种自然存在物要生存和发展必须依赖外在自然,人没有理由伤害自己的"无机身体";人类与整个地球的物质进化过程的相互依

---

① 《马克思恩格斯文集》(第5卷),人民出版社2009年版,第587—588页。
② 《马克思恩格斯文集》(第7卷),人民出版社2009年版,第528—929页。
③ 《马克思恩格斯文集》(第9卷),人民出版社2009年版,第559页。
④ 《马克思恩格斯全集》(第31卷),人民出版社1972年版,第251页。
⑤ 《马克思恩格斯文集》(第9卷),人民出版社2009年版,第560页。

存关系决定了人不能站在自然之上而任意支配自然。马克思曾以用益权（usufruct）概念来说明保护土地的必要性和重要性。用益权人享受其使用和收益权，但对他人所有物，应视同自己所有，负有保护好该物的义务。马克思认为，人类不是土地的所有者，"从一个较高级的经济的社会形态的角度来看，个别人对土地的私有权，和一个人对另一个人的私有权一样，是十分荒谬的。甚至整个社会，一个民族，以至一切同时存在的社会加在一起，都不是土地的所有者。他们只是土地的占有者，土地的受益者，并且他们应当作为好家长把经过改良的土地传给后代。"①

最后，要控制自然就要改造社会。马克思和恩格斯在论述人与自然的相互关系时紧紧地把人与人的关系联系在一起，认为要使人从自然中解放出来就要改变资本主义的剥削制度。抽象地说，在任何时期人类统治自然的水平对所有的人都是相同的；然而在现实中，从控制自然中获得物质利益却是不公平的。同时，由于阶级分化而导致的内部冲突使得人们的生产系统（控制自然是它的一部分）不可能处于他们的控制之下，而这只有在未来的以"自由联合体"为本质特征的共产主义社会才有可能。恩格斯也提出，在社会主义条件下，人将第一次成为"自然的真正主人"和"自己社会化过程的主人"。

全面、准确理解马克思恩格斯"控制自然"有重要意义。首先，有助于澄清各种是非。我们在谈论马克思恩格斯自然观时不必避讳他们的控制自然思想。全面理解马克思主义的自然观，有助于回应各种对马克思主义自然观的曲解。生态马克思主义存在马克思是否主张控制自然和控制自然是否导致生态环境问题的争论。本顿阵营认为马克思存在控制自然思想因而具有反生态性；格伦德曼则为马克思的"控制自然辩护"并认为马克思的"控制自然"不会导致生态环境问题。福斯特认为，尽管马克思有"控制"、"支配"、"统治"或"征服"自然的提法，但马克思反对人对自然的绝对统治力，把尊重自然作为人类的生存和改造自然活动的前提，马克思非但不是普罗米修斯主义者，而且是构建了完整

---

① 《马克思恩格斯文集》（第7卷），人民出版社2009年版，第878页。

生态学理论的生态学家。西方学者之所以对马克思是否主张控制自然争论不休，就在于仅从只言片语上理解。同时把马克思本来的意思与被曲解和被误用意思混淆起来。马克思、恩格斯都在不同的场合主张"控制自然""支配自然""征服自然"理念，但也在不同的场合表达过"自然界的真正的复活"①"人类与自然的和解以及人类本身的和解"②的思想。马克思、恩格斯讲"控制自然"理所当然地是以认识和掌握自然规律为前提；讲人与自然的和解并不意味着要人匍匐在自然的威力下。

其次，有助于坚定马克思主义信仰。马克思恩格斯的控制自然是基于认识和遵循自然规律的基础上。循着他们的理论实践，是不应该产生严重的生态环境问题的。社会主义社会发生的生态环境问题主要在于急功近利以求迅速改善人民生活和实现国家富强、对自然的规律认识不足等造成的，不能归结于马克思和恩格斯。这种自然观与无视自然规律、世界人民的长远和整体利益而只求资本增值的控制自然观是不同的。

从马克思、恩格斯对人与自然关系的理解以及从人与自然打交道的历史来看，人是否控制自然问题应该从两方面来理解。

一方面，人类控制某个具体的自然现象是可能的。中国古代的都江堰工程堪称顺应自然规律基础上的控制自然的典范。李冰父子利用当地的山性、水势、沙流的相互作用，立足于疏导三者的相互关系，顺应对象的自控行为，因势利导，实现对水流的控制。在现代化道路建设中，逢山开路，遇水架桥，天堑变通途，是人能够战胜自然障碍的生动例证。

另一方面，人类无法完全控制自然。人类无法完全控制自然，主要在于人类认识的有限性。一是自然空间太广阔，人类认识区域无论怎样扩大，总是有限的。二是自然规律太复杂，人类无法穷其奥秘。三是自然不断变化与演进，人类认识往往是滞后的。四是人的认识不可避免受到主观意识或者"幻象"的干扰，从而增加了准确、客观认识自然的难度。五是人类往往无法预测行动的后果。控制自然理念在特定历史时代，能够激发人类认识和利用自然、战胜自然障碍和灾难，促进文明进步。

---

① 《马克思恩格斯文集》（第1卷），人民出版社2009年版，第187页。
② 《马克思恩格斯文集》（第1卷），人民出版社2009年版，第63页。

但如果夸大人的作用，就会走向极端，甚至会把人类社会推向毁灭的边缘。

总之，既要看到控制自然观念对促进科学发展和人类进步的作用，又不能走极端；既要发挥人的主动性和创造性，但又不能无视自然规律；既要相信人类控制局部自然和特定现象可能性，又要承认完全控制自然的不可能性。多讲"尊重自然""顺应自然""保护自然"，而少提"控制自然""统治自然""支配自然"。当然，只要我们准确、全面理解了马克思主义"控制自然"的含义，在特定境遇中，也不必忌讳谈"控制自然"。

人与自然和谐共生现代化的智慧、制度与治理

林 震

(北京林业大学智库中心主任、生态文明研究院院长、教授)

前两天在北京大学政府管理学院的院友论坛上,我讲的是"以治理现代化推进人与自然和谐共生的现代化"。今天我要跟大家分享的是人与自然和谐共生现代化的"三治":智慧、制度和治理。其实质还是治理现代化的范畴,包括治理理念(智慧)、治理体系(制度)以及治理能力和治理效能(治理)。为什么要说这个问题?我们知道,习近平生态文明思想主要是要回答生态文明建设"为什么""是什么"和"怎么建"的问题。现在提出的"人与自然和谐共生的现代化",也一样要回答这些问题,但相对来说,其"为什么"的问题应该说已经很明确了,目前的关键是要着重回答其"是什么""怎么建"和"怎么评"的问题。

现在大家都在讨论中国式现代化,我们中国人追求现代化也有上百年的历史。在理论上,可以区分前现代、现代和后现代不同阶段。那么,生态文明的时代属性到底是什么呢?从广义的"生态文明"来说,其被认为是工业文明之后的新文明形态,是具有后现代特征的;我国讲的"生态文明建设",是中国特色社会主义事业"五位一体"总体布局之一,是建设社会主义现代化强国的题中应有之义。同时我们还非常重视继承和发扬老祖宗的传统生态文化,这些又是前现代的。因此可以说,"人与自然和谐共生的现代化"是辩证继承前现代、反思超越现代性和批判借鉴后现代的融合体,当然它更是立足中国国情、展现中国智慧、提供中国方案的理论、制度和实践创新的统一体。

>> 人与自然和谐共生的现代化

我把"人与自然和谐共生的现代化"的核心内容概括为"三治"或者说"三和三共",即和谐共生的生态智慧、和合共治的制度安排,以及和美共富的治理效能。这三点是习近平生态文明思想最基本、最核心的部分,用于国际传播也更容易被理解和接受。这三者也可以看作知、行、果的统一。被誉为"现代实验科学之父"的英国哲学家弗朗西斯·培根提出了认知影响行为、行为影响结果的理论。比他早约一个世纪的明代思想家王阳明强调只有"知行合一",才能实现理想的效果。当然,这"三治"并非简单的递进关系,更像是"一体三面"的关系。生态智慧代表基本的认知,反映立场、观点和方法,既指导顶层设计,也指导具体行动。制度是行动的依据和保障。制度体系则是全过程、全方位、全员参与的,强调系统、科学和规范。治理效能是生态智慧的实现,是制度优势的呈现。

一 和谐共生的生态智慧

"生态兴则文明兴,生态衰则文明衰"。这是习近平总书记从大历史观的角度对人与自然的关系、生态与文明的关系的深刻认识。这个科学论断提出整整二十年了。2003年第13期《求是》杂志发表了时任浙江省委书记的习近平《生态兴则文明兴》的文章,在他看来,推进生态建设打造"绿色浙江"是功在当代的民心工程、利在千秋的德政工程。为此,他以人与自然和谐为主线,以提高人民群众生活质量为根本出发点,谋划了浙江生态省建设的"十大重点工程"和"五大体系"。2019年,浙江生态省建设试点提前两年通过验收,成为全国首家建成生态省的省份。在中央层面,对人与自然关系的认识也经历了一个从无到有、由弱渐强的过程。

(一)认知过程

1997年召开的党的十五大,为跨世纪的中国指明了发展方向,首次把"可持续发展战略"写进党代会报告。大会要求"坚持计划生育和保护环境的基本国策，正确处理经济发展同人口、资源、环境的关系"。那时候报告中还没有直接谈及"人与自然"的问题。2002年党的十六大报告把"促进人与自然的和谐"纳入全面建设小康社会的目标。党的十七大报告两次提到"人与自然和谐"，一是在论述科学发展观的根本方法时，统筹人与自然和谐发展位列"八个统筹"之一；二是在论述社会主义和谐社会时把"人与自然和谐相处"作为构建和谐社会的总要求之一。

党的十八大正式提出"人与自然和谐发展现代化建设新格局"，把人与自然和谐和现代化联系起来。十八届五中全会决议中首次出现"人与自然和谐共生"，把"促进人与自然和谐共生"作为阐述绿色发展理念的首要内容。党的十九大把"坚持人与自然和谐共生"上升为习近平新时代中国特色社会主义思想十四个基本方略的第九个，同时提出我们要建设的现代化是"人与自然和谐共生的现代化"，要"还自然以宁静、和谐、美丽"。

（二）基本内涵

习近平总书记在党的二十大报告中用两句话对"人与自然和谐共生"的基本内涵作了阐述。

人与自然是生命共同体，无止境地向自然索取甚至破坏自然必然会遭到大自然的报复。我们坚持可持续发展，坚持节约优先、保护优先、自然恢复为主的方针，像保护眼睛一样保护自然和生态环境，坚定不移走生产发展、生活富裕、生态良好的文明发展道路，实现中华民族永续发展。

第一句话讲了"人与自然和谐共生"的理由，有两层含义：前半句讲人与自然是生命共同体，这是正向的、积极的逻辑；后半句是延续恩格斯的自然报复论，是反向的、消极的逻辑，人们要顾忌到大自然的报复，所以要好好对待它。第二句话告诉我们如何促进人与自然和谐共生，从可持续发展入手，以永续发展结束，阐明了人与自然和谐共生现代化的方向——坚持可持续发展，方针——坚持节约优先、保护优先、自然恢复为主，态度——像保护眼睛一样保护自然和生态环境，道路——坚定不移走生产发展、生活富裕、生态良好的文明发展道路，以及目标——实现中华民族永续发展。

二 和合共治的制度安排

尚和合、求大同是中华文明的精神特质和治理经验。"和合"文化是中国传统文化的重要内容，融合了儒释道的多元文化，成为中国人典型的文化特征。早在西周末期，史伯就提出："和实生物，同则不继。以他平他谓之和，故能丰长而物归之。"后来的老子在《道德经》中提道，"万物负阴以抱阳，冲气以为和"。《论语》中记载了孔子的观点："君子和而不同，小人同而不和。"在实践层面，《淮南子》中讲述了大禹五音听治的故事。"悬钟鼓磬铎，置鞀，以待四方之士，为号曰：'教寡人以道者击鼓，谕寡人以义者击钟，告寡人以事者振铎，语寡人以忧者击磬，有狱讼者摇鞀'。"意思是说，凡是向大禹讲解为政之道的，可以击鼓；凡是告诉大禹行仁义之师的，可以击钟；凡是告诉大禹需解决之事者，可以振铎；凡是以忧患相告者，可以击磬；凡是向大禹申告狱讼者，可以摇鞀。大禹听到不同乐器的声音，就知道是何人以何事相告，或邀请共商国是，或为民断讼解忧。习近平总书记在2021年世界地球日出席领导人气候峰会并发表《共同构建人与自然生命共同体》的讲话中引用了葛洪《抱朴子》中的一句话"众力并，则万钧不足举也"，后面还有半句是"群智用，则庶绩不足康也"，意思是只要精诚团结、群策群力，就能无往而不胜。

（一）发展历程

治理体系现代化，是要构建系统、规范、高效的制度体系。党的二十大报告中强调要"健全现代环境治理体系"，这主要是从治理主体的角度，强调要多方共治。这个认识也是十年间逐步发展、完善的。2013年十八届三中全会决定中只是强调要"完善环境治理和生态修复制度"，

2015 年的《生态文明体制改革总体方案》提出要"构建以改善环境质量为导向，监管统一、执法严明、多方参与的环境治理体系"，同年的十八届五中全会决定中提到要"形成政府、企业、公众共治的环境治理体系"。到了党的十九大报告则进一步明确为"构建政府为主导、企业为主体、社会组织和公众共同参与的环境治理体系"。此后到了 2020 年 3 月份，中办、国办印发了《关于构建现代环境治理体系的指导意见》，最终确定为要"构建党委领导、政府主导、企业主体、社会组织和公众共同参与的现代环境治理体系"。

（二）制度逻辑

如何理解这其中的治理逻辑呢？从学术角度来说，一般认为现代治理体系的出现是由于同时存在市场失灵、政府失灵和志愿失灵，因此需要将主体有效组合起来取长补短，形成合力。考虑到生态文明建设同样需要方方面面的事业单位参与，例如四千多家国有林场几乎都已转为公益事业单位，我认为应当把治理主体表述为党委领导、政府主导、企事业主体、社会组织和公众共同参与的绿色治理体系。此外，和合共治还体现在治理对象和方式上，既包括山水林田湖草沙一体化保护和系统治理，也包括统筹产业结构调整、污染治理、生态保护、应对气候变化，协同推进降碳、减污、扩绿、增长。

三 和美共富的治理效能

党的二十大报告讲到生态文明建设时强调了两个坚持，一个是"坚持山水林田湖草沙一体化保护和系统治理"，另一个就是"坚持绿水青山就是金山银山的理念"。坚持"两山"理念是新时代生态文明建设的核心理念。因此，归根结底生态文明建设要和经济建设相统一，物质文明要和生态文明相协调，这是检验中国式现代化成效的一个重要标尺。《易经》开篇第一句卦辞是"乾，元亨利贞"，乾卦的文言传解释说"乾始能以美利利天下，不言所利，大矣哉"，意思是说天（自然）能以和美利他的特性使天下获利，却不标榜自己的功劳，真伟大呀！《管子》也讲"凡治国之道，必先富民"，民富才能国治，"穷则生变"，穷也会让老百姓更容易破坏环境。儒家的理想是"大道之行也，天下为公"，不仅要实现天下经济的繁荣富足，也要实现社会的公正和谐。

（一）理论依据

共同富裕是社会主义的本质特征。21世纪以来，尤其是进入新时代之后，共同富裕与生态文明大都相提并论，这并非巧合，而是一脉相承的。

2002年党的十六大报告首次提出要"促进人与自然的和谐"，推动整个社会走上生产发展、生活富裕、生态良好的文明发展道路。

2013年党的十八届三中全会强调，政府的职责和作用主要是"保持宏观经济稳定，加强和优化公共服务……推动可持续发展，促进共同富裕，弥补市场失灵"。2015年党的十八届五中全会决议指出，"坚持绿色富国、绿色惠民，为人民提供更多优质生态产品，推动形成绿色发展方式和生活方式，协同推进人民富裕、国家富强、中国美丽。"

党的十九大把新时代我国社会主要矛盾表述为"人民日益增长的美好生活需要和不平衡不充分的发展之间的矛盾"，人民对美好环境的需要是美好生活需要的重要组成部分，大会要求必须坚持以人民为中心的发展思想，不断促进人的全面发展、全体人民共同富裕。

习近平总书记在党的二十大报告中系统阐述了中国式现代化的重要特征和本质要求。五个具有中国特色的重要特征中包括"全体人民共同富裕的现代化"和"人与自然和谐共生的现代化"；本质要求同样包含"实现全体人民共同富裕"和"促进人与自然和谐共生"。在报告的生态文明建设部分，习近平总书记强调，必须牢固树立和践行"绿水青山就是金山银山"的理念，站在人与自然和谐共生的高度谋划发展，并要求加快发展方式绿色转型，推进城乡人居环境整治，建立生态产品价值实现机制，完善生态保护补偿制度。

（二）评价考核

"和美共富"的一个重要抓手是实现"两山"转化，尤其是让生态产品的价值得以实现，让保护生态环境的地方和个人得到实惠。那么，如何衡量绿色发展的效能呢？党的十八大提出要把资源消耗、环境损害、生态效益纳入经济社会发展评价体系，十八届五中全会把绿色发展纳入新发展理念。为此，2016年底国家发展改革委等四部门联合出台了《绿色发展指标体系》和《生态文明建设考核目标体系》，作为生态文明建设评价考核的依据。绿色发展指标体系设置了"增长质量"和"绿色生活"一级指标，权数均为9.2%，两者权重相加不到五分之一。由于存在一些争议，评价结果仅第二年发布了一次便不再公布。2020年国家发改委又推出美丽中国建设评估指标体系，包括空气清新、水体洁净、土壤安全、生态良好、人居整洁5类共22项指标，由第三方机构开展美丽中国建设进程评估，并根据实际情况对指标体系持续进行完善。但遗憾的是，该指标体系未包含"两山"转化的内容。2022年国家发展改革委联合国家统计局研究并出台了《生态产品总值核算规范（试行）》，探索构建基于行政区域单元生态产品总值和特定地域单元生态产品价值评价体系。目前，全国已有半数以上省份、数百个县市先后开展了核算试点工作。应该看到，在GEP（生态系统生产总值）核算中，方法是基础，应用是关键。算出来这么多的价值能不能实现？能不能装到老百姓的腰包里？能否助力共同富裕？这些是至关重要的。

我们再比较一下"十三五"和"十四五"规划纲要提出的经济社会发展的主要指标，两者还是发生了明显的变化。我们看前三类的指标名称还是一样的，分别是"经济发展""创新驱动"和"民生福祉"，但个别具体指标做了调整。变化最大的是原来的"资源环境"类指标现在改称"绿色生态"类指标，具体指标数也从原来的10个（包含15个考察点）凝练为5个，同时增加了包括粮食和能源综合生产能力在内的"安全保障"类指标。在新的指标体系中，民生福祉占大头，有7个指标，其次就是绿色生态。这也反映了党和国家把共同富裕放在了更加突出的位置。当然，如何更好地考核"和美共富"的治理效能，还需要持续地研究和探讨。

总的来说，坚持正确的智慧引领、形成系统的制度保障、达成理想的治理效能，这就是"人与自然和谐共生的现代化"的基本逻辑，也是新时代生态文明建设的基本内容和目标，是到 21 世纪中叶建成美丽中国、实现中华民族永续发展的基本要求。这是我们的初心和使命。

把握好习近平生态文明思想的经济学意义

黄承梁

(中国社会科学院生态文明研究智库理论部主任,
中国社会科学院习近平生态文明思想研究中心秘书长)

一 问题提出：深刻把握习近平生态文明思想的精神实质，统筹生态文明建设和经济社会发展

党的十八大以来，以习近平同志为核心的党中央高度重视生态文明建设，以前所未有的力度抓生态文明建设，从思想、法律、体制、组织、作风上全面发力，确立和形成了习近平生态文明思想，开展了一系列根本性、开创性和长远性工作，推动我国生态环境保护发生历史性、转折性、全局性变化，取得了历史性的具有里程碑意义的重大成就，在国际上赢得广泛认同和赞誉。

习近平生态文明思想是习近平新时代中国特色社会主义思想的重要组成部分，彰显了马克思主义整体性品格，是21世纪的马克思主义。马克思主义主要由哲学、政治经济学、科学社会主义三大部分构成，揭示了人类社会发展规律，是认识世界、改造世界的科学真理。习近平生态文明思想对这三大领域都做出了巨大的原创性贡献。在这里，第一，习近平生态文明思想强调尊重自然、顺应自然、保护自然，以其鲜明的、享誉四海的"绿水青山就是金山银山""两山论"，开辟了马克思主义哲学特别是自然辩证法新的理论境界；第二，习近平生态文明思想强调

"保护生态环境就是保护生产力，改善生态环境就是发展生产力""推进绿色发展、循环发展、低碳发展""建设人与自然和谐共生的现代化"，这些重大的战略性理念与习近平经济思想交融互动，创造性地提出和发展了绿色生产力理论，拓展了中国特色社会主义政治经济学新的科学内涵；第三，习近平生态文明思想将生态文明建设纳入中国特色社会主义"五位一体"总体布局，坚持"良好生态环境是最公平的公共产品，是最普惠的民生福祉"，标志着我们党对中国特色主义规律认识的进一步深化，体现了社会主义生态文明建设始终坚持以人民为中心的发展思想的根本价值立场。

就习近平生态文明思想内涵的马克思主义政治经济学而言，从根本上说，习近平生态文明思想是马克思主义关于如何认识绿色发展、实践绿色发展的"真经"，它要求把人类的生产实践活动置于绿色发展和人与自然和谐的视野下，从而使生态文明建设体现经济性、成长性和未来性。离开习近平生态文明思想的马克思主义整体性视域，在个别部门个别地方体现为孤立地、断章取义地摘取习近平生态文明思想的个别论断，机械式、运动式地采取了方法简单、态度粗暴的教条主义，忽视习近平生态文明思想本身就是最大的经济学、社会发展学，在实践中非常有害。换言之，狭隘地、形而上学地、僵化地、保守地、片面地理解习近平生态文明思想，把习近平生态文明思想仅仅理解为环境保护、可持续发展思潮的翻版，或者理解为一场环境运动。这与生态文明建设在"五位一体"中国特色社会主义总体布局中的战略地位不相符合。

近年来，一些地方、行业部门，不时以"环保""生态文明"名义限产、限电，甚至关停企业、强迫搬迁。随着党中央把"碳达峰""碳中和"纳入生态文明总体布局，一些地方曲解中央精神实质和真实意图，盲目实行运动式减碳，各地在执行过程中，出现了一些偏差。特别是"一刀切"式限制甚至关停生产企业，引发市场供应紧张和产业链大宗商品供需失衡，传导到民生领域，给经济社会正常发展和人民群众生活都造成了不良影响。正是基于这些理论和实践思考，我们提出要研究习近平生态文明思想所蕴含的经济学价值，要基于中国式现代化、人与自然和谐共生的中国式现代化的内在逻辑和特征,深刻意识到习近平生态文明思想就马克思主义政治经济学、中国特色社会主义政治经济学来论,是关于绿色发展的科学学说体系。站在实现第二个百年奋斗目标的新征程上,统筹国内国际两个大局,着眼2030年、2060年碳达峰碳中和"双碳"目标和历史任务,尤其需要具备这样一种战略思维,要更加善于从习近平生态文明思想推动经济社会发展全面绿色转型的实践深度全面推动和建设人与自然和谐共生的现代化。

二 问题导向:统筹绿色发展与环境保护关系认知尚不到位原因分析

1. 没有在实践中充分运用好"统筹兼顾"这个方法论、实践论

统筹兼顾是中国共产党在长期革命、建设、改革中形成的重要经验、科学方法论。毛泽东同志很早就提出了统筹兼顾、"弹钢琴"等思想方法和工作方法。他说,弹钢琴要十个指头都动作,不能有的动,有的不动。但是,十个指头同时都按下去,那也不成调子。要产生好的音乐,十个指头的动作要有节奏,要互相配合。习近平总书记深刻指出:"统筹发展和安全,增强忧患意识,做到居安思危,是我们党治国理政的一个重大原则。"

必须认识到,我国生态环境矛盾有一个历史积累过程,不是一天变坏的,但不能在我们手里变得越来越坏。基此,既要把推动绿色发展作为解决污染问题的根本之策,又要使之成为构建高质量现代化经济体系的根本之策。把生态文明建设放在突出地位,固然要坚持源头严防、过程严管、损害严惩、责任追究,从根本来说,一刀切、切一刀、一关了之都不是目的,要重在形成支持绿色发展、循环发展、低碳发展的利益导向机制上下真功夫、下大力气,坚持在统筹经济发展和环境保护中解决生态环境问题。要把中国人民的聪明、睿智和勤奋化为依靠市场的内生动力机制,实现市场化、法治化、制度化、运动化、惰政化、机械化、单一部门化,容易形成发展断档期、空档期,不利于经济社会可持续

发展。

2. 生态技术创新和绿色生态产业市场培育任重道远，贯彻新发展理念不到位

建设生态文明，绿色生态技术和产业是确保建设生产发展、生态良好、生活幸福文明社会的经济基础、不竭动力和根本要素，也与党中央确立的深化供给侧结构性改革、建设现代化经济体系、提高供给体系质量具有内在逻辑一致。与此同时，绿色技术创新是引领绿色生态产业发展的第一动力，是建设现代化经济体系的战略支撑。但从实际情况看，当前以行政"抑制"和"灭火"手段消化环境、生态和资源存量历史问题的方式还较大范围存在，倒逼生态技术创新的新机制、以市场内生机制为动力的生态产业市场尚需下大力气培育。

3. 生态文明国家治理体系和治理能力现代化水平亟须提高

党中央制定了一系列文件，提出了明确要求，组织开展了环境督察，目的是要督促全党全社会、各地区各部门都担负起生态文明建设的历史责任。既不能依靠文件传文件、一级传一级，形成文件一摞摞，压力层层向基层传导；或者单纯依靠财政刺激政策和非常规货币政策的增长来推进，非利不可为；或者扭曲、曲解中央意图，倒着干、反着干，摊大饼、翻烧饼。

三 对策思考：发展是党执政兴国第一要务，要坚持创新居首，建设人与自然和谐共生的现代化

1. 从战略高度深刻认识习近平生态文明思想是建设人与自然和谐共生现代化的强大思想武器

生态文明建设事关中华民族永续发展，事关富强民主文明和谐美丽社会主义现代化强国战略愿景。在我国承诺2030年、2060年尽可能先后实现碳达峰、碳中和目标的背景下，战略意义尤其重大，战略举措尤其明确。中国特色社会主义进入新时代，贯彻新发展理念，坚持以高质

量发展为主题，以供给侧结构性改革为主线，建设现代化经济体系，等等，是以习近平同志为核心党中央就我国经济建设作出的一系列重大理论和伟大实践。

正如开篇所述，作为新时代生态文明思想根本遵循的习近平生态文明思想，从来不是孤立地就生态环境论生态环境，从来就是一部马克思主义人与自然观认识论、方法论哲学，从来就是我们党孜孜探求的关于发展、社会主义实现怎样发展的马克思主义政治经济学，是统筹发展和保护，是对实践中或有走偏的唯 GDP 发展论的矫正和科学扬弃。绿色发展也好，高质量发展也好，根本还在于发展。必须按发展的眼光，坚持发展是党执政兴国第一要务这一基本立足点，在第二个百年奋斗目标新征程上，为实现绿色化科学技术和绿色化经济体系再创业，再贡献时代力量。

2. 要统筹把握好统和分、国内和国际、整体和局部的关系

第一，从统和分的关系看，生态文明建设的各项历史性任务都需要党中央顶层设计，统一部署。这项任务，需要超越中央各部委、各省级、直辖市党委和政府的部门和地方利益。在决策中，不妨将党的生态文明建设政策作为一种指导观、发展观，在具体执行中，由不同部委、地方因地适策。

第二，从国际国内关系看，要始终坚持发展既是党执政兴国的第一要务，更是立国之本。实现碳达峰碳中和是中国发展进入新阶段中国社会发展的自我要求，有西方世界和人类社会整体应对气候变化的宏观背景，但发展权是中国屹立于世界不败的根本经验和现时法宝。在当前错综复杂的国际发展环境下，我们经济保持极大的韧性、包容性，这也在于完整的、全产业链条的经济硬实力。不能稀里糊涂、囫囵吞枣都给关了，产业链断了。

第三，从整体和局部关系看，我国发展确系不平衡、不充分。我们提出走共同富裕的现代化，要区别东部和西部、南方和北方的差异以及环境承载力，不能一刀切，要更好探索已经脱贫的地区如何通过拥有更大的发展权整体提升中国式现代化发展水平。

3. 深化改革，坚持新发展理念为引领，坚持创新驱动发展，进一步增强发展动能

生态文明建设，从狭义角度看，是涉及马克思所说的人们的衣、食、住、行绿色转向问题，是生产方式和生活方式问题；但从人类对能源、资源的依靠看，能源资源问题是"牛鼻子"。从现实看，在一定程度上，我国生态文明建设进程中唱高调、喊口号、坐而论道的现象还比较突出，全社会尚没有把绿色发展的眼光和依托力量真正放在能源技术的彻底性革命上来。工业文明所以引领人类文明数百年，归根结底在工业化的技术和产业。我们要引领新的生态文明，就必须有相较于工业文明的能够卡住别人脖子的硬通货、硬实力。

党的二十大提出"推动战略性新兴产业融合集群发展，构建新一代信息技术、人工智能、生物技术、新能源、新材料、高端装备、绿色环保等一批新的增长引擎"；"立足我国能源资源禀赋，坚持先立后破，有计划分步骤实施碳达峰行动"；"深入推进能源革命，加强煤炭清洁高效利用"；等等。这都表明，进入新时代的中国，在更高水平建设生态文明，就必须必须认识到绿色发展是生态文明建设的必然要求，代表了当今科技和产业变革方向，是最有前途的发展领域。要着力在习近平总书记提出的"加快构建生态文明体系"上破题，加快建立以企业为主体、市场为导向、产学研深度融合的技术创新体系，进而培育、发展和壮大绿色生产体系，实现技术创新系统和生产生活系统循环链接。

人与自然和谐共生现代化的生态哲学意蕴*

李全喜

（北京邮电大学马克思主义学院教授）

当前学界强调对人与自然和谐共生现代化多视角分析，从生态哲学角度对人与自然和谐共生现代化进行深层次整体分析是其中不可忽视的重要方面。在世界历史的发展过程中，马克思主义哲学面向、反思、吸收、改造资本主义工业文明的现代性要素，所指出的关于人与自然关系的思想为现代化的中国模式和文明的中国类型指明了方向，成为激活传统的新生力量。① 西方生态哲学的特点是脱离社会制度和生产方式，不考察人类和自然之间的实际物质与能量交换关系，把生态危机的根源归结为人类对自然的态度。② 这样的生态哲学概念往往将其定义为依据生态学的观点和方法来研究人与自然相互关系的世界观。这与马克思主义生态哲学具有显著的区别。马克思主义生态哲学在研究对象上除了探讨人与自然的相关关系之外，更加关注人与自然相关联的人与社会、人与人之间的密切关系。马克思主义生态哲学突出的是人与自然和谐共生的价值理念。看不到这一点，我们很难解释为什么说习近平生态文明思想

---

* 基金项目：本文系 2022 年度国家社科基金高校思想政治理论课研究专项"习近平生态文明思想深度融入《马克思主义基本原理》教学研究"（编号：22VSZ055）阶段性成果。

① 胡晓艺：《"人与自然和谐共生的现代化"理念的哲学意蕴》，《桂海论丛》2021 年第 6 期。

② 王雨辰：《人与自然和谐共生的生态哲学阐释》，《光明日报》2023 年 4 月 17 日第 15 版。

人与自然和谐共生的现代化

是马克思主义生态文明思想中国化的最新理论成果，为什么说习近平生态文明思想是当代中国生态文明建设的根本理论遵循？因此，从马克思主义生态哲学的视角探讨人与自然和谐共生现代化问题就显得尤为重要。

一 马克思主义生态哲学的主要思想

在170多年前，尽管当时世界上生态环境问题不像今天这样突出，但也存在生态环境问题。面对当时生态环境问题，马克思、恩格斯在不同的著作中多次提到他们的生态哲学思想。马克思、恩格斯的生态哲学思想与西方的生态哲学有很大的不同。马克思主义生态哲学不仅强调生态哲学的解释功能，更加突出人的主体性，强调马克思主义生态哲学的实践功能。因此，马克思主义生态哲学既不是"为了自然，遮蔽人性"生态中心主义，也不是"唯人独尊，忽视自然"的人类中心主义。马克思、恩格斯的生态哲学思想主要包括以下几个方面的内容。

第一，关于"两个前提、两个基础"的观点，马克思、恩格斯认为自然界是人类和人类社会存在的前提和基础。这意味着人和人类社会的产生都离不开自然界，没有自然界，就没有人的出现和社会形成。在这个判断的基础上，马克思、恩格斯提出在人与自然关系的处理上，应该坚持"改造自然、建设自然、美化自然"的有机统一。但实际上纵观170多年来世界的发展演进历史，我们会发发行很多国家并没有将革命导师的嘱托放在心上。人们往往是受到自然界报复的时候才想起革命导师的嘱托。进入新时代之后，习近平总书记提出"尊重自然，顺应自然，保护自然"12个字的方针，是对马克思、恩格斯"改造自然、建设自然、美化自然"的继承和发展。

第二，关于人与环境之间的双向互动作用的观点。马克思、恩格斯提出了"环境创造人，人也创造环境"的论述。该观点体现了历史唯物主义的基本原理，集中阐释了人与环境之间的双向互动作用。一方面，地理环境是人类生存发展的重要支撑，为人类生存发展提供必要的资源支撑。历史唯物主义认为一个国家的地理环境可能会影响到该国家的经济发展模式、一个地区的地理环境可能会影响到该地区的社会文化生成和人类生存发展程度。另一方面，在环境对人施加影响的过程中，人也同时对环境施加影响，人要生存发展不得不向自然界伸手获取资源。但在不同历史时期，人类活动对自然界影响是不同的。但不管什么样的人类活动，只要对自然界施加影响达到了自然界能够承担的程度，自然界必然反作用于人类。因此毫无疑问，人类今天施加影响的自然界必然是后代人所面临的自然界。

第三，关于自然生产力与社会生产力之间关系的观点。在马克思、恩格斯看来，生产力包括自然生产力和社会生产力，自然生产力是社会生产力的基础。所谓自然生产力，就是指人类足迹尚未影响到、不需要经过人的主体性创造就存在的自然资源。社会生产力是人们在自然生产力的基础上通过人的主体性创造出来的东西。马克思、恩格斯认为自然生产力是社会生产力的基础，它制约着社会生产力的发展。没有自然生产力作为前提和基础，社会生产力就无法维系。社会生产力发展的每一步都离不开自然生产力的支撑。

第四，关于处理人与自然关系价值取向的观点。在170多年前，马克思、恩格斯明确提出了"人与自然要和谐一致"的思想。马克思、恩格斯关于"人与自然要和谐一致"的思想体现出了题目对人与自然关系处理的价值取向。恩格斯深刻指出了当时人与自然不和谐的人们短视行为的后果，恩格斯曾在《自然辩证法》指出："美索不达米亚、希腊、小亚细亚以及其他各地的居民，为了想得到耕地，毁灭了森林，但是他们做梦也想不到，这些地方今天竟因此而成为不毛之地，因为他们使这些地方失去了森林，也就失去了水分的积聚中心和贮藏库……他们这样做，竟使山泉在一年中的大部分时间内枯竭了，同时在雨季又使更加凶猛的洪水倾泻到平原上。"同时，在马克思、恩格斯的著作中，更多的时候，我们会看到他们对社会底层、弱势群体生态权益保障的关切。

第五，关于生态环境问题根源及解决思路的观点。在马克思、恩格斯看来，当时出现生态环境问题的根源主要是资本主义制度的不合理造成的，他们认为改革不合理的社会制度是实现人与自然和谐重要的途径。

马克思、恩格斯的这一观点一针见血地指出了资本主义社会生态环境问题存在的深层次根源。受生产资料私有制的影响，资本主义社会无法破解资本家追求剩余价值的无限性与地理资源的有限性之间的根本性矛盾。因此在马克思、恩格斯看来，人与自然之间的不协调，实质上是人与人、人与社会之间的问题。要解决人与自然之间的不协调，就必须实现共产主义，实现自然主义和人道主义的和谐统一。这需要从根本上变革生产资料所有制的性质，即从生产资源私有制转向生产资料公有制，这条路径就是科学社会主义的实现路径。

二 人与自然和谐共生现代化生态哲学意蕴探讨的原因

从马克思主义生态哲学视角研究人与自然和谐共生现代化问题，首先需要阐释清楚人与自然和谐共生现代化生态哲学意蕴探讨的合理性缘由是什么？这涉及对习近平生态文明思想与马克思主义生态哲学之间是什么关系？如何从哲学视角解析人与自然是生命共同体？如何认识中国式现代化的生态本质等问题的回答。

第一，有助于深入认识习近平生态文明思想对马克思主义生态哲学思想的继承和创新。就当前学界来说，一般都把"马克思主义生态哲学思想是习近平生态文明思想产生的理论来源"作为一个不证自明的观点，如何从学理的角度深入阐释习近平生态文明思想究竟是如何继承马克思主义生态哲学思想，如何发展马克思主义生态哲学思想应该成为学界思考的重要问题。人与自然和谐共生是习近平生态文明思想的重要价值取向，这与马克思主义生态哲学价值取向是一脉相承的。因此，通过对人与自然和谐共生现代化生态哲学意蕴探讨，可以为论述习近平生态文明思想对马克思主义生态哲学思想的继承和创新提供一个视角。

第二，有助于加深对人与自然和谐共生命题的认知和理解。"人与自然和谐共生"命题在习近平生态文明思想体系中具有重要地位。2018年5月18日的全国生态环境大会上，习近平总书记提出了新时代推进生态文明建设，必须坚持"坚持人与自然和谐共生""绿水青山就是金山银山""良好生态环境是最普惠的民生福祉""山水林田湖草是生命共同体""用最严格制度最严密法治保护生态环境""共谋全球生态文明建设"① 6个原则。在这6个原则中，习近平总书记将"坚持人与自然和谐共生"排六大原则首位，足见其在习近平生态文明思想的重要地位。那么，为什么要提出"人与自然和谐共生"的命题？"人与自然和谐共生"的命题的本质内涵到底是什么？如何实现"人与自然和谐共生"的命题。从马克思主义生态哲学视角探讨"人与自然和谐共生现代化"的生态哲学意蕴，能够更加清晰地认知"人与自然和谐共生"深层次本质内涵，增强对人与自然和谐共生命题的认知和理解。

第三，有助于厘清人与自然和谐共生现代化在中国式现代化中的地位。党的二十大报告明确指出了中国式现代化的共性特征和中国特色，是人口规模巨大、全体人民共同富裕、物质文明和精神文明相协调、人与自然和谐共生、走和平发展道路的现代化。党的二十大报告是将人与自然和谐共生作为中国式现代的重要特征之一提出来的，从表面上看，人与自然和谐共生现代化是中国式现代化的一个方面。那是不是说人与自然和谐共生的现代化是和其他特征现代化并列的一种发展现象呢？这就涉及人与自然和谐共生现代化在中国式现代化中到底处于什么地位的问题。从马克思主义生态哲学视角探讨"人与自然和谐共生现代化"的生态哲学意蕴，能够清晰地看到人与自然和谐共生现代化并不是与其他几个中国特色现代化并列的现代化，中国式现代化是将人与自然和谐共生贯穿其他现代化过程始终的中国式现代化。没有人与自然和谐共生的现代化，其他几个现代化就失去了实现的重要前提，是不完整和不充分的现代化。

第四，有助于制定推进人与自然和谐共生现代化的实践指南。推进人与自然和谐共生现代化是一个复杂的系统工程，需要来自党和政府、企业单位、社会组织、社会公众等多个子系统之间的通力合作。而要实

---

① 习近平：《推动我国生态文明建设迈上新台阶》，《求是》2019年第3期。

现这一系统工程的整体效应,离不开推进人与自然和谐共生现代化实践指南的制定,即需要制定一个职责清晰、分工明确、举措有效的生态文明建设实践指南。而制定这一实践指南的根本前提是要了解当代中国的生态国情,把握当代中国的生态文明建设进展,清晰当代中国生态文明建设面临的问题。这意味着这一实践指南既能够解释生态文明建设,又能够指导生态文明建设,是一个兼具理论性和实践性的指南。从马克思主义生态哲学视角探讨人与自然和谐共生现代化的生态哲学意蕴,不仅能够深入认识当代中国生态文明建设的重大意义,而且有助于深入认识当代中国生态文明建设面临的现实问题,从而有助于针对性地提出推进人与自然和谐共生现代化的路径。因此,这种探讨为制定推进人与自然和谐共生现代化的实践指南提供了一种路径。

三 人与自然和谐共生现代化的生态哲学意蕴体现

立足马克思主义生态哲学的基本立场、基本观点和基本方法,探析人与自然和谐共生现代化的生态哲学意蕴,需要从人与自然关系本体论、人与自然共同福祉价值观、中国式现代化体系论、思维方式生态化、精准把握主要矛盾、生态文明全球化等方面进行阐释。

第一,重塑了人们对于人与自然关系的认识。自从人类从自然界演化出来,人与自然关系就成为人类生存发展过程中绕不过去的一个永恒的话题。但回溯人与自然关系的历史进程,我们会发现人与自然关系并非一成不变的。渔猎采集时期的人们苦于对大自然的不了解,内心对大自然充满了敬畏之情,天人合一的理念成为当时人们在处理人与自然关系时的崇高准则。进入农业社会,人们凭借着对大自然生存生活经验的总结和效仿,人们开始体悟自己主体性发挥作用的意义,人们逐渐走出了盲目地依赖自然生存的范式,人们在处理人与自然关系时所秉承的天人合一的理念逐渐让位于天人分离。到了工业社会,凭借技术的推波助澜作用,人们已经不满足于做自然界的一员,而是希望成为自然界的主人，于是"人定胜天"的理念便逐渐显现出来。然而自工业社会以来，特别是进入20世纪中期以来，全球生态环境问题的日益突出，使得人们不得不重新思考人与自然之间到底是什么样的关系。对人与自然和谐共生现代化的生态哲学意蕴探析为新时代人们重新思考人与自然关系提供了一种路径。人与自然和谐共生的现代化突出了现代化的生态基础，倡导人与自然是生命共同体的理念，将人与自然的和谐关系作为人们实现现代化过程中一切关系和谐的前提和基础，从而给中国式现代化确立了人与自然和谐共生的生态哲学本体论的意蕴。当然，"从严格的科学意义上说，是人类离不开大自然，而不是大自然离不开人类"①。

第二，确立了人与自然共同福祉的价值取向。人与自然和谐共生的现代化是中国式现代化的重要特征，与西方国家现代化在价值取向上存在明显区别。与传统生态哲学价值观不同，马克思主义生态哲学价值观视价值为关系型范畴，强调在主客体相互关系中实现对价值的判断，传统生态哲学价值观往往偏重于客体满足主体需要的价值判断，而忽略了主体对客体肯定的价值判断。以马克思主义生态哲学为视角探析人与自然和谐共生现代化的生态哲学意蕴，我们会发现，这更有助于清晰辨识人与自然和谐共生的价值取向。中国式现代化倡导人与自然和谐共生，在生态方面追求是良好生态环境这一人类最普惠的民生福祉。从表面上看，这一判断似乎谈到只是人类的最普惠民生福祉，而没涉及中国式现代化过程中自然的内在诉求。但实际上，良好生态环境对人类是福祉，对大自然同时是福祉。"人与自然唯有平等，才有真义的和谐；人与自然唯有平等和谐，才有共生共荣"②。良好的生态环境更有助于大自然的可持续发展。因此，从马克思主义生态哲学来看，人与自然和谐共生现代化追求不是人类单方面的福祉，而是人与自然共同福祉。人与自然和谐共生现代化对人与自然共同福祉的追求是对西方国家现代化生态治理逻

---

① 郇庆治：《坚持人与自然和谐共生的马克思主义生态哲学意蕴》，《四川日报》2022年7月25日。
② 曹孟勤、姜赟：《关于人与自然和谐共生方略的哲学思考》，《中州学刊》2019年第2期。

辑的超越。受资本主义制度性缺陷的影响,西方国家的现代化保障的是少数资本家的利益,民众的生态诉求无法上升为国家的意志。同时西方资本集团为了满足剩余价值不断资本化的目标,不断加大对有限自然空间的施压力度,以求实现他们所期望的自然的商品性价值。因此在西方国家现代化视域里,他们既不关心多数人的生态利益,也不关心自然的价值体系。

第三,厘清了人与自然和谐共生现代化的重要地位。党的二十大报告指出,中国式现代化是一个包括人口规模巨大、全体人民共同富裕、物质文明与精神文明相协调、人与自然和谐共生、走和平发展道路的现代化。在这里,人与自然和谐共生是中国式现代化的五个特征之一,那是不是说人与自然和谐共生现代化与其他 4 个现代化之间是并列分离的关系呢？这个问题涉及对人与自然和谐共生现代化在中国式现代化体系中地位的认识。对人与自然和谐共生现代化生态意蕴的探析有助于深入认识其在中国式现代化体系中的重要地位。马克思主义生态哲学强调对对象内蕴的整体性、有机性关系的把握。从马克思主义生态哲学来看,不但实现人与自然和谐共生现代化是一个复杂的系统工程,而且实现中国式现代化同样是一个复杂的系统工程。从整体性上说,在整个中国式现代化过程中,人与自然和谐共生彰显了中国式现代化的生态考量和本质要求。从有机性上说,人与自然和谐共生现代化是其他 4 个现代化的重要支撑,中国式现代化离不开人与自然和谐共生现代化与其他 4 个现代化的协调发展,"必须协调推进人与自然和谐共生的现代化与人口规模巨大的现代化、全体人民共同富裕的现代化、物质文明和精神文明相协调的现代化、走和平发展道路的现代化"[①],将人与自然和谐共生现代化理念贯穿其他 4 个现代化的全过程。

第四,促进了思维方式的生态转向。马克思主义生态哲学认为人的思维是行为的先导,思维方式的正确与否会影响到社会实践的效果。探析人与自然和谐共生现代化的生态哲学意蕴不能忽视对其思维方式意蕴

---

① 张云飞:《人与自然和谐共生:中国式现代化的生态维度和本质要求》,《南京工业大学学报》(社会科学版) 2023 年第 1 期。

的探析。在生态文明建设的实践中，从根本上说，生态文明建设的成效离不开人的思维方式的变革。人与自然和谐共生的现代化与西方现代化虽然都存在处理人与自然关系的共性问题，但是人与自然和谐共生现代化所秉承的思维方式与西方现代化所秉承的思维方式有着显著的区别。在马克思主义生态哲学看来，人与自然和谐共生现代化所秉承的思维方式是一种生态思维方式。从思维的整体特征上看，生态思维具有系统整体性的认知结构、开放性的思维视野、前瞻性的思维战略与和谐性的价值取向的显著特征。从思维的内涵体系上看，生态思维体现了辩证思维、历史思维、系统思维、战略思维、底线思维、创新思维等缜密的哲学逻辑思维[①]。以这样的生态思维为指导，倡导的必然是人与自然和谐共生的价值理念。西方现代化长期以来秉承的是以机械论世界观为基础、以还原分析为基点、以人与自然二元对立为特征的形而上学思维。在这样思维方式的指导下，西方国家不可能找到解决现代化过程中难题的良方。

第五，指出了人与自然和谐共生现代化的主要矛盾。人与自然和谐共生现代化作为当代中国的重大社会现实，有效推进人与自然和谐共生现代化进程离不开对马克思主义生态世界观和方法论的坚持和指导。马克思主义生态哲学具有显著的实践性，强调理论对实践问题的现实指导作用。从系统上看，人与自然和谐共生现代化是一个复杂的系统工程。因此，人与自然和谐共生现代化进程的推进就需要坚持马克思主义生态哲学中关于抓主要矛盾的原理。探讨人与自然和谐共生现代化的生态哲学意蕴离不开对其主要矛盾的厘清与解决。在马克思主义生态哲学看来，人与自然和谐共生现代化进程中主要矛盾的判断需要结合人民群众的生态诉求和生态环境问题本身。中国共产党是以马克思主义为指导的政党，全心全意为人民服务是党的宗旨，因此人与自然和谐共生现代化突出了党对人民群众优美生态环境诉求的高度关切。在此基础上，人们要从纷繁复杂的生态环境问题中理出头绪，分出轻重缓急，进而找到突破口，抓住人与自然和谐共生现代化的主要矛盾，才能有效推进人与自然和谐

---

① 王青：《新时代人与自然和谐共生观的哲学意蕴》，《山东社会科学》2021年第1期。

共生现代化进程。党的二十大报告从"加快发展方式绿色转型""深入推进环境污染防治""提升生态系统多样性、稳定性、持续性""积极稳妥推进碳达峰碳中和"4个方面进行了概括。这4个方面构成了推进人与自然和谐共生现代化进程面临的主要矛盾体系。

第六，彰显了共谋全球生态文明建设的世界视野。马克思、恩格斯在十九世纪中期，将当时生态环境问题的根源归结为资本主义制度不合理，因而提出走科学社会主义道路能解决生态环境问题的观点。马克思、恩格斯的这一分析在今天依然有着重要的思想启迪。探析人与自然和谐共生现代化的生态哲学意蕴离不开对其世界意蕴的解析。从马克思主义生态哲学来看，人与自然和谐共生现代化彰显了共谋全球生态文明建设的世界视野。一方面，回溯世界近现代环境史，可以看出西方发达国家自工业社会以来对自然的强力施压是今天全球生态环境问题频发的历史逻辑，因此，西方发达国家有责任承担当今全生态治理的义务。另一方面，自工业社会以来，生态环境问题也逐渐突破国家的边界，成为全球化时代人们无法回避的生存难题。地球只有一个，建设生态文明绝不是某一个国家的事情，而是一种全球行为。因此，需要世界各国都参与到全球生态治理的进程中。只有真正携手推进人类命运共同体的构建，人类才会拥有美丽的共同的未来。

综上所述，马克思主义生态哲学虽然早在170多年前出现，但它正确认识人与自然的认识、深入理解生态文明建设价值取向、科学分析全球生态危机根源依然具有现实指导作用。探讨人与自然和谐共生具有重要意义，人与自然和谐共生现代化的生态哲学意蕴是一个体系。需要指出的是，在全面推进中国式现代化的过程中，如何将人与自然和谐共生现代化的生态哲学意蕴转化为生态哲学实践是今后学界需要进一步关注的问题。

建设人与自然和谐共生中国式现代化的方法与要义

周 鑫

(北京科技大学马克思主义学院副教授)

党的二十大报告提出六个"必须坚持",其作为一种科学的世界观和方法论,蕴含着丰富的方法论的要义。

坚持人民至上,体现了马克思主义人民至上的本质属性,也是进行生态文明建设工作价值的旨归。坚持人民至上,用以指导我们建设人与自然和谐共生的中国式现代化的时候,实际上就是要不断提供优质的生态产品,以满足人民日益增长的优美生态环境需要。

第二个必须坚持,关于自信和自立,包括后面的守正创新,作为两点方法论有共通之处。联合国秘书长古特雷斯呼吁全球应对气候变化刻不容缓,G20国家要做出表率。实际上,G20国家覆盖的人口占全球的一半,2022年11月份的时候,全球人口80亿,G20国家覆盖40亿,其中还有中国的14.2亿,它的GDP却占全球的90%。因此,当提出"中国式现代化"的时候,是有这么一个底气在。就是因为我们单凭一己之力,以中国式现代化解决了14亿人的温饱问题,包括摆脱绝对贫困的问题。所以,相对于G20,排除中国在外,绝大部分国家的现代化都属于西式现代化和资本主义全球化背景之下的现代化,这种中国式现代化对于广大发展中国家更有指导性意义和参考的方案。其他国家的西式现代化已经走了几十年上百年,对于发展中国家来讲收效甚微,但是中国的这种中国式现代化,可能对于发展中国家更有启发性意义。

关于守正创新,如何创新?人与自然和谐共生的现代化,意味着不

人与自然和谐共生的现代化

要再去走西方现代化先污染后治理的老路，走不同于西方绿色资本主义的途径，走一条社会主义的生态文明的新路。

再者是坚持问题导向，做理论研究工作，还是要以问题为先，去揭示普遍存在的矛盾和问题，然后考虑到当前实际情况去推进人与自然和谐共生的中国式现代化。我们的理念问题是什么，思路问题是什么，包括路径问题是什么？要考虑清楚。党的二十大报告，提到"生态文明"这个词两次，提到"气候变化"两次，但提到"气候变化"是一整段。对于当前全球的环境治理主题来讲，生物多样性、气候治理都是非常重要的领域，尤其对于未来几十年的中国来讲，气候治理是一个非常重要的核心议题，我国的经济结构、产业结构甚至人才培养都与此相关。因此，要把这个理念、思路和路径问题解决清楚。

实现碳达峰和碳中和，要思考清楚自己的理念，为什么要去做这个事情。关于走向碳中和，习近平总书记讲道，实现"双碳"目标，不是别人让我们做，而是我们自己必须要做。① 从理念上要厘清为什么这么做，包括思路和路径上怎么开展。不仅是绿色的科技、绿色的能源、绿色的交通、绿色的建筑等，各行各业都在动起来。

2022年教育部印发《加强碳达峰碳中和高等教育人才培养体系建设工作方案》，未来，包括碳补给、碳封存、蓝碳的应用等，可能人才也要跟上。所以路径问题、思路问题都要厘清楚，共同推进人与自然和谐共生的现代化。

坚持系统的观念，党的二十大的报告有非常清晰的表述，人和自然的关系构成生命共同体的系统，包括山水林田湖草沙一体化治理、践行总体国家安全观等，都需要秉持系统的思维和方法。

方法论必须坚持胸怀天下。中国是一个社会主义国家，我们的文明结构是怎么样的演进过程，要打造什么样的文明结构和路径，都需要坚持胸怀天下的方法和视野。截至2022年，"人类命运共同体"的理念已多次纳入联大的决议当中。另外，在推进人与自然和谐共生中国式现代

---

① 《深入分析推进碳达峰碳中和工作面临的形势任务 扎扎实实把党中央决策部署落到实处》，《人民日报》2022年1月26日第1版。

化的时候，我们提供的这种发展的路径、体系包括方法论等，都可以给全球树立一种中国的样板。我国的文明态势、人类命运共同体，包括这样一种文明的新样态，这种胸怀天下、美美与共、天下大同，希望能给发展中国家提供一种方法论和发展思路、发展样态，同时也以这样一种方法论推动全球文明的构建。